西南政法大学刑法学术文库

我国刑法中的诸原则研究

李永升　张飞飞　黄延峰　著

合肥工业大学出版社

图书在版编目(CIP)数据

我国刑法中的诸原则研究/李永升,张飞飞,黄延峰著. —合肥:合肥工业大学
出版社,2023.3
ISBN 978 - 7 - 5650 - 6014 - 4

Ⅰ.①我…　Ⅱ.①李…②张…③黄…　Ⅲ.①刑法—研究—中国　Ⅳ.①D924.04

中国版本图书馆 CIP 数据核字(2022)第 151476 号

我国刑法中的诸原则研究

	李永升　张飞飞　黄延峰　著		责任编辑　郭娟娟
出　版	合肥工业大学出版社	版　次	2023 年 3 月第 1 版
地　址	合肥市屯溪路 193 号	印　次	2023 年 3 月第 1 次印刷
邮　编	230009	开　本	710 毫米×1010 毫米　1/16
电　话	人文社科出版中心:0551 - 62903200	印　张	19.75
	营销与储运管理中心:0551 - 62903198	字　数	376 千字
网　址	www.hfutpress.com.cn	印　刷	安徽昶颉包装印务有限责任公司
E-mail	hfutpress@163.com	发　行	全国新华书店

ISBN 978 - 7 - 5650 - 6014 - 4　　　　　　　定价:58.00 元

如果有影响阅读的印装质量问题,请与出版社营销与储运管理中心联系调换。

总　序

　　西南政法大学刑法学科源于 1952 年成立的西南人民革命大学政法系和 1953 年成立的西南政法学院刑法教研室（学校直辖的八个教研室之一），于 1979 年开始招收刑法学硕士研究生（是我国最早招收刑法学硕士生的学科之一），于 1995 年被确定为省级重点学科，于 2000 年获得博士学位授权点，于 2004 年开始接受博士后研究人员。在近 70 年的发展历程中，西政刑法学人辛勤耕耘、默默奉献，以蔡燕荞、邓又天、赵念非、伍柳村、董鑫、赵长青、陈忠林、邓定一、杨显光、夏宗素、宣林泉、高绍先、李培泽、朱启昌、邱兴隆、张绍彦、朱建华、王利荣等为代表的老一辈教授为刑法学科的建设和发展做出了突出贡献。改革开放以来，邓又天教授、赵长青教授、陈忠林教授、梅传强教授和石经海教授先后担任学科带头人（负责人）。时至今日，刑法学科的专任教师已达 36 人，形成了具有良好学历、职称、年龄和学缘结构的教学科研团队；拥有重庆市首批人文社科重点研究基地"毒品犯罪与对策研究中心"，与最高人民法院、国家禁毒办合作共建了"国家毒品问题治理研究中心"，此外还有"重庆市新型犯罪研究中心""量刑研究中心""特殊群体权利保护与犯罪预防研究中心""少年法学研究中心""金融刑法研究中心""外国与比较刑法研究中心"等研究基地。经过几代人的薪火相传和不懈努力，西南政法大学刑法学科已经成为具有雄厚学科基础和优良学术传统、在全国发挥重要影响并且具有一定国际知名度的省部级重点学科。

　　科学研究与人才培养是学科建设的两翼。西南政法大学刑法学科具有数量规模庞大、年龄结构合理、学历水平优化、学缘结构合理的学科团队，他们积极投身于教学科研任务一线，近年来在科研项目立项、学术论文发表、科研成果获奖等方面成绩斐然，在科学研究方面取得了优异的成绩。此外，在大力加强科学研究的同时，西南政法大学刑法学科也着力于人才培养。自获得博士学位授权点以来，本学科已培养了逾百名博士，他们活跃在法学理论和司法实务的各个领域，他们所取得的成绩在一定意义上也是本学科所取得的成绩。为此，"西南政法大学刑法学术文库"将立足本学科,主要出版本学科教学科研人员的优秀著作;同时,也将选择本学科培养且已经毕业的部分博士的学位论文或其他优秀学术著作出版。为了发挥"西南政法大学刑法学术文库"的学术价值和社会效应,体现学术丛书的性质,将采取不定期常年出版的形式,对于拟出版的著作由编辑委员会审定同意后出版,每本著作连续编号,力争将其打造成为规模较大、质量上乘、影响广泛的学术精品。"西南政法大学刑法学术文库"将秉承思想交流与学术创新的基本宗旨,着力打造学术精品,展示西南政法大学刑法学人形象,献力中国刑法学术发展。

学术的生命在于争鸣,思想的火花源于碰撞。"西南政法大学刑法学术文库"的出版将呈现每一个作者对当下中国刑法理论与实践问题的关注和思考,为学术交流搭建一个有益的平台,用文字和思考对中国法治发展献出自己的绵薄之力。我们期待"西南政法大学刑法学术文库"的出版发行能够为国内外同行了解和认识本学科提供一个窗口,也期待国内外同行能够以此为平台加强与西南政法大学刑法学科的沟通交流,国内外同行和广大读者的真知灼见将是我们进一步加强学科建设的重要力量。

将西南政法大学刑法学科发展好、建设好,是全体西政刑法学人的使命和追求。处在新时代的激流之中,在"双一流"建设的大背景下,本学科的发展也面临着诸多新的挑战,加强学科建设刻不容缓。值此"西南政法大学刑法学术文库"出版之际,诚挚欢迎学界同仁以及各界朋友一如既往地关心和支持西南政法大学刑法学科的发展建设,共同促进我国法治事业的健步前行。

西南政法大学刑法学术文库编辑委员会

2022 年 5 月

前　　言

　　我国刑法中的诸原则是牵涉整个刑法总论研究体系的重大的理论问题，它对于刑事立法、刑事司法、刑事执法乃至刑法的解释和适用都具有重大的理论与实践价值。然而，关于刑法中诸原则的直接研究，国外的理论著述极为少见，而国内的理论著述仅有零星的论文与专著若干。因此，如何加强我国刑法中诸原则的研究，不仅是刑法理论工作者面临的重大课题，也是司法实务工作者面临的重要任务。

　　本书以《我国刑法中的诸原则研究》为书名，其目的在于对我国现有的刑法中的诸原则作进一步系统的梳理和深入的思考，从而达到对我国刑法中所涉及的每一个原则都有一定的真知灼见，借以更好地为刑事立法与刑事司法工作服务。虽然本书是以专章形式对我国刑法中的诸原则进行的探讨，但是就其整体而言，本书在很多方面突破了现有的刑法中诸原则的研究框架，从而对我国现有的刑法理论研究具有不可多得的参考价值。

　　本书总共分为五章，分别为刑法的基本原则、刑法中的效力原则、刑法中的定罪原则、刑法中的量刑原则和刑法中的行刑原则。各章的大致内容如下：

　　第一章是对刑法基本原则问题的研究，该章除了对刑法基本原则的概念、理论纷争、确立标准和重大意义作了一般性研究之外，还单列三节分别对罪刑法定原则、刑法平等原则、罪刑相适应原则的基本内容作了较为具体、细致、深入的研究。关于罪刑法定原则，不仅对其基本含义作了新的解读，而且对其历史渊源和思想基础作了新的梳理，在其内容及其变迁方面，着重对绝对的罪刑法定原则和相对的罪刑法定原则作了全面的考察，与此同时，还对片面的罪刑法定原则和全面的罪刑法定原则、形式侧面的罪刑法定原则和实质侧面的罪刑法定原则的基本内容进行了较为深入的说理和评析，除此之外，本章还从罪之法定和刑之法定两个方面对罪刑法定原则的立法体现以及司法适用等问题作了较为详尽的分析和总结。关于刑法平等原则，本章不仅对刑法平等原则的历史源流、新旧两派对平等原则的主要观点以及立法平等与司法平等的含义作了较为详尽的说明和研究，而且从主体层面、内容层面和功能层面对刑法平等原则的类型进行独特的划分，在对刑法平等原则能否作为刑法的基本原则作了肯定回答之后，还对刑法平等原则与罪刑相适应原则以及罪刑法定原则之间的关系进行了详细的解读。本章还针对刑法平等原则在刑事立法与司法中存在的具体问题，对其完善路径作了较为圆满的回答。关于罪刑相适应原则，本章从罪刑相适应原则的观念肇始到观念上升，较为详细地介绍了原始社会的同态复仇所表达的人类最粗俗的公平、正义观念，西方近代资产阶级启蒙思想家与刑事古典学派对此所作的努力以及当代大多数国家刑法理论与刑事立法的推崇，说明罪刑相适应原则的盛衰绝不是一种简单的历史轮回，而是刑法本身所固有的公平、正义观念所使然。在此基础上，本章还通过对报应主义、功利主义与罪刑相适应原则的内在联系阐明了罪刑相适应原则的理论基础，通过对罪刑相适应原则名称之适当性、"罪"与"刑"以及"相应性"的解读说明了罪刑相适应原则的基本内涵。此外，本章还从罪刑相适应原则与刑罚的目的和刑罚的功能的角度揭示了罪刑相适应原则与刑罚适用的内在关系，从我国刑法总则与刑法分则的具体规定中详细阐明了罪刑相适应原则在我国刑法中的具体表现。最后针对罪刑相适应原则在我国刑事立法中存在的具体缺陷，对其如何完善提供了可资参考的立法建议。

第二章是对刑法中的效力原则的研究，该章分为刑法的空间效力原则与刑法的溯及力原则两大部分：第一节主要从我国刑法对国内犯适用的基本原则和对国外犯适用的基本原则两个视角分别就我国刑法的属地原则、属人原则、保护原则和普遍原则的基本含义、理论根据、适用条件、具体认定、适用范围等方面作了较为深入的探讨。第二节则从刑法溯及力原则的概念和理论根据、我国刑法溯及力原则适用中存在的问题和我国刑法溯及力原则的立法完善等方面对我国刑法中的溯及力原则进行了较为详尽的研究和探讨。

第三章是对刑法中的定罪原则的研究，该章从定罪原则的不同观点聚讼和定罪原则的判断标准入手，对主客观相统一原则、合法性原则、协调统一原则、疑罪从无原则和谦抑原则作了较为深入细致的研究。在主客观相统一原则中，对其基本含义、理论根据和必要性作了较为具体的探讨；在合法性原则中，从程序合法性与实体合法性两个方面对其作了具体研究；在协调统一原则中，对我国刑事司法中存在的刑法适用不协调问题以及如何解决提出了作者自己的方案；在疑罪从无原则中，从疑罪从无的含义、我国现行法律关于疑罪从无的规定与司法实践中对疑罪从无的处理等三个方面进行了较为具体的探讨；在谦抑原则中，对谦抑的含义、谦抑原则在我国刑法中的体现和定罪中的要求、谦抑原则在定罪中的具体实现等方面的问题进行了较为深入的研究。

第四章是对刑法中的量刑原则的研究，该章将量刑的概念与量刑的定位作为出发点，分别从量刑的一般原则和量刑的特殊原则两个方面对其进行了较为深入细致的探讨。在量刑的一般原则中，分别对依法量刑原则、刑罚个别化原则、宽严相济原则进行了具体研究；在量刑的特殊原则中，分别对自首立功坦白从宽处罚原则、累犯从重处罚原则、数罪并罚原则三个原则进行了较为细致深入的研究，其中关于自首立功坦白从宽处罚原则，主要从其历史渊源、基本含义、成立条件、处罚规定以及处罚适用等角度进行了细致的分析；关于累犯从重处罚原则主要从历史渊源、学说之争与处罚原则的适用等方面进行了具体的探讨；关于数罪并罚原则主要从数罪并罚的概念、特征、历史渊源、理论根据以及各种原则的适用等角度对其进行了较为具体的探析。

第五章是对刑法中的行刑原则的研究，该章以行刑的概念、行刑原则的理论聚讼为基点，分别对行刑人道主义原则、行刑社会化原则、行刑教育原则、行刑经济原则进行了较为细致的探讨。在行刑人道主义原则中，对行刑人道主义原则的思想渊源、基本内涵、理念冲突等方面的问题进行了较为细致的分析；在行刑社会化原则中，对行刑社会化原则的相关概念、历史源流、具体实践等方面的内容进行了较为具体的分析和总结；在行刑教育原则中，对行刑教育的思想渊源、性质和任务、具体原则、行刑方式等方面的问题进行了具体探讨；在行刑经济原则中，对行刑经济原则的基础、根据、内容和贯彻行刑经济原则应注意的问题等方面作了较为深入的思考。

不过，需要说明的是，由于刑法理论研究的日新月异，本书在很多问题的研究上难免存在这样或者那样的缺陷，希望刑法学界的前辈、同辈和后辈们予以匡正；倘若能够得到你们的指点和批评，我们定会欣然接受，以便在今后的研究工作中做出更多的贡献。

最后，需要再次说明的是，本书在写作的过程中，参阅了刑法学界诸多专家和学者的研究成果，除了在书中作了说明的以外，本人在此一并表示衷心的感谢！

李永升

2022 年 1 月于西南政法大学

目　　录

第一章　刑法的基本原则

第一节　刑法的基本原则概述

刑法的基本原则是刑法立法和司法活动中一个带有全局性和根本性的问题。我国刑法学界早在 20 世纪 50 年代就对刑法的基本原则进行了研究。当时认为，我国刑法的基本原则就是刑法中的犯罪、刑罚及其关系等方面的概念、制度赖以确立的原则。我国 1979 年刑法没有规定刑法的基本原则，但是刑法的基本原则作为一个重大理论问题，曾经引起了刑法理论和司法实务界的高度重视和广泛争鸣。我国 1997 年修订的《刑法》，在第三条至第五条明确规定了罪刑法定原则、刑法平等原则和罪刑相适应原则。刑法的基本原则是我国社会主义法治的基本原则在刑法中的具体体现。正确理解和坚持刑法的基本原则，对于准确理解刑法的基本精神，正确适用刑法，充分发挥刑法的秩序维护机能和人权保障机能，具有十分重要的意义。

一、刑法基本原则的概念

什么是刑法的基本原则？可以说，对这样一个基本概念的科学界定，是深入研究刑法基本原则理论问题的重要前提和基础。由于探讨角度、评价标准各异，刑法理论界对刑法基本原则的界说存在较大分歧。

第一种观点认为，"刑法的基本原则就是以调整犯罪与刑罚的关系为己任的，确切地说，是调整刑法中的报应与功利的关系的基本准则"[1]。第二种观点认为，"刑法的基本原则是指反映犯罪、刑事责任和刑罚的根本规律，贯穿于全部刑法

---

[1]　高铭暄主编：《刑法学原理》，中国人民大学出版社 1994 年版，第 163 页。

规范，指导和制约刑法适用的具有全局性和根本性意义的准则"①。第三种观点认为，刑法的基本原则是指"贯穿全部刑法规范、具有指导和制约全部刑事立法和刑事司法意义的、并体现我国刑事法制的基本性质与基本精神的准则、规则"②。第四种观点认为，"所谓刑法的基本原则，是指刑法本身所特有的，贯穿于刑法始终，必须得到普遍遵循的具有全局性、根本性的准则"③。第五种观点认为，"刑法的基本原则，是指贯穿全部刑法规范、具有指导和制约全部刑事立法和刑事司法意义，并体现我国刑事法治基本精神的准则"④。

以上观点各有其合理内容。在认真学习和吸收上述观点精华的基础上，根据现代刑法理论的研究成果，我们将刑法基本原则的定义表述为：刑法的基本原则是刑法本身所特有的，在制定、解释和适用刑法的过程中，都必须普遍遵守的带有全局性、根本性的准则。

二、刑法基本原则的理论纷争

关于刑法的基本原则，从我国1997年《刑法》颁布前后的情况来看，由于受立法因素的影响，在1997年《刑法》颁布之前和1997年《刑法》颁布之后，各种专著教材对刑法的基本原则的表述也有所不同。从1997年《刑法》颁布之前的情况来看，主要有以下几种观点：

一是三原则说，这种观点认为，刑法的基本原则有以下三个方面：一是罪刑法定原则；二是罪刑相适应原则；三是罪责自负原则⑤。

二是四原则说，这种观点又分为以下几种不同的观点：第一种观点认为，我国刑法的基本原则主要有以下四项基本原则：（1）罪刑法定原则；（2）罪刑相适应原则；（3）罪责自负、反对株连的原则；（4）惩罚与教育相结合的原则⑥。第二种观点认为，刑法的基本原则有以下四个方面：一是罪刑法定原则；二是惩办与宽大相结合的原则；三是公民在法律面前一律平等的原则；四是罪责自负，不株连无辜的原则⑦。第三种观点认为，刑法的基本原则有以下四种：一是罪刑法定原则；二是罪刑相适应与刑罚个别化相结合原则；三是公民在法律面前人人

---

① 赵长青主编：《中国刑法教程》，中国政法大学出版社1997年版，第27页。

② 赵秉志主编：《新刑法教程》，中国人民大学出版社1997年版，第46页。

③ 陈忠林主编：《刑法总论》，高等教育出版社2007年版，第31页。

④ 李永升主编：《刑法总论》，法律出版社2016年版，第27页。

⑤ 杨春洗、杨敦先主编：《中国刑法论》，北京大学出版社1994年版，第15-19页。

⑥ 高铭暄主编：《刑法学》，法律出版社1982年版，第36页。高铭暄，王作富：《刑法总论》，中国人民大学出版社1990年版，第36-43页。林准主编：《中国刑法教程》，人民法院出版社1989年版，第10-13页。高铭暄主编：《中国刑法学》，中国人民大学出版社1989年版，第32-37页。

⑦ 何秉松主编：《刑法教科书》，中国法制出版社1993年版，第30-33页。

平等原则；四是罪责自负，不株连无辜的原则①。

三是五原则说，这种观点包括以下几种不同的观点：第一种观点认为，我国刑法所特有的基本原则主要有以下五种：一是罪刑法定原则；二是罪刑相适应原则；三是罪责自负，反对株连的原则；四是主观与客观相统一的刑事责任原则；五是惩罚与教育相结合的原则②。第二种观点认为，刑法的基本原则有以下五种：一是罪刑法定原则；二是主、客观相一致原则；三是罪刑相适应的原则；四是罪责自负原则；五是改造罪犯成为新人的原则③。第三种观点认为，我国刑法的基本原则有以下五种：一是罪刑法定原则；二是罪刑相适应原则；三是主客观相一致原则；四是罪责自负，不株连无辜的原则；五是惩罚与教育相结合的原则④。

四是六原则说，这种观点包括以下几种不同的观点：第一种观点认为，我国刑法的基本原则，就是刑法中的犯罪、刑罚、犯罪与刑罚的关系，刑罚的种类与具体运用、罪章的分类、分则的体系等问题所据以确定的原则。主要包括以下六项原则：一是罪刑法定原则；二是罪刑相适应原则；三是法律面前人人平等原则；四是罪及个人原则；五是改造罪犯成为新人的原则；六是革命人道主义原则⑤。第二种观点认为，刑法的基本原则有以下六个方面，即国家主权原则；主观与客观相一致的原则；罪及个人，不株连无辜的原则；罪刑相适应原则；惩罚与教育相结合，给出路的原则；法制原则⑥。关于六原则说除此之外，还有一种观点也持的是六原则说。这种观点认为刑法的基本原则有：罪刑法定原则、罪刑相适应原则、罪责自负原则、主客观相统一原则、惩罚和教育相结合原则和刑法人道主义原则⑦。

自从我国1997年《刑法》颁布以后，关于刑法的基本原则由于1997年《刑法》第三、四、五条对之作了明确规定，因此，在很多教材当中，刑法的基本原则基本上也固定化为三个基本原则，即罪刑法定原则，适用刑法平等原则（亦称罪刑平等原则、刑法面前人人平等原则、适用刑法人人平等原则等），罪刑相适

① 何秉松主编：《刑法教程》，法律出版社1987年版，第9－12页。
② 王作富：《中国刑法研究》，中国人民大学出版社1988年版，第25－34页。
③ 邓又天主编：《中国刑法总论》，四川人民出版社1990年版，第19－26页。
④ 赵长青主编：《中国刑法教程》，中国政法大学出版社1994年版，第15－17页。
⑤ 杨春洗等：《刑法总论》，北京大学出版社1981年版，第24－32页。
⑥ 王作富：《中国刑法研究》，中国人民大学出版社1988年版，第24页。
⑦ 赵廷光主编：《中国刑法原理（总论卷）》，武汉大学出版社1992年版，第25－31页。

应原则（亦称罪刑均衡原则、罪刑相当原则、罪刑等价原则、罪责刑相适应原则等）①。只是在三原则之外，有的教材在刑法基本原则的写作方面，采取了立法与理论相结合的方法，将刑法的基本原则归纳为五个或者六个方面。其中五原则说认为，刑法的基本原则有以下五项：一是罪刑法定原则；二是刑法适用平等原则；三是罪责刑相适应原则；四是主客观相一致原则；五是刑罚人道主义原则②。六原则说认为，刑法的基本原则除了罪刑法定原则、适用刑法人人平等原则和罪责刑相适应三个原则之外，还有罪责自负原则、主客观相统一原则和惩罚与教育相结合原则③。

三、刑法基本原则的确立标准

在我国刑法理论界，关于什么是刑法的基本原则，以及确立刑法的基本原则的标准是什么，也存在着不同观点的争议。有的学者认为，我国刑法的基本原则，是指我国刑法这个部门法所特有的、贯穿于全部刑法内容的、对定罪量刑和刑罚的执行具有直接指导作用的准则。要解决什么样的原则是刑法的基本原则，必须遵循两个标准：一是这些原则必须是刑法所特有的，而不是各个法的部门所共有的；二是这些原则必须是贯穿全部刑法的，而不是局部性的具体原则。有的学者认为，刑法的基本原则是指体现刑法指导思想、性质和特点的、为刑法所固有并贯穿于全部刑事立法和刑事司法工作的关于评价、处理犯罪与刑罚问题的基本准绳。它的确认标准是：（1）必须体现刑法的指导思想和制定根据，反映刑法的阶级性质和特点；（2）必须是刑法本身所固有的并在适用时必须严格遵守的准则；（3）必须是贯穿在刑法中的带根本意义的原则。有的学者认为，所谓刑法的基本原则，是指在制定和适用刑法的过程中，必须严格遵守的原则。确立刑法的基本原则，应当掌握两条标准：第一，这些原则对刑法具有特殊的重要性。即它必须是刑法所固有的，带有全局性、根本性意义的原则。至于它是不是为各法的部门所共有，并不重要。第二，这些原则必须是贯穿全部刑法的，而不是局部性的具体原则。还有的学者认为，刑法的基本原则，是指刑法本身所具有的，贯穿于刑法始终，必须得到普遍遵循的具有全局性、根本性的准则。确定刑法的基本原则的标准有以下几点；首先，一般来

① 赵长青主编：《新编刑法学》，西南师范大学出版社1997年版，第33-42页。陈兴良：《规范刑法学》，中国人民大学出版社2008年版，第42页。陈忠林主编：《刑法学》（上），法律出版社2006年版，第36-39页。陈兴良：《本体刑法学》，商务印书馆，2001年版，第101-117页。张明楷：《刍议刑法面前人人平等》，载《中国刑事法杂志》1999年第1期。陈明华主编：《刑法学》，中国政法大学出版社1999年版，第48-59页。高铭暄，马克昌：《刑法学》，中国法制出版社1999年版，第28-38页。
② 陈明华主编：《刑法学》，中国政法大学出版社1999年版，第48-59页。
③ 高铭暄，马克昌：《刑法学》，中国法制出版社1999年版，第28-38页。

说，刑法基本原则必须是刑法所特有的原则，而不是各个部门法所共有的原则。其次，刑法的基本原则必须是贯穿刑法始终，具有全局性、根本性的准则。再次，刑法的基本原则必须是刑法的制定、解释与适用都必须遵循的准则。笔者认为，刑法的基本原则是刑法本身所特有的，在制定、解释和适用刑法的过程中，都必须普遍遵守的带有全局性、根本性的准则。其确立的标准有以下三个方面：

第一，作为刑法的基本原则必须具有独特性。一个国家的法律体系，包含着众多的法律部门。每个法律部门都有其应当贯彻和遵守的基本原则。作为刑法的基本原则，它既不能是其他部门法所独有的原则，也不能是刑法与各个部门法所共有的原则，而必须是刑法本身所特有的原则。比如民商法中的诚实信用原则、刑事诉讼法中的保障诉讼参与人依法享有诉讼权利的原则，由于这些原则是民商法和刑事诉讼法这些法律部门所独有的原则，因此它们就不可能成为刑法的基本原则。另外，刑法与各个部门法所共有的原则，也不能成为刑法的基本原则，比如有法可依、有法必依、执法必严、违法必究的原则，作为我国社会主义的法制原则是所有的部门法都必须遵守的原则，也不能成为刑法的基本原则。作为刑法的基本原则，只能是刑法本身所特有的原则。基于以上认识，对于我国1997年《刑法》第四条所规定的适用刑法人人平等原则，有不少学者对之颇有微词。他们认为，法律面前人人平等原则是一项宪法性原则，是通用于各个部门法的，因此，不宜作为刑法的基本原则。我们认为，刑法第四条所规定的平等原则，虽然来自宪法的规定，但是，在刑法上已赋予其独特的含义，这就是刑法第四条的平等原则是针对犯罪人而言的，而非宽泛的"法律面前人人平等"，它是宪法规定的平等原则在刑法领域的具体体现，这一原则已具备了刑法基本原则应有的独特性，因此，是可以适用于刑法领域的基本原则。另外，从刑事司法领域来看，在司法实践中，某些地方还存在着个别以权压法、以言代法、徇私枉法、贪赃枉法的现象，以致发生了该立案的不立案、该判刑的不判刑、重罪轻判或者轻罪重判的现象。为了克服现实生活中存在的这种特权现象，在刑法领域中规定这样一个原则，是完全有必要的。

第二，作为刑法的基本原则必须具有全局性。从宏观上来讲，刑法的目的就是要解决定罪量刑问题。但是，为了实现这一目的，又必须在刑法体系中制定各种具体的规范，其中又包含着多种法律原则。然而，这些法律原则，并不可能都成为刑法的基本原则，而只有那些贯穿全部刑法规范、对刑法规范的整体具有全局性意义的原则，才能成为刑法的基本原则。例如，我们在讲到刑法空间效力的时候有刑法空间效力的原则，在讲到时间效力的时候有刑法溯及力的原则，在讲到未成年人犯罪的时候有对未成年人犯罪从宽处罚的原则，在讲到定罪的时候有定罪的原则，在讲到量刑的时候有量刑的原则，在讲到数罪并罚的时候有数罪并罚的原则，在讲到累犯的时候有对累犯从重处罚的原则，在讲到行刑的时候有行刑的原则，诸如此类，不一而足。虽然以上所讲的原则都是刑法中不可缺少的原则，但由于这些原则都是一些阶段性的局部原则，它只能在特定的阶段起作用，因此均不能作为刑法的基本原则。

第三，作为刑法的基本原则必须具有根本性。也就是说，作为刑法的基本原则必须是对刑事立法和刑事司法具有指导和制约意义的根本准则。众所周知，某一原则一旦被确立为刑法的基本原则，就意味着这一原则成了刑法的灵魂，在刑法领域中就应当处处体现它的精神。首先，作为刑事立法来讲必须严格遵循它的精神。从宏观上看，刑法的基本原则是制定或派生刑法典、特别刑法、附属刑法规范的理论支点，任何一部法律的制定都不能不接受刑法的基本原则的指导；从微观上看，具体刑法条文的设置也要体现和遵循刑法的基本原则，哪些严重危害社会的行为应当规定为犯罪，罪与刑的比例关系应当怎样设定，刑法条文的建立应当遵循怎样的模式，都应当在刑法的基本原则指导下进行。例如，既然在刑法中设立了罪刑法定原则，就必须废除类推制度，这是因为类推制度在本质上是与罪刑法定原则相违背的。如若不然，就会对刑法的基本原则造成极大的损害。其次，作为刑事司法来讲也必须遵循它的精神。例如，既然以罪刑相适应原则作为刑法的基本原则，就不应当以犯罪及刑事责任以外的理由来影响刑罚的轻重，以免出现重罪轻判或者轻罪重判的司法错误。与此同时，从刑法的一般规定到具体的犯罪行为，都有一个正确地理解和适用的过程，在这一过程中，司法人员对案件的定性和处理都不应当偏离刑法的基本原则。如若不然，刑法的社会保护机能和人权保障机能就会受到极大的损害。因此，无论是在刑事立法上还是在刑事司法上，都必须以刑法的基本原则作为指导和制约意义的根本准则。

四、刑法基本原则的重大意义

刑法的基本原则问题是资产阶级启蒙思想家在启蒙运动中首先提出来的。为了适应反封建斗争的需要，启蒙思想家在人权思想和理性主义的指引下，针对封建刑法的罪刑擅断、等级特权和酷刑泛滥，有针对性地提出了罪刑法定主义、罪刑等价主义和刑罚人道主义。这些原则的提出，在人类刑法史上具有划时代的进步意义，不仅在当时促进了封建刑法制度的瓦解，而且在其后作为人类制度文明的一部分被世界各国广泛接受和运用。

我国 1979 年《刑法》没有明确规定刑法的基本原则，这在一定程度上反映了制定该法典时的工具主义刑法观念，也导致了刑法理论界关于我国刑法有没有基本原则、有哪些基本原则的争议。1997 年《刑法》明确规定了罪刑法定原则、刑法平等原则和罪刑相适应原则，既体现了对刑法观念的进步认识，也为刑法立法和司法活动提供了必须遵循的根本准则。

具体而言，在我国刑法典中确立刑法的基本原则，它不仅具有重大的理论意义，还具有重要的司法意义。其意义主要体现在以下两个方面：

（一）有利于促进刑法立法的科学化

刑法基本原则对立法活动的指导和制约作用，不仅体现在对刑法典的创立上，而且还体现在对刑法的修改补充与完善上。有明确的基本原则作指导，一方面会促使立法者遵循罪刑法定原则的要求，尽量规定清楚确定的罪刑规范；另一方面，基于刑法平等原则和罪刑相适应原则的要求，会促使立法者全面考虑犯罪与犯罪之间、一种犯罪内部不同的量刑幅度之间的协调性和合比例性。在基本原则的指引下，避免制定出表述笼统含糊以及因身份、所有制等因素而区别对待或者是罪刑失衡的刑法规范。

（二）有利于促进刑法司法活动的公正

刑法的基本原则作为司法活动的指导原则，有其制约和约束，刑法的适用过程就可能避免工具主义的倾向。根据刑法基本原则的要求，司法活动一方面必须强化法治意识，对某种有害于社会的行为，在刑法无明文规定时，司法机关要遏制住惯常的动刑冲动，正确处理打击犯罪和保障人权的关系；另一方面，司法机关要维护和体现公平、公正的刑罚观念，正确发挥刑法的秩序维护机能和人权保障机能。

总之，刑法基本原则集中体现了我国社会主义刑事法治的精神，在刑法中确立基本原则，既有利于同犯罪做斗争，又有利于切实保障公民的合法权益；既有利于实现刑法的目的，又有利于达到刑罚的最佳效果。刑法的基本原则必将促进刑事立法的更加完善和刑事司法的更加公正文明，从而更好地保障和推进我国社会主义法治建设事业的顺利进行。

第二节　罪刑法定原则

一、罪刑法定原则的基本含义

罪刑法定原则作为一项世界各国刑法公认的刑法的基本原则，是西方国家的"舶来品"。其基本含义是没有法律就没有犯罪，没有法律就没有刑罚。亦可译为"法无明文规定不为罪，法无明文规定不处罚"（Nuilium crimen sine lege, nuila poena sine lege.）。据有关学者考证，这一格言最先是由近代刑法之父费尔巴哈（A. Feuerbuch）于 1801 年在其所著的刑法教科书中用拉丁语表述出来的，而非出自罗马法①。其含义是只要没有制定法的规定，就不存在犯罪与刑罚。我国 1997 年《刑法》第三条明文规定："法律明文规定为犯罪行为的，依照法律定罪处刑；法律没有明文规定为犯罪行为的，不得定罪处刑。"这就是说，某种行为只有被法律明文规定为犯罪行为的，才能依照法律定罪处刑，如果某种行为没有被法律明文规定为犯罪行为的，无论其不法行为的社会危害性有多大，也不得对其进行定罪处罚。因此，无法无罪，无法无刑，便成为罪刑法定原则最简约的表述。关于罪刑法定原则的基本含义，我国刑法学者刘雪梅认为："……罪刑法定原则，一般是指什么行为构成犯罪以及对这种犯罪行为处以什么样的刑罚，必须预先由法律明文加以规定的原则，如果法律对某种行为未加规定，即使该行为对社会有严重的危害性，也不能对其定罪判刑。其要点是：第一，犯罪与刑罚必须由成文的法律加以规定；第二，必须在犯罪以前预先加以规定；第三，没有法律规定就没有犯罪；第四，没有法律规定也就没有刑罚。"② 我国刑法学者贾宇教授认为："罪刑法定原则的含义是：什么是犯罪，有哪些犯罪，各种犯罪的构成条件是什么，有哪些刑种，各个刑种如何适用，以及各种具体罪的具体量刑幅度如何等，均由刑法加以规定。对于刑法分则没有明文规定为犯罪的行为，不得定罪处刑。"③ 我国著名刑法学家陈忠林教授则将罪刑法定原则从实质和形式两个方面进行了解读。他认为，罪刑法定原则从实质角度来理解，主要看行为人的行为是否符合犯罪的本质，有无社会危害性。"只要对社会的危害达到犯罪的程度，即使没有具体的法律规定，行为也应因侵犯了社会的共同利益而必须作为犯罪对待；只要没有社会危害，即使被法律明文规定为犯罪，也应因行为对社会没有造成实际损害而不得处罚。这是坚持实质的'罪刑法定原则'立场的必然结论。"④ 另外，他认为，罪刑法定原则从形式角度来理解，主要看行为人的行为有无违反刑法的规定，有无刑事违法性。"法律没有明文规定为犯罪的行为，不论社会危害有多大，也因行为人没有违背主权者的命令而不得当作犯罪处理；法律明文规定为犯罪的行为，即使没有任何社会危害，也因行为人没有无条件遵守对国家的忠诚义务而必须依照法律规定进行处罚。这是坚持形式的'罪刑法定

---

① 张明楷：《刑法格言的展开》，法律出版社 1999 年版，第 17 页。
② 刘雪梅：《罪刑法定论》，中国方正出版社 2005 年版，第 18 页。
③ 贾宇主编：《刑法学（上册 总论）》，高等教育出版社 2019 年版，第 58－59 页。
④ 陈忠林：《刑法的界限——刑法第 1-12 的理解、适用与立法完善》，法律出版社 2015 年版，第 75 页。

原则'立场的必然结论。"① 我们认为，对罪刑法定原则基本含义的以上解读，刘雪梅学者与贾宇教授对其解读仅限于"无法无罪，无法无刑"这一浅层次的解读，没有对其内容作更深入的分析，显得有些过于简单，而陈忠林教授从实质和形式两个方面对其进行了解读，则显得比较科学、合理，这是因为，罪刑法定原则不仅仅是一个巨大而空洞的文字符号，而是有其存在的法律基础与法律价值，如不从实质和形式两个方面对其进行解读，则显得十分肤浅，这也是我们在对罪刑法定原则基本含义进行解读的过程中应当引起高度注意并努力加以避免的重大话题。

二、罪刑法定原则的历史渊源

罪刑法定原则的思想源远流长，最早可以追溯至古罗马时代，这是因为古罗马时代的刑法就有"适用刑法必根据法律实体"的规定②。只不过当时未涉及犯罪构成要件问题，仅仅是严格意义上的罪刑法定原则。作为近代意义上的罪刑法定原则，根据德国学者修特兰达 1911 年发表的《罪刑法定主义的原则的历史的展开》一文的研究，这一原则的思想最早源自中世纪的英国《大宪章》。1215年，英王约翰在贵族、僧侣、平民等各阶层结成的大联盟的强烈要求下，签署了共 49 条的特许状，这就是著名的《大宪章》。其中第 39 条规定："凡是自由民除经其同级贵族依法判决或遵照国内法律之规定外，不得加以扣留、监禁、没收其财产、剥夺其法律保护权，或加以放逐、伤害、搜索或逮捕。"英国《大宪章》的这一规定被修特兰达认为是罪刑法定原则最早的法律渊源。这一观点为后世很多刑法学者所接受，成为刑法理论界的通说。

罪刑法定原则的产生得益于 17、18 世纪资产阶级启蒙思想家的推动和发展。应资产阶级反对封建特权、君权、神权的需要，伴随着资产阶级大革命的风起云涌，以近代启蒙思想家为成员的古典自然法学派提出了系统的人权理论与学说。人权理论一经提出，其内涵的自由主义和个人主义原则以及追求"自由、平等、博爱"的社会理想，必然要求各种违背人权原则的法律制度依据人权原则进行重建。而欧洲中世纪的封建刑法制度，由于"以法与宗教道德的不可分性、基于身份的不平等性、罪刑擅断主义、刑罚的残酷性为特色"③，特别是罪刑擅断所造成的法律的不确定性，成为侵害公民自由的最大元凶。启蒙思想家在猛烈地批判封建罪刑擅断的基础上，对保障公民自由的力量和方式进行了论述，酝酿了罪刑法定的思想片段。其中尤以洛克关于法律和自由关系的论断、孟德斯鸠提出的三

---

① 陈忠林：《刑法的界限——刑法第 1～12 的理解、适用与立法完善》，法律出版社 2015 年版，第 75 页。

② 陈兴良：《刑法适用总论》（上卷），法律出版社 1999 年版，第 1 页。

③ 马克昌主编：《近代西方刑法学说史略》，中国检察出版社 1996 年版，第 1 页。

权分立理论对现实政治的影响最大，它们为罪刑法定原则的诞生奠定了思想和理论基础。受启蒙思想家的影响，意大利刑法学家贝卡里亚在其《论犯罪与刑罚》一书中率先较为明确地阐述了罪刑法定原则的含义："只有法律才能为犯罪规定刑罚。只有代表根据社会契约而联合起来的整个社会的立法者才拥有这一权威。任何司法官员（他是社会的一部分）都不能自命公正地对社会的另一成员科处刑罚。超越法律限度的刑罚就不再是一种正义的刑罚。因此，任何一个司法官员都不得以热忱或公共福利为借口，增加对犯罪公民的既定刑罚。"① "代表社会的君主只能制定约束一切成员的普遍性法律，但不能判定某个人是否触犯了社会契约。……这就是说，需要一个作出终极判决的司法官员，他的判决是对具体事实做出单纯的肯定或否定。"② 罪刑法定原则由一种学说形态进化为一项法律原则得益于近代刑法学鼻祖费尔巴哈。他在前述启蒙思想家提出的学说的基础上，第一次在其所著的《刑法教科书》中使用"罪刑法定原则"这一概念，并极力倡导罪刑法定作为刑法的基本原则。

欧洲资产阶级革命胜利后，罪刑法定从理论上的学说演变为立法上的规定，首次明确地表现在 1789 年法国大革命之后的《人权与公民权利宣言》。其第 8 条规定："法律只应当制定严格地、明显地必需的刑罚，而且除非根据在违法行为之前规定、公布并且合法地适用的法律，任何人都不受处罚。"这一规定确立了罪刑法定原则的基本方向。1791 年的法国宪法融化了这一精神，1810 年的《法国刑法典》第 4 条进一步规定："没有在犯罪行为时以明文规定刑罚的法律，对任何人不得处以违警罪、轻罪或重罪。"这是最早在刑法典中规定罪刑法定原则的条文，它的历史进步意义在于使罪刑法定原则从宪法中的宣言式规定变为刑法中的实体性规定。由于受法国刑法典的影响，世界各国趋之若鹜，纷纷效仿，遂使这一原则成为在大陆法系刑法中通行的刑法基本原则之一。例如，1930 年《意大利刑法典》第 1 条（犯罪与刑罚：法律明文规定）规定："任何人不得因未被法律明文规定为犯罪的行为而受到处罚，也不得被处以法律未规定的刑罚。"联邦德国 1976 年修订的刑法典第 1 条（无法无刑）规定："行为之处罚，以其可罚性于行为前明定于法律者为限。"1971 年 3 月 18 日修正的《瑞士刑法典》第 1 条（罪刑法定主义）规定："行为之处罚，以法律明文规定科刑者为限。"1994 年生效的《法国刑法典》第Ⅲ—3 条规定："构成要件未经法律明确规定之重罪或轻罪，不得以其处罚任何人；或者构成要件未经条例明确规定之违警罪，不得以其处罚任何人。"这些刑法规定的内容虽然在具体条文位置和语言表述上有所

---

① ［意］贝卡里亚：《论犯罪与刑罚》，黄风译，中国大百科全书出版社 1993 年版，第 11 页。
② ［意］贝卡里亚：《论犯罪与刑罚》，黄风译，中国大百科全书出版社 1993 年版，第 11 页。

差异，但所反映的思想基本相同。

罪刑法定原则从诞生至今已经有两百多年的历史。在当今世界上，罪刑法定原则比历史上任何时期都更广泛地规定在各国的立法中，也更严格地施行于各国的司法中，不仅如此，该原则业已成为国际社会公认的法制原则。在联合国的一些重要文件和国际公约中，罪刑法定原则被反复加以规定和强调。例如，1948年的《世界人权宣言》在第11条第2项规定："任何人的任何行为或不行为，在其发生时依国家法或国际法均不构成刑事犯罪者，不得被判为犯有刑事罪。刑罚不得重于犯罪时适用的法律规定。"1966年12月16日通过的《公民权利和政治权利国际公约》第15条第一项在原封不动地重申了上述规定后，紧接着又予以补充："如果在犯罪之后依法规定了应处以较轻的刑罚，犯罪者应予减刑"；第二项规定："任何人的行为或不行为，在其发生时依照各国公认的一般法律原则为犯罪者，本条规定并不妨碍因该行为或不行为而对任何人进行的审判和对他施加的刑罚。"由于罪刑法定原则为世界各国刑法和联合国的一些重要文件以及国际公约所规定，在现代世界各国法制日益完善的今天，该项原则已经深入人心，成为刑事立法与司法实践中被普遍遵循的基本原则。

对于我国来说，罪刑法定原则是西方国家的"舶来品"。清朝末年，罪刑法定思想由日本传入我国，光绪三十四年（1908）颁布的《宪法大纲》规定："臣民非按照法律规定，不加以逮捕、监察、处罚。"此后在宣统二年（1910）颁布的《大清新刑律》中第10条规定："法律无正条者，不问何者行为，不为罪。"该条规定可以说是罪刑法定原则在我国刑律中的最早表现。1928年"中华民国刑法"与1935年"中华民国刑法"都在第1条规定了罪刑法定原则，即"行为时之法律，无明文科以刑罚者，其行为，不为罪。"中华人民共和国成立以后，1979年《刑法》虽然没有明确规定罪刑法定原则，只规定了刑事类推制度，但是刑法学界大多数学者认为这部刑法是实行有限类推为补充的罪刑法定原则或者叫相对的罪刑法定原则。1997年《刑法》在第三条中明确规定了罪刑法定原则，这是我国刑事立法的一大进步。罪刑法定原则在我国1997年《刑法》中的正式确立，不仅有利于维护社会秩序，也有利于保障人权，它必将成为我国刑事立法发展史上一个重要的里程碑。

三、罪刑法定原则的思想基础

罪刑法定原则的思想渊源有现代意义上的思想渊源与早期思想渊源之别。一般认为，罪刑法定原则的早期思想渊源是自然法理论、三权分立思想、心理强制说①。

---

① 张明楷：《刑法格言的展开》，法律出版社1999年版，第19页。

（一）自然法理论

自然法又有理性法、客观法、上帝法、永恒法等称呼。从渊源上讲，古代自然法传统上可溯源至古希腊思想家的思想观念中。他们认为，自然法是宇宙法则或社会秩序原理的代名词或别称，是更高的或者终极的法律①。17、18 世纪时成为资产阶级反对封建神学世界观的政治革命的理论武器。

关于什么是自然法，法国的霍尔巴赫、英国的洛克在《自然政治论》和《政府论》等书当中都对其作了非常精辟的论述。霍尔巴赫认为："凡是理性示意于我们的一切的法都可以叫作自然法，因而它们的基础就建立在我们本性之中。它们都为我们的幸福这个目的服务；它们都是用来维护和巩固个人的全部幸福所仰赖的社会；它们都向我们提倡一些要求，不履行这些要求我们就得不到幸福；它们只有一个根源——人对幸福的企求，只有一个共同目的——为了人的幸福。"② 在这个说明中，自然法被赋予了两个最基本的内容：自然法等于人类理性，自然法是为了人的幸福。将自然法作为罪刑法定的思想基础，也就昭示了罪刑法定的价值不是别的，而是为了依照人类理性而追求人类的幸福。英国的洛克也主张自然法理论。他认为，人类在自然状态下是自由的，在法律产生之前，人类处于一种自然状态，这样的自然状态是一种完备无缺的自由状态，也是一种平等状态。自然状态并不是一种放任状态，而是存在一种人人所应遵守的"自然法"即人类理性。洛克指出："理性，也即自然法，教导着遵从理性的全人类：人们既然都是平等和独立的，任何人就不得侵害他人的生命、健康、自由或财产。""为了约束所有的人不侵害他人的权利、不互相伤害，使大家都遵守旨在维护和平和保护全人类的自然法，自然法便在那种状态下交给每一个人去执行，使每人都有权惩罚违反自然法的人，以制止违反自然法为度。"③ 根据他们的论述，自然法就是人类理性，是一种理念，人类除了遵循自己的理性之外，不应该有其他还需要遵循的规则，人类依据自己的理性行事是人的自然权利，而且这种自然权利不得依据任何理由被剥夺。但这种自然权利如果没有一定的存在方式，只是存在于人的观念之中，还难以形成统一的规则，难以形成所期待的秩序。因此，人类理性的保有又必须具有一种形式，即组成国家，制定法律，这种形式在刑法上的表现就是罪刑法定，即用法律规定需要用刑罚惩罚的行为，以限制国家权力对国民的侵害，同时以自然法即人类理性作为法律的基本内容，以实现法律的正义目标。这样一来，自然法就既是制定法律的依据，即以自然法作为制定法的实质依据，不依据自然法而制定的法律是不合理的，这样的立法是不公正也不符合人性的；同时，自然法也是评判法律是否公正的标准①。

（二）三权分立思想

三权分立思想由英国的洛克率先提出，法国的孟德斯鸠将其最终完成，它是罪刑法定原则的又一重要思想支撑。孟德斯鸠将国家权力划分为立法权、行政权和司法权，认为要保障公民的生命、自由与财产，必须进行权力的分立和相互制约，这样才能有效地避免权力滥用。在实行专制的社会，君主大权独揽，法自君出，定罪量刑没有客观的、统一的标准，而这显然适合罪刑擅断，却绝不利于保障公民的自由。按照三权分立的学说，立法机关依据正当的立法程序制定法律，这种法律具有最大的权威性、最普遍的约束力；司法机关必须正确适用法律，作出合法的判决；行政机关必须认真执行司法机关已经作出的最后判决，不得非法变更②。由此可见，为了防止罪刑擅断，立法、司法和行政权力不仅要分立，立法机关还应该以法律这种普遍、稳定的形式，对什么行为构成犯罪、对于犯罪处以何种刑罚，事先明文规定，司法机关只能根据立法机关事前的法律规定作出裁决。

三权分立说，实际上是提出了权力制衡的思想，这种思想从权力需要制衡的角度提出了罪刑法定的必要，"一个公民的政治自由就是一种产生人人自感安全的心境平安状态。为了享有这种自由，就必须要有一个谁也不必惧怕的政府"。"如果立法权和行政权集中在同一个人或同一执政机关之手，自由便不复存在；因为人们将害怕同一个国王或议会制定暴虐的法律，并以暴虐的方式执行这些法律。如司法权不从立法和行政权中分离出来，自由也不复存在。如司法权与立法权合而为一，公民的生命与自由将被置于专断的控制之下，因为法官就是立法者，如司法权与行政权合而为一，法官将对公民施以暴力和压迫，如同一个人，或同一机构（无论是贵族或人民的机构）行使这三种权力，即立法权、执行公共决议和审理个人案件的权力，则一切都完了。"③ 在这里，三权分立说的设计者应该根据这样一个前提，即人具有滥用权力的恶性，否则权力制衡就没有必要，如果有全知全能且不受诱惑还可以有办法在人群中脱颖而出的圣贤，权力制衡就没有必要，这样的圣贤永远将公平、正义的阳光雨露普施于人类，法律也将失去价值，但不存在这样的圣贤，或者即使存在也无从将这样的圣贤选出，更难以保证被选出的人不被巨大的权力诱惑，因而权力的制衡才成为必需，权力制衡

---

① 李洁：《论罪刑法定的实现》，清华大学出版社 2006 年版，第 26 - 29 页。

② ［法］孟德斯鸠：《论法的精神》（上册）张雁深译，商务印书馆 1961 年版，第 155 页。

③ ［法］孟德斯鸠：《论法的精神》（上册）张雁深译，商务印书馆 1961 年版，第 151 - 152 页。

的观念也就必然成为罪刑法定的思想基础之一。

　　（三）心理强制说

　　心理强制说是近代刑法学之父、德国刑法学家费尔巴哈提出的观点。费尔巴哈受到边沁功利主义哲学的启迪，认为人类行为的基本规律就是避苦求乐，犯罪行为的产生也是内在的苦乐动机支配人们行为的结果，因此，运用刑罚使犯罪行为蕴含痛苦，这样就能促使人们在实行犯罪与不实行犯罪的苦乐之间进行利弊的权衡比较，当犯罪之苦大于犯罪之乐时，避苦求乐的本能心理动机就会产生抑制、消除违法精神动向的效果，从而达到促使行为人选择适法行为的目的。为了使这种心理强制明确、可靠，立法机关就必须首先制定并公布一张"罪刑价目表"，通过明确规定犯罪与刑罚的范围和种类，使人们知道哪些行为是被刑法禁止的，实施这些行为将会遭受什么样的痛苦，这样人们就能够合理地计算选择自己的行为。按照费尔巴哈的设想，立法机关独立提前制定刑法，以成文的方式预告犯罪的种类与刑罚的幅度，人们就会在趋乐避苦心理动机的支配下，抑制犯罪意念和犯罪行为。如果刑法的规定含糊其词，可以随意解释与适用，人们就不可能对"什么是犯罪"以及"犯罪应受什么样的刑罚惩罚"有一个明确的认识，从而无法预见到自己的行为与刑罚之间的联系，无法进行权衡比较，预防犯罪的刑罚目的就难以实现。如果法官不是按照立法者已经事先规定清楚的法律照章办事，而是听凭个人意见处理犯罪，或者对法律作出随意理解，那么就会破坏犯罪与刑罚之间的对应关系，就无法使人们作出稳定的行为预期。如果允许刑法效力溯及既往，那么人们就根本不可能预测自己的行为会不会带来刑罚惩罚的痛苦后果。因此，为了实现理想的立法威慑目的，立法机关应该事先公布明确的刑法，其效力不能溯及既往，司法机关也必须严格遵守实定法，做到有罪必罚，非罪不罚。由此可见，费尔巴哈的心理强制说，为罪刑法定原则的产生提供了追求刑法安定性的思想基础。

　　以上所述的自然法理论、三权分立思想和心理强制说只是罪刑法定原则早期的思想基础，在当代西方国家，还有很多刑法学者一致认为，民主主义和尊重人权主义乃是罪刑法定原则的真正理论基础。民主主义认为：人民是国家的真正主人，因此国家的事情应当由人民自己来决定；那么什么是犯罪、对犯罪处以什么刑罚应当由人民说了算，但人民不可能每人都能参与立法，这就需要通过选举产生专门的立法机关，并由他们代表人民来进行立法；立法时规定什么行为是犯罪、处以什么刑罚，司法机关必须严格按照立法规定来执行。尊重人权主义的核心内容是：人的权利与自由在现代国家生活中处于十分重要的地位，国家有义务确保公民的权利和自由不受无端侵犯或限制。因此，为了既不妨害公民的权利与自由，又不至于使公民滥用权利与自由从而影响国家的正常生活秩序，就有必要使公民能够预测自己行为的性质和后果，以便他们能够选择有利于自己和社会的行为，故国家必须在事先规定什么是犯罪、对犯罪处什么刑罚。

四、罪刑法定原则的内容及其变迁

罪刑法定原则从产生之日起发展演变到今天，已经经历了几百年的历史。在这几个世纪中，世界各国的政治、经济、文化和社会状况，都发生了深刻的变化，这些变化必然反映到立法上，使法律在不断地修改和完善，以适应社会生活的需要。罪刑法定原则也经历了从绝对到相对的转变，两种类型的罪刑法定原则在内容上的差别，也集中反映了刑法立法由只注重形式合理性到同时兼顾实质合理性的观念和立场转变。

（一）绝对罪刑法定原则的内容

出于对封建罪刑擅断的恐惧，早期的罪刑法定原则是一种严格的、不容任意选择或变通的原则，它要求犯罪和刑罚的法律规定必须是绝对确定的，司法人员只能严格地执行既定的法律。在具体内容上，派生出四条原则：即禁止类推和类推解释，排斥习惯法，禁止事后法，禁止绝对不定期刑。

1. 禁止类推和类推解释：严格的罪刑法定[①]

罪刑法定原则的首要含义是禁止类推，可以说，在罪刑法定原则与类推之间是存在逻辑上的矛盾的。

类推是一种法律适用方法，从一开始它就是为弥补成文法之不足而发明出来的。它的存在使成文法成为一种开放的体系。"有法者以法行，无法者以类举"[②]，在很大程度上，类推扩大了成文法制涵括面，它使法律不仅适用于法律有明文规定的案件事实，而且适用于法律没有明文规定、但与法律规定之间具有最相类似的关系的案件事实。依法处理是建立在法律规定与案件事实之间在内容上具有同一性的基础之上的，而类推是建立在法律规定与案件事实之间在内容上具有类似性的基础之上的。

禁止类推是指如果对某一行为刑法并未加以明确禁止，那么就不能比照法律已有规定的最相类似的条文定罪量刑。如果允许类推入罪，那么就意味着法官造法，使其享有一种不经正常立法程序就可随时宣布某人的行为构成犯罪的权力，由于这种权力难以得到有效控制，这就为侵害公民的权利和自由留下了广泛的空间；此外，允许类推入罪，就等于否定成文刑法典的存在价值，这是由于类推的广泛适用最终将会使成文刑法变成一纸空文；而且，运用类推也无法起到一般预

---

① 陈兴良：《罪刑法定主义》，中国法制出版社 2010 年版，第 43－50 页。
② 《荀子·大略》。

防的作用，由于实行类推，对于一般公民而言，根本无法判断自己的行为在什么样的情况下会构成犯罪，因而无从实现一般预防的社会效果。刑法解释有很多方法。一般认为，罪刑法定原则只禁止类推解释，这是因为，类推解释是通过解释方法使法无明文规定的情形转化为法有明文规定的情形，因而与罪刑法定原则相悖；而扩大解释原则上并不禁止，这是因为，扩大解释是在法律有明文规定的情况下对刑法规定的某一内容所作的大于其字面含义的解释，从根本上讲没有违背罪刑法定原则的实质。但是，怎样明确界定扩大解释和类推解释的关系，是一个中外刑法都颇有争议的难题。

2. 排斥习惯法：书面的罪刑法定①

罪刑法定原则是以成文法为前提的。没有法律就没有犯罪，也就没有刑罚。这一格言中的法律，都是指成文法，这是毫无疑义的。因此，罪刑法定原则应当是书面的罪刑法定。当然，罪刑法定原则以成文法为前提并不意味着只要有成文法，就有罪刑法定原则。由于罪刑法定原则是以限制国家刑罚权、保障公民的个人的权利和自由为精神的，因而在我国封建社会虽然存在着十分发达的成文法，但不能认为存在罪刑法定原则。

书面的罪刑法定是排斥习惯法的。习惯法一般是在人类社会生活中形成的一种不成文的社会规则，由此可见，习惯法是与国家制定的正式法相对应的。它具有约定俗成的性质，并且具有不成文性，是书写在社会生活中的法律。而且，各个地域、民族、风俗的不同，习惯法的内容也会有所不同，甚至各个行业也有自己的习惯法。例如，我国学者认为中国传统社会的习惯法可以分为依据宗法家族而形成的宗族习惯法、基于地缘关系形成的村落习惯法、依据神权而形成的宗教寺院习惯法、由于业缘关系而形成的行业习惯法和行会习惯法、依据秘密社会组织而形成的秘密社会习惯法，以及少数民族中通行的少数民族习惯法②。由此可见，习惯法具有分散性的特征。应当指出，习惯法在其他部门法尤其是在民法中，可以作为国家制定法的补充，在民事司法中作为补充性的法源。但在刑法中则是排斥的，即司法机关不得依据习惯法对一个人定罪处刑。因为在法治国家，习惯法不得承认为是刑法的法源。

司法机关只能以立法者制定的公开的、成文的法律作为定罪量刑的依据。因为习惯法没有成文性、明确性等特点，无法使人们合理预测自己行为的效果，依据习惯法定罪量刑不仅难以起到心理强制的预防犯罪作用，而且还破坏了权力分立和立法权专属于立法机关的原则。

---

① 陈兴良：《罪刑法定主义》，中国法制出版社 2010 年版，第 50 – 53 页。
② 高其才：《中国习惯法论》，湖南出版社 1995 年版，第 12 页。

3. 禁止事后法：事先的罪刑法定①

罪刑法定原则要求对一个人定罪处刑必须依行为时生效的法律，即刑法不具有溯及既往的效力，在古代社会法律没有严格的形式与内容，因而具有极大的随意性。所谓言出法随、临事议制不预设法等，都是罪刑擅断的表现。在一个法治社会，法律对于公民来说具有可预见性，从而体现法的安定性②。

禁止事后法，首先是对立法权的一种限制。根据罪刑法定原则，立法机关不得制定事后法，即其立法对象是针对未然的行为，而非针对已然的行为。由此避免国家对已经发生的行为制定暴虐的法律并暴虐地加以适用，从而侵犯公民个人的权利和自由。

禁止事后法，其次是对司法权的一种限制。根据罪刑法定原则，司法机关也不得援用溯及既往的法律作为定罪量刑的根据。因为事后法是行为实行之后才制定的法律，只能针对它生效之后发生的行为，有了法律的事先规定，人们才能合理安排自己的行为、预见行为的效果。如果对已经发生的行为适用追溯既往的法律，那么行为人既无法提前预知自己行为的效果，更谈不上有守法的可能性。

4. 禁止绝对不定期刑：确定的罪刑法定③

禁止绝对不定期刑，也称为刑法的明确性原则。在这里，不确定与确定是相对应的。罪刑法定原则要求刑法规定具有确定性，这里的确定性具有两层含义：一是立法上的犯罪构成要件和刑罚的规定必须明确；二是刑罚适用的结果必须确定。构成要件明确，主要是指罪状的明确。罪状是对犯罪构成要件的描述，也是定罪的直接依据。如果罪状不明确，则使犯罪成立条件模糊不清，因而容易出入人罪。法律效果的确定，主要是指法定刑的确定。法定刑的确定，是指禁止绝对不确定刑。法定刑有绝对确定与绝对不确定之分。绝对不确定刑是指在刑法中没有对刑罚种类和幅度作出具体规定，而完全授权司法机关根据案情进行裁量。这种绝对不确定性违反了罪刑法定原则，是应当禁止的。当然，罪刑法定原则也并不要求绝对确定的法定刑，而只要求相对确定的法定刑。

具体来讲，禁止绝对不定期刑，一方面，是指立法机关制定的刑法条文不能对某种行为构成犯罪不规定具体的要件，亦不能只宣布某种行为构成犯罪而没有对该行为规定刑罚的具体后果，否则，按照费尔巴哈提出的"没有法定的刑罚就没有犯罪"的格言，该行为便不是犯罪，亦不得加以刑罚处罚。另一方面，禁止绝对不定期刑，也是指法官在裁量刑罚时不能只作不确定的刑期宣告，而必须做出具体的刑罚宣告。在世界刑事立法史上，法国1791年刑法典曾经规定了绝对

---

① 陈兴良：《罪刑法定主义》，中国法制出版社2010年版，第53－55页。
② 孙晓红：《法的溯及力问题研究》，中国法制出版社2008年版，第60页。
③ 陈兴良：《罪刑法定主义》，中国法制出版社2010年版，第55－56页。

确定的法定刑，试图完全排除法官的自由裁量权。其作出这一规定的缘由是完全基于对封建社会罪刑擅断主义的彻底否定。

（二）相对罪刑法定原则的内容

徒法不足以自行。由于过分强调法律的明确性和确定性，而把司法活动视为一种简单的三段论式的推理，早期罪刑法定原则所提出的主张很快在实践中遭遇到严峻挑战。在追求实质合理性思想的影响下，传统的绝对罪刑法定原则被予以修正，发展成为一种较为灵活的相对的罪刑法定原则。由此，上述四个派生原则也分别被注入了新的内容：

首先，在定罪的根据上，类推解释的要求经历了由禁止一切类推解释到只是禁止不利于被告人的类推解释的过程，也就是说，如果类推解释有利于行为人，则这样的解释是被允许的。因为刑法当中存在一些有利于被告人的规定，而这些规定由于文字表述以及立法疏漏的缘故，按照其文字含义适用时会造成不公平现象。所以，允许有利于被告人的类推解释，可以弥补严格规则导致的个案不公正，从而有助于从本质上实现对公民权利和自由的根本保障。

在我国，罪刑法定原则的确立与刑事类推制度的废除紧密联系在一起。在对1979年刑法进行修改的过程中，围绕刑事类推制度的存废问题，中国刑法学界展开了激烈的理论争鸣并最终形成了三种观点：永久保留说、暂时保留说和立即废止说。随着研讨的进一步深入，立即废止说成为占主导地位的观点，1997年刑法最终废止了刑事类推制度，并且在刑法第三条规定了罪刑法定原则。刑事立法的这一变化，反映出我国绝大多数刑法学者的共识：即类推制度与罪刑法定原则在价值上是冲突的、功能上是相悖的。

其次，在刑法的法源上，虽然习惯法的特点决定了它难以起到限制司法权力的作用，因而仍然不能成为刑法的渊源，但是，人们在解释犯罪成立的条件时，往往还要考虑到习惯法的因素；而且，如果行为人是根据有利于自己的习惯法而实施了某一行为，尽管客观上对社会造成了危害，却可以缺乏违法性认识的可能性为由排除犯罪的成立。这是因为，最初的罪刑法定原则对习惯法的排斥不仅包括渊源，也包括法律解释。但这种绝对性随着历史的发展已有所改变，就目前来看，排斥习惯法一般是指法律渊源方面的排斥，而不包括法律解释上的排斥。因为事实上刑事审判实践的许多方面都有赖于习惯法的解释，比如日本学者对水利权、猥亵、不作为犯的作为义务等所作的解释都是依据社会普遍习惯来加以认定的。

再次，在刑法的溯及力上，正是由于禁止事后法的目的在于保障公民的行为自由，所以如果行为后制定的法律对行为人更加有利，就可以追溯既往适用新法。禁止溯及既往原则演变成为允许采用从旧兼从轻的原则。即行为实施时的法律（行为时法）不认为是犯罪行为，虽行为实施后的法律（事后法）认为是犯罪行为，也不能依据行为实施后的法律定之为犯罪并加以处罚。但是如果行为实施后的法律（事后法）不认为是犯罪或者处罚较轻的，可以溯及既往。这是由于罪刑法定原则的根本宗旨在于保障人权和自由，这就使得各国刑法在坚持这一原则的过程中存在着一个例外：就是当事后法有利于被告人时，可以有溯及力。

最后，在刑罚的种类上，绝对确定的法定刑虽然能够排除法官的恣意妄为，但由于过分机械、僵硬，缺乏灵活性，反而不能实现刑罚正义。因此，现代各国的刑法都规定了相对确定的法定刑，即刑法在对刑罚种类作出明文规定的前提下，可以规定出具有最高刑和最低刑的量刑幅度，法官有权根据案件的具体情况，在法定的量刑幅度内选择适当的刑种和刑期。这种既确定又相对的法定刑种类，不仅能够有效限制法官可能滥用的自由裁量权力，而且也有利于实现犯罪与刑罚的均衡。

在对罪刑法定原则具体内容的认识上，我国刑法学者对这一问题的认识并非完全一致，而是形成了不同的看法，其中较有代表性的观点认为罪刑法定原则包含三条基本要求：

一是法定性。即对于犯罪与刑事责任的规定都必须以成文法的形式确定下来。第一，犯罪的法定性，就是指"法无明文规定不为罪"，对于什么行为是犯罪必须有法律的明文规定。第二，刑事责任的法定性，就是指"法无明文规定不处罚"，对于各种犯罪如何处罚应以刑法的规定为依据。

二是合理性。即刑法对认定犯罪的范围必须合理，对犯罪所规定的刑事责任必须合理。第一，处罚范围的合理性，意味着立法者只能将值得作为犯罪处罚的行为规定为犯罪，而不能处罚不当罚的行为。也就是说，刑法不能介入公民生活的各个角落，只有在其他法不能充分抑止、预防某种危害行为时，才能由刑法进行规制。第二，处罚程度的合理性，意味着罪与刑的相适应，排斥残酷的、不均衡的刑罚。在刑事立法上做到罪刑相适应，一方面是指各种犯罪的法定刑应与该犯罪的社会危害性及其人身危险性可能达到的最高度与最低度相适应；另一方面是指各种犯罪的法定刑之间必须协调，不能对轻罪规定重刑，也不能对重罪规定轻刑。

三是明确性。即刑法对什么行为是犯罪，对什么样的犯罪行为应追究什么样的刑事责任，都有应当作出明白无误的规定。明确性的要求有两点：第一，刑法对犯罪构成的规定必须明确，明确的标准是：刑法所作出的规定能够明确告诉一般人和司法工作人员什么行为是犯罪。第二，刑法对刑事责任的规定必须明确。其中主要是指对法定刑的规定必须明确。也就是说，"在刑事立法上不允许对刑种、刑罚幅度不作任何规定的那种绝对不定期刑的存在。"[①] 有的学者则认为，

---

① 　张明楷：《刑法学》（上），法律出版社 1997 年版，第 42 - 44 页。

"法律主义原则、禁止事后法、禁止类推解释、禁止绝对的不定期刑和刑罚法规适当原则"① 是罪刑法定原则的基本内容。也有的学者指出："'以往，刑法理论认为，罪刑法定原则的内容是成文法主义、禁止类推解释、禁止事后法、禁止绝对不定期刑，这被称为形式的侧面；后来又要求刑法的内容适当、正当，派生出禁止不明确的刑罚法规（明确性原则）、禁止处罚不当罚的行为与禁止残酷的、不均衡的刑罚的要求，这被称为实质的侧面。'事实上，罪刑法定原则的内容与要求是无限的，即凡是违反罪刑法定原则的思想基础或基本理念的，都是违反罪刑法定原则的。特别是民主主义原理决定了任何违反人民群众意志的解释与做法，都违反罪刑法定原则。"② 对于以上各位专家学者的不同争议，笔者基本上赞同张明楷教授的观点，即认为罪刑法定原则的基本内容应当包括法定性、合理性和明确性三个方面的内容。

五、罪刑法定原则的内容阐释与解读

关于罪刑法定原则的内容，除了从绝对的罪刑法定和相对的罪刑法定两个视角来加以考察外，我们还可以从其规定的内容及其形式对其作更进一步的解读。具体而言，我们可以将其分为片面意义的罪刑法定与全面意义的罪刑法定以及形式侧面的罪刑法定与实质侧面的罪刑法定两个相互对应的基本范畴。

（一）片面意义的罪刑法定与全面意义的罪刑法定

片面意义的罪刑法定与全面意义的罪刑法定是从罪刑法定原则所论述的内容角度来进行划分的。从这一内容的划分中，我们不仅可以发现其内容的表述是否科学精当，而且可以发现其对人权与自由的保障是否达到完美的程度。

1. 片面意义的罪刑法定

关于片面意义的罪刑法定，是指论者对罪刑法定原则所论述的内容不够全面，有所欠缺，具有明显的片面性色彩。关于这一意义上的罪刑法定的基本含义最为典型的表述就是没有法律就没有犯罪，没有法律就没有刑罚。其最经典的表述就是"法无明文规定不为罪，法无明文规定不处罚"。对这一法谚分开进行解释，我们不难发现，"法无明文规定不为罪"，即意味着"无法无罪"，"法无明文规定不处罚"，即意味着"无法无刑"。从以上这一表述所包含的内容当中，我们可以看出，这一表述的最大的缺陷就在于其只有出罪出刑的论述，而没有入罪入刑的论述。这是因为，"法无明文规定不为罪，法无明文规定不处罚"，都是从否定的角度对罪刑法定原则的内容进行解读的，它只是强调了"无法无罪、无法无刑"这一个侧面，而对"有法有罪、有法有刑"这一侧面则全然置若罔

---

① 赵秉志主编：《刑法基础理论探索》，法律出版社 2003 年版，第 375 页。
② 张明楷：《刑法格言的展开》，法律出版社 2003 年版，第 30 页。

闻，因此，其片面性由此可见一斑。尽管不论其出处来自何处，在刑法学界至今存疑，但我们在对其内容的解读上，可以明显看出其表述存在的不足。这也是我们在研究罪刑法定原则的内容时不容忽视的一个重大问题。与上述片面意义的罪刑法定的法谚相类似的还有 1810 年的《法国刑法典》与 1930 年的《意大利刑法典》。1810 年《法国刑法典》第 4 条规定："没有在犯罪行为时以明文规定刑罚的法律，对任何人不得处以违警罪、轻罪或重罪。"1930 年《意大利刑法典》第 1 条规定："任何人不得因未被法律明文规定为犯罪的行为而受到处罚，也不得被处以法律未规定的刑罚。"这些刑法典的规定，都只规定了罪刑法定原则的出罪出刑功能，而没有涉及罪刑法定原则的入罪入刑功能，因此，其内容在很大程度上是不完整的。正因为如此，我们认为，要想对罪刑法定原则进行科学合理的界定，仅仅从否定性视角是难以企及的。它告诉我们，要想圆满地界定任何一个方面的法律概念，不仅要注意其内容的完整性，更要注意其表述的科学性，否则其缺陷的存在则是不可避免的。

　　2. 全面意义的罪刑法定

　　关于全面意义的罪刑法定，是指论者对罪刑法定原则所论述的内容非常全面，没有欠缺，不带有任何片面性的色彩。关于这一意义上的罪刑法定的基本含义最为典型的表述就是我国 1997 年《刑法》第三条的规定，即"法律明文规定为犯罪行为的，依照法律定罪处刑；法律没有明文规定为犯罪行为的，不得定罪处刑"。也就是说，某种行为只有被法律明文规定为犯罪行为的，才能依照法律定罪处刑；如果某种行为没有被法律明文规定为犯罪行为的，无论其不法行为的社会危害性有多大，也不得对其进行定罪处罚。从我国 1997 年《刑法》第三条的规定来看，这一规定分为前后两段，其中第一段的内容是"法律明文规定为犯罪行为的，依照法律定罪处刑"，这一内容意味着某种行为只有被法律明文规定为犯罪行为的，才能依照法律定罪处刑，这是对行为人何种行为应当入罪且应当定罪处刑的规定。其中第二段的内容是"法律没有明文规定为犯罪行为的，不得定罪处刑"，这一内容意味着某种行为如果没有被法律明文规定为犯罪行为的，无论其不法行为的社会危害性有多大，也不得对其进行定罪处罚。这是对行为人何种行为不应当入罪且不应当定罪处刑的规定。从我国 1997 年《刑法》第三条的规定来看，它不仅有对行为人的行为入罪入刑的规定，也有对行为人的行为出罪出刑的规定，因此，相较于前述片面意义上的罪刑法定原则的规定，它的内容更加全面细致，也更加科学合理。因此，我们认为，我国刑法对罪刑法定原则的规定，克服了片面意义的罪刑法定原则所存在的缺陷，因而其科学性是不言自明的。

　　从片面意义的罪刑法定到全面意义的罪刑法定，我们不难发现前者所存在的问题与局限，而且可以看出后者规定的科学与合理。通过两者的不同比较，我们认为，全面意义上的罪刑法定原则不仅在立法规定上更为细致，而且更为合理，它可以更好地保障公民的人权与自由，这也是我国刑法立法工作者功不可没之处。

（二）形式侧面的罪刑法定与实质侧面的罪刑法定

关于罪刑法定原则的基本内容，张明楷教授认为可以分为形式的侧面与实质的侧面两个方面：前者包括法律主义、禁止事后法、禁止类推解释和禁止不定期刑，后者包括刑罚法规的明确性原则和刑罚法规内容的适正的原则①。

1. 罪刑法定原则形式的侧面

法律主义、禁止事后法、禁止类推解释、禁止不定期刑，是罪刑法定原则的传统内容，被称为"形式的侧面"。形式的侧面旨在限制司法权，即要求法院严格执行立法机关制定的法律，这体现了形式法治的观点，这一观点寻求的是法律的形式合理性。

法律主义，是指规定犯罪及其后果的法律必须是成文的法律，法官只能根据成文法律定罪量刑。这是因为刑罚权源自国家主权，只有代表民意的最高立法机关才能依法定程序制定涉及公民生命、自由和财产的刑罚法规，而司法机关必须在此类法规明确规定的范围内定罪判刑，以实现对公民个体权利的保障。就我国而言，只有全国人大及其常委会才能制定涉及犯罪及其后果的法律。由此可见，法律主义中所谓的法律是指狭义的法律，它既不包括地方性法规，也不包括行政法规和行政规章。

禁止事后法，这一原则要求必须在行为前以法律预先规定犯罪及其刑罚，换言之，只能对行为适用行为时法。行为时法必须是行为时已经生效的法律，"行为时"即行为人实施犯罪行为的时间，或者在不作为情况下指本应作为的时间。由于适用刑法的效果通常导致严厉的刑罚，故与其他部门法相比，刑法对事后法的禁止极为严格。

禁止类推解释是罪刑法定原则的一个内容。罪刑法定原则所禁止的类推解释是"超出了通过解释才可查明的刑法规范规定的内容"，是"为制定新法律规范目的而类推"②。严格来说，类推解释在刑法解释中之所以被禁止，根本原因是其并非法律解释方法，而是法律漏洞补充方法。法律解释与法律漏洞补充方法之间存在一个重要区别，即法律解释的活动只在可能的文义范围内为之，而法律补

---

① 张明楷：《刑法学》，法律出版社 2011 年版，第 53 页。

② ［德］汉斯·海因里希·耶塞克，［德］托马斯·魏根特著：《德国刑法教科书》，徐久生译，中国法制出版社 2001 年版，第 166 页。

充的活动则只在法律可能文义范围之外为之。

禁止不定期刑是罪刑法定原则的又一个重要的内容。法定刑必须有特定的刑种与期限。刑种、期限绝对不确定的刑罚（如只规定"犯……罪的，判处刑罚"或者"犯……罪的，判处有期徒刑"）不能防止司法恣意，违反了罪刑法定的要求。

2. 罪刑法定原则实质的侧面

刑罚法规的明确性原则、刑罚法规内容的适正原则来源于作为罪刑法定原则思想基础的民主主义和尊重人权主义，被称为"实质的侧面"。实质的侧面主要在于限制立法权，反对恶法亦法，是实质法治的表现。实质法治不仅强调所有人都在法律之下，而且主张以实在法之外的标准衡量和检测法律，这一观点寻求的是法律的实质合理性。

明确性原则，即规定犯罪的刑事立法条文必须明确清晰，不允许模棱两可或意义含糊，以便国民能够确切地了解其中的内容，并对犯罪行为与非犯罪行为的范围有所认知，确保刑法没有明文规定的行为不会成为刑罚惩罚的对象。

禁止处罚不当罚的行为，是指对某一行为作为犯罪规定刑罚有合理的依据。即使刑罚规范本身是明确的，如果其内容欠缺处罚的必要性和合理根据，就不符合刑罚规定的适当性要求。因此，禁止处罚不当罚的行为，就是指刑罚法规只能将具有处罚根据或者说值得科处刑罚的行为规定为犯罪，从而限制立法权。

禁止不均衡的刑罚，是罪刑法定原则的重要内容。不均衡的刑罚意味着设定的刑罚与对应的罪行之间存在不对等，因此不具有实质合理性。要禁止不均衡的刑罚，就必然反对残虐的刑罚。残虐的刑罚，是指以不必要的精神、肉体的痛苦为内容，在人道上被认为是残酷的刑罚。既然是不必要的和残酷的，那么，它相对于任何犯罪而言都必然是不均衡的。

形式侧面的罪刑法定与实质侧面的罪刑法定，前者是对司法的限定，后者是对立法的限定。虽然张明楷教授将其分为两个不同的侧面，但也并非完全合理，因为其形式侧面的罪刑法定虽然强调是对司法的限定，但是在立法中是否也应当遵守，这是一个值得研究的问题，因为禁止事后法、禁止类推解释、禁止不定期刑等罪刑法定原则的派生原则，不仅仅单纯是对司法工作人员在执法过程中的法律限制，对于立法工作者而言，也同样应当遵守。这是因为，如果立法工作者不遵守这些原则，也同样会对罪刑法定原则造成破坏，其后果也是非常严重的。例如禁止类推制度，不仅对司法工作者而言，要一体遵守，对于立法工作者也同样要予以重视。既然我国 1997 年《刑法》第三条明确规定了罪刑法定原则，那么在刑法立法中废除类推也就情在理中。其次，在张明楷教授所说的刑罚法规内容的适正原则中，禁止处罚不当罚的行为与禁止不均衡的、残酷的刑罚，这两个方面的内容其实是罪刑相适应原则的内容，因为有罪必罚，无罪不罚，重罪重罚，轻罪轻罚，同罪同罚，罚当其罪，无不体现在禁止处罚不当罚的行为与禁止不均衡的、残酷的刑罚的适正原则之中，而将这两个方面的内容归于罪刑法定原则之中，有混淆罪刑法定原则与罪刑相适应原则内容的嫌疑。因此，我们认为，对于罪刑法定原则将其分为形式的侧面与实质的侧面是不科学的，也是不合理的。虽然对罪刑法定原则的基本含义可以作形式的理解与实质的理解，但是这已与形式侧面的罪刑法定与实质侧面的罪刑法定是完全不同的两回事，我们决不可对罪刑法定原则各执一端，对其基本内容进行撕裂，将罪刑法定原则与罪刑相适应原则的内容混为一谈，否则将会对刑事立法与刑事司法工作均产生不利的影响。

六、罪刑法定原则的立法体现

修订后的 1997 年《刑法》和其后颁行的刑法修正案以及单行刑法中，罪刑法定原则的内在要求和基本精神都得到了更加全面、更加系统的体现，具体表现为两个方面，即罪之法定和刑之法定。

（一）罪之法定

犯罪法定化是刑罚法定化的基本前提，是罪刑法定原则的根本要求之一。我国刑法中的罪之法定，具体体现为：

其一，明确规定了犯罪的概念。我国 1997 年《刑法》第十三条规定："一切危害国家主权、领土完整和安全，分裂国家、颠覆人民民主专政的政权和推翻社会主义制度，破坏社会秩序和经济秩序，侵犯国有财产或者劳动群众集体所有的财产，侵犯公民私人所有的财产，侵犯公民的人身权利、民主权利和其他权利，以及其他危害社会的行为，依照法律应当受刑罚处罚的，都是犯罪。"这一概念从根本上回答了什么行为是犯罪以及犯罪行为的本质与基本特征等问题，为划分罪与非罪的界限提供了总的原则性标准。通过这一概念，我们可以将犯罪行为的特征概括为：社会危害性、刑事违法性、应受刑罚惩罚性。

其二，明确规定了犯罪构成的共同要件。修订后的 1997 年《刑法》第十四条至第十八条明确规定了犯罪构成的共同要件。第十四条规定了故意犯罪，即"明知自己的行为会发生危害社会的结果，并且希望或者放任这种结果发生，因而构成犯罪的，是故意犯罪"。第十五条规定了过失犯罪，即"应当预见自己的行为可能发生危害社会的结果，因为疏忽大意而没有预见，或者已经预见而轻信能够避免，以致发生这种结果的，是过失犯罪"。第十六条是对意外事件与不可抗力的规定，根据该条规定："行为在客观上虽然造成了损害结果，但是不是出于故意或者过失，而是由于不能抗拒或者不能预见的原因所引起的，不是犯罪。"第十七条是对刑事责任年龄的规定，根据该条规定："已满十六周岁的人犯罪，应当负刑事责任。已满十四周岁不满十六周岁的人，犯故意杀人、故意伤害致人重伤或者死亡、强奸、抢劫、贩卖毒品、放火、爆炸、投毒罪的，应当负刑事责任。已满十四周岁不满十八周岁的人犯罪，应当从轻或者减轻处罚。因不满十六周岁不予刑事处罚的，责令他的家长或者监护人加以管教；在必要的时候，也可以由政府收容教养。"第十八条与第十九条是对刑事责任能力的规定，根据该两条规定："精神病人在不能辨认或者不能控制自己行为的时候造成危害结果，经法定程序鉴定确认的，不负刑事责任，但是应当责令他的家属或者监护人严加看管和医疗；在必要的时候，由政府强制医疗。间歇性的精神病人在精神正常的时候犯罪，应当负刑事责任。尚未完全丧失辨认或者控制自己行为能力的精神病人犯罪的，应当负刑事责任，但是可以从轻或者减轻处罚。""醉酒的人犯罪，应当负刑事责任。""又聋又哑的人或者盲人犯罪，可以从轻、减轻或者免除处罚。"这些规定表明，认定一切犯罪的成立都必须具备犯罪主体要件、犯罪主观要件、犯罪客体要件和犯罪客观要件。对犯罪构成共同要件的规定不仅是刑法关于犯罪构成理论在刑事立法中的体现，而且也为认定犯罪提供了一般的标准。

其三，明确规定了各种具体犯罪的构成要件，增强了法条的可操作性，为司法机关准确定罪提供了具体的法律依据。我国1979年《刑法》由于对各种具体犯罪的规定较为笼统，因此在司法实践中法条的可操作性不强，需要借助于大量的司法解释来解决很多具体犯罪的适用问题。1997年《刑法》在立法规定上，克服了1979年《刑法》存在的诸多弊病与缺陷，在刑法分则中对于各种具体犯罪的构成要件从旧刑法的粗线条逐步实行了细化，从而使法条的可操作性大增。例如，1997年《刑法》第一百一十条规定："有下列间谍行为之一，危害国家安全的，处十年以上有期徒刑或者无期徒刑；情节较轻的，处三年以上十年以下有期徒刑：（一）参加间谍组织或者接受间谍组织及其代理人的任务的；（二）为敌人指示轰击目标的。"该条的规定对于间谍罪的客观表现行为作了明确规定，对于司法机关如何认定该罪就提供了一个具体的法律依据。又如《刑法》第一百一十六条规定："破坏火车、汽车、电车、船只、航空器，足以使火车、汽车、电车、船只、航空器发生倾覆、毁坏危险，尚未造成严重后果的，处三年以上十年以下有期徒刑。"该条不仅对破坏交通工具罪的客观行为方式及其后果作了明确规定，同时还对其犯罪对象作了明文规定。因此，在司法实践中，只要将具体的犯罪要件与司法实践中所发生的实际案件进行契合，就可以顺利地解决定罪的问题。

其四，紧随时代的变化，对1997年《刑法》原有规定的不足之处，主要通过刑法修正案的方式及时进行了增删修补的完善工作，使认定犯罪的范围、种类和条件更加清楚明确。自从1997年《刑法》颁布实施以后，我国的政治、经济形势又发生了一系列变化，为了适应我国新的历史条件下对犯罪打击的需要，全国人大常委会审时度势，及时制定和颁布了一系列单行刑法，从而对刑法规定之不足作了弥补和完善。1997 年《刑法》实施以后，全国人大常委会分别于 1998 年 12 月 29 日通过了《关于惩治骗购外汇、逃汇和非法买卖外汇犯罪的决定》（以下简称《决定》）、1999 年 12 月 25 日通过了《中华人民共和国刑法修正案》（以下简称《刑法修正案》）、2001 年 8 月 31 日通过了《中华人民共和国刑法修正案（二）》、2001 年 12 月 29 日通过了《中华人民共和国刑法修正案（三）》、2002 年 12 月 28 日通过了《中华人民共和国刑法修正案（四）》、2005 年 2 月 28 日通过了《中华人民共和国刑法修正案（五）》、2006 年 6 月 29 日通过了《中华人民共和国刑法修正案（六）》、2009 年 2 月 28 日通过了《中华人民共和国刑法修正案（七）》、2011 年 2 月 25 日又通过了《中华人民共和国刑法修正案（八）》、2015 年 8 月 29 日通过了《中华人民共和国刑法修正案（九）》、2017 年 11 月 5 日通过了《中华人民共和国刑法修正案（十）》、2020 年 12 月 26 日通过了《中华人民共和国刑法修正案（十一）》。以上《决定》和历次《刑法修正案》对我国刑法典规定之不足及时作了增删修补的完善工作，从而切实地体现了刑法所规定的罪刑法定原则。

其五，明确规定我国在刑法溯及力问题上仍然采取从旧兼从轻原则。我国刑法关于溯及力问题的规定，在新中国成立初期的一些单行刑事法律中，采取的是从新原则，新的法律有溯及既往的效力。1979 年我国制定的第一部《刑法》，在溯及力问题上明确采取了从旧兼从轻的原则。1981 年以后，全国人大常委会又陆续颁布了一些对 1979 年《刑法》进行修改、补充的单行刑事法律。这些单行刑事法律在溯及力问题上，大多数采用的仍是 1979 年刑法中所规定的从旧兼从轻原则，但也有少数法律采取了其他一些原则，如 1982 年 3 月 8 日全国人大常委会通过的《关于严惩严重破坏经济的罪犯的决定》，采取的是有条件的从新原则，它将犯罪分子是否在限定的日期内投案自首或坦白检举作为这一单行刑事法律有无溯及力的根据。又如，1983 年 9 月 2 日全国人大常委会颁布的《关于严惩严重危害社会治安的犯罪分子的决定》，采取的是从新原则，该决定第三条规定："本决定公布后审判上述犯罪案件，适用本决定"。这些单行刑事法律之所以在溯及力问题上作了一些变更，是出于严厉惩治某些犯罪的需要，尽管这对于打击犯罪会起到一定的作用，但事实上不利于对被告人的人权进行保障，而且这些不同的溯及力规定从本质上是与罪刑法定原则相抵触的。正因为这样，1997 年新修订的《刑法》，根据罪刑法定原则的要求，在第十二条中再次明确规定了从旧兼从轻的溯及力原则。根据 1997 年《刑法》第十二条的规定："中华人民共和国成立以后本法施行以前的行为，如果当时的法律不认为是犯罪的，适用当时的法律；如果当时的法律认为是犯罪的，依照本法总则第四章第八节的规定应当追诉的，按照当时的法律追究刑事责任，但是如果本法不认为是犯罪或者处刑较轻的，适用本法。本法施行以前，依照当时的法律已经作出的生效判决，继续有效。"因为在我国1997年《刑法》第十二条中明确规定了从旧兼从轻的原则，所以，全国人大常委会在其后制定的一个《决定》和十一个《刑法修正案》中均贯彻了这一原则，从而克服了在刑法立法中对刑法溯及力的规定政出多门的不良现象，这无疑是我国刑法立法的一个重大进展。

（二）刑之法定

刑罚法定化是犯罪法定化的自然延伸，是罪刑法定原则的重要内容之一，没有刑之法定仍不可能有效地保障公民的合法权益。修改后的我国刑法刑之法定化主要体现在：

其一，明确规定了刑罚的种类。根据我国刑法的规定，刑罚分为主刑和附加刑。其中主刑，又称基本刑，是指只能独立适用的刑罚方法。主刑有两个特点：一是主刑只能独立适用，不能附加适用；二是对一个犯罪只能适用一个主刑，而不能适用两个以上的主刑。根据1997年《刑法》第三十三条的规定，主刑有管制、拘役、有期徒刑、无期徒刑和死刑五种。附加刑，又称从刑，是补充主刑适用的刑罚方法。其特点是，既可以附加适用，也可以独立适用（没收财产除外）。在附加适用时，对于一个犯罪还可以同时适用两个以上的附加刑。根据我国1997年《刑法》第三十四条、第三十五条的规定，附加刑包括罚金、剥夺政治权利、没收财产和驱逐出境四种。我国刑法对刑罚的种类及其适用的对象条件都作了明文的规定，这就要求司法人员必须根据案件具体情况依法适用刑罚，选择法定的刑罚种类。

其二，明确规定了量刑的原则和量刑的幅度。我国1997年《刑法》第六十一条规定了关于量刑的一般原则："对于犯罪分子决定刑罚的时候，应当根据犯罪的事实、犯罪的性质、情节和对于社会的危害程度，依照本法的有关规定判处。"除此以外，刑法还对量刑的一系列具体原则作了相应规定，例如根据犯罪主体的刑事责任能力规定了未成年人犯罪的量刑原则；根据犯罪行为的特殊形态规定了犯罪预备、中止与未遂的量刑原则；根据共同犯罪中行为人的作用分工的不同规定了主犯、从犯、胁从犯与教唆犯的量刑原则；根据自首、立功、坦白的情形不同，对其作出了从宽处罚的量刑原则；根据累犯的不同情形，对其作出了从重处罚的原则；等等。

其三，明确规定了各种具体犯罪的法定刑。我国刑法采用为具体犯罪设置相对确定的法定刑的方式，为司法人员在法定刑幅度内根据案件情况确定适当的宣告刑提供了法律依据，同时又避免了司法人员因无法可依而滥施刑罚的弊端。修订后的刑法关于具体犯罪法定刑的设置更加科学合理，它吸收了以往立法和司法实践的有益经验，从而更加具有可操作性。例如我国 1997 年《刑法》第二百六十三条规定："以暴力、胁迫或者其他方法抢劫公私财物的，处三年以上十年以下有期徒刑，并处罚金；有下列情形之一的，处十年以上有期徒刑、无期徒刑或者死刑，并处罚金或者没收财产：（一）入户抢劫的；（二）在公共交通工具上抢劫的；（三）抢劫银行或者其他金融机构的；（四）多次抢劫或者抢劫数额巨大的；（五）抢劫致人重伤、死亡的；（六）冒充军警人员抢劫的；（七）持枪抢劫的；（八）抢劫军用物资或者抢险、救灾、救济物资的。"这一规定较之于 1979 年《刑法》对第二档次的量刑幅度所作的笼统性规定显得更为细致具体，更为科学合理。

七、罪刑法定原则的司法适用

刑事立法上的罪刑法定原则要得到贯彻实施，有赖于司法机关实际的执法活动。尽管罪刑法定原则立法化会有力地改善和强化刑事司法，但是从我国的司法实践来看，切实贯彻执行罪刑法定原则，必须注意以下几个问题：

（一）改变执法观念，树立人权保障意识

在我国司法实践中，长期以来因受刑法工具主义观念的影响，导致司法工作者重打击轻保护，这对于刑法所担负的现代化机能无疑是一个严重的挑战，也是众多冤假错案不断滋生的温床。一般而言，刑法的机能主要体现在两个方面：一是刑法的社会秩序保护机能；二是刑法的人权保障机能。罪刑法定原则不仅要保护前者，更重要的是要保护后者。因为刑法如果离开了对人权的保障，其司法价值将会大打折扣。因此，作为司法工作者要认识到刑法规范不仅是动用国家刑罚权的根据，也是刑罚权行使的范围和界限。在惩罚犯罪时，着眼点是刑法已有明文规定的犯罪，而不是刑法没有明文规定的"犯罪"。遵循法无明文不为罪，不仅有利于保障公民个人的自由，而且也有助于形成稳定的法律秩序。

（二）正确认定犯罪和判处刑罚

随着我国社会的不断向前发展与司法改革的不断进步，我国司法工作中无法可依的现象已成过往。但是，不可否认，中国刑事司法实务中还存在着有意无意曲解法律、忽视法律乃至无视法律的错误观念，以致有法不依、执法不严、违法不究、究不依法的现象。而按照罪刑法定原则的要求，刑事司法人员必须树立严肃的执法意识，对于刑法明文规定的各种犯罪，司法机关必须认真把握犯罪的本质特征和犯罪构成的具体要件，严格区分罪与非罪、此罪与彼罪的界限，正确掌握行为人罪责的大小和应判刑罚的轻重，做到定性准确，量刑适当。强化依法定罪量刑的法治意识，才能树立刑事法治的权威，进而通过正确的司法活动达到保护人民、惩罚犯罪、预防犯罪的刑罚目的。

（三）正确进行法律解释

根据我国宪法与相关法律的规定，全国人大及其常委会拥有立法解释权，最高人民法院与最高人民检察院拥有司法解释权。但不论是立法解释还是司法解释，不论以怎样的方法解释刑法规范，都必须以刑法已有的规定为依据，在不超出刑法用语可能具有的含义之内作出公平、合理、明确的解释。其中，对于刑法规定不够明确不够具体的犯罪，最高人民法院、最高人民检察院可以通过制定、颁布司法解释，指导具体的定罪量刑活动，这对于弥补立法之不足、统一规范和指导司法实务，具有重要的意义。此外，考虑到由"两高"制发的以书面文字为表现方式的规范性司法解释仍然存在需要进一步解释的问题，我们应该重视法官在审判活动中对具体个案所做的刑法适用解释。从某种意义上讲，真正对个案判决具有拘束力的，是法官的适用解释。

第三节　刑法平等原则

一、刑法平等原则概述

（一）刑法平等原则的历史源流

1. 平等的思想起源

平等成为人类不懈的追求并成为法律的最终目标，不是一种偶然性的巧合，而是人类社会发展的必然要求。从根源上讲，它源于人类社会的心理本能。而现代政治法律用语中的平等思想起源于古希腊。古希腊的智者学派在古希腊建立了城邦之后，提出了"人是万物尺度"的思想。这种思想突出人的主体作用，主张人人都有治理城邦的能力，人人都可以参加城邦的政治活动，法律也只是为了避免平等的人彼此为害而存在的。这种平等思想，在古罗马法律思想中得到进一步的发展。自然法学的先驱西塞罗从人性的角度探寻平等的观念，认为不同的国家、不同的民族，甚至奴隶都应该享有一样的公民权，人类自然平等，共享法与正义，法即是正当的理性。这种思想突破了古希腊家奴制和城邦国家的思想局限，将平等的范围进一步扩大，并将平等、正义、理性和法联系起来，使法律平等思想得到进一步发展。到了中世纪，平等的法律思想出现了退步，如托马斯·阿奎那认为：服从是神法和自然法的一条箴规，在人类事务中，地位较高的人必须靠上帝所规定的权能来向地位较低的人贯彻自己的主张，低级的人也必须按照自然法和神法所建立的秩序，服从地位比他们高的人①。神学思想家企图建立一个人人皆平等的神学平等观，最终却沦为证明等级制度合理性的工具。

---

① 参见《西方法律思想史资料选编》，北京大学出版社 1983 年版，第 109 页。

资产阶级革命前夕的启蒙思想家把平等的思想作为反对封建特权和专制的武器，提出了一系列的理论和学说。如洛克认为："人类天生都是自由、平等和独立的。"① 平等思想的集大成者卢梭，首先以敏锐的目光分析了人类不平等的根源，其在《论人类不平等的起源和基础》一书中，揭示了人类不平等的根源，卢梭认为："在自然状态中人们都是平等的，政治上财产上以及奴役被奴役的现象都没有，私有制的形成导致了财产上的不平等，随着国家的出现，这种不平等扩展到了政治上的不平等，封建专制就是不平等的顶点。"② 进而，卢梭在《社会契约论》中指出了怎样去恢复和保障人们在不平等的社会中所丧失的自由平等，认为只有人们成为契约的主体，才能因其自身的主体性获得平等的法律地位，这种契约平等虽然不及自然平等，但人们服从的是"公意"而不再是专制制度下的奴隶。卢梭还指出，平等绝不是指权力与财富的程度应当绝对相等，而是说，就权力而言，它应该不能成为任何暴力并且只有凭职位与法律才能加以行使……③更难能可贵的是，卢梭开始在法律框架内论述平等，并指出了法律和平等的关系，认为人的平等在本质上就是法律的平等，平等是法律的最终目的，法律就是为了维护平等的，"事物的经常倾向就是要破坏平等，而法律的经常倾向就应该是维护平等，在法律面前，每个公民都有平等的权利和义务，任何人都不能属于法律之上，如果一个国家管辖范围内有一个人可以不遵守法律，所有其他的人就必然会受这个人的任意支配，平等也就破坏了……"④

启蒙运动有力批判了封建专制主义、宗教愚昧主义和特权主义，宣传了平等、自由、民主的思想，为欧洲资产阶级革命做了思想准备和舆论宣传，接下来发生的资产阶级革命，把启蒙运动时期宣扬的平等思想以制度的形式固定了下来，创造了人类历史上的文明丰碑。1776 年美国的《独立宣言》中明确提出"人人生而平等"。1789 年法国《人权宣言》第 6 条规定："法律是公共意志的体现，全国公民都有权亲自或由其代表参与法律的制定，法律对所有的人，无论是实行保护或处罚，都是一样的，在法律面前公民都是平等的，故他们都能平等地按照其能力担任一切官职和公共职位，除德行和才能上的差别，不能有其他差别。"这是人类法制史上第一次以宪法的形式将平等原则确立下来，具有里程碑的意义。此后，许多西方国家的宪法中都明确规定了法律面前人人平等的原则。

以上简要介绍了平等作为政治法律思想的起源和在资产阶级革命后确立的过

---

① ［英］洛克：《政府论》（下篇），瞿菊农、叶启芳译，商务印书馆 1980 年版，第 59 页。
② ［法］卢梭：《论人类不平等的起源和基础》，李常山译，商务印书馆 1982 年版，第 109 页。
③ ［法］卢梭：《论人类不平等的起源和基础》，李常山译，商务印书馆 1982 年版，第 34 页。
④ ［法］卢梭：《论人类不平等的起源和基础》，李常山译，商务印书馆 1982 年版，第 70 页。

程。我们认为，资产阶级的平等观虽然在人类进步史上发挥了无与伦比的积极作用，但资产阶级法律平等观具有一定的局限性，它主张的是一种机会的平等，其承认实际的不平等，认为人的德行和才能是有差别的，故在法律上的地位也是有差别的，其平等的思想是资产阶级以其财产的力量能控制法律的制定和修改的前提下的平等，实际上是以财产的不平等代替社会出身造成的不平等①。

如上所述，平等作为一种法律思想或法律原则最初是在宪法性文件中得以确立的。人文科学的进步似乎是这样一个规律，进步的观念从思想领域进入哲学领域进而影响各个部门领域。刑法也不例外，在平等观进入刑法领域后，其自身具备了一个独自的发展脉络。通说认为，刑法学派分为新旧两大学派，这两派对平等的主张和认识大相迥异。刑法旧派从犯罪与刑罚的关系上来理解和认识平等，平等原则已然成为刑法旧派的核心因素，这种人类社会心理本能型的平等观虽然缺乏一定的目的合理性，却成为永恒的伦理命题。刑法新派的主张则在一定程度上突破平等的限制，特别是特殊预防论中对刑罚效果的青睐基本上否定了刑法旧派在罪刑关系上主张的平等原则，然而，从另外一个层面上看，刑法新派主张的平等则是"同样的危险性格同等对待"这样一种平等。以下介绍一下刑法新旧两派对刑法平等原则的基本观点。

2. 刑法旧派的平等观

（1）刑法旧派的平等观主要体现在报应刑论上

犯罪是刑罚的前提，刑罚是犯罪的后果，但是，为什么犯罪要以刑罚为法律后果，这涉及人们朴素的正义观问题。在原始社会，人类朴素的正义观表现为同态复仇，然而，同态复仇对形式上平等的追求往往超越必要的限度导致复仇过分。随着氏族制度的瓦解，基于地缘关系的国家组织代替了氏族部落，刑罚成了替代复仇习惯的惩罚方式。于是，同态复仇有了正义的限度：报应。报应体现了一定的对等性，根据以恶制恶的法则，为复仇设定了正义的限度，刑罚亦成了复仇的文明形式。在报应理论中出现了两个哲学流派，即事实报应论和价值报应论，虽然这两种哲学流派所主张的报应形态各异，但是在犯罪与刑罚应当对应以及对等的观点上是一致的，二者都以犯罪的客观尺度来衡量犯罪，包括：行为所侵害的社会关系的性质，犯罪实际造成的损害的大小，犯罪的手段、时间、地点等。而罪犯的主观恶性，包括罪过形式、犯罪目的、犯罪动机、犯罪人的一贯表现等，具有可变性和不确定性，其只是作为衡量社会危害性大小的一个次要方面。报应刑论将刑罚理解为对犯罪的等量报应，犯罪与刑罚之间的相当、平等的关系被看作是平等的报应。

---

① 薛瑞麟，陈吉双：《刑法上的人人平等原则》，载《政法论坛》1998 年第 5 期。

（2）刑法旧派的平等观主张个人责任

个人责任是刑法在平等受罚问题上对人的最大尊重。个人责任是指，只能就行为人实施的具有可责性的个人行为对行为人进行非难。由此观之，个人责任具有两个层面的含义：其一是行为人实施的行为具有可责性；其二是只能让行为人自身承担责任，不能殃及无辜。第一层含义讲的即是刑法责任原则。如果某一行为形式上符合犯罪构成要件，而不具备责任，那么此行为就不是犯罪。刑罚本身是对行为人的自由权、财产权甚至生命权的限制或剥夺，这种限制和剥夺必须以行为人对其行为负有责任为依据。只有能够把行为人实施的形式上符合构成要件的行为作为受谴责的对象而归属于行为人时，才能说行为人具有责任，才能够用刑罚处罚行为人。没有责任就没有犯罪，没有责任就没有刑罚，认定犯罪和判处刑罚都应当以行为人的行为中所体现的可谴责性的有无以及程度为依据，这是责任原则在刑法学中的基本含义。第二层含义讲的是责任自负。刑法旧派认为"鲜血不应溅落在不应受罚的人身上"，也即国家在进行刑事责任归属，进而作出刑罚处罚时，不能将他人应负的责任归咎于特定的个人，同时，也不能将犯罪人应承担的刑事责任转嫁给第三人。责任自负所对应的是团体责任，即只要构成犯罪，不仅追究责任者本人的责任，还要追究与犯罪人有关的人的责任。中国古代社会的连坐、缘坐制度就是这种团体责任的体现，如战国时期的《法经》中规定"越城者，一人则诛，自十人以上则夷其乡族"。当代刑法理论中，与责任自负原则相关联的问题是共同犯罪中的"部分实行、全部责任"原则是否违反平等原则的问题。共同犯罪中的"部分实行、全部责任"原则是指，在共同犯罪中只要行为人实施了一部分行为，对于由此共同犯罪造成的危害结果或者危险状态就要承担全部的刑事责任。该原则作为责任自负原则的延伸并未违反平等原则。按照刑法旧派所主张的平等观，行为人实施了一部分行为就应该只对其实施的行为承担责任，但是由于共同犯罪人之间具有共同的意思联络，共同犯罪行为与结果具有整体的因果性导致部分行为人的责任是不可分割的。由于刑法设置的主犯、从犯、帮助犯、教唆犯等共同犯罪人刑事责任大小的不同，共同犯罪中的"部分实行、全部责任"原则并不会造成共同犯罪人之间刑事责任的不平等。

（3）最平等的是机械的等量报应

所谓机械的等量报应是指对行为者施以同样的侵害以实现对其行为的报应。"杀人者死，伤人及盗抵罪"是机械的等量报应的经典描述。在报应刑论中，机械的等量报应是最赤裸裸的平等，因为这种报应不用将侵害行为和其所造成的结果折换成其他刑种，只以外在的客观侵害为唯一衡量标准，用最简单的对应方式对行为者施以同样的惩罚，让行为人遭受同样的侵害，罪与刑的对应关系转变为外在侵害的对比关系，中间没有裁量过程，更没有人身危险性等要素的介入，由此，这种机械的等量报应体现着最原始的最直接的平等。机械的等量报应源自人们最朴素的正义观，其是一个自给自足的逻辑体系，解决的最大问题就是罪刑平等的标准问题，而其他的报应都必须借助更高价值来进一步说明罪刑关系对应的标准问题。比如，对故意伤害行为施以徒刑，重伤害与轻伤害分别对应多长期限的徒刑，其不是一个简单的平等对应问题，而是一个价值综合衡量的问题，需要考量的价值因素众多，包括人类的耐刑度、社会经济的发展状况、各国之间刑期的对比、刑罚之间的平衡等等。我国1997年《刑法》第二百三十四条规定：故意伤害他人身体的，处三年以下有期徒刑、拘役或者管制；致人重伤的，处三年以上十年以下有期徒刑。故意伤害致人轻伤的行为何以对应三年以下有期徒刑、拘役或者管制的刑罚，致人重伤的行为何以对应三年以上十年以下有期徒刑的刑罚，是对各种价值综合评定之后的结果。

机械的等量报应虽然体现着最平等的观念，但是这种报应在现代刑法中并不存在，因为：其一，这种报应与现代刑法文明精神相悖，虽然最为平等，但往往也带着野蛮与残忍。现代刑法都强调刑罚的人道主义，即使是死刑，其在刑罚报应的量上也可能与犯罪行为相对应，但在适用死刑的方式上却无处不体现着刑罚的人道主义精神。其二，现代刑罚不仅仅是报应刑论的产物，也是刑罚功利主义的产物。刑罚的目的不仅仅是报应，还具有预防犯罪的目的。这就决定了刑罚的量不是基于报应而对犯罪行为和后果的简单对应，而是掺入了人身危险性等犯罪预防要素后"综合调制"的结果。机械的等量报应虽然在现代刑法中并不存在，但其作为一种价值追求却时刻指导着人们的生活实践和对刑罚适用结果的评判，也因此决定了，侵害行为或结果在多种价值选择背后折换成现代刑罚之后，其往往也不会脱离人们的朴素价值观评判之范围。如刑法中关于绝对死刑的规定，其存在就是人们追求等量报应的朴素价值观使然。

3. 刑法新派的平等观

（1）刑法新派主张实质的平等

传统的平等原则在刑法新派中并未受到太多的青睐，因为刑法新派产生的一个主要背景就是刑法旧派机械的平等观在控制犯罪、防卫社会上的不利。但是，刑法新派的主张却使刑法的平等原则走向了一个更高的层次，即实质平等。刑法新派的代表人物龙勃罗梭在研究犯罪人的生理特征时引入了生物学的方法，进而在分析犯罪人身体素质的基础上提出了"天生犯罪人论"。其学说的后来继承者菲利等人还对犯罪人进行了不同的分类，根据不同的分类分别施以不同的刑罚，才能起到预防犯罪的作用。由此可见，龙勃罗梭、菲利等人的刑罚理论完全摒弃了刑法旧派中关于犯罪与刑罚相对应的平等观念，以及规范功利主义主张的刑罚与已然的犯罪相适应的一般预防的观念，主张刑罚应该与犯罪人个人的人身危险性相适应，研究重心由犯罪行为转向犯罪人，也因此，忽略个体差异的传统的平等观被根据行为人个体性的因素而区别对待的另类实质平等观所代替。德国学者李斯特根据刑法新派的观点进一步提出了刑罚个别化的主张，即刑罚的运用应当进行个别的量定，标准就是犯罪人的性格、恶性、反社会性等。这种主张追求的是一种特别的实质平等，虽然与传统的罪刑平等观大相径庭，但在当代刑法体系中具有重要意义。有学者指出："刑法个别化过程所体现的罪刑相适应不是从行为上等量或等值报应刑论的罪刑相适应，而是从行为者个人各方面情况所决定的分配原则的罪刑相适应。这样的相适应体现真实平衡原则的罪刑相适应。通常称此为分配主义的罪刑相适应，是实质的罪刑相适应，也是现代刑罚体现实质合理化的具体措施之一。"①

（2）刑法新派的平等观是一种动态的平等观

刑法旧派罪刑关系中的平等强调的是已然的犯罪与刑罚对应关系的平等，刑罚产生的根据是已经实行完毕的犯罪行为，犯罪行为的危害性的大小决定了刑罚的轻重，正如贝卡里亚所指出的：犯罪的社会危害性越大，制止犯罪发生所需的手段就要越强、越有力。在刑法中必须有一个针对各种越轨行为进行轻重分类的阶梯，这个阶梯中包含了所有侵害公共利益的犯罪行为，从而也应该有一个针对犯罪行为强弱不等的惩罚阶梯。明智的立法者必须遵循这个规律，不应该使这种秩序产生混乱，不使危害性小的犯罪受到最强力度的惩罚，也不使危害性大的犯罪受到最弱力度的惩罚②。刑法旧派中这种刑从罪生以及行为危害性大小与刑罚之间的对等关系是一种固定的对等关系，这种关系自危害行为实施完毕时起便已经确定，而且不因任何因素产生变化，是一种静态的关系。而刑法新派罪刑关系的平等强调的是未然的犯罪与刑罚对应关系的平等。行为人实施犯罪行为后，由其行为造成的社会危害性的大小已经确定，但同等大小社会危害性背后行为人的人身危险性是不一样的。犯罪人的动机、目的以及犯罪后的表现均会对由社会危害性所决定的刑罚的量进行调整。虽然行为人的行为性质是一样的，但是对行为人却处以不同的刑罚，体现的是一种未然的犯罪与刑罚之间动态的对应关系。因为罪犯的主观恶性，包括罪过形式、犯罪目的、犯罪动机以及犯罪人的一贯表现等，具有可变性和不确定性，犯罪与刑罚之间的对应关系也因此具有了动态可变性。也因此，新派所主张刑权力运作的策略目标是：对犯罪的惩罚不是追求更少，也不是追求更严厉，而是力求更有效。

（3）刑法新派的平等观吸纳了人身危险性因素，适应了刑罚个别化的要求

---

① 甘雨沛：《比较刑法学大全》，北京大学出版社 1997 年版，第 527 页。
② ［意］贝卡里亚：《论犯罪与刑罚》，黄风译，北京大学出版社 2008 年版，第 17－18 页。

　　刑罚新派的平等观与刑法旧派相比，更能适应刑罚个别化的要求。由于刑罚旧派主张以外在的客观侵害结果来决定行为的社会危害性大小，进而决定刑罚的量，由此造成了不论行为人的人身危险性大小的不同，对同等的行为进行同等的处罚。而刑罚个别化要求在决定刑罚时应考虑犯罪人的人身危险性大小，即刑罚的轻重与犯罪人的人身危险性相适应。对那些人身危险性较大的犯罪人判处较重的刑罚，对那些人身危险性较小的犯罪人则判处较轻的刑罚。根据刑罚个别化的要求，审判人员在决定给予犯罪分子处以刑罚时，不能仅根据其罪中情节，还应考虑其罪前罪后的情节，如犯人的平时表现、生活状况、文化程度等，又如犯罪后的认罪态度、悔罪表现及检举揭发情况等。刑罚新派的平等观与刑罚个别化的要求不谋而合，其在刑罚裁量过程中所追求的实质平等，更能实现刑罚的特殊预防目的。

　　（4）刑法新派的平等观是对刑法旧派罪刑相适应的平等观的调整

　　刑法新派的平等观与刑法旧派主张的罪刑相适应的平等观并不相悖。不可否认，罪刑相适应的平等观所依据的犯罪事实主要是犯罪分子实施犯罪行为中的事实，但犯罪事实也应该包括罪前和罪后的事实，罪中事实和罪前以及罪后事实相互联系，不可分割。罪中事实是刑罚的基础事实，罪前和罪后事实是对基础事实的一种补充。如果刑罚裁量时只根据犯罪过程中的事实和后果的大小，不考虑行为人的人身危险性大小，就难以把握从重、从轻、加重、减轻的尺度，最终会导致重罪轻判或轻罪重判。现代刑法学中，广泛吸收刑法新派的平等观理念，对刑法旧派罪刑相适应的平等观进行了继承和发展，如关于刑法的时效问题，现代刑法学一般采用从旧兼从轻原则，就是考虑到行为人是否继续犯罪，即人身危险性的大小这一因素来决定是从旧还是从新，是追诉还是不予追诉。再如刑法中的加重、从重、减轻、从轻处罚的众多规定以及刑罚执行的变更，也是根据人身危险性大小对由犯罪事实所决定的刑罚的量所作的调整。因此，可以说刑法新派的平等观与刑法旧派罪刑相适应的平等观并不冲突，其是以犯罪事实为根据的基础上，吸纳了人身危险性因素对罪刑关系所作的调整。

　　4. 我国刑法平等原则的发展脉络

　　在我国长达二千多年的封建法律制度长河中，法律具有一元化的特征，刑法成为最主要的法律，法律的平等原则也主要体现在刑法上。如春秋战国时期的法家提出"法者，君臣之所共操也"①，"法不阿贵，绳不挠曲，刑过不避大夫，赏

---

① 《商君书·修权》。

善不遗匹夫"① 的适用刑法人人平等的思想②。法家关于刑法平等的思想虽然没有成为封建社会的主导思想，却对中国封建社会的法制起到了重大影响，在后世的封建刑法典籍中，也有关于刑法适用平等的规定，在封建司法体系中，也有执法如山刚正不阿的平等典范被世人传诵。但是，中国古代的所谓的刑法平等仅仅存在于刑法的适用领域，其根本目的是维护封建皇权的至高权威（封建统治者还是有超越法律的特权）和封建统治的长治久安，与现代社会中的刑法平等在适用范围、价值目标上有着天壤之别。

我国现代法律中的平等原则首先是从宪法性文件中得以确立的。早在 1934 年，《中华苏维埃共和国宪法大纲》中就规定"劳动人民在苏维埃法律面前一律平等"。新中国成立初期的《中国人民政治协商会议共同纲领》中也规定了男女平等和民族平等原则。我国的 1954 年《宪法》、1978 年《宪法》、1982 年《宪法》中都规定了"中华人民共和国公民在法律面前一律平等"。我国《刑法》在 1997 年修订以前没有"刑法面前人人平等"的规定，但在刑法适用中却强调："坚决做到有法必依、执法必严、违法必究，公民在适用法律上人人平等，不允许有任何特权。"③ 在 1997 年刑法的修订过程中，立法机关考虑到由于长期受封建思想的影响，法律面前人人平等这一宪法原则，实际上在我国现实生活中往往还不能真正做到。因此，在刑法中明文规定这一原则，有利于防止刑法适用中出现超越法律的特权，维护全体公民最基本的利益，尽管这个原则在我国现行的宪法中已有规定，但在刑法中再次明确规定是有其实际意义的④。我国 1997 年《刑法》第四条规定："对任何人犯罪，在适用法律上一律平等。不允许任何人有超越法律的特权。"这就是刑法适用平等原则在我国现行刑法中的明确体现。

（二）刑法平等原则的含义解读

1. 刑法平等原则的含义聚讼

对刑法平等原则进行含义解析，首先遇到的问题就是刑法平等原则是否仅指刑法适用上的平等，还是既包括刑法适用上的平等也包含立法上的平等。这也是理论界争论的焦点之一。如有论者认为 1997 年《刑法》第四条所指的平等是指适用刑法上的平等，即司法平等，并不包括立法平等。立法上是否平等，并不影响司法上即在适用法律上一律平等⑤。还有论者认为，刑法平等是指立法上和司

---

① 《韩非子·五蠹》。

② 薛瑞麟，陈吉双：《刑法上的人人平等原则》，载《政法论坛》1998 年第 5 期。

③ 彭真：《关于刑法（草案）、刑事诉讼法（草案）的说明》，载北京政法学院刑法教研室编：《我国刑法立法数据汇编》1980 年版，第 203 页。

④ 陈忠林：《刑法面前人人平等原则——对〈刑法〉第 4 条的法理解释》，载《现代法学》2005 年第 4 期。

⑤ 何秉松：《试论新刑法中法律面前人人平等原则》，载《法律科学》1997 年第 6 期。

法上两方面的平等，并且二者的关系是相辅相成缺一不可的，没有立法上的平等，司法上的平等则无从谈起，没有司法上的平等则立法上的平等形同虚设①。在这两种截然不同的观点中，前者占了主流，也因此，我国 1997 年《刑法》第四条被最高人民法院的司法解释冠以"适用刑法平等原则"的名称。

刑法的平等究竟是指适用（司法）的平等还是适用的平等与立法的平等两者兼有，需要从法理学界和宪法学界关于法律平等的内涵之辩论开始谈起。在新中国第一部《宪法》诞生之后，法理学界和宪法学界就曾掀起过一场关于法律面前人人平等原则的辩论。但在随之而来的"文化大革命"造成的法律虚无主义的大背景下，法律面前人人平等原则丧失了探讨和研究的土壤，变得销声匿迹。党的十一届三中全会重新确立了法律面前人人平等，关于法律面前人人平等原则的探讨重新回到理论界。一种观点认为法律面前人人平等既包括立法平等也包括司法平等，主要理由如下：一是法律的基本原则是法律的核心和精髓，应该贯穿于立法和司法的全过程，对立法和司法适用起主导作用。二是司法以立法为前提，没有立法的平等，司法的平等就是一种虚假的平等，如马克思认为："如果认为在立法偏私的情况下，可以有公正的法官，那简直是愚蠢而不切实际的幻想。既然法律是自私自利的，那么大公无私的判决还能有什么意义呢?"② 三是法律面前人人平等原则产生之初就包括立法平等和司法平等，1789 年法国《人权与公民权利宣言》第 6 条就规定："法律是公共意志的体现，全国公民都有权亲自或由其代表参与法律的制定，法律对所有的人，无论是实行保护或处罚，都是一样的，在法律面前公民都是平等的，故他们都能平等地按照其能力担任一切官职和公共职位，除德行和才能上的差别，不能有其他差别。"另一种观点认为法律面前人人平等仅仅包括司法上的平等，其主要理由如下：一是阶级分析法之下产生的理论观点认为立法上不存在阶级平等，法律是统治阶级意志的产物，阶级敌人不可能平等地参与立法并体现其利益③。二是立法上平等根本不可能实现，即使在标榜立法上人人平等的西方国家，其立法上也不是平等的，法律也只是少数人意志的体现。

我们认为，法律面前人人平等既包括立法平等也包括司法平等，理由如下：一是作为一种分析方法，阶级分析法无法解释许多新生的法律现象。法律的阶级属性固然不可否认，但法律除了阶级属性还具有社会属性，法的阶级属性和社会属性并非截然对立的，法的阶级属性也并没有取代或否认法的社会属性，法的社

---

① 赖早兴：《刑法平等原则》，载《法律科学》（西北政法学院学报）2006 年第 6 期。

② 《马克思恩格斯全集》（第 1 卷），人民出版社 1998 年版，第 178 页。

③ 毛泽东曾讲过："我们在立法上要讲阶级不平等，在司法上要讲阶级平等。"

会属性要求立法上要具有平等性。二是持法是统治阶级意志的体现的观点，并不能当然推导出法律面前人人平等仅指法律适用平等的结论。我们不否认法律是统治阶级意志的体现，立法的过程是统治阶级实现其意志的过程，但司法是法律的实现过程，也是统治阶级实现其意志的过程，既然在司法中讲究平等，就没有理由在立法中讲究不平等。也就是说，如果将阶级分析方法运用绝对的话，法律从产生到实施全都可以说是统治阶级意志的实现，全都是充满着等级和差别的，但我们没有理由在探讨司法时撇开阶级分析方法，而在探讨立法时却又运用阶级分析方法，从而得出立法不平等的结论。三是绝对的平等是不存在的。事实上，从法的发展历史上看，立法上以及司法上的绝对平等都没有出现过，将来也不可能实现。现实中，无论是在实行代议制的国家，还是在实行社会主义制度的国家，立法平等和司法平等只能是相对意义上的平等。也即，立法上相对的平等是存在的，我们不能看到少部分的立法上的不平等而彻底否认立法的平等，如此，司法平等也是不存在的。

以上探讨了法理意义上的法律平等原则既包括立法上的平等也包括司法上的平等，那么，我们认为，刑法平等原则也应当包括刑法立法上的平等和刑法适用上的平等。理由如下：第一，将刑法平等认定为既包括立法平等也包括适用上的平等，与刑法平等原则作为刑法的基本原则的地位相适应。通说认为，刑法的基本原则是指贯穿全部刑法规范，具有指导和制约全部刑事立法和刑事司法意义，并体现我国刑事法治的基本精神的准则①。因此，如果将刑法平等原则作为刑法的基本原则之一，为了与其地位相适应，刑法平等必须既包括立法平等也包括适用上的平等。有论者认为："作为刑法基本原则，必须是带有全局性的、根本性意义的原则，而且也必须是贯穿全部刑法的，而不是局部的具体原则。尽管新刑法第四条的规定更强调在适用法律上一律平等，但从立法精神以及这一原则在刑法典中所处的地位来看，它应当是贯穿于刑法的制定和适用的全过程的。"② 第二，从阶级分析方法看，虽然某些所谓的"被统治阶级—罪犯"缺乏一些政治权利，无法平等地参与到刑事立法中来，但在刑事立法中还是平等地考虑了其权利和利益。诚然，在刑法中也有关于剥夺犯罪人政治权利的规定，但并不能因此否认其在刑事立法中的平等性。第三，以上我们已经探讨过，立法是司法的前提，刑事立法亦然，无论是为了理论的圆融性还是为了平等地适用刑法，刑法立法平等都是刑法平等原则中不可缺少的内容。第四，虽然有观点认为，即使法律面前人人平等原则既指立法平等也指司法平等，但其只是一个宪法原则，宪法是

---

① 高铭暄，马克昌主编：《刑法学》，北京大学出版社，高等教育出版社2001年版，第25页。
② 辛科：《论刑法面前人人平等原则》，载《政法论丛》1997年第5期。

根本大法，也是其他部门法律立法的根据，其可以堂而皇之地规定法律面前人人平等原则，这一原则应然包括了立法上的平等。但在部门法中，部门法自身不能成为自身的立法根据，部门法的第一功能就是适用，刑法作为部门法，其规定的平等原则当然也应该是指在适用上的平等。但是，刑法的平等原则是规定在刑法总则中的，其具有一种在部门法中重申平等的宣示作用，如果说"部门法自身不能成为自身的立法根据"，那么宪法自身也不能成为宪法的立法根据。因此，我国 1997 年《刑法》第四条的名称虽然是"刑法适用平等原则"，但我们探讨的刑法平等是指刑法平等原则，并不仅仅指的是 1997 年《刑法》第四条的规定。

2. 刑法立法平等的基本蕴涵

我们认为，刑法立法平等首先是指公民具有平等地参与刑法立法的权利，其次是指刑法要平等地设定公民的权利和义务。关于其基本含义可以作如下理解：

（1）平等地参与刑法立法

公民平等地参与刑法立法并非指公民直接参与刑法立法，因为立法都是由特定的国家机关进行的，所有的公民都平等地参与刑法立法不仅不可能而且有很大弊端。在西方实行代议制的国家里，立法机关是议会，议员则是由选举产生的，由议员代表公民行使立法权。在我国，全国人民代表大会是最高国家权力机关，全国人民代表大会由人大代表组成，人大代表则是由选举产生的。由此，也决定了刑法立法平等是一种相对的平等。

然而，刑法立法的相对平等带来的一个最大的弊端就是刑法立法脱离公众。新近有论者认为："当前，与犯罪有关联的两个现象需要我们重视：一是成文化的刑法规范越来越多。二是刑法学理论的系统化、体系化追求越来越强烈。这些变化和趋势归结起来，其共同特征为：随着与刑法有关的国家力量和专家力量的日益膨胀，刑法的实务与理论都日益脱离公众，似乎成为普通公众都看不懂的东西。"[1] 这就要求我们在设置刑法立法程序时，要有一个公众可以直接参与刑法立法的途径，以缓解间接平等带来的刑法规范与公众认同之间的紧张关系，才能消解刑法立法相对平等带来的不平等。

事实上，世界上许多国家或地区立法中的公众的平等参与的程序、方式或制度值得我们借鉴。如美国立法中最值得我们借鉴的是公众的立法提案制度和立法听证制度。美国立法中的平等主要通过立法中的公众参与制度来完成，公众参与贯穿于美国立法过程的始终。在美国，立法机关一般不主动进行立法，许多法律法规的出台是对公众、利益集团利益诉求回应的结果。"在美国，如果公众想从法律中得到点什么，必须自己主动去要求。"也就是说，美国的立法项目是公众

---

① 　周光权：《论刑法的公众认同》，载《中国法学》2003 年第 1 期。

或利益集团主动提出的。在收到立法提案后，美国议会下设的各专门委员会或是小组委员会要针对立法提案举行立法听证，立法听证的过程要逐字记载并形成听证笔录，听证笔录在议会审议前印发给各位议员。听证会后还要整理出听证报告，而且委员会的委员要针对听证会中提出和讨论的问题形成自己的法案分析观点。听证笔录、听证报告与委员的分析材料一并成为法案制定与修改的重要材料。美国《行政程序法》中设置的通知评论程序也值得我们借鉴学习，美国政府在制定行政规章前，要在《联邦登记》中发布制定规章的通知、制定规章的法律授权、制定规章的目的和主旨以及拟制定规章的文本、公众参与的时间和地点。在规章生效前还要公开对公众实质性意见的回复。我国《刑法修正案（八）》在草案形成后正式审议通过前，对《刑法修正案（八）》草案及草案说明的公开就是充分借鉴了美国《行政程序法》中的通知评论程序。加拿大联邦议会众议院通过总结实践经验，确立了立法过程中通过网络进行咨询的八种方式，突破了以往立法中两院委员会所进行的公共咨询在时间和空间上的局限，使立法更有效地让公众参与进来，值得我们借鉴。这八种方式是：电子邮件、电子文件征集、自动提交程序、网上民意调查、议会议题的问卷调查、咨询书、讨论板、网上论坛。我国台湾地区的有关法律设置了立法预告制度，立法机关在立法之前要发布公告向社会公众告知：立法依据、目的，法规草案全文或草案的主要内容，公众的意见及其回复等等。在法律的审议阶段，公众可以通过立法听证会或记者会等形式参与立法过程，借此与"台湾地区民意代表"进行沟通、发表意见、进行游说等。在立法的完善阶段，社会公众可以通过大众媒体发表监督报告、提出修改意见或草拟修改草案提交给"台湾地区民意代表"代为提案的方式参与立法的修改与完善，等等。

（2）平等地设定刑法权利和刑法义务

所谓平等地设定刑法权利和刑法义务是指刑法规范对相同的刑法主体设置同样的权利，其利益受到同等的保护，当其违反刑法规定时赋予其同等的刑法义务。这种平等在权利的赋予和义务履行上超越了阶级、种族、民族、宗教、受教育情况、财产状况等方面的差别，一视同仁地对待刑法主体。这种平等是西方近代资产阶级反对封建特权的产物，追求的是抽象意义上平等，其本质是一种形式的平等。然而，现实中每个人在权利实现程度上是不同的，其结果是往往造成了广泛的不平等，使现实中一部分人的权利无法实现①。因此，为了弥补这种形式平等的不足，我们在设置刑法权利和义务时要兼顾实质上的平等，也即允许一定范围内的差别对待。兼顾实质上的平等意味着国家义务的扩展和人权范围的扩

---

① 粟丹：《立法平等的概念辨析》，载《贵州大学学报》（社会科学版）》2007 年第 2 期。

大，意味着保护力度向社会中的弱势群体倾斜。我国刑法立法中亦对年老的人、妇女、儿童、残障人士、受灾群众等特殊群体设置了特别的规定。如我国1997年《刑法》第十七条规定，已满十四周岁不满十八周岁的人犯罪，应当从轻或减轻处罚。第十七条之一规定，已满七十五周岁的人故意犯罪的，可以从轻或者减轻处罚；过失犯罪的，应当从轻或者减轻处罚。第十八条规定，尚未完全丧失辨认或者控制自己行为能力的精神病人犯罪的，应当负刑事责任，但是可以从轻或者减轻处罚。第十九条规定，又聋又哑的人犯罪或者盲人犯罪，可以从轻、减轻或者免除处罚。等等。这些特殊的"优待"，从表面上看起来似乎违反了刑法的平等原则，但是，这种特殊规定正是为了弥补由于年龄差异、生理差别、身体状况、客观情况的不同所造成的特殊主体在权利享有和义务履行方面的差异，纠正实际情况的不平等达到实质上的平等。因此，我们也可以说，刑法立法的平等是形式平等与实质平等的统一。一方面，刑法作为一种普遍适用的社会规范，其大多数情况下面对的是一般的社会公众，调整的是社会大众的普遍利益，其要保持自身的普适性和稳定性，同样的主体必须以同样的标准对待；另一方面，为了实现刑法的平等，保护弱者，维护社会公平，必须通过差别对待原则对特殊主体特殊化处理，以某种形式上的不平等来实现实质上的平等。

3. 刑法适用平等的文意解析

所谓刑法适用平等，即我国1997年《刑法》第四条的规定，"对任何人犯罪，在适用法律上一律平等。不允许有任何人有超越法律的特权。"关于本条规定的内容，我们不妨从以下几个方面进行理解。

（1）对"任何人"的解析

如前所述，刑法平等原则是我国《宪法》规定的"法律面前人人平等原则"在部门法中的体现和具体化。《宪法》中关于法律面前人人平等原则的规定是一种关于权利主体和义务主体平等的规定，即任何人平等地享有宪法和法律赋予的权利，平等地履行宪法和法律赋予的义务。刑法是调整人们行为的规范，其适用对象和适用主体都是人，因此，刑法规定的任何人只能是作为享有刑法规定的权利和义务主体的人。当刑法作为一种行为规范时，其给人们设置了更多的禁止性义务，当违反了这种禁止性义务即成为刑法的评价对象。因此，刑法适用平等中的任何人首先是指违反刑法禁止性义务的人，即犯罪的人。然而，刑法中的规范并非全部是罪刑关系规范。如1997年《刑法》第六条规定的属地管辖，第七条规定的属人管辖，第八条规定的保护管辖，第九条规定的普遍管辖，第十三条关于"但书"的规定，第十六条关于不可抗力和意外事件的规定，第十七条关于刑事责任年龄的规定，第二十条关于正当防卫的规定，第二十一条关于紧急避险的规定，等等。这些规定都不是针对犯了罪的人设置的刑法义务，但是也是刑法对行为的一种评价。因此，从这个意义上说，刑法的平等原则不仅表现为在适用刑法过程中对任何犯了罪的人要一律平等，同时也必须表现为对任何其他行为需要刑法进行评价的人，要一律平等①。因此，我国 1997 年《刑法》第四条关于适用刑法平等原则规定中的任何人既包括任何犯罪的人也包括任何受刑法评价的行为人。总结起来，我国 1997 年《刑法》第四条规定的任何人包括以下几类人：

第一，触犯刑法分则规定的罪名，依照刑法规定应当承担刑事责任的人。触犯刑法分则罪名应当承担刑事责任的人，通俗的理解即是实施了犯罪行为的人。对这部分人适用刑法一律平等主要是指定罪的平等、量刑的平等与刑罚执行的平等。定罪平等主要是指在定罪活动中适用程序法上的平等和适用实体法上的平等。现代社会，程序平等越来越具有重要性，缺少程序的平等，就缺少了通往实体平等的路径。公正的刑事诉讼程序是实现刑法保障社会和保障人权机能的必要保障，定罪活动中适用程序上的平等是实现定罪目的必要保证。适用程序法上的平等是指法律赋予被追诉人程序上的权利必须平等地予以尊重和保障，非因法律的原因不能予以剥夺。包括同案中各被追诉人的程序上的权利以及非同案中情形相似的被追诉人程序上的权利不因被追诉人犯罪中的作用、职务、性别、民族、种族、宗教信仰、文化程度、财产状况等情况而异。适用实体法上的平等即"同等的情况同等对待"，主要体现在定罪结论的平等上。诚然，相同的行为因为犯罪人身份的不同可能存在案件定性的不同，但这种不同背后所反映的是行为侵害的客体和社会危害性的不同。除此之外，对被追诉人实施的相同行为，在刑事实体法上要予以同等的评价。量刑的平等是指对于触犯同一罪名的被追诉人，当其犯罪事实、犯罪性质、情节、对社会危害程度和人身危险性相同时要处以同等的刑罚，加重、从重、减轻、从轻处罚要于法有据。量刑中要全面考虑影响行为人刑事责任大小的因素，做到同等的责任同等的处刑。刑罚执行的平等在刑事法领域是指对已经判处刑罚的被追诉人，在刑罚执行过程中要平等地对待其在刑事程序法和刑事实体法上的权利。比如对缓刑的撤销及处理，减刑的条件和限度的把握，假释的适用等要公平、公正、平等对待。

第二，虽然触犯刑法分则规定的罪名，但依照总则规定，不具备刑事责任能力的人。刑事责任能力是行为人构成犯罪和承担刑事责任所必须具备的刑法意义上辨认和控制自己行为的能力。不具备刑事责任能力的人即使实施了危害社会的行为，也不能成为犯罪主体，不能被追究刑事责任。刑事责任减弱者，其刑事责任相应地适当减轻。对于一般公民来说，只要达到一定的年龄，生理和智力发育

---

① 陈忠林：《刑法面前人人平等原则——对〈刑法〉第 4 条的法理解释》，载《现代法学》2005 年第 4 期。

正常，就具备了相应的辨认和控制自己行为的能力，从而具有刑事责任能力。刑法上的辨认能力或控制能力，与通常意义上要求人们对自己行为负责任所必须具备的辨认能力或控制能力，是有本质区别的。如果行为人的辨认能力或控制能力不是表现于刑法所规定的危害社会行为当中，就不具有刑法意义，也不属于刑法规定的行为人负刑事责任的前提。刑法意义上的辨认和控制自己行为的能力应理解为，行为人具备认识自己行为在刑法上的性质意义、作用和后果，并依据这样的认识而自觉有效地控制自己行为的能力，这是刑事责任能力区别于其他部门法确定的行为能力的本质所在。特别是基于各部门法律所调整的行为人权利义务性质及行为复杂程度的差别，法律判定行为人有行为能力、限制行为能力和无行为能力的标准，即认识、判断和决定自己行为能力的性质及程度的划分标准，必然作出不同的规定来加以要求。按照我国 1997 年《刑法》第十七条、第十八条的规定，不满十四周岁的人不具备刑事责任能力，已满十四周岁不满十六周岁的人犯故意杀人、故意伤害致人重伤或死亡、强奸、抢劫、贩卖毒品、放火、爆炸、投放危险物质以外行为的，不负刑事责任。精神病人在不能辨认或者不能控制自己的行为的时候造成危害结果的，经法定程序鉴定确认的，不负刑事责任。以上三种情形为不具备刑事责任能力的情形。

第三，依照我国 1997 年《刑法》第十一条的规定，享有外交特权和豁免权，刑事责任通过外交途径解决的人。本条规定的"外交特权和豁免权"，是指一个国家为了保证和便利驻在本国的外交代表、外交代表机关以及外交人员执行职务，而给予他们的一种特殊权利和待遇。这种特殊权利和待遇是各国之间按照平等、相互尊重的原则，根据国际惯例和国际公约、协议相互给予的。全国人大常委会根据国际公约的精神，于 1986 年制定了《中华人民共和国外交特权与豁免条例》。根据该条例，享有这种外交特权和豁免权的外国人主要是指：1. 外国的国家元首、政府首脑、外交部长。2. 外国驻本国的外交代表、大使、公使、代办和同级别的人、具有外交官衔的使馆工作人员（一、二、三等秘书，随员，陆海空武官，商务、文化、新闻参赞或专员）以及他们的家属（配偶、未成年子女）等。3. 执行职务的外交使差。4. 根据我国同其他国家订立的条约、协定享受若干特权和豁免权的商务代表。5. 经我国外交部核定享受若干特权和豁免的下列人员：（1）途经或临时留在我国境内的各国驻第三国的外交官；（2）各国派来中国参加会议的代表；（3）各国政府来中国的高级官员；（4）按照联合国宪章规定和国际公约享受特权和豁免权的其他人员。6. 总领事、领事、副领事、领事代理人、名誉领事和其他领馆人员。上述享有外交特权和豁免权的外国人触犯我国刑法的行为，并非不构成犯罪，而是犯了罪不交付我国法院审判，他们的刑事责任通过外交途径解决。一般有下列几种方式：（1）要求派遣国召回；

（2）建议派遣国依法处理；（3）对罪行严重的，由我国政府宣布其为"不受欢迎的人"，限期出境。这是国际上保证国与国之间正常交往通行的做法和必需的条件保障。

第四，客观上实施了与犯罪行为相类似的行为，但是依照刑法规定不是犯罪的人，如具备违法阻却事由的正当防卫和紧急避险的人。正当防卫是指对正在进行不法侵害行为的人，而采取的制止不法侵害，对不法侵害人造成损害的行为。紧急避险是指为了使公共利益、本人或者他人的人身和其他权利免受正在发生的危险，不得已而采取的损害较小的另一方的合法权益，以保护较大的合法权益的行为。正当防卫和紧急避险从外在的客观表现形式来看，完全符合犯罪构成。因为行为人实施了针对他人的伤害行为，也造成了他人损害的客观结果，但此类行为并不具备"不法性"，不仅没有社会危害性，而且是对社会有利的行为。因此，实施此类行为的人并不构成犯罪。

（2）对"适用法律"的解析

所谓适用法律是指法律适用机关依照法律程序将刑法规定适用于现实生活的过程，本质上是追究违反刑法义务主体的责任，保护其他主体的刑法权利。对于"适用法律"主要应该注意以下两个方面：

第一，"适用法律"的国家机关问题。我们认为，1997年《刑法》第四条规定的适用法律的机关不应该仅包括国家审判机关、检察机关、司法行政机关，而应当包括根据刑事法律的授权，依法有权力启动和运行自身职能的机关，具体包括审判机关、检察机关、司法行政机关、监察机关、公安机关、国家安全机关、海关侦查走私犯罪的公安机构，军队保卫部门等。需要强调的是，我国1997年《刑法》第三十七条规定，对于犯罪情节轻微不需要判处刑罚的，可以免于刑事处罚，但是可以根据案件不同情况予以训诫或者责令具结悔过、赔礼道歉、赔偿损失，或者由主管部门予以行政处罚或者行政处分。此处的训诫、责令具结悔过、赔礼道歉、赔偿损失由审判机关进行，当然是法律的适用机关，但是由主管部门予以行政处罚或者行政处分的机关是否刑法的适用机关值得探讨。我们认为，一切所有的可以根据刑法规定启动自身职能的国家机关都是刑法适用机关，也即一切依据刑法启动自身职能处理违反刑法义务的人的国家机关都必须坚持适用刑法的平等原则。

第二，"适用法律"的法律问题。当然性的理解，刑法规定的"平等适用法律"中的法律，首要是指刑法规范，即规定犯罪、刑罚、刑事责任的法律规范。刑法规范以刑法典、单行刑法和附属刑法的形式表现出来。其中，刑法典是国家以刑法名称颁布的，系统规定犯罪及其法律后果的法律。我国1979年颁布的《刑法》和1997年经过修订颁布的《刑法》可谓刑法典。需要说明的是，截至目前，我国共出台了 11 个刑法修正案，刑法修正案作为对刑法条文的具体修正，是附属于刑法典的，不是一种单独的刑法表现形式。单行刑法是国家以决定、规定、补充规定、条例等名称颁布的，规定某一类犯罪及其法律后果或者刑法某一事项的法律。1981 年 6 月至 1995 年 10 月，全国人大常委会颁布了 23 个单行刑法，如《惩治军人违反职责罪暂行条例》《关于惩治走私罪的补充规定》《关于禁毒的决定》等。这些单行刑法要么对 1979 年刑法的漏洞作了增加规定，要么针对 1979 年刑法的不完善作了补充规定，要么针对 1979 年刑法的缺陷作了修改规定。根据 1997 年《刑法》第四百五十二条的规定，《惩治军人违反职责罪暂行条例》等 15 个单行刑法被废止；《关于禁毒的决定》等 8 个单行刑法有关犯罪与刑罚的规定失去效力，有关行政处罚与行政措施的规定则继续有效。这是因为上述 23 个单行刑法的内容基本上都已纳入刑法典。1997 年刑法颁布以后，全国人大常委会 1998 年 12 月 29 日颁布的《关于惩治骗购外汇、逃汇和非法买卖外汇犯罪的决定》是现行有效的单行刑法。此外全国人大常委会 1999 年 10 月 30 日通过的《关于取缔邪教组织、防范和惩治邪教活动的决定》，2000 年 12 月 28 日通过的《关于维护互联网安全的决定》，2011 年 10 月 29 日通过的《关于加强反恐怖工作有关问题的决定》，2015 年 8 月 29 日同通过的《关于特赦部分服刑罪犯的决定》，也可视为单行刑法。所谓附属刑法，即附带规定于民法、经济法、行政法等法律中的罪刑规范。1979 年刑法公布后，出现了 130 余个附属刑法条文，对完善刑法起到了一定的作用。与国外的附属刑法不同，旧刑法时代的附属刑法都没有直接规定犯罪的成立条件与法定刑。随着 1997 年刑法的颁布与施行，这些附属刑法规范都失去了效力。1997 年刑法颁布后，行政法、经济法等法律中的一些条款，只是形式上概括性地重申了刑法的相关内容，而没有对刑法作出解释、补充、修改等实质性规定。这些规定并非真正意义的附属刑法。所以，只要非刑事法律中没有真正的罪刑规范，就不存在"附属刑法"这一渊源。换言之，只有当非刑事法律中设置了真正的罪刑规范时，"附属刑法"才是刑法的渊源①。其次，刑法立法解释也是应该平等适用的"法律"。刑法解释中的立法解释是指在刑法施行过程中，立法机关在刑法文本之外对发生歧义的规定所作的解释，其和刑法规范具有同等的法律效力。1997 年刑法颁布后，全国人大常委会先后对《刑法》第三十条、第九十三条、第一百五十八条、第一百五十九条、第二百二十八条、第二百六十六条、第二百九十四条、第三百一十三条、第三百四十二条、第三百八十四条第一款、第四百一十条的有关规定、渎职罪的主体以及信用卡、发票、文物等概念，以及相关法条的适用作出过立法解释。

---

① 张明楷：《刑法学》，法律出版社 2016 年版，第 16 - 17 页。

司法机关发布的刑事司法解释以及在司法实践中实际发挥法律效力的规范性法律文件，如会议纪要、会商文件等，这些规范性文件是否符合法治的要求暂且不论，但在我国司法实践中都是具有实际效力的，从保护刑法主体权利的角度来讲，都应看作是法律，在司法实践中必须平等地适用。

另外，全国人大常委会《关于加强法律解释工作的决议》第一条规定了立法解释的主体是全国人大常委会，第二条规定了司法解释的主体是最高人民法院和最高人民检察院，第三条接着规定："不属于审判和检察工作中的其他法律、法令如何具体应用的问题，由国务院及其主管部门进行解释。"这似乎表明行政解释对刑法的适用不直接产生效力。但是，许多空白刑法规范所规定的犯罪又以违反"其他法律"为前提，国务院及其主管部门完全可能对"其他法律"作出解释，或者在行政法规中作出解释性规定。因此，某些行政解释以及行政法规中的解释性规定也可能对刑法的适用产生效力。因此，平等地适用法律也包括平等地适用某些行政解释以及行政法规中的解释性规定。

（3）对"不允许任何人有超越法律的特权"的解析

法律的特权是指法律和制度之外的权利，搞特权就是搞特殊化。但法律在特定情况下并不排除特殊化，比如外交人员享有外交豁免权，人大代表在人代会上发言不受追究的权利，律师在法庭上发表的代理、辩护意见不受法律追究的权利等。这些"特权"是法律为了特定职责的人能够顺利履行职责而设置的正当措施，具有合理性和合法性。

我国1997年《刑法》第四条规定中的"任何人"指的是可能影响平等适用刑法的个人和单位。其中个人既包括刑法实现过程中的犯罪嫌疑人、刑事被告人、服刑人、刑事被害人，也包括司法工作人员和其他国家机关工作人员以及与案件无关的个人。单位既包括可能作为犯罪主体单位犯罪中的单位①，也包括犯罪主体之外的任何行政机关、社会团体、组织等。

"不允许任何人有超越法律的特权"是我国1997年《刑法》第四条规定中的后半段。前半段"对任何人犯罪在适用法律上一律平等"的规定其实已经包含了后半段的意思。但是，我们认为，由于我国两千多年的封建专制传统所造成的"权大于法"的观念根深蒂固，加之司法实践中还存在"以言代法""以权压法""徇私枉法"的司法腐败现象，我国1997年《刑法》第四条有必要对"不

---

① 《最高人民法院关于审理单位犯罪案件具体应用法律有关问题的解释》第一条规定：单位犯罪中的单位包括具有法人资格的独资、私营公司、企业；反义理解则是，不具有法人资格的独资、私营公司、企业，不属于单位犯罪中的单位。

允许任何人有超越法律的特权"进行重申①。

二、刑法平等原则的划分

（一）从主体层面可分为自然人平等与单位平等

传统上，刑法平等原则指的是自然人之间的平等，如有论者从犯罪人和被害人二元主体的角度来解释刑法平等原则的主体，一方面，就犯罪人而言，不论其性别、职业、民族、种族、宗教信仰、家庭状况、财产状况等，只要违反了刑法的规定，并构成犯罪就应该平等地定罪量刑；另一方面，对于被害人而言，无论其身份职业、社会地位、财产状况如何，当受到犯罪行为侵害时，其都应该受到刑法的平等保护。也不能因为被害人身份职业、社会地位和财产状况的差别对犯罪的人存在有罪与非罪、罪重与罪轻的差别②。的确，从刑法的发展史上看，学者们对刑法平等的探讨只是停留在自然人的层面上，而对法律拟制主体却很少关注。然而，随着商品经济的高度发达，商市主体已经以独立的有机体的形态活跃在社会各个领域内，不同经济主体之间的权利义务的冲突也逐渐增多，反映在刑法领域则是单位犯罪现象开始增多。在 19 世纪前，世界各国对单位作为犯罪主体的可罚性基本持否定态度，尤其是大陆法系国家；之后，英美法系国家逐渐把单位作为犯罪主体纳入了刑法的视野。纵观各国刑法关于单位犯罪的立法例，对于单位犯罪的立法表述主要有两种方法。一种是直接表述为法人犯罪。如美国纽约州 1909 年《刑法》第 1932 条规定：法人之代表人雇佣人或者其他从业人员关于执行法人业务违反关于租税之法规者，法人本身须负刑事责任。在这里，法人犯罪就是指单位犯罪。另一种是在刑法中直接表述为单位犯罪。我国 1997 年《刑法》采用的就是这样的表述方法。我国 1997 年《刑法》第四节规定了单位犯罪，第三十条规定，公司、企业、事业单位、机关、团体实施的危害社会的行为，法律规定为单位犯罪的，应当负刑事责任。

在我国刑法中使用"单位犯罪"的法律术语是由我国国情和经济制度所决定的。长期以来，我国受计划经济模式的影响，在刑法领域几乎不存在单位犯罪的土壤和环境，难以产生单位犯罪的观念。所以，1979 年《刑法》是以惩治自然人犯罪为主线而形成的，不承认单位可以作为犯罪主体。20 世纪 80 年代改革开放之初出现了单位犯罪的苗头，刑法学界开始关注和研究单位犯罪问题。1987 年 1 月 22 日第六届全国人大常委会通过的《中华人民共和国海关法》第四十七条第 4 款规定："企事业单位、国家机关、社会团体犯走私罪的，由司法机关对

---

① 参见 1997 年 3 月 14 日在第八届全国人民代表大会第五次会议上王汉斌副委员长所作的《关于〈中华人民共和国刑法（修正案）〉的说明》。

② 辛科：《论刑法面前人人平等》，载《政法论丛》1997 年第 5 期。

其主管人员和直接责任人员依法追究刑事责任；对该单位判处罚金，判处没收走私货物、物品、走私运输工具和违法所得。"从而开创了我国法律中单位可以作为犯罪主体的先河。1988 年 1 月 21 日，全国人大常委会《关于惩治贪污贿赂罪的补充规定》和《关于惩治走私罪的补充规定》分别规定有关企业、事业单位、机关、团体可以成为行贿罪、受贿罪、走私罪、投机倒把罪、逃汇套汇罪的主体，这是我国第一次在专门的刑事法律中确认了单位犯罪。此后，我国立法机关相继确认了一些单位犯罪罪名。据统计，在 1997 年《刑法》修订前，我国单行刑法和附属刑法中涉及的单位犯罪的罪名多达 49 个，其中，贪利型的经济犯罪居多，这些规定初步构建了单位犯罪的刑事法网。

1997 年修订后的刑法，采用总则与分则相结合的方式确立了单位犯罪及其刑事责任，为惩治单位犯罪提供了明确的法律依据。在我国刑法中没有使用"法人犯罪"，而是使用了"单位犯罪"的法律术语，是我国国情和经济制度所决定的。应该说使用"单位犯罪"的法律术语更符合我国现阶段多种经济形式共同发展的客观状况。我们认为，我国 1997 年《刑法》关于单位犯罪的规定，有以下几个特征：

第一，我国 1997 年《刑法》中的单位犯罪与传统意义上的法人犯罪不能完全等同，我国 1997 年《刑法》中使用的"单位犯罪"概念克服了"法人犯罪"概念的局限性，其既包括法人资格单位犯罪和非法人资格的单位犯罪，也包括经济组织单位犯罪和非经济组织的单位犯罪。

第二，我国 1997 年《刑法》中的单位犯罪主体可以是公司、企业、事业单位、机关、团体五大类组织形式之一。除此之外的党委组织形式还不能成为单位犯罪的主体。

第三，我国的单位犯罪主体是法定的。单位只能作为刑法明确规定范围内罪名的犯罪主体，不能作为只能由自然人实施的犯罪的主体，如不能作为故意杀人罪、重婚罪、抢劫罪、贪污贿赂罪等罪名的犯罪主体。

由以上特征决定，刑法平等原则在单位之间的平等指的是法定的主体间的平等，这种主体既包括具有法人资格的单位的犯罪，也包括不具有法人资格的单位犯罪；既包括经济组织单位犯罪，如各种公司、企业，也包括非经济组织的单位犯罪，如事业单位、机关、团体等。刑法的平等原则除了指自然人之间的平等外，主要是指公司之间、企业之间、事业单位之间、机关之间、团体之间以及这五大类形式相互之间的平等。

另外，我们认为，刑法平等原则从主体层面区分为自然人平等和单位平等，只是自然人和自然人之间以及单位和单位内部之间的平等，而自然人犯罪和单位犯罪由于其在各个方面都存在较大的差异，因此，它们相互之间不可能是平等的。

（二）从内容层面可分为定罪平等、量刑平等与行刑平等

刑法的平等原则从内容层面划分，包括定罪平等、量刑平等和行刑平等。关于它们的基本内涵可以从以下三个方面来进行解读。

所谓定罪上的平等，即对实施了犯罪行为的人，都必须严格依照法律进行定罪。也就是说，对于任何实施了犯罪行为的人，应当严格依据犯罪事实和刑法的规定认定犯罪，既不允许将有罪认定为无罪，也不允许将重罪认定为轻罪；反之亦然。行为人地位的高低、权力的大小、金钱的多少都不能影响犯罪的成否与轻重。

所谓量刑上的平等，即对实施了犯罪的行为人，都必须严格依照法律进行量刑。也就是说，在犯罪性质相同、社会危害性相同、人身危险性相同的情况下，对犯罪人所处的刑罚也应当相同。该判重刑的不得判轻刑，该判轻刑的不得免除处罚；反之亦然。行为人地位的高低、权力的大小、金钱的多少都不能影响处刑的轻重。平等地量刑并不意味着对实施相同犯罪的人必须判处绝对相同的刑罚，即使不同的人实施了性质相同的犯罪，量刑也可能存在差异。平等并不意味着没有差别，但取决于导致差别的原因，应根据普遍正义的标准、刑法的原则与目的来分析作出差别量刑是否合适。

所谓行刑上的平等，即对被判处刑罚的犯罪人，在刑罚的执行的过程中应当享有相同的待遇。也就是说，在犯罪人所判处的刑罚执行期间，监管部门对于犯罪人应当依法平等地执行。特别是在涉及罪犯减刑与假释的问题上，应严格依照刑法的规定，根据犯罪人在执行期间是否认真遵守监规，接受教育改造，确有悔改表现或者有立功表现等等，进行全面考察，然后决定是否采取减刑或者假释。对于法定的条件以外的非相关因素不能作为是否适用减刑、假释的取舍标准。

（三）从功能层面可分为打击平等与保护平等

通说认为，刑法平等原则是指："对任何人犯罪，不论犯罪人的家族出身、社会地位、职业性质、财产状况、政治面貌、才能业绩如何，都应该追究刑事责任，不允许任何有超越法律的特权。"[1] 通说是对我国 1997 年《刑法》第四条的解释说明，也即，将刑法的平等原则等同于我国 1997 年《刑法》第四条规定的适用平等。显而易见，其指的平等是在打击犯罪或追究刑事责任上的平等，而没有就整个刑事司法活动中如何平等地保护各方主体的权益作出说明。

学术界对刑法的平等保护问题早有论及，如有论者认为，刑法平等的具体内容包括平等保护，任何权益只要是受刑法保护的，不管权益主体是谁，都应当平

---

① 高铭暄主编：《新编中国刑法学》，中国人民大学出版社 1999 年版，第 23 页。

等地得到刑法的保护，而不能只保护部分主体的利益①。还有论者认为：立法者遵守平等原则意味着对行为的定罪不得将任何种类的违法者置于责任之外。对受害人的利益，以及对社会和国家的利益的保护也应该是平等的②。我们认为，刑法平等原则应该是打击平等与保护平等的统一，打击平等即平等地打击犯罪，保护平等即平等地保护权益。主要理由如下：第一，从我国 1997 年《刑法》第一条关于立法宗旨的规定来看，刑法的制定是为了惩罚犯罪，保护人民。惩罚犯罪即打击一切犯罪，依照刑法追究犯罪分子的刑事责任。保护人民即全面保护刑法权利主体的权益。刑法是惩罚犯罪和保护人民的依据，惩罚犯罪和保护人民是有机统一的，惩罚犯罪是为了更好地保护人民，而保护人民是为了有效地打击犯罪，二者缺一不可。第二，我国 1997 年《刑法》第二条规定，中华人民共和国刑法的任务是用刑罚同一切犯罪行为作斗争，以保卫国家安全，保卫人民民主专政的政权和社会主义制度，保护国有财产和劳动群众集体所有的财产，保护公民私人所有财产，保护公民人身权利、民主权利和其他权利，维护社会秩序、经济秩序，保障社会主义建设事业顺利进行。由此可见，刑法的任务也是打击犯罪和保护权益的统一，打击犯罪成了保护利益的工具，保护利益成了打击犯罪的目的。而且本条以列举的方式列明了刑法所要保护的各种利益。第三，从刑法机能的来看，刑法也是打击犯罪和保护权益的统一。刑法具有社会秩序维护和权利保障的机能。社会秩序维护的机能主要通过打击犯罪来实现的，权利保障机能是通过发挥其"大宪章"的作用来实现的，即"自由人的大宪章"和"犯罪人的大宪章"。刑法通过设定什么样的行为是犯罪，给人们的自由行为划定明确的界限，人们在此范围内活动不仅不会受到刑法的追究而且受到刑法的平等保护。当人们违反了刑法规定时，只会受到刑法范围内的惩罚，国家刑罚权的发动受到了限制，从这个意义上说，刑法也平等地保护了犯罪的人。

需要说明的是，刑法打击犯罪是间接地保护法益，而我国刑法直接规定某种行为的合法性，属于对权益的直接保护。例如，我国 1997 年《刑法》第十三条关于但书的规定，第二十条关于正当防卫的规定，第二十一条关于紧急避险的规定，第十六条关于意外事件的规定，都是在直接地保护法益。因此，平等地保护法益，不能仅仅强调通过打击犯罪的间接保护，而忽视刑法直接对权益的保护。另外，刑法平等地保护法益，不仅应平等地保护"一般人"的法益，更应该平等地保护"受害人"的法益，而对受害人法益的平等保护恰恰是我国刑法所欠缺的。

---

① 张明楷：《刍议刑法面前人人平等》，载《中国刑事法杂志》1999 年第 1 期。
② 赖早兴：《刑法平等原则辨析》，载《法律科学》（西北政法学院学报）2006 年第 6 期。

三、刑法平等原则的地位和意义分析

（一）平等原则能否成为刑法的基本原则

平等原则作为宪法或法律的基本原则是没有争议的，刑法平等原则作为刑法的基本原则并非没有争议。在我国1997年《刑法》修订以前，刑法理论界是一直否认平等原则是刑法的基本原则的。主要的理由是，我国《宪法》第四条规定："中华人民共和国各民族一律平等。"第三十三条规定："凡具有中华人民共和国国籍的人都是中华人民共和国公民。中华人民共和国公民在法律面前一律平等。国家尊重和保障人权。任何公民享有宪法和法律规定的权利，同时必须履行宪法和法律规定的义务。"因此，平等原则是我国《宪法》规定的基本原则。宪法是国家根本大法，是部门法的立法根据，宪法规定的基本原则当然适用于各个部门法，部分法没有必要重复规定这一原则，如果规定了平等原则就与部门法的子法地位不相匹配①。1997年《刑法》的修订，将平等原则规定为刑法的基本原则之一，但仍有论者对平等原则作为刑法的基本原则持否定的态度，如有论者从刑法基本原则的定义出发，认为平等原则不宜成为刑法的基本原则，"所谓刑法基本原则，是刑法所特有的，贯穿刑事立法和司法活动始终的根本准则。"② 因此，从这一定义来看，平等原则是法律所共有的原则，并非刑法所特有的原则。再者，平等原则是法律自身存在的内在价值，是法律之所以为法律的基本存在条件，是法律基本价值的应有之义，除了宪法之外，其他部门法不应该直接规定这一原则。但是，立法的修改，一定程度上带来了理论界认识上的改变，也有论者认为将平等原则作为刑法的基本原则有合理性。首先，宪法规定了这一原则并不排斥其他法律也可以规定这一原则，从实然的角度来看，我国《刑事诉讼法》和《民事诉讼法》都规定了这一原则，因此，刑法中也可以规定。其次，由于我国封建专制的历史比较长，封建等级观念深入人心，在法律适用中往往还没能真正贯彻这一原则，因此，有必要在部门法尤其是刑法中重申这一原则，如此，有利于避免在刑事司法实践中出现超越法律特权的问题。

我们认为，虽然在我国1997年《刑法》中明确规定了刑法平等原则，在理论界也存在论证其合理性的论断，但是，还是要从平等原则是否符合刑法基本原则的要求出发来论证平等原则是否可以成为刑法的基本原则。

在1997年《刑法》修订以前，通说认为，刑法基本原则是刑法所特有的，

---

① 马克昌：《论我国刑法的基本原则》，载丁慕英，李淳，胡云腾编：《刑法实施中的重点问题研究》法律出版社1998年版，第125页。

② 胡学相：《对新刑法基本原则的理性思考》，载《开放时代》1997年第5期。

贯穿于刑事立法和司法活动始终的根本准则。也就是说，刑法的基本原则具备两个特征：第一，刑法基本原则是刑法所特有，而非与其他法律所共有的原则；第二，刑法基本原则贯穿于刑事立法和刑事司法活动始终。我国 1997 年《刑法》第四条将平等原则予以明确规定后，理论界开始对刑法基本原则的定义进行修改，普遍认为，刑法基本原则是指贯穿于全部刑法规范，具有指导和制约全部刑事立法和刑事司法意义的准则。而先前一直强调的"刑法所特有的"不再是刑法基本原则的必备要件。从现实情况来看，这一变化是刑事立法引导的刑事理论变化的结果，因为如果继续将"刑法所特有"作为刑法基本原则的必备条件，平等原则根本不可能作为刑法的基本原则，而立法也不能对其予以规定。

进一步来分析基本原则是否应为某一部门法所特有。我们对比其他部门法学关于基本原则的定义就可以看出，"特有"并不是某一部门法基本原则所具有的性质。如宪法学通说认为，宪法的基本原则是指在制定和实施宪法过程中必须遵循的基本准则①。民事诉讼法学认为，民事诉讼法的基本原则是在民事诉讼过程中或者诉讼的主要阶段起指导作用，为人民法院和当事人、诉讼参与人所共同遵守的活动准则。其在内容上具有根本性，在效力上具有贯彻始终性②。行政法学认为，行政法的基本原则是指贯穿于全部行政法规范、体现民主宪政精神、规范行政关系的全部行政法规范都必须遵循和贯彻的核心准则和纲领③。在这些各部门法学关于基本原则的阐述中，都强调基本原则是贯穿始终和必须坚持的准则，而没有将"特有"作为本部门基本原则的特征。况且，在行政法中，还有和刑法基本原则相类似的原则，如行政法中的处罚法定原则就和刑法的罪刑法定原则在功能和价值层面上是类似的，行政法学并没有将处罚法定原则否认为行政法的基本原则。再比如，我们可以举生活中的一个例子来说明，我们可以说食物是人类生存的基本条件，但我们不能否认食物是其他动物生存的基本条件，食物作为生存的基本条件并非人类特有。因此，将"刑法所特有"作为刑法基本原则的特征并不科学，而且和其他各部门法学的主张和生活经验背道而驰。刑法的基本原则也只能理解为贯穿于刑事立法和刑事司法所必须遵循的根本性准则。

需要指出的是，虽然刑法基本原则不是刑法所特有的原则，但是当平等作为刑法的基本原则时，其内容和其他部门法学相比各有侧重。比如，宪法中的平等强调各个民族之间是平等的，每个公民的权利和义务是平等。刑事诉讼法中平等原则的主要内容是控辩双方的平等。民事诉讼法中的平等主要是指民事诉讼各

---

① 周叶中主编：《宪法》，高等教育出版社，北京大学出版社 1999 年版，第 93 页。
② 田平安：《民事诉讼法学》，中国政法大学出版社 1999 年版，第 37 页。
③ 熊文钊：《现代行政法原理》，法律出版社 2001 年版，第 51 页。

方当事人的诉讼权利平等。因此，平等原则可以成为各部门法中的基本原则，各部门法中的平等原则虽不是自身所特有但都带有自身的特色。同样，刑法中的平等原则也具有自身的特色，"刑法中的人人平等原则来源于宪法，但又不是宪法的简单重复。它表现为，对实施了犯罪行为的人规定了同样的追究刑事责任的根据、同样免除刑事责任和刑罚的根据、同样的消灭前科法律后果的条件。这是刑法规定的法律面前人人平等的特殊性所在，也是它存在的价值。因为宪法上的这一原则除了直接作用于社会关系外，还必须借助于部门法的特殊性间接作用于社会关系，从而全面地实现法律面前人人平等原则。"①

（二）平等原则在刑法基本原则中的位阶

刑法平等原则在刑法中的位阶也就是刑法平等原则和罪刑法定原则以及罪刑相适应的关系问题。众所周知，我国1997年《刑法》第四条规定了刑法平等原则，第三条规定了罪刑法定原则，第五条规定了罪刑相适应原则。从《刑法》的规定来看，罪刑法定原则是最先规定的原则，刑法平等原则是处于罪刑法定原则和罪刑相适应原则之间的一个原则。1997年《刑法》中如此规定，是否当然代表了罪刑法定原则是高于平等原则和罪刑相适应原则的呢？对此，刑法理论界存在争议。如有论者认为，在刑法的三个基本原则中，刑法平等原则是处于基础地位的原则，罪刑法定原则是平等原则的保障，罪刑相适应原则是刑法平等原则的体现，因此，平等原则是刑法基本原则体系的核心和灵魂②。还有论者认为，刑法的三个基本原则之间处于同等重要的位置，其在刑法中的排名虽然有先后之分，但其功能和价值没有先后和优劣之分③。还有论者并不承认刑法平等原则的基本原则地位，只是把罪刑法定原则和罪刑相适应原则作为刑法的基本原则。亦有论者认为，罪刑法定原则是刑法基本原则中的"帝王原则"。从刑法的产生来看，罪刑法定原则是其他两个原则的前提和保障，没有立法上的准确、公正和明朗，就很难做到平等、合理、科学和公平④。那么，刑法平等原则在刑法基本原则中的地位到底如何，其和罪刑法定原则以及罪刑相适应原则之间到底是什么关系？我们将在下文中予以论述。

1. 刑法平等原则和罪刑法定原则的关系

刑法平等原则与罪刑法定原则的关系在本质上就是平等和自由的关系。因为罪刑法定原则的价值内涵即是自由。罪刑法定主义产生的思想基础之一是尊重人权主义，为了保障人权，不致阻碍国民的自由行动，不致使国民产生不安感，就

---

① 薛瑞麟：《俄罗斯刑法研究》，中国政法大学出版社2000年版，第92页。
② 刘流：《论我国刑法的基本原则》，载《法律适用》1997年第8期。
③ 赖早兴：《论平等在刑法中的地位》，载《法制与社会发展》2006年第2期。
④ 刘德法：《论罪责刑相适应原则》，载《国家检察官学院学报》2000年第5期。

必须使国民实现能够根据成文刑法预测自己的行为性质时，就不会因为不知道自己的行为是否会受到刑罚处罚而感到不安，也不会因为不知道自己的行为是否会受到刑罚制裁而不敢实施合法行为，从而导致行为畏缩的后果。罪刑法定原则的目的就是限制刑罚权，防止司法擅断和保障个人自由。因此，探讨罪刑平等原则和罪刑法定原则的关系，本质上是探讨平等和自由的关系。

　　自由和平等之间是什么关系？一般认为，二者既有相互矛盾的一面，也有相互依存的一面。首先，从自由和平等的特性来看，自由要求个性的张扬，绝对排斥强制，而平等则要求统一性和一致性，排斥个人差异。因此，从二者的特性上来看是相互矛盾的。二者的矛盾性也体现在现实生活中，尤其是第二次世界大战之后，自由和平等的矛盾达到了空前的高度，自由要求政府的权力越来越小，管得越来越少，让经济自由发展，让社会高度自治，而平等则要求政府管得越来越多，政府不仅要积极干预经济，也要干预社会的发展。其次，二者也存在相互依存的一面。体现在，如果没有自由，人们将失去要求平等的权利，因为"要求平等者得到平等，这不是平等问题，而是自由问题，是一个如何摆脱外在的压制的问题"①。也正因为如此，自由和平等在启蒙运动时期共同成了正义的核心内容，随之而来的欧洲资产阶级革命，也把自由和平等当成口号，因为二者所针对的是封建专制制度和封建等级制度。更有论者认为，存在一个自由和平等完全融合为一体的状态，在这个状态中，完全自由的人绝对平等，而绝对平等实现时又会与自由相融合。那么，自由和平等哪个更为重要或者哪个是更为基本的价值？从学者的观点来看，并未形成统一的认识。如伏尔泰更重视自由的权利，认为人从一开始便生存于社会之中并同时享有各种权利，其中，最重要的就是自由权利，这种自由权利主要体现在人身及财产自由、出版及言论自由、宗教及信仰自由、商业和资本自由四个方面。并认为"好的法律"有利于人在社会中享有自由权利，"实定法"则有利于将自由权利落到实处。真正的平等是只在法律面前人人平等，即每个公民对自由、对财产所有权、对受法律保护享有平等权利不是要在主仆之间、官民之间、贫富之间、法官与被告之间消除一切差别，以实现身份、地位、财富、职业上的完全平等。后一种意义上的平等在伏尔泰看来是荒谬的、不可能实现的。原因有二：一是人的贪欲和物质匮乏之间存在矛盾；二是人的才能各不相同和人的贪欲之间存在矛盾。因此，他断定，社会中的人必然会分成两个阶级：一个是指挥人的富有阶级，一个是服侍人的贫苦阶级。伏尔泰认为，尽管不能实现绝对的平等，但是可以让不同的人平等地服从法律。他对法律面前一律平等的"平等"作了这样的限定，即不同的等级应遵循不同的法律，理由是不

---

① 刘军宁等：《直接民主与间接民主》，生活·读书·新知三联书店 1998 年版，第 146 页。

同等级的人习俗不同，对平等的这一限定，折射出了伏尔泰的等级观念和精英意识。在这里，伏尔泰将自由与平等连接起来了，其桥梁就是法治。当所有不同的人平等地遵从法律时，每个人的自由也就得到了保障。因此，从伏尔泰的观点来看，平等只有在服从法律的时候才存在，而且平等是为了保障自由的①。卢梭为平等的地位作了界定，他把自由和平等作为立法的最终目的和两大主要目标，而且认为平等比自由更重要，没有平等自由便不存在，平等是制度的"根本大法"，这个"根本大法"并不是要绝对破除个人所有制，而要把区别限制在最狭隘的界限之内，并使它始终服从于公共的幸福，而立法上的平等则是自然的命题，凡是不曾为人民所亲自批准的法律都是无效的，那根本就不是法律②。

我们认为，平等与自由虽然都是现代法治追求的价值目标，但二者的地位和重要性却不在一个层次上。平等应该是比自由更基础、更根本的价值。从人类社会的发展历史来看，在人类社会产生之初，人们之间都是平等的，没有财产、地位等的区分；当私有制出现之后，人类逐渐进入了等级的不平等的社会，自由便具有了局限性，自由也就成了有差别的自由，处在社会等级上层的人们比处在社会等级下层的人们的自由更广。可以说，正是由于原始平等的丧失，才使自由有了局限性；从正义的内容上来看，虽然平等和自由都是正义的重要内容，但平等对正义的价值更大，所谓"不患寡而患不均"即是最朴素的正义观的直接表述，如果失去了平等，正义则失去了人类社会中的心理基础；从功能上来看，平等的功能更广泛，平等中可以没有自由，但自由必须以平等为前提，失去了平等的自由是不存在的。因此，我们认为，平等是比自由更基础、更根本的价值。

从罪刑法定原则的内容来看，无论是罪刑法定原则的形式侧面：法定主义、禁止溯及既往、禁止有罪类推、禁止绝对不定期刑，还是罪刑法定原则的实质侧面：明确性、禁止处罚不当罚的行为、禁止不均衡、残虐的刑罚，都是统一适用于刑事法律关系的各类主体，没有规定排除适用的范围，这也正是平等原则的要求。因此，既然平等的价值和地位优于自由，平等原则也是罪刑法定原则的应有之义，那么平等原则的价值和地位也应该优于罪刑法定原则。我们认为，我国1997 年《刑法》第三条和第四条的位置顺序也应该对调，第三条应该规定刑法的平等原则，第四条应该规定罪刑法定原则，如此，才能正确体现平等和自由的关系，也能消除由刑法条文顺序所带来的理解上的分歧。

2. 刑法平等原则和罪刑相适应原则的关系

罪刑相适应原则是我国1997 年《刑法》第五条规定的原则，其含义是，犯

---

① 参见卢少鹏《历史视野下的启蒙——论伏尔泰的自由观》，载《江西社会科学》2011 年第 6 期刊。

② 参见［法］卢梭著：《社会契约论》，何兆武译，商务印书馆 1980 年版，第 69 - 70 页。

多大的罪，就应该承担多大的刑事责任，法院也应判处其相应轻重的刑罚，做到重罪重罚，轻罪轻罚，罚当其罪；在分析罪重罪轻和刑事责任大小时，不仅要看犯罪的客观社会危害性，而且要结合考虑行为人的主观恶性和人身危险性，把握罪行和罪犯各方面的因素综合体现的社会危害程度，从而确定其刑事责任程度，适用相应轻重的刑罚。那么，罪刑相适应原则体现了一种什么样的价值？从罪刑相适应原则的产生来看，其最早可追溯到原始社会的同态复仇和奴隶社会的等量报复。"以血还血、以眼还眼、以牙还牙"，是罪刑相适应思想最原始、最粗俗的表现形式。其本质上是在讲究一种对等，是一种等量的报应。罪刑相适应原则成为刑法的一种基本原则，则是 17、18 世纪的资产阶级启蒙思想家和法学家倡导的结果。如孟德斯鸠指出"惩罚应有程度之分，按罪大小，定惩罚轻重"[①]。重罪应该与重罚等量，轻罪应该与轻罪等量。刑事古典学派的创始人贝卡里亚在其传世之作《论犯罪与刑罚》一书中指出："犯罪对公共利益的危害越大，促使人们犯罪的力量越强，制止人们犯罪的手段就应该越有力。这就需要刑罚与犯罪相称。"[②] 贝卡里亚还独具匠心地提出了罪刑阶梯论，试图确定一个与犯罪轻重相适应的刑罚阶梯，以实现罪刑均衡、对等的思想。资产阶级革命胜利后，罪刑相适应的思想被写进法律。传统的罪刑相适应原则，以报应主义刑罚观为基础，机械地强调刑罚与已然之罪、犯罪客观行为或曰犯罪客观危害相对等。从 19 世纪末开始，随着刑事人类学派和刑事社会学派的崛起，传统的罪刑相适应原则受到了有力的挑战，最为突出的表现是行为人中心论和人身危险论的出现，保安处分和不定期刑的推行，使传统的罪刑相适应原则在刑事立法上受到削弱和排挤，但实际上并未动摇其作为刑法基本原则的地位。从当今世界各国的刑事立法来看，罪刑相适应原则内容已经得到修正：既注重刑罚与犯罪行为相适应，又注重刑罚与犯罪个人情况相适应。也即，罪刑相适应原则转变为罪刑相适应原则。刑罚与犯罪之间的关系从最开始的固定的等量关系，转变为以等价关系为基础、以功利主义为补充的浮动关系。从等量到等价的转变体现的是刑事文明的进步，从固定到浮动的转变体现的是刑事罪刑关系的科学性和时代性，但无论如何，罪刑相适应的基本价值在于等价或对等。

既然罪刑相适应原则的基本价值在于等价，那么等价和平等的关系也就成了罪刑相适应原则和平等原则的关系。我们认为，平等是等价的前提，没有平等，等价就无从谈起，而等价是平等的内容之一。比如，在等价有偿的商品交换中，平等是等价交换的前提，而平等除了包含等价原则之外，还包括自愿原则和权利

---

① ［法］孟德斯鸠：《波斯人信札》，梁守锵译，商务印书馆 1962 年版，第 141 页。
② ［意］贝卡里亚：《论犯罪与刑罚》，黄风译，中国大百科全书出版社 1993 年版，第 65 页。

义务平等。等价交换是民法领域内的概念，但刑法作为对不服从第一次规范所保护的利益而进行惩罚性保护的第二次规范，在基本概念上也应该遵从民法的概念。无疑，在刑法中平等的价值和地位也应高于等价。另外，从刑法内部来看，罪刑相适应原则产生之初之所以要倡导罪刑均衡，其根本原因在于人们之间是平等的。原始社会中的同态复仇即是建立在人人都平等的基础之上。其后，法哲学家们关于刑罚上的等量和等价的论述也是以平等原则为基础的。如德国哲学家康德基于社会契约论明确地强调人们须平等地服从法律，而社会契约论的基础则是人人平等，如果没有平等，其主张的等量报应也无从谈起。黑格尔则猛烈地抨击了野蛮残酷的封建专制制度，并进一步提出了一系列的法律思想，其中之一就有法律面前人人平等思想，并在此基础上主张等价报应，因此，如果没有平等思想，其主张的等价报应也无从谈起。

在罪刑相适应原则转变为罪责刑相适应原则的过程中，虽然在犯罪与刑罚之间掺入了刑事责任要素，似乎改变了罪与刑的对等性，但是，通说认为刑罚目的论中还是以报应论为根本，以功利主义为补充。也即，在罪刑相适应原则中，罪与刑的平等性不再单从犯罪行为的社会危害性出发，而是兼顾了犯罪人的人身危险性。刑罚的等价应该是刑罚的量与犯罪行为的客观危害性、行为人的人身危险性相等。因此，无论是单纯的报应观念，还是报应与功利相结合的观念，都是以平等观念为基础的。平等的价值和地位高于罪刑相适应原则所体现出来的对等的价值和地位，平等原则也应优位于罪刑相适应原则。

需要明确的是，不仅平等原则是一个宪法原则，而且罪刑法定原则也是一个宪法原则。英国史学家亨利·哈兰德曾将英国中世纪结束之时英国社会公认的宪法基本原则概括为五条，其中的第3条是"除非根据法院的专门令状，不得逮捕任何臣民；被逮捕者必须迅速交付法庭审判"。这实际上是罪刑法定原则。魏玛《宪法》第116条规定："任何行为，只有当制定法事先已经规定了可罚性时，才能判处刑罚。"而这一规定，与德国1871年刑法典第2条关于罪刑法定原则的规定的表述基本相同。德国基本法第103条第2款也明文规定了罪刑法定原则。意大利《宪法》第25条2款规定："如果不是根据行为实施前生效的法律，不得对任何人进行处罚。"日本《宪法》第31条规定："任何人非依据法律所规定的程序，不得剥夺其生命或自由，或科以其他刑罚。"第39条规定："任何人如其行为在实行时实属合法，或经认为无罪时，不得追究刑事责任。"[①]　因此，从根本原则的角度来看，平等原则和罪刑法定原则都是一个宪法性原则，而罪刑相适应原则是刑法所特有的原则。平等原则和罪刑法定原则应该优位于罪刑相适应

---

① 张明楷：《刑法学》，法律出版社2007年版，第43页。

原则。

（三）刑法平等原则的意义分析

1. 实现刑法平等原则是社会公众强烈愿望，也因此成为刑法具有合法性的根据

在封建专制的特权社会中，封建官僚阶层为维护自身统治的需要，也提出过众多有利于社会的"先进的法律思想"，如民本思想、法律平等思想等等。终封建之世，这种法律平等的思想在社会公众的思想中留下了不可磨灭的印记，"王子犯法与庶民同罪"更是成为妇孺皆知的法谚，实现法律面前人人平等也就成了社会公众的强烈愿望。在当代社会中依然如此，一方面，人们对平等的追求受历史惯性的影响；另一方面，平等作为人们的"内在基因"，是人类社会永恒的价值追求。

社会公众的愿望或曰民意，在当代社会中是一切法律具有"合法性"的根据。"合法性即是对统治权利的承认。"[1] 刑法的合法性是对刑法统治权利的承认。一项权利，如果没有任何人承认它的有效性，那么它也就不具备真正意义上的权利特性。"权利的属性即在于它是一份有效的权利证书，因而可以非常安全地享有它。并且它必须要以一种无可置疑的方式得到认可。"[2] 而统治权利要想得到认可，必须满足社会公众的愿望。刑法的平等原则即是符合公众愿望并能得到公众认可的原则，因此，刑法平等原则的确立也成为刑法具有合法性的根源。

2. 刑法平等原则是与封建特权思想做斗争的思想武器

我国古代的刑法公开维护等级特权，是一种不平等的刑法。早在我国西周时代，等级特权制度就已经确立，所谓"礼不下庶人，刑不上大夫"，刑罚适用的对象主要是平民和奴隶，奴隶主贵族则享有特权待遇。周礼确定的这种等级有序的制度，被后来的儒家思想所采纳，如孔子认为，周礼等级的崩坏是社会动乱的原因之一，只有重新确立君君、臣臣、父父、子子的关系，有效的统治才能重新建立起来。儒家的等级有序思想被后世的封建统治者采纳为治国理政的主导思想，并在封建社会中被神圣化。等级制度中最鲜明的是维护皇权，刑法也是封建最高统治者的意志的体现，刑法的存立废都由最高统治者来决断。最高统治者的权威很大程度上依赖对违反者施以严酷的刑罚来维护，如封建刑法中规定的十恶之罪，触犯者不仅要得到严厉的处罚，还要株连九族。最高统治者以外的其他封建贵族，虽然没有像最高统治者一样凌驾于法律之上的权力，但其在司法上的特权也是明确规定在封建刑法中的。如从魏律开始一直沿用至明清时期的八议制

---

① ［法］让-马克·夸克著：《合法性与政治》，佟心平等译，中央编译出版社 2002 年版，第 10 页。

② ［法］让-马克·夸克著：《合法性与政治》，佟心平等译，中央编译出版社 2002 年版，第 11－12 页。

度，使封建贵族官僚的司法特权逐步法律化、制度化，体现了公开的不平等。封建社会的刑法，本质上是一种特权法，对我们这样一个拥有两千多年的封建统治传统的国家，应该说特权思想的影响根深蒂固，社会主义的国家制度确立以后，虽然从法律制度上彻底消灭了封建特权制度，但封建特权思想依然存在。再者，我国的社会主义制度脱胎于半殖民地半封建社会，社会制度具有跨越式发展的特征，资产阶级民主思想的积累和孕育时间短，加之我们正处于社会主义初级阶段，导致特权思想仍会干扰刑法的实施。因此，在刑法中明确地规定刑法面前人人平等原则，有利于封建特权思想的消除和法治理念的树立。

3. 确立刑法平等原则是刑事司法实践的需要

我国 1954 年《宪法》规定了法律面前人人平等原则，同年制定的《人民法院组织法》和《人民检察院组织法》也规定了法律面前人人平等原则。而后，随着"左"倾思想的抬头，法律面前人人平等原则遭到批判，尤其是把法律面前人人平等原则当作"没有阶级观点和敌人讲平等"的借口加以政治打击，以至于在后来的"文化大革命"中彻底否定了刑法面前人人平等原则，把个人的身份地位作为刑事责任的根据。因此，新中国成立以来的刑事司法实践表明，只在宪法和宪法性法律中规定法律面前人人平等原则，不能有效地强化平等意识，不利于刑事司法实践，法律面前人人平等不能代替刑法上的平等，只有在刑法中明确规定这一原则，才能更有效地阻止不平等地适用刑法现象的产生。

另外，我国实行的是社会主义市场经济，一方面强调尊重社会经济主体的平等地位；另一方面，又强调加强国家的宏观调控。市场经济主体地位的变化必然反映在刑法的适用上，在刑法上确立人人平等的原则，才能与刑法所要保护的社会关系相匹配，才能更好地平等地保护各类社会经济主体。国家宏观调控的加强本质上是对市场自由发展的干预，如果不强调刑法平等原则，则在宏观调控过程中很容易造成各市场主体不平等的现象。尤其是在我国公有制经济占绝对优势地位的情况下，不强调刑法面前人人平等原则，很容易在刑法适用过程中对其他经济主体保护不利。因此，市场经济一方面按其内在要求确立刑法平等的原则，另一方面又为平等原则的实现造成新的困难。因此，只有不断地强化刑法平等原则，才能有效地克服其间的矛盾，从而充分发挥刑法的经济保障功能，使之为社会主义经济建设服务①。

---

① 薛瑞麟，陈吉双：《刑法上的人人平等原则》，载《政法论坛》1998 年第 5 期。

四、刑法平等原则存在的问题

（一）侵犯财产犯罪与贪污罪的数额不等问题

根据我国司法解释的规定，贪污罪的犯罪数额远远高于其他侵犯财产犯罪的犯罪数额。如最高人民法院、最高人民检察院《关于办理贪污贿赂刑事犯罪案件适用法律若干问题的解释》（法释〔2016〕9 号）第 1 条规定："贪污或者受贿数额在 3 万元上不满 20 万元的，应当认定为《刑法》第 383 条第 1 款规定的数额较大。"第 2 条规定："贪污或者受贿数额在 20 万元以上不满 300 万元的，应当认定为《刑法》第 383 条第 1 款规定的数额巨大。"第 3 条规定："贪污或者受贿数额在 300 万元以上的，应当认定为《刑法》第 383 条第 1 款规定的数额特别巨大"。最高人民法院、最高人民检察院《关于办理盗窃刑事案件适用法律若干问题的解释》（法释〔2013〕8 号）第 1 条规定："盗窃公私财物价值 1000 元至 3000 元以上、3 万至 10 万元以上、30 万元至 50 万元以上的，应分别认定为《刑法》第 264 条规定的数额较大、数额巨大、数额特别巨大。"最高人民法院、最高人民检察院《关于办理诈骗罪刑事案件具体应用法律若干问题的解释》（法释〔2011〕7 号）第 1 条规定："诈骗公私财物价值 3000 元至 1 万元以上、3 万元至 10 万元以上、50 万元以上的，应分别认定为《刑法》第 266 条规定的数额较大、数额巨大、数额特别巨大。"关于这种现象是否合理，存在着肯定说和否定说两种观点：肯定说认为，贪污罪和侵犯财产罪的入罪数额不同是因为各犯罪内在属性不同造成的，贪污罪侵犯的是公共财产，按照平均数额分配到个人，其危害性不大，而且贪污罪不仅要受到刑事处罚，还要受到行政处分，因此，其犯罪数额比其他侵犯财产罪较高是合理的。否定说认为，贪污罪无论从主观方面还是从客观方面来看，其社会危害性都大于其他侵犯财产的犯罪，因此，其定罪数额不应高于盗窃罪、诈骗罪等侵犯财产的犯罪，如若不然，有违罪刑相适应原则。我们不对上述观点进行评析，但从刑法平等原则的角度来讲，贪污罪与侵犯财产犯罪在入罪数额方面的悬殊肯定会造成公私财产的不平等保护，国家工作人员和非国家工作人员的区别对待，是对平等原则的违反。

首先，贪污罪与其他侵犯财产的犯罪，从犯罪手段和侵害后果来看，具有相同性，应该适用相同的数额标准。根据我国 1997 年《刑法》第三百八十二条的规定，贪污罪的手段是侵吞、窃取和骗取，而这三个手段与侵占罪的侵占、盗窃罪的盗窃、诈骗罪的诈骗完全相同。从犯罪后果来看，贪污罪侵犯的是公共财产，侵犯财产罪侵犯的为公私财产，显然公共财产囊括在公私财产的范围之内，因此，在侵犯财产法益的后果上，贪污罪与其他侵犯财产的犯罪完全相同。实际上，从刑法修改稿本的具体写法上看，1988 年的三个稿本并没有将贪污贿赂犯罪作专章规定，这些犯罪分散规定在侵犯财产罪、渎职罪中①。

其次，如果在犯罪数额上，贪污罪与盗窃罪、诈骗罪等其他侵犯财产犯罪存在巨大的差别，那么就会导致公私财产的差别保护，国家工作人员与非国家工作人员实施相同行为时在罪与非罪上的巨大反差，实质上是对法律面前人人平等原则和刑法平等原则违背。如在贪污罪与盗窃罪中，国家工作人员以盗窃手段窃取公共财物一万元却不构成贪污罪，而国家工作人员以相同的手段窃取私人财物一万元却构成盗窃罪，非国家工作人员以盗窃手段窃取公共财物一万元也构成盗窃罪。如此造成了国家工作人员以相同的手段窃取不同的财物罪与非罪上的迥然评价，国家工作人员和非国家工作人员同样窃取公共财物罪与非罪截然不同的法律后果。因此，贪污罪与侵犯财产罪入罪数额差异悬殊违背刑法的平等原则。

（二）交通肇事罪的"以钱买刑"问题

1. 司法解释将"无能力赔偿"作为定罪和量刑情节，违背了刑法的平等原则

我国1997年《刑法》第一百三十三条规定："违反交通运输管理法规，因而发生重大事故，致人重伤、死亡或者公私财产遭受重大损失的，处三年以下有期徒刑或者拘役；交通肇事后逃逸或者有其他特别恶劣情节的，处三年以上七年以下有期徒刑；因逃逸致人死亡的，处七年以上有期徒刑。"从《刑法》的规定来看，致人重伤、死亡或者公私财产遭受重大损失是交通肇事罪的构成要件。最高人民法院《关于审理交通肇事刑事案件具体应用法律若干问题的解释》（法释〔2000〕33号）（以下简称《解释》）第2条前两款为致人重伤、死亡或公私财产遭受重大损失设置统一的适用标准，但第2条第3款，将造成公共财产或者他人财产直接损失负事故全部或主要责任，无能力赔偿数额在30万元以上的作为交通肇事罪的入罪条件，第4条第3款将造成公共财产或者他人财产直接损失，负事故全部或者主要责任，无能力赔偿数额在60万元以上的作为交通肇事罪法定性升格的条件。也即，司法解释已经将行为人有无赔偿能力作为交通肇事罪成立以及法定刑轻重的标准，行为人的经济能力成为交通肇事罪定罪量刑的重要因素，以至于在司法实践中出现"以钱买刑"的现象，这种现象是对刑法平等原则的严重违反。

我们认为，首先，在交通肇事罪中，无论行为人的财产状况如何，当实施了交通肇事行为后，其行为已经对公共安全造成了损害。也即无论是一贫如洗的穷人，还是腰缠万贯的富人，其实施交通肇事行为的法益侵害性是一样的。《解释》将赔偿能力作为交通肇事罪成立或法定刑升格的条件，一定程度上使交通肇事罪成了针对穷人的特殊罪名，出现了不同财产状况的人之间同行不同性、同罪

---

① 高铭暄：《中华人民共和国刑法的孕育诞生与发展完善》，北京大学出版社2012年版，第598页。

不同罚的违反刑法平等原则的状况。

其次，《解释》将赔偿能力作为交通肇事罪成立以及法定刑升格的要件缺乏合理性。通说认为，交通肇事罪是过失犯，过失犯只有在发生了犯危害后果时才能进行刑事处罚。交通肇事罪也一样，只有在发生了致人重伤、死亡或者公私财产遭受重大损失的后果时才能进行刑事处罚，而判断发生危害后果的时间点即行为当时，任何事后行为都不应该成为影响犯罪成立与否的考量因素。否则，行为人实施行为之后只要进行积极的事后补偿等行为就能免于被定罪处罚，这必然影响刑法作为行为规范的指引功能，也不利于实现刑法的一般预防目的。虽说通过行为人事后积极的赔偿，一定程度上能够弥补交通肇事行为对公私财产造成的损害，但公私财产重大损失的危害后果一旦出现即作为一种客观状态存在，任何事后的行为都不应该影响对该危害后果的评判①。

2. 刑法平等原则下"公私财产遭受重大损失"的正确理解

从刑法平等原则的角度来理解，《解释》第 2 条第 3 款以及第 4 条第 3 款的确缺乏正当性，应当排除适用。为了避免出现将刑法外的经济能力、财产状况等因素作为定罪量刑的考量因素，对于"公私财产遭受重大损失的"理解只能以交通肇事行为发生当时所造成的客观损害为依据。一方面，明确"公私财产遭受重大损失"的判断时间为交通肇事行为发生当时，而非事后损失得到赔偿或恢复之时；另一方面，明确"公私财产遭受重大损失"只能以行为当时造成的客观损害为依据，事后的赔偿或补偿使损失恢复的状态不能成为交通肇事中"公私财产遭受重大损失"的状态。如此，才能避免出现因贫富差距、财产状况、经济能力等因素所带来的对交通肇事罪的不平等处罚。当然，事后的积极赔偿可以作为人身危险性的考量因素，从而对量刑产生实质影响，这也是刑法平等原则和罪刑相适应原则的具体体现。

（三）经济犯罪中的自然人和单位犯罪同罪不同罚的问题

我国 1997 年《刑法》规定了大量的单位犯罪，此种单位犯罪中，自然人也可以成为犯罪的主体。对于单位犯罪的处罚，我国 1997 年《刑法》采取的双罚制，既处罚单位，也处罚自然人。但有些条款和司法解释对单位和自然人设置了同一处罚，但有些条款和司法解释对单位和自然人设置了不同的处罚，即"同罪不同罚"。

如我国 1997 年《刑法》第一百五十三条规定的走私普通货物、物品罪，"单位犯前款罪的，对单位判处罚金，并对其直接负责的主管人员和其他直接责任人员，处三年以下有期徒刑或者拘役；情节严重的，处三年以上十年以下有期

---

① 于改之，吕小红：《刑法解释中平等原则的适用》，载《比较法研究》2017 年第 5 期。

徒刑；情节特别严重的，处十年以上有期徒刑"。从此条的规定并看不出自然人和单位犯罪同罪不同罚的结果。但是最高人民法院、最高人民检察院《关于办理走私刑事案件适用法律若干问题的解释》第 16 条规定："走私普通货物、物品，偷逃应缴数额在 10 万元以上不满 50 万元的，应当认定为《刑法》第 153 条第 1 款规定的偷逃应缴税额较大，偷逃应缴税额在 50 万元以上不满 250 万元的，应当认定为偷逃应缴税额巨大；偷逃应缴税额在 250 万元以上的，应当认定为偷逃应缴税额特别巨大。"第 24 条规定，"单位犯走私普通货物、物品罪，偷逃应缴税额在 20 万元以上不满 100 万元的，应当依照《刑法》第 153 条第 2 款的规定，对单位判处罚金……偷逃应缴税额在 100 万元以上不满 500 万元的，应当认定为情节严重，偷逃应缴税额在 500 万元以上的，应当认定为情节特别严重。"由此可见，在走私犯罪中，自然人犯罪的犯罪数额远远低于单位犯罪的犯罪数额，实有违反刑法平等原则之嫌，而类似的情况在其他经济犯罪中也存在，如非法吸收公共存款罪等。

我们认为，首先，经济犯罪中行为主体的不同对法益侵害的程度并没有太大影响，无论是以自然人为主体的犯罪还是以单位为主体的犯罪，都会对社会主义市场经济秩序造成同样的侵害。刑法中也存在很多经济犯罪的自然人主体和单位主体在定罪量刑上采取同一标准的规定。其次，1997 年《刑法》既然将偷逃应缴税额作为判断走私罪的标准，那么，无论是自然人犯罪还是单位犯罪，只要偷逃应缴税额相同，就应该认定为对社会主义市场经济秩序的破坏是相同的，就应该对单位犯罪和自然人犯罪实行同罪同罚。

五、刑法平等原则的完善路径

（一）刑法平等原则在我国刑事立法中的完善路径

1. 保障公民刑法立法平等的参与权

如前所述，平等地参与刑法立法是刑法平等原则的应有含义。公民平等地参与刑法立法并非指公民直接参与刑法立法，而是要在刑法立法的各个阶段设置公民平等地参与刑法立法程序。我国的刑法立法过程分为三个阶段，即立法的准备、由法案到法、立法的完善阶段。将这三个阶段连贯起来，加入公众参与立法的程序，可以形成一个公众平等地参与刑法立法程序。在立法准备阶段，主要包括立项和法案起草两个程序，在这两个程序中，公众可以通过立法项目的征集、立法项目的论证与立法草案的起草参与到刑法立法过程中来。此过程中，全国人大常委会应该公开征集立法项目，并采取邀请公众参加的座谈会、论证会、听证会或专家咨询委员会等方式对立法项目进行论证，形成公开的立法计划项目。在法案起草阶段，可以选择委托起草或是由公众参加的国家机关起草等方式来扩大公众的参与。由法案到法阶段主要涉及草案的审议与反复修改，全国人大常委会在审议草案时，对草案涉及的重大问题，应召开由公众参加的座谈会、论证会，听取意见，研究论证；工作机构应就涉及的主要问题，深入基层进行实地调查研究，听取基层有关机关、组织和公众的意见；全国人大常委会在收集整理各方面提出的意见以及其他方面的资料时，涉及公众、法人或其他组织的切身利益且存在重大分歧的，应举行听证会。此过程中，刑法草案应该向社会公开征求意见。审议法案时应该邀请公众列席旁听，并听取其意见。在经过反复修改形成成熟的法律草案后，方可提请全国人大常委会审议通过，审议通过时也应该设置公众旁听程序。在立法完善阶段，主要包括立法评估与立法监督，立法机关应该接受立法审查，组织立法评估。

2. 禁止歧视性刑法立法

平等原则要求在刑法立法中，在没有正当性理由时，不能对相同情况区别对待，对不同情况又同等对待，出现歧视性的刑法立法。详言之，就是在刑法立法时不得将与行为的社会危害性和人身危险性无关的第三者要素随意纳入刑法立法的考量因子中，从而改变出入罪、加重、从重、减轻和从轻的标准。不然便会出现"同行不同性，同罪不同罚，罪刑不均衡"的不平等立法现象。禁止歧视性立法首先要注重对"公""私"财产的平等保护。我国刑法针对非公有制经济与公有制经济的保护，在一定程度上努力将相同或相似的犯罪行为纳入平等保护范畴，但在部分具体罪名方面仍存在一定差异，对一些侵害经济组织权益相同的犯罪行为，因被侵害组织所有制"公""私"性质的不同，使得刑法罪名设置不同、惩处结果不同，甚至部分侵害非公经济组织权益的行为无法得到应有的惩处，这种差别对待，导致刑法部分罪名无法涵盖实际侵害非公有制经济组织的行为。比如，1997年《刑法》第一百六十五条至一百六十九条规定的非法经营同类营业罪、为亲友非法牟利罪等六个罪名中，涉及的都是公有经济组织的财产权益，而在实际经济活动中，通过上述行为侵害非公有制经济组织合法权益的情况同样存在，但在刑法上却不一定构成犯罪①。再比如，前述列举的由于"公""私"财产性质的不同而出现贪污罪和其他侵犯财产犯罪同行不同性的问题，显然是一种对"公""私"财产的不平等保护。禁止歧视性立法其次要避免出现因贫富差距、财产状况、经济能力等因素所带来的不平等处罚问题。前述，在交通肇事罪中"以钱买刑"的立法是这一问题的突出表现。因此，刑法立法中要尽量避免将事后的赔偿等"涉金钱"因素作为出入罪的标准，只能将事后的赔偿作为修复社会关系或影响行为人认罪态度的表现，从而对刑事责任大小产生影

---

① 冯孝科：《非公有制经济的刑法平等保护问题》，载《中国检察官》2019年第6期。

响，而非作为犯罪成立与否的标准。禁止歧视性立法最后要注重对自然人犯罪和单位犯罪的同等处罚。自然人和单位本身存在本质的差异，单位相比于自然人本身具有更强的组织性和经济性，其实施的犯罪社会危害性往往比较大，因此，在一定范围内设置差别的刑事处遇是追求实质平等的表现。但是，我国的刑法立法在设置单位犯罪时往往其入罪门槛比自然人要低，造成了对社会危害性更大的行为处罚较轻的不平等现象，如前述经济犯罪中的自然人和单位犯罪同罪不同罚就是一个突出表现。因此，在设置单位犯罪和自然人犯罪时，针对同一社会危害性的行为，自然人主体和单位主体在刑罚设置上应采取同一标准。

3. 积极追求实质的平等

追求实质平等是《宪法》第四十八条和第四十九条所明确规定的特殊平等之要求。在当代社会，妇女、儿童、老人等因生理或其他不可控制的政治、社会、历史等原因处于相对弱势或不利地位的群体是客观存在的。如果法律不强调对弱者权利的保护，其必然受到侵害①。刑法立法中亦是如此，如果一味地追求形式上的平等，对处于弱势地位者的权利不加以特殊保护，此部分人便会成为刑法社会保障机能的牺牲品。基于此，在刑法立法中强调对弱势群体的实质平等就具有了必要性与合理性。通过刑法立法，对某些弱势群体提供有限的区别性刑事处遇，以此弥补事实上、形式上的不平等，符合宪法以及现代刑法立法的"合理区别对待"原则。我国刑法中已经存在为追求实质平等而保护弱势群体利益的规定，如《刑法修正案（八）》首次创建了对老年人犯罪从宽处罚的规定：一是规定对已满七十五周岁的老人故意犯罪的，可以从轻或者减轻处罚；而过失犯罪的，应当从轻或者减轻处罚。二是规定年满七十五周岁的老人符合缓刑的条件一律要适用缓刑，没有例外。三是规定对审判的时候已满七十五周岁的老人，不适用死刑，但以特别残忍手段致人死亡的除外。《刑法修正案（八）》还从三个方面，即犯罪时不满十八周岁的人不构成累犯，强化缓刑的适用以及被判处五年有期徒刑以下刑法的免除前科报告义务，完善了未成年人的从宽制度。这些都说明我国刑法在立法过程中已经着重关注弱势群体利益的维护。但是，我国刑法在追求实质平等而保护弱势群体利益的范围和程度有待提升。如国际上对老年人年龄的界定基本上确定为七十岁以下，且老年人犯罪绝对不适用死刑，在自由刑、假释、执行刑罚的方式等方面都比一般犯罪人宽恤，我国刑法对重度伤残的残疾人犯罪也没有不适用死刑的规定，这些都需要在进一步的立法中予以完善。

（二）刑法平等原则在我国刑事司法中的完善路径

公正、严格的司法是刑法平等原则实现的关键。从司法实践来看，刑法平等

---

① 刘宪权：《刑法学名师演讲录（总论）》，上海人民出版社2016年，第53页。

原则的实现主要受制于主观和客观两方面的原因，因此，应从主观和客观两个方面来完善刑法平等原则的司法适用。

从主观方面来看，司法实践中刑法适用的不平等主要有以下两个方面的原因：第一，一些司法人员的业务素质偏低，不能够很好地掌握刑法和司法解释的规定，在某些案件尤其是疑难复杂的案件中，不能准确地对行为进行定性，出现同一行为不同定罪的问题。对行为定性之后的量刑是司法人员业务素质高低的主要体现，然而，由于司法人员的量刑能力不足，出现同案不同罚的问题。第二，徇私枉法的现象长期存在，司法人员不能摆脱社会上不正之风影响，不能中立公正地处理案件，致使案件的处理有违刑法平等原则。因此，我们认为应该从以下两个方面来完善刑法平等原则的司法适用。

第一，司法人员要树立平等公正的刑法理念。刑法理念是指人们对刑法的性质、任务、作用、基本原则、犯罪本质、罪刑关系、刑法文化及价值取向的宏观性、整体性反思而构建的理性图形。作为刑法理念视域的对象、概念和方法不是表象的、单层的、孤立的，而是根本的、立体的、相互联系的。它把人们关于刑法现象及其本质的观念从感性认识上升为理性认识，从宏观和总体上把握刑法的基本定式，图解刑法与社会变迁的根本关系，为刑法的发展和进化、适用提供理念准则和导引①。平等公正的刑法理念要具备以下几点要素：（1）刑法性质观由政治刑法转变为市民刑法；（2）刑法任务观由忽视刑法的人权保障任务到人权保障与社会秩序维护兼顾；（3）刑法作用观由刑法万能主义到刑法谦抑主义；（4）刑法理性观由实质合理性到形式合理性与实质合理性的统一；（5）犯罪观由社会危害性理论到刑事违法性与实质犯罪观的统一；（6）刑罚观由重刑主义到刑罚轻缓化、刑罚作用相对性与刑罚经济性的统一；（7）刑事政策观由严打到宽严相济的刑事政策的统一，等等②。司法人员只有真正掌握了平等公正理念的以上七个要素，才能在刑法适用中真正贯彻平等原则。

第二，要提高业务素质和政治素质。司法工作人员是刑事司法的主体，因而其素质高低直接关系到刑法平等原则的贯彻程度。在政治素质方面，必须培养司法工作人员全心全意为人民服务、为维护刑事法治尊严而工作的政治素养，使其能自觉抵御各种腐蚀和诱惑，客观中立地适用刑法。在业务素质方面，司法工作人员要注重提升刑法理论素养，全面掌握刑法规范，在处理案件时能够做到准确定性，精准量刑。

---

① 参见李双元等：《法律理念的内涵与功能初探》，载《湖南师范大学社会科学学报》，1997 年第 4 期，第 53 页。

② 参见苏彩霞：《刑法国际化视野下的我国刑法理念更新》，载《中国法学》，2005 年第 2 期，第 144－151 页。

从客观方面来讲，刑事法制的统一性与我国经济社会发展的不平衡性之间的冲突，是导致刑法适用不平等现象的客观原因。一方面，刑事法制的统一性要求我们必须制定统一的、在全国范围内适用的刑法规范；另一方面，我国幅员辽阔，民族众多，且各地经济社会发展水平相差巨大，这就导致了刑法中的情节犯、数额犯在不同地区不同评价的问题。比如同样是盗窃行为，在经济发达地区盗窃 2000 元可能不作为犯罪处理，而在经济落后地区盗窃 2000 元就要成立盗窃罪；再比如醉酒型危险驾驶行为，在某地方行为人血液酒精含量为 100mg/100ml时可能被判处缓刑，而在另外地方就可能会被判处实刑。我们认为，一方面要合理地看待不同地区刑法适用的差异问题，刑法适用在各地区合理的差异是符合人们的认识规律以及实际情况的，相对的不平等是形式平等、机械平等的合理纠偏，也是实质平等的重要体现；另一方面，各地区刑法适用的差异必须在公众认同的范围之内，在刑事法治容许的范围之内，要随着经济社会的发展逐渐缩小相对的不平等以真正实现刑法适用的平等。我们认为，应从以下几个方面来逐渐缩小刑法适用的差异问题：

第一，发挥案例指导的作用。我国虽然是成文法国家，但不能因此而否定刑事案例在司法实践中起到的统一适用的作用。司法案例直接来源于实践，其中所形成的裁判规则是对抽象法律规定的个案具体化，能够克服成文法抽象、概括、滞后等问题，加强对法律适用的指引，并可通过一定程度上的约束力和说服力，协调法院之间、法院内部审判机构之间和审判组织之间对法律的理解和适用，确保对相同或类似情形案件作出基本相同的裁判，促进法律适用的统一。总结实践经验，我们认为，具有指导意义的在先案例包括三种类型：一是具有权威性约束力的案例。这专指经过特殊权威程序认定和发布的案例，主要是指最高人民法院发布的对全国法院审判执行工作具有约束力。其次是各高级人民法院发布的，在本省、自治区、直辖市范围内具有指导作用的典型案例或参阅案例。二是具有事实上约束力的案例。这是基于审级秩序以及适用法律一致的司法理念和工作要求，由法官对其上级法院和本院的在先生效裁判自觉予以遵循，从而使得该上级法院和本院的在先生效裁判成为具有事实上约束力的案例。三是具有说服力的案例。这是指没有权威程序认定和发布，也没有审级监督关系的各级法院法官所作出的具有参考价值的裁判。这类案例虽然不具有前两类案例的约束力，但其中所包含的裁判规则也是法官面对新颖、疑难、复杂问题，以及法律规定不明确或者存在漏洞的情形，经过细致、充分的论证而得出，具有很强的说服效力，可供对后案审理很好参考。为达到刑法适用的相对统一，实现刑法平等原则，司法人员在司法裁判中应主动参照以上三种类型的案例，积极发挥其在刑事司法中的指导作用。

　　第二，发挥量刑指导意见的作用。以"同案不同判"现象为代表的量刑不统一问题损害着司法权威，影响着民众对法律的信任，是对刑法平等原则的最大破坏。然而，量刑问题是刑事司法中最复杂、最需要科学指导的问题。为此，最高人民法院经过深入调研论证，广泛征求各方面意见，制定了《人民法院量刑指导意见（试行）》，该意见对量刑的基本方法、常见量刑情节的适用、常见犯罪的量刑等内容作了原则性规定。各个省（自治区、直辖市）高级人民法院还根据《人民法院量刑指导意见》制定了具体的实施细则。应该说，量刑指导意见对统一量刑标准发挥了积极作用。在司法实践中，司法人员应充分运用量刑指导意见，弥补自身量刑能力不足，努力消减不同地区的量刑差异。另外，最高司法机关还应扩大量刑指导意见中"常见犯罪"的范围，将更多罪名的量刑纳入指导意见中，以期更好地指导司法实践。

第四节　罪刑相适应原则

一、罪刑相适应原则的历史沿革

　　罪刑相适应原则作为刑法的基本原则，虽然是近代资产阶级革命的产物，但是，作为深深根植于人们心中的公平、正义的理念，其源流则可追溯到原始社会乃至奴隶社会仍然盛行的同态复仇的习俗。

　　在原始社会里，由于社会生产力十分低下，物质资源相当匮乏，因此生存互助与冲突便构成了人与人之间的基本关系。这种冲突的通常表现是：原始人群中的个人或氏族群体，为了控制或争夺珍贵的生活必需品、食物以及栖息场所，而与他一氏族中的个人或群体发生争斗乃至战争。其代价可以一个氏族的消灭来结束，而决不能以其被奴役而告终。恩格斯在《家庭、私有制和国家的起源》一书中曾对此作过这样精辟的说明："个人依靠氏族来保护自己的安全，而且能做到这一点；凡伤害个人的，便是伤害了整个氏族……假使一个氏族成员被外族人杀害了，那么被害者的全氏族必须实行血族复仇。"[①] 关于血族复仇在世界上很多民族都曾保留过这种习俗，据我国著名的法律史学家瞿同祖先生介绍，因纽特人、东非洲土人、非洲的 Congo 人、澳洲西部土人、美拉尼亚人、英属新几内亚的印第安人，以及美洲的印第安人，都有这种习俗[②]。由此不难看出，血族复仇

①　《马克思恩格斯选集》（第 4 卷），人民出版社 1974 年版，第 83 页。
②　瞿同祖：《中国法律与中国社会》，中华书局 1981 年版，第 66 页。

作为一种习俗，在世界上很多民族，其历史是相当悠久的。由于这种血族复仇的习俗本身带有浓厚的主观意志和感情色彩，因此导致复仇过限是经常发生的事情，如阿拉伯半岛北部地区的原始部落贝都因人，其解决氏族纷争的通常形式即血亲复仇。损失一个部落成员要以侵害方所在部落的相应损失作为报仇手段。但受害部落往往夸大其成员的价值，损失一条人命常常要求以两至三条人命作抵偿。以致"一件仇杀案，可能继续四十年之久……"① 为了克服这种过分复仇以及由此形成的世仇弊害，历史上先后演绎出多种复仇限制措施。如"杀人之父者亦杀其父，杀人之兄者亦杀其兄。"② 仇人本身反而不受伤害。又如许多社会以直接报复仇人为原则，只有在实在找不到仇人时，才以仇人的最近亲属为替身③。同态复仇也是这种血族复仇的限制措施之一。在前述阿拉伯半岛，伊斯兰法《古兰经》明确讯示："以命偿命，以眼偿眼；以鼻偿鼻，以牙偿牙；一切创伤，都要抵偿。"这一讯示就为私力报复规定了正当的报复标准。除了《古兰经》的明确讯示之外，在奴隶社会初期，同态复仇的习俗不仅被保留下来，而且为法律所认可。例如古巴比伦的《汉穆拉比法典》第 196 条规定："倘自由民损毁任何自由民之子之眼，则应毁其眼。"第 197 条规定："倘折断自由民（之子）之骨，则应折其骨。"还有古罗马的《十二铜表法》第八表第 2 条规定："如果故意伤人肢体，而又示与（受害人）和解者，则他本人亦应遭受同样的伤害。"还有古印度的《摩奴法典》也规定，"最低种姓的人以骇人听闻的坏话，辱骂再生族，应割断其舌"；"如果他以污辱方式提到他们的名和种姓，可用烧得透红的刺刀插入他的口内"；"如果他厚颜无耻，对婆罗门的义务提出意见，国王可使人将沸油灌在他的口内和耳朵内。"④ 不难看出，同态复仇是人类开始克服极端情绪，实施行为节制、有效调处激烈冲突的最初表现；同时也反映了原始人类粗俗的公平与正义观念，其价值基础就在追求侵害与复仇行为在利害上的直观对等性。

随着时代的发展与人类的进化，人们在对罪刑相适应的理解上也发生了相当深刻的变化，即由原始的、直观的强调罪刑之间形式上的对等性，发展到注意追求罪刑之间在价值上的相当性。这种认识的飞跃是以私有财产的出现为契机的。其具体表现为作为血亲复仇传统与私有财产观念之混合物的赎刑的出现。法国著名的启蒙大师孟德斯鸠在《论法的精神》一书中对赎刑的内容进行了具体的考证。他说："当一个人侵犯另一个人，受冒犯或受伤害的人的亲族就加入争吵；

---

① 高鸿钧：《伊斯兰法：传统与现代化》，社会科学文献出版社 1996 年版，第 4 页。
② 《孟子·尽心上》。
③ 瞿同祖：《中国法律与中国社会》，中华书局 1981 年版，第 67 页。
④ ［法］迭朗善译：《摩奴法典》，马香雪转译，商务印书馆 1996 年版，第 196 页。

仇恨就通过赔偿来消除……按照塔西佗所记述的做法是，双方当事人之间成立一种协议，来履行赔偿。因此，野蛮民族的法典就把这种赔偿称为和解金……" "所有这些和解金都用货币的数额规定。但是这些民族，尤其是在日耳曼民族的时候，几乎是没有货币的，所以他们可以用牲畜、麦子、家具、武器、狗、猎鹰、土地等给付。法律又常常规定这些东西的价值……" "主要的和解金，由凶手付给死者的亲族。身份不同，和解金也就不同。因此，《安格尔法》规定，杀死一个贵族的和解金是六百苏；杀死一个自由人是二百苏；杀死一个农奴是三十苏。"① 美国学者霍贝尔对赔偿金的确定问题分析道："在确定赔偿金的分配中，中间人受牢固建立起来的价值原则的制约"；"对于人的伤害是根据侵害程序和加害者的抚恤金的价值来衡量的。"② 可见，赎刑制度的建立是人类关于罪刑相适应认识趋于多元化的表现，它反过来又强化和明晰了人们的罪刑相适应观念。

从理论上对罪刑相适应原则进行探讨者，在西方首推古希腊著名哲学家亚里士多德。亚里士多德在《伦理学》一书中指出："击者与被击者，杀人与被杀者，行者与受者，两方分际不均，法官所事，即在施刑罚以补其利益之不均而遂均之。"③ 此后，古罗马政治家西塞罗在其名著《论法律》中进一步阐述道：应当"使每个人受到与自己的行为相应的惩罚——施暴以处死或剥夺公民权，贪婪处以罚金，贪图功名处以辱没名誉"④。在中国古代刑法中，为实现罪刑相适应而开始的刑法合理化过程可以追溯到西周。西周的统治者吸取了殷商灭亡的教训，感到一味"重刑辟"反而会加剧人民的反抗，进而提出了"明德慎罚"的刑事立法原则。其"慎罚说"的主要内容是主张刑罚要适中，用刑"不过"又无"不及"，刑当其罪⑤。其后，春秋时期的革新家子产也主张罪刑相适应，"一断于法"⑥。这一时期，除子产之外，还有至圣先师孔子亦注意到罪与刑的相应性，他说："刑罚不中，则民无措手足。"⑦ 其意思就是用刑不能得中（相适应），使人恐怕触犯刑律，老百姓连手脚都不知往哪儿放了。其弟子在《礼记·大传》中进而阐发道："刑罚中故庶民安"。进一步阐发了罪刑相适应在治国安民中的重要作用。战国时期的墨子则以"罚必当暴"一语更为精当地表达了罪刑相适应的内核，从而使得罚（即刑罚）与暴（即犯罪）之间的对等关系在这里得到

---

① [法] 孟德斯鸠：《论法的精神》（下册），张雁深译，商务印书馆1963年版，第332-334页。
② [美] 霍贝尔：《原始人的法》，张文青译，贵州人民出版社1992年版，第46-47页。
③ 《西方法律思想史资料选编》，北京大学出版社1983年版，第32页。
④ [古罗马] 西塞罗：《论共和国·论法律》，王焕生译，中国政法大学出版社1997年版，第279页。
⑤ 杨鹤皋主编：《中国法律思想史》，北京大学出版社1988年版，第16页。
⑥ 杨鹤皋主编：《中国法律思想史》，北京大学出版社1988年版，第29-37页。
⑦ 《论语·子路》。

了充分的体现①。继墨子之后较为系统地论述罪刑相适应的是荀子。荀子把爵赏与贤德、刑罚和罪过视为一种对等的报偿关系，不能随意轻重，而应当贵必当功，刑必称罪。荀子指出："凡爵列官职赏庆刑罚，皆报也，以类相存者也。一物失称，乱之端也。夫法不称位，能不称官，赏不称功。罚不当罪，不详莫大矣。"②　他还明确指出，"刑法有等，莫不称罪。"③　"刑称罪则治，不称罪则乱。"④　即是说罪刑相对称，社会才能得到治理；罪刑不相称，社会就会发生动乱。具体到刑罚本身，他又指出："刑当罪则威，不当罪则侮。"⑤　其意说明罪刑相当，才能显示出刑罚的威力，使人不敢冒犯；罪与刑不相当，就会造成人们对刑法的轻视傲慢，难免会做出违法犯罪的事来。荀子既反对轻罪重罚，认为"严令繁刑不足以为威"⑥，同时又反对重罪轻罚，指出"罪至重而刑至轻，庸人不知恶矣，乱莫大焉。"⑦　荀子将罪刑相适应与国家治乱紧密地联系在一起，可见他对罪刑相适应的理念是何等的重视。众所周知，在中外古代社会里，法律的基本价值定位即"法令者，防民之具也"⑧。加上历代统治者所坚持的"贱民"与重刑主义的思想倾向，因而素来以公平、公正为趣旨的罪刑相适应的思想始终未能成为法律意识形态的主流观念。即令历史上西塞罗基于自然法理念，周公基于"救乱起衰"之目的，曾一度倡导或实行罪刑相适应，但都并未真正将其上升为一条法制原则严格贯彻实施，从而给人留下昙花一现之憾。

罪刑相适应思想真正奠基于人权观念的基础之上并被确认为刑法的基本原则，是西欧资本主义生产方式迅速发展，资产阶级自由、平等、博爱观念日渐勃兴，资产阶级启蒙思想家适时倡导的结果。也是17、18世纪欧洲资产阶级革命的产物。在反对欧洲中世纪黑暗统治的斗争中，资产阶级启蒙思想家针对封建社会的罪刑擅断和严刑苛罚进行了猛烈的抨击，继而大力阐发了罪刑相适应的思想主张。近代资产阶级自然法的创始人格劳秀斯首先指出："惩罚之苦等于行为之恶"⑨；之后，英国启蒙思想家霍布斯提出："惩罚就是公共当局认为某人做或不做某事，是违法行为，并为了使人们的意志因此更好地服从起见而施加的痛苦。""惩罚的本质要求以使人服从法律为其目的；如果惩罚比犯错误法的利益还轻，

---

① 《墨子·尚同》。
② 《荀子·正论》。
③ 《荀子·礼论》。
④ 《荀子·正论》。
⑤ 《荀子·君子》。
⑥ ［日］西田太一郎：《中国刑法史研究》，北京大学出版社1985年版，第5页。
⑦ 张国华主编：《中国法律思想史》，法律出版社1992年版，第70－71页。
⑧ 《明史．刑法志》。
⑨ 《中国刑法词典》，学林出版社1989年版，第11页。

便不可能达到这一目的，反而会发生相反的效果。""如果惩罚在法律本身中已有明确规定，而在犯罪之后又施加更重的惩罚，那么逾量之罚便不是惩罚而是敌视行为。"基于这种认识，他还对衡量罪行轻重不同尺度作了分类描述，并指出宥恕与减罪的具体根据①。英国另一著名的启蒙思想家洛克在阐述了"谁使人流血的，人亦必使他流血"这一自然法则的合理性之后，亦进一步指出："处罚每一种犯罪的程度和轻重，以是否足以使罪犯觉得不值得犯罪，使他知道悔悟，并且儆戒别人不犯同样的罪行而定。"他认为，对犯罪的处罚，应尽量做到"纠正"和"禁止"的作用，"因为纠正和禁止是一个人可以合法地伤害另一个人、即我们称之为惩罚的唯一理由。"②法国著名的启蒙思想家孟德斯鸠则更为明确地表述了罪刑相适应的思想，他指出："应当按照各犯罪的性质规定所应科处的刑罚。"③"惩罚应有程度之分，按罪大小，定惩罚轻重。"④"刑罚的轻重要有协调"⑤。美国著名的启蒙思想家潘恩不仅力主罪刑法定，而且力倡罪刑相适应。他明确指出："除非根据犯罪前制定和颁布的法律，并依法应用，否则不得对任何人加以惩罚；法律不应规定作为总体安全所绝对和显然必需的刑罚，惩罚既应切合罪行，又应有利于社会。"⑥意大利著名的刑法学家贝卡里亚则系统地阐述了罪刑相适应的思想。他在《论犯罪与刑罚》一书中写道："如果说欢乐和痛苦是支配感知物的两种动机，如果说无形的立法者在推动人们从事最卓越事业的动力中安排了奖赏和刑罚，那么，赏罚上的分配不当就会引起一种越普遍反而越被人忽略的矛盾，即，刑罚的对象正是它自己造成的犯罪。如果对两种不同程度地侵犯社会的犯罪处以同等的刑罚，那么人们就找不到更有力的手段去制止实施能带来较大好处的较大犯罪了。"⑦根据罪与刑的对等关系，贝卡里亚别出心裁地进行了罪刑阶梯的设计。他指出：在由一系列越轨行为构成的阶梯中，它的最高一级就是那些直接毁灭社会的行为，最低一级就是对于作为社会成员的个人所可能犯下的、最轻微的非正义行为。在这两极之间，包括了所有侵害公共利益的、我们称之为犯罪的行为。这些行为都沿着这无形的阶梯，从高到低顺序排列……有了这种精确的、普遍的犯罪与刑罚的阶梯，我们就有了一把衡量自由和暴政程度的潜在的共同标尺，它显示着各个国家的人道程度和败坏程度⑧。除贝卡里亚

---

① ［英］霍布斯：《利维坦》，黎思复译，商务印书馆 1985 年版，第 241－247 页。
② ［英］洛克：《政府论》（下册），瞿菊农、叶启芳译，商务印书馆 1964 年版，第 7、9－10 页。
③ ［法］孟德斯鸠：《论法的精神》（上册），张雁深译，商务印书馆 1982 年版，第 189 页。
④ ［法］孟德斯鸠：《波斯人信扎》，梁守锵译，商务印书馆 1962 年版，第 141 页。
⑤ ［法］孟德斯鸠：《论法的精神》（上册），张雁深译，商务印书馆 1963 年版，第 91－92 页。
⑥ 许崇德主编：《人权思想与人权立法》，中国人民大学出版社 1992 年版，第 156 页。
⑦ ［意］贝卡里亚：《论犯罪与刑罚》，黄风译，北京大学出版社 2014 年版，第 19 页。
⑧ ［意］贝卡里亚：《论犯罪与刑罚》，中国大百科全书出版社 1992 年版，第 504 页。

之外，德国古典唯心主义哲学的奠基人康德和唯物辩证法的创始人黑格尔、英国功利主义思想家边沁也分别从报应主义和功利主义的立场系统论述了罪刑相适应的思想，并一起成为罪刑相适应原则的理论基础。关于他们的理论观点，后文将专门论述。统而言之，上述资产阶级启蒙思想家、哲学家的理论主张在随后的资产阶级革命和刑事立法中产生了重要影响。可以这样说，是资产阶级革命的号角使得上述资产阶级启蒙思想家鼓吹的罪刑相适应的思想为广大人民所接受，而资产阶级革命运动的实践又使得这些启蒙思想家们的主张逐步上升为治理国家的政治原则，从而使其更加广泛地推向社会，不断地深入人心。例如，在被誉为"旧制度死亡证明书"的法国《人权宣言》中，其第 8 条首先载明："法律只应当制定严格的、明显地必需的刑罚"①；1793 年法国宪法所附的《人权宣言》第 15 条再次申明："刑法应与犯法行为相适合，并应有益于社会。"② 1791 年和 1810 年制定的法国刑法典关于重罪、轻罪、违警罪的划分，以及刑法分则条文中各种犯罪的罪刑关系，亦进一步体现了罪刑相适应原则。该部法典后来成为大陆法系国家刑事立法的楷模，罪刑相适应原则也由此成为世界上大多数国家的刑事立法所普遍接受的一项基本原则。如 1975 年的《联邦德国刑法典》第 46 条第 1 款规定："行为人的罪是量定刑罚的根据。"1975 年的《奥地利刑法典》第 32 条第 1 项规定："量刑应以行为人之责为准。"

但当人类社会进入 19 世纪中后期以后，资本主义自由经济逐步为垄断经济所取代，社会财富日益集中到少数垄断资本家手里，社会阶级矛盾日渐突出，犯罪现象尤其是累犯问题日趋严重，这种情况引起了政府和公众的普遍忧虑。加之自然科学的兴起和迅速发展，人们看到了科学的力量，许多学者经过反思后认为，古典刑事学派的刑法理论只具有"形式上的合理性"而缺乏"实质上的合理性"③。应当在刑法学中引入科学实证方法重新认识犯罪和刑罚，以有效地解决犯罪问题。于是，刑事人类学派、刑事社会学派和社会防卫论便相继应运而生。

进入 20 世纪以后，实证派犯罪学表明，人之所以犯罪是社会、自然、个人等诸多因素综合作用的结果，每个人犯罪都有其特有的原因。因此，刑罚的运用不能仅靠本能的、冲动的报应，必须区分不同种类的犯罪适用相应的社会防卫措施，以达到社会防卫目的。受这一观念的影响，罪刑相适应原则开始了由刑罚与已然犯罪相适应向刑罚与犯罪人的反社会性或危险性相适应的历史性转变。与此

---

① 高铭暄主编：《刑法学原理》（第一卷），中国人民大学出版社 1993 年版，第 188 页。
② 高铭暄主编：《刑法学原理》（第一卷），中国人民大学出版社 1993 年版，第 188 页。
③ ［日］庄子邦雄：《刑罚制度的基础理论》，载《国外法学》1979 年第 3 期，第 4 页。

同时，社会防卫论中的激进学者如意大利学者菲利普·格拉马蒂卡提出了用"人身危险状态""保安处分"和反社会性等概念取代犯罪、刑罚和刑事责任等刑法基本概念的理论主张，从根本上否定了罪刑相适应原则。这一理论的提出，在西方刑法学界引起巨大反响，因其过于激进，受到了多方面的批评，并最终被安塞尔的"新社会防卫论"所代替。安塞尔认为，社会防卫运动应遵循两个原则：一是坚决反对传统的报复性惩罚制度；二是坚决保卫权利、保卫人类、提高人类的价值，从而建立一个人道主义的刑事政策新体系，旨在使罪犯改造成为新人、回归社会。"新社会防卫论"在西方国家的刑事立法与刑法改革中产生了广泛的影响，并延续至今。但由于其与社会现实存在明显的距离，所以，近年来，对功利主义刑罚的无法控制的特征的一定认识，使学者们又将眼光转到了报应主义与功利主义相结合的一体化的道路上来。

与刑罚理论的上述发展历程相对应，罪刑相适应原则在经历了不定期刑的引入、保安处分的适用等否定威胁后，现在仍然是大陆法系各国刑法的基本原则之一。尤其是 20 世纪 60 年代以来，随着刑事古典学派的理论旧调重弹，罪刑相适应原则开始旧话重提，且迅速得到相当一部分学者的关注与拥护，至今已成为压倒优势的主张。美国学者赫希便是罪刑相适应原则在当代的代言人。他认为，刑罚的轻重之所以应与犯罪的轻重相适应，是因为"刑罚暗含着谴责，而刑罚的分量则暗含着谴责的分量"，"一种带有刑罚所固有的非难含义的制度一经确定，按照其行为的应受谴责性的程度来惩罚犯罪，这是公正的简单要求……与罪刑不相适应的刑罚之所以不公正……是因为它对罪犯施加的谴责大于或小于其行为应受的谴责。"① 他明确主张："在惩罚犯罪人方面的罪有应得的基本原则是刑罚的严厉性应该与罪犯的犯罪行为的严重性相适应。相应的罪有应得原则的焦点在于过去的犯罪行为，而不在于将来的行为的可能性。"② 以此为基点，他还进一步提出，"分别说来，犯罪行为的严重性有两个主要组成部分：危害与该责性。危害指的是行为所造成或有造成之危险的损害。该责性指的是产生行为人的应受谴责性的故意、动机与情节等各方面的因素。"③ 不难看出，赫希认为，刑罚应与犯罪的轻重相适应，是公正的要求，而犯罪的轻重又取决于犯罪的客观危害与主观恶性。由此可见，他的主张在很大程度上是对黑格尔的等质报应说的翻版与再现。只是他将黑格尔深邃的思想表达得更为表浅、通俗而已。

综上所述，罪刑相适应的观念肇始于原始社会的同态复仇的习俗，最初表达

---

① 转引自邱兴隆：《罪与罚讲演录》（第 1 卷．2000），中国检察出版社 2000 版，第 139 页。
② 转引自邱兴隆：《罪与罚讲演录》（第 1 卷．2000），中国检察出版社 2000 版，第 139 页。
③ 转引自邱兴隆：《罪与罚讲演录》（第 1 卷．2000），中国检察出版社 2000 版，第 139 页。

了人类最粗俗的公平、正义观念。但是，在将罪刑相适应的观念上升为刑法的基本原则的过程中，西方近代资产阶级启蒙思想家与刑事古典学派对此所作的努力可谓功不可没。尽管这一原则在19世纪中期20世纪初叶一度受到刑罚个别化的威胁，并遭到一些学者的否定与批评，但是，随着人们对其内价值的重新审视，罪刑相适应原则又卷土重来，为当代大多数国家的刑法理论与刑事立法所推崇，这绝不是一种简单的历史轮回，而是刑法本身所固有的公平、正义观念所使然。

二、罪刑相适应原则的理论基础

从罪刑相适应观念的产生到罪刑相适应原则的确立，古今中外的思想家们处于不同立场、从不同角度，对罪刑相适应进行了研究，可谓观点纷呈、学派林立。早在古希腊时期，就出现了"绝对论"与"相对论"的对立。"绝对论"认为，刑罚是犯罪的逻辑结果，善有善报，恶有恶报，这是正义观念的必然要求，是绝对的自然法则。因此，对杀人者处死，对盗窃者处以罚金，这些都是理所当然的。亚里士多德是这种观念的首倡者。与此相反，"相对论"认为，刑罚是实现一定目的的工具，社会对刑罚的需要是相对的、有条件的，运用与否以及如何运用，均取决于国家的功利标准。柏拉图是这种理论的主要代表。他在《法律篇》中明确指出："刑罚并不是对过去的报复，因为已经做了的事是不能再勾销的。它的实施是为了将来的缘故。它保证受惩罚的个人和看到他受惩罚的人既可以学会彻底憎恶犯罪，还至少可以大大减少他们的旧习。"① 由于"绝对论"与"相对论"还是一种比较朦胧且缺乏系统的刑罚理论，因而并未产生重大影响。在此后长达一千多年的中世纪欧洲，其黑暗的统治使刑法学的研究处于万马齐喑的沉寂状态。直到近代资产阶级启蒙运动的兴起，刑法学领域才出现了新的前所未有的繁荣景象。以康德、黑格尔为代表的思辨哲学派力主报应主义；以贝卡里亚、边沁等为代表的实用哲学派力倡功利主义。两种观念相互对立，内容悬殊，但殊途同归，共同得出罪刑相适应的逻辑结论。它们对于正确理解罪刑相适应的原则均具有十分重要的意义。

（一）报应主义与罪刑相适应原则

"报应"一词，有多种含义。在汉语中，报，是指回报。例如《诗经》云："投之以桃，报之以李"中的"报"字说的就是回报的意思。应，是指反应，即对外部刺激的一种相应的反响。在佛教中，报应是指种善因得善果，种恶因得恶果。约定俗成，报应更确切的是指恶恶相报。因此，报应往往是指两个事物之间具有因果关系：前者为因，后者为果，在因与果之间具有价值上的等同性。在英

---

① ［美］戈尔丁：《法律哲学》，齐海滨译，三联书店1987年版，第141页。

文中，报应一词为"retribution"，是指对所受的损害之回复、回报或补偿，以满足由受害者自然产生的报复或报仇的本能要求①。在日本，有的学者认为，报应原则就是根据以恶报恶的法则为复仇的正义限度奠定理论的基础。这是在原始社会未开化的社会规范中，曾经是正义观念的原始表现，成为报应原则最露骨的形态。它具有在加害与复仇之间谋求均衡，使其满足于报复的正义感而结束私斗的意义，并从此不允许加害人再进行报复②。这种以恶报恶的正义观念，是古代刑法思想的集中表现，称为报应刑论。

从刑法的角度来讲，报应主义的核心思想是，犯罪是刑罚的前提和基础，刑罚是犯罪的必然结果。它们两者之间存在着内在的、必然的因果联系。刑罚作为惩罚犯罪的唯一手段，它不仅能够使得受犯罪侵害的道德秩序和法律秩序得以恢复，同时亦可使社会公平和正义的理念得以实现。在报应主义者看来，刑罚的适用不应考虑是否有利于预防犯罪，即使无益于预防犯罪也必须为了实现正义而科以刑罚。刑罚只能是对已然之罪的回顾。康德、黑格尔、宾丁都是这种绝对报应刑论的大力倡导者，但他们各自所持的学说又有"等量报应""等值报应"和"法律报应"之别。

康德是德国著名的思想家、哲学家，是古典唯心主义哲学的创始人，是18、19世纪德国的唯心主义哲学的巨匠，以研究法的形而上学原理而著称于世。康德基于形而上学的立场主张绝对报应刑论。他认为，人类社会存在一个至高无上、永久不变、应当无条件遵守的道德原则，即法哲学观念上的"绝对命令"。对这种"实践性的绝对、至上命令"的违反的必然后果是"绝对的刑罚"。这样，绝对的刑罚本身就蕴含着正义、均等（或均衡）的道德本质，就含有等量报复的报应刑的意义。他还认为，刑罚是对犯罪的"动的反动"（即等量反坐或反治）③。他指出："惩罚在任何情况下，必须只是由于一个人已经犯了一种罪行才加刑于他。""至于惩罚的方式和尺度是什么？公共的正义可以把它作为原则和标准，这就是平等的原则，根据这个原则，在公正天平上的指针就不会偏向一边。"④据此，他还进一步指出："任何一个人对别人所作的恶行，可以看作他对自己作恶。因此，也可以这样说：如果你诽谤别人，你就是诽谤了自己；如果你偷了别人的东西，你就是偷了你自己的东西；如果你打了别人，你就是打了你自

---

① ［英］戴维·M. 沃克：《牛津法律大辞典》，李双元等译，法律出版社2003年版，第772页。

② ［日］我妻荣主编：《新法律学辞典》，董璠舆等译校，中国政法大学出版社1991年版，第636页。

③ 甘雨沛，何鹏：《外国刑法学》（上册），北京大学出版社1984年版，第92页。

④ ［德］康德：《法的形而上学原理——权利的科学》，沈叔平译，商务印书馆1991年版，第164-166页。

己；如果你杀了别人，你就是杀了你自己。"① 这就是平等原则，"这是支配公共法庭的唯一原则。根据此原则可以明确地决定在质和量两个方面都公正的刑罚。"② 由于康德注重刑罚应当与作为侵害后果的事实相均等或相等量，也即强调具体的等同；并且这种具体等同的报应刑是绝对刑，不存在刑罚幅度的规定；也是单纯刑罚，即为刑罚而刑罚，刑罚不应追求其他目的；因而康德的报应刑被称为等量报应刑，其理论也被称为绝对主义③。

黑格尔是德国古典中唯心主义哲学的集大成者。他将辩证法的否定之否定规律引入罪刑领域，主张绝对报应刑。他认为，理性是法的评价标准，人人都有遵守这个行为标准的义务。人违反理性标准是对作为客观实在的否定。作为这一否定的动的反动或反坐即是刑罚，是否定之否定。这一否定的否定形式，正是辩证法的质量互变、对立统一的基本形式④。黑格尔反对把犯罪与刑罚的关系简单地看作是以恶制恶，从而达到善的关系。他说："如果把犯罪及其扬弃（随后被规定为刑罚）视为仅仅是一种祸害，于是单单因为已有另一种祸害存在所以要用这一种祸害，这种说法当然不能认为是合理的。"⑤ "在讨论这一问题时，唯一有关重要的是：首先犯罪应予扬弃，不是因为犯罪制造了一种祸害，而是因为它侵害作为法的法。"⑥ 他强调指出，犯罪是对法的分割，是真正的不法。"侵犯了作为法的法就是犯罪。"⑦ 在这里，犯罪与刑罚的关系不是以恶制恶的关系，而是否定的否定关系，犯罪对作为法的法所加侵害，表现为对法的扬弃。但是，作为绝对东西的法，不可能被扬弃，所以实施犯罪必然要遭到法的扬弃。"犯罪行为不是最初的东西，肯定的东西，刑罚是作为否定加于它的，相反地，它是否定的东西，所以刑罚不过是否定的否定。现在现实的法就是以那种侵害的扬弃。"⑧ 通过刑罚，扬弃了犯罪，并恢复法的原状。刑罚加于犯人的侵害是自在的正义的，这不仅是因为这是作为法的必然要求，"而且它是在犯人自身中立定的法，也就是说，在他达到了定在的意志中，在他的行为中立定的法。"⑨ 这是作为具有理性的人在他基于自由意志实施犯罪行为中自为地承认的法。刑罚包含着犯人自己

---

① ［德］康德：《法的形而上学原理——权利的科学》，沈叔平译，商务印书馆1991年版，第164 -166页。

② ［德］康德：《法的形而上学原理——权利的科学》，沈叔平译，商务印书馆1991年版，第164 -166页。

③ 马克昌主编：《刑罚通论》，武汉大学出版社1995年版，第28页。

④ 甘雨沛，何鹏：《外国刑法学》（上册），北京大学出版社1984年版，第92页。

⑤ ［德］黑格尔：《法哲学原理》，范扬、张企泰译，商务印书馆1961年版，第101页。

⑥ ［德］黑格尔：《法哲学原理》，范扬、张企泰译，商务印书馆1961年版，第102页。

⑦ ［德］黑格尔：《法哲学原理》，范扬、张企泰译，商务印书馆1961年版，第98页。

⑧ ［德］黑格尔：《法哲学原理》，范扬、张企泰译，商务印书馆1961年版，第100页。

⑨ ［德］黑格尔：《法哲学原理》，范扬、张企泰译，商务印书馆1961年版，第103页。

的法，这是黑格尔的一个很重要的思想。黑格尔的罪刑相适应原则，即罪刑关系上的价值等同论，就是从这个基本点出发的。由于黑格尔主张犯罪是对法的否定，而刑罚是对犯罪的否定，这种否定之否定，使得被犯罪所破坏的法秩序得以恢复。正是刑罚对犯罪的这种扬弃，表示了犯罪的无价值性，显示了法的有效性。对于康德所持的等量报应的主张，黑格尔对此持明确的否定态度，并认为这种事实等同观念容易导出刑罚上同态复仇的荒诞不经的结论。他主张犯罪与刑罚的"等同"，不是侵害行为特种性状的等同，而是侵害行为自在地存在性状的等同，即价值的等同①。但他又说，这并不意味着可以废除死刑，杀人者仍然应当偿命。"因为生命是人的定在的整个范围，所以刑罚不能仅仅存在于一种价值中——生命是无价之宝——而只能在于剥夺杀人者的生命。"简而言之，由于黑格尔主张外在的刑罚概念和尺度，应当与犯罪行为的自我否定的内在同一性相一致，故其刑罚理论被称为等值报应刑论。

宾丁是德国的刑法学家、规范学派的创始人。他基于规范说主张绝对报应刑论。他认为，规范与刑罚法规有严格的区别，犯罪是违反规范，而不是违反法规；不违反作为刑罚法规前提的规范，就不构成犯罪。刑罚法规对规范违反行为规定具体的法律后果，国家刑罚权的根据即在于此。当违反刑罚法规中的规范时，基于刑罚法规而发生刑罚权。刑罚根据国家对犯人的服从要求权，使否定规范的犯罪被否定而维持法律的权威。宾丁主张各个刑罚权的内容应当与犯罪的分量立于一定的关系，即犯人由科刑所受痛苦的大小，应当与法律秩序因犯罪所受损害的大小成正比。详言之，法律秩序由于犯罪所受的损害大，犯人由刑罚所受的痛苦也应当大；反之，法律秩序由于犯罪所受的损害小，犯人由刑罚所受的痛苦也应当小。宾丁从维护法律秩序的见地出发，主张报应刑论。由于他认为刑罚系根据法律以报复犯罪，因而他的报应刑论被称为法律报应主义。在国外，刑法学者一般认为，报应主义的刑罚理论由宾丁大致完成②。

综上所述，自康德首倡报应刑论以来，经历一个多世纪的演变，报应刑论得到了多方面的展开。日本刑法学者木村龟二博士归纳道：报应刑论的报应由三种因素组成。其一，报应是"动"与"反动"的对应，这种意义上的报应，在私刑法时代出于个人复仇；在国家的公刑法时代虽然成了一种"单纯的复仇"，但它是原始冲动的复仇，是一种本能。其二，报应虽是动与反动的对应，而这种对应的关系是相当的、平等的、均衡的，在这一意义上来说是同复仇有区别的。并且这种动与反动的相当、平等、均衡的关系，在对待死刑和剥夺自由的认识上也

---

① ［德］黑格尔：《法哲学原理》，范扬，张企泰译，商务印书馆 1961 年版，第 104 页。

② 马克昌：《刑法理论探索》，法律出版社 1995 年版，第 415 页。

是不同的。前者是指对杀人者处以外表上相同形式的刑罚，称为"杀人偿命"的理论，后者是指对盗窃他人财物者处以价值上相等的刑罚，判处 10 年以下惩役，也即剥夺自由，称为等价的报应论。等价报应论的说法在今天已被人们所承认。这样把动与反动进而犯罪与刑罚两者之间的相当、平等的关系看作平等的正义，就意味着报应刑论的报应是"正确的报应"，报应刑就是一种正义的刑法。其三，报应是对动的反动，而这种动是一种犯罪，犯罪是侵犯法律秩序的祸害，所以，作为对这种犯罪的报应刑罚，也必须对犯人还报祸害，报以一定的痛苦。如此报应刑论所指报应的内容是以祸害、痛苦为基础的，它强调刑罚的预防效果，一般和刑罚的威慑力量相结合①。

通过对以上诸种学说的介绍，我们不难看出，报应主义作为罪刑相适应原则的理论基础之一，它所强调的内容主要有以下几个方面：

第一，报应的形式是一种动与反动的对应关系，也即是动与反动的辩证统一。古往今来，古今中外，虽然犯罪的认定范围、刑罚的严厉程度总在不断变化，但犯罪与刑罚的这种基本关系始终没有改变。报应作为一种动与反动的对应关系，它首先表明，动是反动的前提和基础，没有动（即犯罪）也就无所谓反动（即刑罚）。换句话说，刑罚只有在发生了犯罪的情况下才能发动；刑罚适用的对象只能针对客观的犯罪行为。由于报应主义非常注重犯罪与刑罚之间的互动关系，因此，它不仅使国家刑罚权发动根据客观化，同时也使刑罚权行使的限度标准化，从而对于防止罪刑擅断、罚及无辜，杜绝严刑苛罚、出入人罪具有重要的限制作用。其次，它也昭示，只要有动（即犯罪），即有反动（即刑罚）。这种动与反动的因果联系内化为人们的法律意识，既可以对社会上的不稳定分子起到警戒作用，也可以强化人们遵纪守法的观念，因而对于正常的法律秩序的建立亦具有重要的保障作用。再次，以反动制动，即发动国家刑罚权惩治犯罪，使犯罪人因其犯罪行为受到应得的惩罚，使受害人受伤的心灵得以慰藉，从而消除受害人的复仇心理，发挥刑罚安抚功能的作用。

第二，报应的内容是犯罪者所应承担的祸害或痛苦，这正是刑罚成其为"反动"的内在根据。报应的本义是恶恶相报，犯罪作为作恶者种下的恶果，刑罚作为惩治作恶者的必要手段，其内容除了给作恶者以祸害和痛苦，别无其他选择。这是因为，对于犯罪分子的不法侵害行为，如果不对其施以刑罚处罚，迅速剥夺其犯罪条件和犯罪能力，就无法切实保护国家和人民的合法利益；与此同时，也只有对其实施带有一定痛苦性的惩罚措施，才能使其在痛苦的体验中感受到刑罚

---

① ［日］木村龟二主编：《刑法学词典》，顾肖荣，郑树周译，上海翻译出版公司 1991 年版，第 406
－407 页。

的可怕，从而不敢为非作歹。如果我们对犯罪者依然采取学校教育或社会主导文化教育的方式，不仅显得天真可笑，而且是徒劳无益的。然而，对罪犯的教育和改造又是国家和社会义不容辞的责任，而对罪犯一定利益的剥夺，则是实施教育改造的必要条件。所以，祸害与痛苦作为报应的内容，其旨趣在于更好地发挥刑罚对罪犯的剥夺与感化功能的作用。

第三，报应的效果是动与反动的相当。即犯罪者所受的处罚应当与其犯罪的事实相适应，也即是说，犯罪者所受的刑罚与犯罪应当是一致的。罪责越重，刑罚越重；罪责越小，刑罚越轻。这是因为，刑罚是对犯罪的报应，因此，刑罚不能超出犯罪本身的社会危害程度，即不能超出犯罪行为的客观侵害性与主观罪过性，刑罚应当与犯罪的社会危害性相适应。如果刑罚超出了犯罪本身的社会危害程度，那么就失去了报应本身所具有对等性。

报应主义刑罚观虽然在一定的程度上带有绝对公平与正义的意念，其本身所具有的内在价值是不容否定的。但是，报应刑论也并非完美无缺，而有其自身明显的不足与负面影响。其主要表现在以下几个方面：首先，绝对报应刑论否认刑罚的目的，既与国家设立刑罚制度的宗旨不符，也与其理论自相矛盾。国家规定犯罪与刑罚，并非单纯为了对犯罪给予适当的报应，应当承认，其根本目的是维护统治阶级的利益和法律秩序。否定刑罚另有其他任何目的，实际上是古代同态复仇观念的思辨再现，正如马克思指出的那样："黑格尔的等价报应论不过是古代报复刑——以眼还眼、以牙还牙、以血还血——的思辨表现罢了。"[1] 另一方面，黑格尔运用否定之否定规律，认为刑罚是对否定法律的犯罪的再次否定，以使法律恢复原状，这实际上就是刑罚的目的，即使受到侵害的法律秩序得以恢复；至于宾丁的法律报应论，刑罚具有维持法律秩序的目的就更为明显了。其次，绝对报应刑论者大多主张杀人抵命，保留死刑，从刑法发展趋势上看，其立场势必导致重刑化倾向。因为刑罚体系是由轻重不同的刑种与刑度、按一定顺序排列而成的一个完整的有机联系的整体。若法律规定死刑，与之相衔接的其他刑种与刑度将普遍增高；若取消死刑，整个刑罚体系的严厉程度将相应降低。因此，过分强调罪刑相适应，保留死刑，则必将导致刑罚整体趋重，而与世界范围内兴起的废除死刑与刑法轻刑化潮流相背离。再次，报应刑论以实现社会公正为宗旨，以同罪同罚为公正的标志。这里实现的是平等的、均衡的正义，即同等事物同等对待；而正义还有另外一层含义，要求不同事物区别对待。这就意味着对于相同犯罪行为及其危害结果，因其犯罪原因与犯罪人的人格状态不同，也应考虑分别适用刑罚。如我们通常所说，为了挥霍与为了求医治病而盗窃，行为人的

---

① 《马克思恩格斯全集》（第 8 卷），人民出版社 1972 年版，第 579 页。

主观恶性就有显著不同，因而对其定罪量刑，必然是同罪异罚。这正是实践中有些犯罪以不处罚为宜、有的谋杀以不处死为妥的根据所在。绝对报应刑论忽略或排斥各种复杂因素对罪刑关系的适当影响，只重视在客观层面上的罪刑相当、同罪同罚；其得之于平均的正义，而失之于分配的、真正的正义，因而未能将公平、正义原则贯彻于罪刑关系的始终。

（二）功利主义与罪刑相适应原则

"功利"一词，系英文"Utility"的汉译。在一般意义上是指物质上的功用、功效或利益①。在哲学上，其基本含义是指注重行为的目的和价值。功利主义刑罚观认为，刑罚存在的根据并不在于它能满足抽象的社会公正观念，而在于功利，即通过惩罚犯罪人可以给社会带来一定的实际利益，其集中表现便是预防犯罪。因此，刑罚的目的是预防犯罪，刑罚的分量取决于预防犯罪的实际需要。

在我国刑法学界，关于功利主义刑罚观又可分为规范功利主义和行为功利主义②，也有的将其译为准则功利主义（rule-utilitarianism）和行动功利主义（act-utilitarianism）③。根据我国有关刑法学者的观点，前者以贝卡里亚、边沁和费尔巴哈等为代表，其"注重刑法规范中刑罚的存在对犯罪的一般遏制作用"④；后者以龙勃罗梭、菲利、加罗法洛和李斯特等为代表，其强调通过刑罚手段的运用，隔离、教育、感化犯罪人，使之复归社会，以收到刑罚特别预防的功效。然而，对于以上分类，在我国刑法学界尚存不同的看法，如中国政法大学何秉松教授认为，将贝卡里亚和龙勃罗梭等人的理论人为地归入规范功利主义和行为功利主义两支缺乏理论根据⑤。我们认为，关于贝卡里亚、边沁及龙勃罗梭、菲利等人的理论能否被分别归入规范功利主义和行为功利主义两支，关键在于查明前者是否具有后者的基本理论内核。正如持否定观点的学者所言，规范功利主义是"依据在相同的环境里，每个人的行为所应遵守好或坏的效果，来判定行动的正确或错误"⑥。行为功利主义只按行动本身的结果（好或坏）去判断一个行动是否正当。"它仅根据行为所产生的好与坏的整个结果，即根据该行动对全人类的福利所产生的效果，来判断一个人行动的正确或错误。"⑦据此分析功利刑论者的理论，贝卡里亚、边沁等议论的"罪刑阶梯"和"刑罚轻重设置的五个规则"

---

① ［日］木村龟二主编：《刑法学词典》，顾肖荣，郑树周译，上海翻译出版公司1991年版，第408页。

② 高铭暄主编：《刑法学原理》（第一卷），中国人民大学出版社1993年版，第189页。

③ 何秉松：《试论新刑法的罪刑相当原则》（下），载《政法论坛》，1997年第6期。

④ 陈兴良，邱兴隆：《罪刑关系论》，载《中国社会科学》，1987年第4期。

⑤ 何秉松：《试论新刑法的罪刑相当原则》（下），载《政法论坛》，1997年第6期。

⑥ ［英］斯马特·威廉斯：《功利主义：赞成和反对》，中国社会科学出版社1973年版，第9页。

⑦ ［英］斯马特·威廉斯：《功利主义：赞成和反对》，中国社会科学出版社1973年版，第3页。

等，正是关注或致力于罪刑规范设置之合理性的适例；而龙勃罗梭等主倡的根据犯罪人的不同分类分别适用刑罚等，也正是将理论重心置于刑罚运用之效果，即行为之目的性的典型。由此不难看出，将功利主义分为规范功利主义和行为功利主义两支，是符合伦理哲学中关于功利主义划分的基本精神的。

规范功利主义刑罚论诞生于 17 世纪末 18 世纪初，在当时的资产阶级启蒙思想家的各种论著中就初露端倪。如英国的洛克在《政府论》中指出："处罚每一种犯罪的程度和轻重，以是否足以使罪犯觉得不值得犯罪，使他知道悔悟，并且警诫别人不犯同样的罪行而定。"① 还有法国著名的启蒙思想家孟德斯鸠在《论法的精神》中也指出："惩罚犯罪应该总是以恢复秩序为目的。"② 此外，法国的卢梭在《社会契约论》中也指出："刑罚频繁总是政府衰弱或者无能的一种标志。绝不会有任何一个恶人，是我们在任何事情上都无法使之为善的。我们没有权利把人处死，哪怕是以儆效尤，除非对于那些如果保存下来便不能没有危险的人。"③ 所有以上这些论述，都指明了刑罚的目的在于预防犯罪，以维护社会法律秩序。意大利的贝卡里亚由于受到上述启蒙思想家的启迪和影响，他在其名著《论犯罪与刑罚》一书中，首次系统地论述了刑罚的预防犯罪的作用。他指出："刑罚的目的既不是摧残一个感知者，也不是要消除业已犯下的罪行……刑罚的目的仅仅在于：阻止犯罪再重新侵害公民，并规诫其他人不要重蹈覆辙。""只要刑罚的恶果大于犯罪带来的好处，刑罚就可以收到它的效果。"④ 因此，刑罚的程度不能超过这个界限，否则就是不公正的，是蛮横的。他坚决反对残酷的刑罚，他认为，刑罚的残酷性会造成两个同预防犯罪宗旨相违背的有害结果。第一，不容易使犯罪与刑罚之间保持实质的对应关系。第二，严酷的刑罚会造成犯罪不受处罚的情况。他还指出，刑罚的确实性和必然性是罪刑相称的必然要求。"对于犯罪最强有力的约束力量不是刑罚的严酷性，而是刑罚的必定性。"⑤ 应当使人们认识到刑罚是犯罪的必然结果，即有罪必有刑，才能有效地预防犯罪。"如果刑罚并不一定是犯罪的必然结果，那么就会煽惑起犯罪不受处罚的幻想。"⑥

追随贝卡里亚预防犯罪思想的学者当数功利主义的创始人边沁。他说："孟德斯鸠意识到了罪刑相称的必要性，贝卡里亚则强调了它的重要性，然而他们仅

① ［英］洛克：《政府论》（下册），瞿菊农，叶启芳译，商务印书馆 1964 年版，第 9-10 页。
② ［法］孟德斯鸠：《论法的精神》（上册），张雁深译，商务印书馆 1963 年版，第 200 页。
③ ［法］卢梭：《社会契约论》，商务印书馆 1980 年版，第 47 页。
④ ［意］贝卡里亚：《论犯罪与刑罚》，黄风译，中国大百科全书出版社 1993 年版，第 81 页。
⑤ ［意］贝卡里亚：《论犯罪与刑罚》，黄风译，中国大百科全书出版社 1993 年版，第 81 页。
⑥ ［意］贝卡里亚：《论犯罪与刑罚》，黄风译，中国大百科全书出版社 1993 年版，第 60 页。

仅做了推荐，并未进行解释；他们未告诉我们相称性由什么构成。让我们努力弥补这一缺憾，提出计算这个道德原则的主要规则。"① 紧接着，他提出了以下五个主要规则：（1）刑罚之苦必须超过犯罪之利。他说，为预防一个犯罪，抑制动机的力量必须超过诱惑动机。作为一个恐惧物的刑罚必须超过作为诱惑物的罪行。在这一点上，他与贝卡里亚是有区别的。贝卡里亚强调的是，只要刑罚的恶果大于犯罪所带来的好处就足够了，过于严厉的刑罚会带来有害的后果。而边沁却认为："一个不足的刑罚比严厉的刑罚更坏。因为一个不足的刑罚是一个应该彻底抛弃的恶，从中不能得到任何好结果。"（2）刑罚的确定性越小，其严厉性就应该越大。或者说，刑罚越确定，所需严厉性越小。基于同样的理由，刑罚应当尽可能随罪行而发生，因为它对人心理的效果将伴随时间间隔而减弱。此外，间隔通过提供逃避制裁的新机会而增加了刑罚的不确定性。（3）当两个罪行相联系时，严重之罪应适用严厉之刑。从而使罪犯有可能在较轻阶段停止犯罪。边沁认为，当一个人有能力和愿望犯两个罪行时，可以说它们是相联系的。一个强盗可能仅仅满足于抢劫，也可能从谋杀开始，以抢劫结束。对谋杀的处罚应该比抢劫更严厉，以便威慑其不犯更重之罪。（4）罪行越重，适用严厉之刑以减少其发生的理由就越充足。边沁认为，刑罚的痛苦性是获取不确定好处的确定代价。对小罪适用重刑恰恰是防止小恶大量支出。（5）不应该对所有罪犯的相同之罪适用相同之刑。必须对影响感情的某些情节予以考虑。边沁认为，相同的含义之刑不是相同的实在之刑。年龄、性别、等级、命运和许多其他情节，应该调整对相同之罪的刑罚②。为了使刑罚本身可以适合上面提到的比例相称规则，边沁认为，刑罚应当具有以下特质：（1）它应该具有多与少的可变性，或者说可分割性，以使之符合罪行严重性的差异。（2）本身平等——它应该在某种程度上对所有犯同样之罪的人都一模一样适应他们不同层次的感受力。（3）可成比例——如果一个人有机会犯了两个不同之罪，那么法律应该促使其不犯更严重的那一个。（4）与罪行的相似性——如果刑罚具有某种与罪行相似或类似的特性，即与罪行有共同属性，那么就极易加深记忆，给人留下强烈印象。（5）示范性——一种不明显的实在刑罚将无法引起公众的注意。一个伟大的策略是增加刑罚的明显性而不增加其实在性。这一目的或者可以通过选择刑罚本身，或者通过引人注意的庄重的执行方式来实现。（6）经济性——即刑罚的严厉程度应该只为实现其目标而绝对必需，所有超过于此的刑罚不仅是过分的恶，而且会制造大量

---

① ［英］吉米·边沁：《立法理论——刑法典原理》，孙力，李贵方等译，中国人民公安大学出版社1993年版，第68页。

② ［英］吉米·边沁：《立法理论——刑法典原理》，孙力，李贵方等译，中国人民公安大学出版社1993年版，第68-69页。

阻碍公正目标实现的坎坷。（7）减轻或免除——必须指出所适用的刑罚不应该是绝对不可变易的，因为可能发生某些不幸的情况使所适用之处罚缺乏法律根据。只要证明存在不完善的可能性，只要承认可能有骗人的表象，只要人们缺乏辨别某些真伪的标准，那么，确使两方安全的最重要的原则之一是不要认为刑法是绝对不可更改的，除非已经存在非常清楚的必要证据。从边沁对罪刑对称主要规则的设计到其对刑罚特质的论述，我们可以看出他的观点不仅十分精确而且具有一定的可操作性。当然，边沁也敏锐地觉察到罪刑之间的这种对称只是相对的，因而他指出：罪刑相称不应该是这种数学化的相称，从而避免法律的过分细微、复杂和模糊，简明与明确是更重要的价值。有时为了赋予刑罚更引人注目的效果，为了更好地鼓励人们对预备犯罪之恶的憎恨，可能牺牲彻底的相称性[①]。

继贝卡里亚、边沁之后，从规范功利主义立场进一步阐述罪刑关系的，是德国的刑法学家费尔巴哈。他受功利主义哲学的影响，认为人是理性的享乐动物，具有"趋利避害""避苦趋乐"的本性。于是，他提出了著名的"心理强制说"。其核心思想是：人是在受到"潜在于违法行为中的快乐"的诱惑与"不能得到快乐时所潜在的痛苦的压迫"情况下实施犯罪行为的[②]。如果国家以法律的形式把刑罚作为犯罪的必然后果预先加以规定，并对实施犯罪者立即执行法律上规定的刑罚，那么，意欲犯罪者就不得不在心理上对犯罪的利弊进行仔细的权衡，并因恐惧受刑之苦而舍弃犯罪之乐，自觉地抑制"违法的精神动向"，使之"不发展为犯罪行为"。费尔巴哈认为，犯罪是人类卑劣性格的表现，而刑罚是国家依据现实的制定法，凭据客观标准对犯罪人所实施的制裁。这种制裁与道德或神意制裁截然不同，其目的并不是正义的回复，而是借助法律的制裁力量以威慑社会，发挥心理上的强制作用，使人们不敢以身试法，从而主动抑制自己的卑劣性格。在费尔巴哈看来，刑罚的作用有二：其一，是在具体的犯罪发生后，国家依据刑法法规对特定的犯罪人实施处罚，是刑罚对具体犯罪的否定，对具体犯罪者的体现。其二，是在刑法制定和公布于社会后，通过其实施，对一般人产生心理强制作用，同时引起社会的注意，使大众提高对犯罪危害的警惕性，是刑罚对于一般犯罪的否定。

关于以上规范功利主义论者对罪刑相适应原则的确切解释，不同学者之间存在的看法也有所差异。美国学者戈尔丁认为："到底能赋予罪刑相适应观念以什么意义呢？边沁详细讨论了这个问题"。这就是，刑罚的总量应当是："（1）足

---

① ［英］吉米·边沁：《立法理论——刑法典原理》，孙力，李贵方等译，中国人民公安大学出版社1993年版，第70页。

② 邱兴隆：《费尔巴哈早期刑法思想剖析》，载《外国法学研究》1986年第1期。

以抗衡对从事即定犯罪行为的诱惑；（2）不多于足够的程度。"我国著名刑法专家陈兴良教授将规范功利主义的一般观点概括为："刑罚不是与已然的犯罪相适应，而是应当与足以有效制止其他人犯罪相适应。"但对此观点，在刑法学界也有持异议者①。从国外学者的观点来看，美国学者戴维认为：黑格尔提出衡量罪行轻重的唯一标准是该犯罪行为对社会的危害程度，"这也正是贝卡里亚的观点。和黑格尔一样，贝卡里亚拒绝其他的衡量标准，诸如以罪犯的内心邪恶程度作为量刑标准……在这一点上，我们可以看出，贝卡里亚与黑格尔是一致的，他们都认为，对各种具体犯罪可能施以不同的刑罚，是因为在社会条件不同的情况下，各种犯罪给社会造成的危害后果不同。在一个不开化的和组织结构松散的社会中，一项表面上看来轻微的犯罪，可能会受到严厉的制裁。这是因为尽管是轻微犯罪，也会使社会秩序为之混乱。而在现代比较稳定的社会中，黑格尔与贝卡里亚都认为，可能而且应该减轻刑罚，因为同样的罪行可能摧毁一个野蛮的社会，而对一个文明的社会仅有轻微的影响。"②

我们认为，虽然上述两种见解都对一般预防论者的罪刑相适应的主张作了说明，但仍嫌不尽确切。一方面，无论是贝卡里亚，还是边沁或费尔巴哈，他们的立论均未排斥适用刑罚与已然犯罪的联系。贝卡里亚是主张刑罚与已然犯罪相适应的，只不过"他的对称论比较注重整个刑罚体系在宏观上的层次性，认为只有通过刑罚阶梯的层次性，才能为人们提供一个切实的功利标准，使他们经过利弊衡量后放弃无利可图的犯罪意念，从而达到维护社会正常秩序的目的"③。而边沁则明确指出："当两个罪行相联系时，严重之罪应适用严厉之刑，从而使罪犯有可能在较轻的阶段停止犯罪。"④ 至于费尔巴哈的心理强制说则强调，刑罚的科处应以犯罪行为而非行为人为标准。由此可见，断言规范功利主义的观点为"刑罚不是与已然的犯罪相适应"，实际上并未把握其精神实质。另一方面，将贝卡里亚与黑格尔相提并论也并非恰当。因为贝卡里亚是典型的刑罚目的论者，他主张，除了已然的犯罪行为之外，还应当根据预防犯罪的实际需要，全面斟酌、决定与之相适应的刑罚。而黑格尔则是典型的等值报应论者，他主张从犯人的行为中去寻求刑罚的概念和尺度，其结论只能是，刑罚是犯罪的扬弃即报复。由此我们不难得出这样的结论：其一，规范功利主义并不否定已然犯罪行为的社会危害性程度对刑罚的决定作用；其二，行为的社会危害性不是决定刑罚的唯一

---

① 何秉松：《试论新刑法的罪刑相当原则》（下），载《政法论坛》，1997 年第 6 期。

② ［美］戴维：《论贝卡里亚的刑法思想》，载《法学译丛》，1984 年第 5 期。

③ 黄风：《贝卡里亚及其刑法思想》，中国政法大学出版社 1987 年版，第 115 页。

④ ［英］吉米·边沁：《立法理论——刑法典原理》，孙力，李贵方等译，中国人民公安大学出版社 1993 年版，第 69 页。

根据，除此之外，还应当考虑影响预防犯罪的其他因素；其三，在罪刑关系中，刑罚宜趋于严厉，以起到威慑、警戒作用，但要控制在足够的限度以内。

行为功利主义刑罚论缘起于 19 世纪后半期。它是近代资本主义社会阶级矛盾日渐突出、现代自然科学的兴起和迅速发展、特别是法国实证主义哲学的出现所产生的结果。其代表人物主要有意大利的龙勃罗梭、菲利以及德国的李斯特等人。龙勃罗梭是意大利著名的人类学家、解剖学家和精神病专家，刑事人类学派的创始人。他运用生物学方法研究犯罪人的生理特征，提出了以犯罪人身体素质分析为基础的"天生犯罪人论""犯罪遗传论"和新颖的社会防卫理论。龙氏及其后继者菲利和加罗法洛都对犯罪人进行了不同的分类，并强调依照不同犯罪人种类，给予与之相应的死刑、终身隔离或流放荒岛等不同的惩罚①，以剥夺犯罪人的犯罪能力，真正起到控制和预防犯罪的作用。显而易见，龙勃罗梭、菲利等人的罪刑理论已完全摒弃了报应主义关于刑罚与已然犯罪相适应和规范功利主义关于刑罚与已然犯罪基础上的一般预防需要相适应的原则，而主张刑罚与犯罪人的社会危险性相适应。他们的这一理论的问世，不仅改变了人们长期以来对犯罪问题的研究方法，也打破了刑事古典学派的诸多主张，他们由注重对犯罪行为的研究代之以对犯罪人的研究，从而完成了由客观主义刑法向主观主义刑法的历史性转变。

同属近代学派但与龙勃罗梭的犯罪人类学立场截然对立的是法国里昂学派。其主要代表人物拉加萨涅是里昂大学的法医学教授。与龙勃罗梭一样，他在开始研究犯罪问题时，同样出于人类学的基本思考。但在研究中，他却得出了与人类学派相悖的观点，并最终形成了一整套同人类学派彻底决裂的理论。拉加萨涅主张"社会环境决定论"，认为犯罪是特定的社会条件和特定的社会弊端所造成的。"每一个社会都有它咎由自取的罪犯。"② 这就是刑事社会学派之先声。刑事社会学派的杰出代表人物德国学者李斯特折中了近代学派中许多学者的观点，提出了二元的犯罪原因论，即犯罪有两个原因，一是社会原因，二是个人原因，并强调社会原因，认为大众的贫穷是培养犯罪的最大基础。因此，国家不应注重惩罚作为社会环境牺牲品的犯罪人，而应当借助刑罚来教育改善犯罪人，使其尽快复归社会。刑罚的运用，应以犯罪人的性格、恶性、反社会性为标准，进行个别的量定，以适应矫正的目的。这就是刑罚个别化。刑罚个别化不是对罪刑相适应原则的否定，而是对罪刑相适应原则的一种新的阐释。正如甘雨沛教授指出的那样，个别化过程所体现的罪刑相适应不是从行为上等量或等值报应刑论的罪刑相

---

① ［意］加罗法洛：《犯罪学》，耿伟，王新译，中国大百科全书出版社 1996 年版，第 126 页。
② 张筱薇：《比较外国犯罪学》，百家出版社 1996 年版，第 102 - 103 页。

适应，而是从行为者个人各方面情况所决定的分配原则的罪刑相适应。这样的相适应是体现真实"平衡原则"的罪刑相适应。通常称此为"分配主义"的罪刑相适应，是实质性的罪刑相适应，也是现代刑罚体现实质合理化的具体措施之一①。

综上所述，无论是规范功利主义还是行为功利主义，二者都共同关注对犯罪人适用刑罚的实际效用。在预防犯罪的具体方略上，贝卡里亚、边沁和费尔巴哈等均以一般预防为侧重，强调刑罚的威慑作用；龙勃罗梭及李斯特等重视特别预防，但是龙勃罗梭注重通过剥夺犯罪人的犯罪能力来防卫社会；李斯特则力倡教育刑论，强调充分发挥刑罚的改善、矫正作用。

功利主义刑罚观作为罪刑相适应原则的理论基础之一，与报应主义刑罚观相比较，在理论基础和研究方法上都有很大的突破，其中蕴含着很多合理、进步的因素。例如，贝卡里亚、边沁等倡导的规范功利论一改近代刑法学注释性研究的方法论，充分运用当时先进的哲学思想和自然科学原理，对刑罚制度、死刑问题、犯罪定义及预防犯罪等课题都提出了切中时弊的精辟论述。又如，龙勃罗梭、李斯特等力倡的行为功利论一改古典学派规范学理论色彩，把对犯罪的抽象研究转向现实的对犯罪人的实证研究，进而提出了犯罪的多元原因论、刑罚个别化理论以及保安处分为特色的社会防卫理论，等等，其真知灼见在近代刑法理论发展中的作用是不可低估的。然而，尽管如此，功利主义刑罚观囿于其自身的局限性，其不足之处也是非常明显的。其主要缺陷有以下几点：其一，由于功利刑论片面关注刑罚适用之目的，强调刑罚的分量应决定于防卫社会的需要，否认已然的犯罪对于刑罚分量的决定作用，从而失去了刑罚与犯罪之间的对等关系，因此极易损害刑罚的公正价值。其二，行为功利刑论仅仅着眼于未然的犯罪可能性，将行为人的人身危险性作为处刑的基础，这种不以行为人的客观危害与主观恶性作为定罪处刑的标准的做法，容易使罪刑相适应原则失去客观性与科学性。其三，功利刑论片面强调刑罚的某种直接功能，诸如威慑、剥夺、矫正功能等，而忽视刑罚整体效果的发挥，因而不利于刑罚目的的实现。

三、罪刑相适应原则的内涵解析

罪刑相适应原则，又称为罪刑相当、罪刑均衡、罪刑等价或者罪刑相称原则。这些名称上的不同主要是由于翻译的原因或用语上的不同，其实并无本质的差异。在我国1979年刑法适用期间，虽然当时刑法立法上没有对罪刑相适应的原则作出明确的规定，但从我国1979年《刑法》总则与分则的规定来看，基本

---

① 甘雨沛：《比较刑法学大全》，北京大学出版社1997年版，第527页。

上是贯彻了这一原则的，不仅如此，在刑法理论上，罪刑相适应原则作为我国刑法的基本原则，几乎得到了所有的刑法专家与学者的首肯。关于罪刑相适应原则的含义，根据当时的权威解释，"罪刑相适应原则是指刑罚一定要和犯罪相称，即罚当其罪。换言之，决定刑罚的轻重要与犯罪危害性的大小相当，重罪适用重刑，轻罪适用轻刑。"① 我国 1997 年《刑法》在立法上正式规定了罪刑相适应原则。1997 年《刑法》第五条规定："刑罚的轻重，应当与犯罪分子所犯罪行和承担的刑事责任相适应。" 1997 年刑法颁布以后，关于这一基本原则的名称及其含义，引起了很大的争议。有的称之为"罪刑相当原则"，并对其含义作出这样的解释："罪刑相当，就是罪重的量刑要重，罪轻的量刑要轻，各个法律条文之间对犯罪量刑要统一平衡，不能罪重的量刑比罪轻的轻，也不能罪轻的量刑比罪重的重。"② 有的称之为"罪刑均衡原则"，并对其含义作出这样的解释，罪刑均衡原则是指："在确定刑罚的时候，应当考虑以下两重因素：（1）所犯罪行。这里所犯罪行主要是指行为的社会危害性程度，包括客观危害与主观恶性。（2）刑事责任。这里的刑事责任主要是指行为人的人身危险性程度，包括初犯可能与再犯可能。在量刑的时候，要综合考虑以上因素，并使所处刑罚与这些因素保持一种均衡态势，以求得最大限度的刑罚公正。"③ 还有些学者，将其称为"罪责刑相适应原则"，并对其含义作出这样的解释："罪责刑相适应原则的含义是：犯多大的罪，就应承担多大的刑事责任，法院也应判处其相应轻重的刑罚，做到重罪重罚，轻罪轻罚，罪刑相称，罚当其罪；在分析罪重罪轻和刑事责任大小时，不仅要看犯罪的客观社会危害性，而且要结合考虑行为人的主观恶性和人身危险性，把握罪行和罪犯各方面因素综合体现的社会危害性程度，从而确定其刑事责任程度，适用相应轻重的刑罚。"④ 持这一观点的学者还解释说："罪、责、刑三者的关系是：罪行的大小决定刑事责任的大小，刑事责任的大小决定刑罚的轻重，刑事责任是罪行与刑罚的中介，刑罚是刑事责任的主要承担形式，也是罪行的法律后果。"⑤ 我们认为，以上各种观点都有其各自的道理，但是，从传统习惯上来看，还是称为罪刑相适应原则为妥。只不过随着刑法理论的不断进化，我们这里所称的罪刑相适应原则已非犯罪与刑罚的相对应，而是犯罪与刑事责任相对应。至于其中的道理，我们将于后文对其略抒浅见。

———————————

① 高铭暄主编：《中国刑法学》，中国人民大学出版社 1989 年版，第 34 页。
② 王汉斌：关于《中华人民共和国刑法（修订草案）》的说明。
③ 陈兴良：《刑法疏议》，中国人民大学出版社 1997 年版，第 77 页。
④ 高铭暄，马克昌主编：《刑法学》（上编），中国法制出版社 1999 年版，第 33 页。
⑤ 陈瑞华主编：《刑法学》，中国政法大学出版社 1999 年版，第 54 页。

（一）罪刑相适应原则名称之适当性

众所周知，罪刑相适应原则作为资产阶级革命的产物，是近代资产阶级启蒙思想家竭力倡导的结果。虽然这一原则与罪刑法定原则均为刑法所确认的基本原则，但是与罪刑法定原则相比，它在名称上却并不统一，由于翻译上的原因所致，罪刑相适应原则的别名甚多。有的将其称为"罪刑相当原则"，有的将其称为"罪刑均衡原则"，有的将其称为"罪刑相称原则"，还有的将其称为"罪刑等价原则"。虽然这些别称在字面上有所不同，但是从其实质意义上来考察，却并无区别。1997 年刑法颁布以后，很多学者根据 1997 年《刑法》第五条所规定的内容将"罪""责""刑"并列起来加以表述，并将这一原则称为"罪责刑相适应原则"或者"罪责刑相当原则"。我们认为，作出这样的变化并无必要。其主要理由有以下几个方面：其一，从逻辑关系上来考察，我国 1997 年《刑法》第三条明文规定了"罪刑法定原则"，对于这一原则的确立在刑法学界几无异议。虽然这一原则中没有写明"责"的字眼，但它无疑包含了"责任法定"的基本精神。据此，从刑法基本原则表述的一致性和遵从约定俗成的习惯两个方面来考虑，用罪刑相适应一语概括 1997 年《刑法》第五条的内容，在逻辑上并无矛盾和遗漏之处。倘若刻意强调刑事责任在罪刑关系中的中介作用，那么在罪刑法定原则中也势必插入一个"责"字，将罪刑法定原则表述为"罪责刑法定原则"。这种做法，无疑是画蛇添足之举。其二，从中外刑法中的刑事责任理论来看，"刑事责任"一词在不同场合具有多种语义。在我国，刑事责任一词指的是犯罪行为所引起的法律后果，是国家依据刑事法律对行为人所实施的犯罪行为所作的谴责与非难。作为刑法学的一个基本范畴，刑事责任与犯罪的故意与过失是两种完全不同的概念。正如张明楷教授所指出的那样："我国刑法与刑事诉讼法在使用刑事责任一词时，显然不是指一种'心理状态'，否则，人们无法理解刑事法律中的'追究刑事责任''负刑事责任''承担刑事责任''不负刑事责任'等用语。"[①] 而在国外的刑法理论中，刑事责任指的就是犯罪成立条件中的有责性，而有责性作为犯罪成立的三大要件之一，包括责任能力、责任形式和责任阻却事由三个方面的内容，而故意与过失的心理态度作为刑事责任的形式，基本上与刑事责任是同义语。由此不难看出，我国刑法理论中所使用的刑事责任与国外刑法中所使用的刑事责任是完全不同的概念。如果我们在本已约定俗成的罪刑相适应原则之中人为加入"责"的字眼，其多重语义势必导致人们在理解这一原则时多生歧义。其三，从法条内容上来分析，1997 年刑法将犯罪分子"所犯罪行"和"承担的刑事责任"并列作出规定，共同决定"刑罚的轻重"，这说明前

---

① 张明楷：《刑事责任论》，中国政法大学出版社 1992 年版，第 33 页。

两者都是后者的决定因素之一，它们当中的任何一种因素在价值上都不能与刑罚相对等。由此可见，将罪责刑三个并不对等的事物并列加以表述，在逻辑结构上不能说不缺乏严谨之处。换句话说，只有将"所犯罪行"与应"承担的刑事责任"视为一个共同体与"刑"相并列，才能相互匹配，这样"罪"也正好能够与其相适应。因为从刑法进化的角度来考察，"罪"是一个不断发展的概念，它完全可以包容有关犯罪人的责任因素，因此将1997年《刑法》第五条概称为罪刑相适应原则是恰当的，并无任何不妥之处。

（二）罪刑相适应原则中的"罪"的界定

在我国刑法学界，对于罪刑相适应原则中的"罪"如何理解，不同的学者由于其认识上存在的差异，对这一问题的理解也有所不同。有些学者在对这一原则的认识上从形而上学的观点出发，无视"罪"的内容的发展变化，将这一原则中"罪"的含义仅仅限定于"已然犯罪行为的客观危害性"这一范畴。从而提出宜由兼容了"已然之罪"与"未然之罪"的罪责刑相适应的原则来取代罪刑相适应原则的主张。我们认为，这是某些学者对罪刑相适应原则中的"罪"的含义作了过分狭义的理解的结果。其实，正如罪刑相适应原则始终是一条发展的原则一样，其罪的蕴含也随着罪刑关系的演进在不断地充实和发展。在罪刑相适应原则产生之始，由于这一原则是作为罪刑擅断主义的对立物而存在的，加之当时的刑罚理论深受结果责任论的影响，因此，罪的含义在那时是被严格限定在客观的犯罪行为及其危害结果的范围之内；所谓罪刑相适应，也就是犯罪行为的客观危害性大小与刑罚的严厉性程度相适应。随着这种僵化与片面的刑罚理论为人们逐渐所认识，于是罪的内涵被加入了行为当时的罪过心理态度。从而将犯罪行为的主客观方面统一到"罪"的含义之中。19世纪末20世纪初，主观主义的刑罚理论开始在世界范围内兴起，以致在现代许多国家的刑法理论和司法实践中，犯罪人的个别情况受到普遍重视。例如，1996年《俄罗斯联邦刑法典》第6条即规定："对实施犯罪的人适用的刑罚和其他刑法性质的方法，应该是公正的，即与犯罪的性质和社会危害性的程度、实施犯罪的情节及犯罪人的身份相当。"由此可见，在现代国家的刑事立法中，有关犯罪人的因素又被注入"罪"的含义之中，从而成为罪刑相适应原则的重要内容。对于罪刑相适应原则的新发展，我国刑法学界也早就有所研究与反映。如高铭暄教授主编的《刑法学》教材即明确指出："罪刑相适应不是罪刑的绝对相等和机械对应。所谓'罪'，不是单纯地看犯罪行为及其所造成的危害结果，而要看整个犯罪事实，包括罪行和罪犯各方面因素综合体现的社会危害性程度。也就是说，要把犯罪的社会危害性与罪犯的人身危险性结合起来考虑。"① 综上所述，我们

---

① 高铭暄主编：《刑法学》，北京大学出版社1989年版，第40页。

认为，罪刑相适应原则从产生之始一直发展到今天，其"罪"的蕴含也经历了三次大的充实和发展，正如理论的发展是一个相互继承、不断扬弃的过程，我们在对罪刑相适应原则中的"罪"的认识方面，也应当不断地扬弃，不断地引入符合时代需要的新内容，而不能将其永远停留在某一水平上。鉴于以上认识，根据现代罪刑关系的新发展，我们认为，我国刑法规定的罪刑相适应原则中所指的"罪"，不能仅仅指犯罪人所实施的危害行为及其所造成的危害后果，而应当是整个犯罪事实包括罪行和犯罪人各方面因素所体现的社会危害性程度。因为只有这样，我们才能将 1997 年《刑法》第五条规定的"所犯罪行"与应"承担刑事责任"联为一体，从而真正揭示其"罪"的蕴含。

（三）罪刑相适应原则中"刑"的界定

在对罪刑相适应原则的解释中，长期以来，对其中的"刑"字无一不是将其界定为刑罚，我们通常所说的罪刑关系，一般指的就是犯罪与刑罚之间的关系。犯罪是刑罚的前提和基础，刑罚是犯罪的必然结果，这是我国刑法学界众所周知的经典结论。然而，近年来，有的学者一改传统的观点，将其中的"刑"字界定为刑事责任，这无疑是一个重大的历史性进步。其主要理由是，犯罪的后果不止刑罚一种，还包括非刑罚处罚和单纯宣告有罪，这三种法律后果都是刑事责任的实现方式。因此把"刑"字解释为刑事责任，才能全面反映与犯罪的对应关系[①]。我们非常欣赏并赞同这一观点。具体理由补充如下：（1）从逻辑关系上来看，刑事责任作为犯罪的法律后果，是刑罚的上位概念，无刑事责任则无刑罚，这在我国刑法学界是基本上已形成通说的观点。既然刑事责任是刑罚的上位概念，刑罚只是刑事责任的实现方式之一，那么，能够与犯罪相对应的只能是刑事责任，而不应是刑罚。况且刑事责任的实现方式除了刑罚之外，还包括非刑罚处罚措施和单纯宣告有罪，因此，在这么多的实现方式之中只选取刑罚与犯罪相对应，显然不能全面地反映与犯罪的对应关系，难免存在以偏概全之嫌。（2）从刑法理论上来看，刑事责任与刑罚虽然有一定的联系，但是它们二者之间却是有严格区别的。它们之间的区别主要表现在：其一，刑事责任是犯罪人向国家担负刑事法律后果的义务，刑罚则是对这种义务的实际负担。其二，刑事责任是随着犯罪的实施而产生，刑罚则是随着法院的有罪判决生效而出现。其三，虽然刑事责任通常以刑罚作为自己的实现方式，但也并非有责必有刑。例如，虽然犯罪人因犯罪应当负刑事责任，但由于存在犯罪预备、中止等免除刑事责任的影响因素，法院就可以免除其刑罚处罚。由此可见，刑事责任是犯罪的直接结果，而刑

---

① 李卫红：《论罪刑相适应原则的立法完善》，载《刑法修改建议文集》，中国人民大学出版社 1997年版，第 164 页。

罚只是犯罪的间接结果，刑罚的存在不能离开刑事责任，而刑事责任却可以脱离刑罚而独立存在。因此，在有些时候，刑罚与犯罪之间并不存在不可分割的联系。（3）从立法与司法情况看，在刑法分则中，尽管所有的犯罪都设定了与之相匹配的法定刑，虽然这些法定刑都是以刑罚的方式出现的。但实际上，这里的法定刑也只是刑事责任的一种规定方式，如果说它在罪刑关系中占了主导地位，也只能说它在刑事责任的规定方式中占了主导地位，因为除了刑法分则中规定的法定刑之外，在刑法总则中还规定有非刑罚处罚措施，这种规定方式也是刑事责任的形式之一。尽管它在刑法分则中没有作出明文规定，但是我们知道，刑法总则规范对于刑法分则具有普遍的指导意义，这也就是说，对于刑法分则中规定的所有犯罪，在判处法定最低刑仍嫌过重的情况下，均可以适用非刑罚处罚措施。因此，与刑法分则中规定的所有犯罪相对应的不仅仅是刑罚，而且还包括非刑罚处罚措施。所有这些都充分表明，与犯罪相对应的并不是刑罚，而应当是刑事责任。

（四）关于罪刑相适应原则中"相应性"的理解

通过前述讨论，我们对罪刑相适应原则的名称的适当性及其罪与刑的含义都作了较为具体的分析，那么最后需要探讨的问题当然就是对这一原则中所涉及的"相应性"的理解问题。关于这个问题，我们拟从以下三个方面展开讨论。

第一，罪刑相适应原则中的"相应性"表明罪刑关系具有相对性。关于这一点，是由犯罪的无限性与刑事责任的有限性决定的。就现实的刑法而言，无论在犯罪的种类还是在犯罪的危害性程度上，都无法穷尽和确切地估计未来的犯罪究竟有多少。正是在这一意义上，犯罪具有无限性的特点。相对而言，作为犯罪后果的刑事责任则是有限的。它不仅表现在刑事责任的实现方式上是有限的，而且还表现在刑事责任的严厉性程度也是有限的。因此，企图在无限的犯罪与有限的刑事责任之间寻求一一对应的相当关系，无异于缘木求鱼，是徒劳无益的。以故意杀人罪为例，犯罪人杀死一人最高可处以死刑，而犯罪人杀死十人最高也只能处以死刑。从表面上看，这种处罚的结果确使罪刑关系出现了失衡的现象，即犯罪人所犯的罪行与其承担的刑事责任极不相称。然而，就其实质而言，这种处罚既是公正的，也是相当的。因为公正立于个人责任的立场，超越这一立场的任何处罚都是不公正的；而相当则出于死刑的不可分割性，因为人的生命只有一次，无论是杀死一人还是杀死十人，对于犯罪人都只能执行一次死刑。因此，对最严重之罪处以最严厉之刑，这就是罪刑相适应。相反，只有对最严重之罪处以次严厉之刑，才是罪刑不相当。鉴此，罪刑相适应原则永远是相对的、有条件的，而不是绝对的、无条件的。在我们的现实生活中，罪刑相适应是以罪刑不相适应为参照的，我们只有在罪刑关系不平衡的状态中去寻求罪刑关系的平衡，才能领悟到罪刑相适应原则的真谛。

第二，罪刑相适应原则中的"相应性"表明罪刑关系具有相当性。关于这一点，是从罪刑相适应的性质上来界定的，即从质的方面看，罪刑相适应要求罪与刑在性质上务必相同或相近。正如美国学者赫希所说的："犯罪行为同等严重的人应该同等地受到惩罚。"① 因为"相应的该当性原则只有在刑罚的差异反映正当地属于罪犯的谴责的差异的情况下，才允许在罪犯中存在刑罚的严厉性的差异。当罪犯被定同等严重性之罪时，他们因而该受严厉性相同的刑罚——除非人们能够认定特别的因素（如：加重与减轻情节），而这些因素在其发生的具体背景下，比案件的普通状态更多或更少地应受谴责"②。赫希的这一观点关键在于强调平等性是相应性的一项基本要求，也即是说，对于相同性质的犯罪应当给予相同的处罚。从我国刑法对罪刑配置的情况来看，基本上体现了罪与刑的相当性。首先，我国刑法以同类客体为标准，规定了危害国家安全罪、危害公共安全罪、破坏社会主义市场经济秩序罪、侵犯公民人身权利和民主权利罪、侵犯财产罪、妨害社会管理秩序罪、危害国防利益罪、贪污贿赂罪、渎职罪和军人违反职责罪十大类犯罪，并大致按照社会危害性程度的大小由重到轻进行排列。与此同时，我国刑法还规定了主刑与附加刑九种刑罚方法，它们分别是：（1）主刑，包括管制、拘役、有期徒刑、无期徒刑和死刑；（2）附加刑，包括罚金、剥夺政治权利、没收财产和驱逐出境。上述九种刑罚方法分别归属于生命刑、自由刑、财产刑和资格刑四大类，其严厉程度也基本上由重及轻排列，从而使罪的属性与刑的属性之间形成较为合理的配置，基本上实现了重罪与重刑、轻罪与轻刑的相匹配。例如，对于侵犯人身权利的犯罪，有以剥夺人身权利的刑罚与之相匹配；对于侵犯财产权利的犯罪，有以剥夺财产权利的刑罚与之相匹配；对于弄权渎职的犯罪，有以剥夺政治权利的刑罚与之相匹配。所有这些，无一不体现了罪与刑的相当性。当然，这里的罪与刑在质上的相当性也不能绝对化，这是因为，即便是性质完全相同的两种犯罪，但由于它们在犯罪构成之外的其他因素上存有差异，因此，犯罪人所受的处罚也可能不尽相同。然而，罪刑关系的相当性并不能因为有这样的差异而使罚不当罪的现象合理化。比如，对故意杀人者仅仅处以罚金，而对纯粹的财产犯罪则要处以死刑。如果这样的话，刑与罪在性质上就会相去甚远，形成极大的反差，刑法的公平性就无法体现。而一旦刑法失去其公平性，那么刑法就会沦为纯粹的法律工具，既无法建立刑法的威信，也无法产生刑法的规范功能。

---

① 转引自邱兴隆：《罪与罚讲演录》（第1卷.2000），中国检察出版社2000版，第183-184页。
② 转引自邱兴隆：《罪与罚讲演录》（第1卷.2000），中国检察出版社2000版，第184页。

第三，罪刑相适应原则中的"相应性"表明罪刑关系具有相称性。关于这一点，是从罪刑相适应的比例关系上来界定的。即从量的方面来讲，罪刑相适应原则要求罪与刑在比例上务必相称。一般来讲，刑事责任无论是刑罚还是非刑罚，处罚措施都具有一定的量的要素，如人的生命只有一次，自由刑有时间的长短，财产刑有数额多少，赔偿经济损失有数量大小等，但罪行就不尽然，虽然有的罪行可以进行量化，例如盗窃罪、诈骗罪等财产犯罪与某些经济犯罪，可以从其犯罪数额上反映其罪行的大小，但总的来说犯罪只有轻重之分，而犯罪的轻重是比较抽象的概念，要像刑事责任那样具体量化是很难做到的。这就决定了罪与刑在量上的相当也不是绝对的量化，而只能是比例上的相称。而要实现这种比例上的相称性，首先必须有赖于犯罪的等级化、系列化与刑格规定的合理化和科学化。在这一方面，美国学者赫希所提出的"基的相应性"与"序的相应性"对实现罪与刑的相称性无疑具有十分重要的意义。依赫希所言，"基的相应性是这样一项要求，即刑罚的绝对水平与犯罪行为的严重性之间应该保持一种合理的比例。"[1] "序的相应性是这样一项要求，即刑罚的严厉性的分级应该反映犯罪行为的严重性的分级。刑罚在幅度上应该被排序，以便其相关的严厉性与行为的相对的应受谴责性相适应。"[2] 赫希的设计对于刑事立法上如何确立罪与刑的相称性不仅具有重要的理论价值，而且具有较为现实的可操作性。例如，1994 年 3 月 1日颁布施行的《法国刑法典》为我们提供了一个最新范例。其第一卷总则第三编第一章明确规定了"刑的性质"，即首先把刑罚分为对自然人适用的刑罚与法人适用的刑罚；其次分别规定了重罪刑罚、轻罪刑罚和违警罪刑罚[3]。这样就为不同类型的犯罪界定了轻重有别的基本的处刑范围，同时也为个罪的具体的裁量提供了相应的斟酌空间。上述立法例对于我国刑事立法进一步贯彻、实现罪刑适应原则，无疑具有十分重要的参考价值。其次是在司法适用上，应力求犯罪与刑事责任的具体相当。其特点就是在法定刑幅度同一的前提下，充分反映不同犯罪人之可罚性的差异性。这种差异性不是片面与犯罪人之可罚性相当的结果，而是犯罪的严重性制约之下的个别差异性。因此，罪与刑的相称性在一定意义上是由刑罚适用的一致性来体现的。罪刑之相当性并非一种个别判断，而是一种关系反映，即不同罪行之间的关系、不同犯罪人之间的关系、不同刑罚之间的关系、罪行与刑罚之间的关系，以及不同判决之间的关系。关于罪刑相应性的评价最后是通过不同判决之间的比较来实现的。刑法中从不存在犯罪与刑事责任之孤立

---

① 转引自邱兴隆：《罪与罚讲演录》（第 1 卷 . 2000），中国检察出版社 2000 版，第 167 页。
② 转引自邱兴隆：《罪与罚讲演录》（第 1 卷 . 2000），中国检察出版社 2000 版，第 175 页。
③ 参见罗结珍译：《法国刑法典》，中国人民公安大学出版社 1995 年版，第 11－17 页。

的、个别的、绝对的相当。确切地说，作为适用刑罚时的罪与刑的相应性，应当
包括以下两个方面的内容：一是不同法官之间适用刑罚的一致性。即要求不同地
区的法官之间、不同法院的法官之间以及同一法院的法官之间对于相同或近似的
案件作出相同或相近的判决，而不能存在过分的悬殊。二是同一法官对不同罪犯
适用刑罚的一致性。即对于具有相似严重性的不同案件应该作出相似的判决；而
对于情节差异明显的不同案件，应当作出不同判决。如果对于两个情节相似的案
件作出明显不同的判决，而对两个情节明显有别的案件却作出相同的判决，则违
反了罪刑关系的相当性。

四、罪刑相适应原则与刑罚的目的

所谓刑罚的目的，是指国家创制、适用与执行刑罚所要达到的结果。刑罚的
目的制约着刑事立法，是刑事立法的指导思想之一。刑罚的目的一经确定，就会
有与之相适应的刑罚体系作为其赖以实现的手段，因而刑罚目的是确立刑罚制度
的直接根据。刑罚的目的决定着刑罚的适用，直接影响刑罚裁量的结果。无论判
处刑罚、选择刑种、还是确定刑度，都必须以刑罚目的为指导。刑罚的目的指导
着刑罚的执行。刑罚目的不仅体现在刑罚创制与刑罚适用的过程之中，而且一直
贯彻到刑罚的执行过程之中，指导着一个国家的行刑政策和行刑实践。行刑的方
式、内容、制度都应符合刑罚的目的。我国刑罚的目的是预防犯罪，具体而言，
就是特殊预防与一般预防。由于特殊预防与一般预防的需要在很多方面与罪刑相
适应原则具有密切的关系，因此，在研究罪刑相适应原则的过程中，我们切不可
忽视其与刑罚的目的之间所具有的某种相应性的关系。

（一）罪刑相适应原则与特殊预防的需要

特殊预防，又称个别预防，是指通过对犯罪分子适用一定的刑罚，使之永久
或者在一定时间内丧失再犯能力，以预防其再次犯罪。特殊预防的需要，在中西
方刑法理论中，被普遍称为"刑罚个别化"。因此，在概念的使用上，并无多大
的分歧。我们之所以不使用"刑罚个别化"而使用"特殊预防的需要"指称特
殊预防目的的实现对配刑的需要，原因主要有二：其一，既然刑罚的目的在于一
般预防与个别预防，与"一般预防需要"相对应的范畴自然应该是"特殊预防
需要"。其二，严格说来，刑罚个别化同配刑与刑罚的特殊预防目的相适应并非
没有区别。一方面，刑罚的个别化既包括配刑的个别化又包括行刑的个别化，用
刑罚的个别化指称配刑与特殊需要相适应，不能准确地反映配刑与个别预防相适
应的内涵；另一方面，将刑罚个别化予以特定化，即仅在配刑意义上使用之，也
与本书所称的配刑与特殊预防相适应有所冲突，因为本书所研究的配刑仅指刑罚
本身的分配，而刑罚的个别化包括保安处分的个别化。

　　至于特殊预防需要的衡量标准，西方刑罚学界公认为是人身危险性。在我国学界，则既有认为是人身危险性者，也有认为是再犯可能性者，但其一般是在等量互换意义上使用这两个范畴。所存在的分歧仅仅在于人身危险性或者再犯可能性的评价方法。在早期，西方学界对人身危险性的评价基本上是采取定性分析法，即按照对犯罪人的分类，对不同类型的犯罪人的特点进行逻辑的分析、判断与对比，从而就其人身危险性的大小得结论。龙勃罗梭、加罗法洛和李斯特等对人身危险性的评价基本上持这种方法。自 20 世纪初开始，定量分析法被引入对人身危险性的预测。这种方法通常是从收集有关某一罪犯样品的各种资料开始，包括主体的犯罪、犯罪记录、就业与社会历史情况等。然后，运用双方或者多方不同的统计资料，考察这些因素的哪一些与后来发生的累犯相关，从而形成一定的预测指数。随后，再将预测指数在罪犯样品上测试，并根据测试的结果最终形成累犯预测模式，用以预测累犯。在我国，虽有学者在评价西方曾经流行一时的定量分析法时对其持肯定态度，并倡议开展对再犯可能性的定量预测，但是，至今尚无人付诸实践，有关再犯可能性的评价仍然停留在定性分析阶段。

　　尽管在理念上，运用定量分析方法预测再犯可能性是必要的，但是，在实践中，累犯预测却令人沮丧地一次次失败。根据对预测的结果的跟踪调查，大量被预测为可能的累犯事实上在后来并未犯罪，而为数不少的被预测为不可能再犯的人在后来却重蹈覆辙。前后两者相加，预测的失误率远大于预测的正确率。既然如此，对人身危险性的定量预测方法不是可行的评价方法。定性分析构成评价人身危险性的唯一可以接受的方法。

　　定性分析奠基于这样的命题之上，特殊预防的需要取决于犯罪人的人身危险性即再犯罪的可能性。这种可能性的大小具体表现为与犯罪人有关的一系列因素，因此，对特殊预防需要的评价应该是对与犯罪人有关的、体现再犯可能性大小的所有因素的综合评价。体现再犯可能性大小的因素多种多样，其中对再犯可能性的影响最主要的有犯罪人所实施犯罪的性质、犯罪人在犯罪中的表现、犯罪人的主观罪过、犯罪人的一贯表现、犯罪人的犯罪记录、犯罪人的犯罪原因、犯罪者在共同犯罪中的身份、犯罪人在犯罪后的表现、犯罪人的人格特点、犯罪人所处的社会环境、犯罪人的生活经历、犯罪人的年龄等因素。

　　（二）罪刑相适应原则与一般预防的需要

　　一般预防，是相对于特殊预防而言的，它是指通过对犯罪人适用一定的刑罚，而对社会上的其他人，主要是那些不稳定分子产生阻止其犯罪的作用。一般预防的对象是社会上的其他人，这是一般预防区别于特殊预防的一个显著特征。在西方刑法学界，一般预防需要的评价标准是一个历来存有争议且至今尚无定论的问题。在早期功利刑论中，围绕一般预防需要的标准曾有过严重性说、动机说与综合说之争。严重性说以孟德斯鸠与贝卡里亚为代表。他们认为，一般预防需要与犯罪的严重性成正比，犯罪给社会所可能造成的危害越大，便越需要严厉的刑罚来预防人们犯罪，犯罪给社会所可能造成的危害越小，预防人们犯罪所需要的刑罚便越轻。动机说以费尔巴哈为代表。在他看来，犯罪可以给人带来利益与愉快，正是这种利益与愉快构成犯罪的动机，利益与愉快越大，人们犯罪的动机便越强。刑罚对犯罪者构成一种损失与痛苦，它们是犯罪的阻力，刑罚越重，其给犯罪人所造成的损失与痛苦便越大，犯罪的阻力也就越大。要使人们不犯罪，刑罚便必须与犯罪的动机相对应。综合说以边沁为代表。他既认为"刑罚之苦必须超过犯罪之利"，"为预防一个犯罪，抑制动机的力量必须超过诱惑动机，作为恐惧物的刑罚必须超过作为诱惑物的罪行"①，因而有明显的动机说色彩；但他又认为"当两个罪行相联系时严重之罪应适用严厉之刑，从而使罪犯有可能在较轻阶段停止犯罪"，"罪行越重，适用严厉之刑以减少其发生的理由就越充分"②，从而又带有严重性说的色彩。

　　在当代，西方学界关于一般预防的评价标准主要存在效益说与效果说两种主张。效益说以美国的波斯纳等人为代表，该说认为，某人之所以实施犯罪，是因为犯罪对他的预期收益超过其预期成本。这一成本包括刑事处罚的预期成本。效果说以美国的哈格为代表，该说主张，一般预防的需要便是发挥刑罚一般预防效果的需要，因此，衡量一般预防需要的标准在于刑罚一般预防效果的大小。

　　在我国刑法学界，关于一般预防需要的衡量标准，具有代表性的主张是一般人犯罪可能性说或初犯可能性说。按照此说，一般预防对刑罚的需要以犯罪人以外的一般人犯罪的可能性即初犯可能性的大小为评价标准。而初犯可能性的大小又主要通过社会治安形势的好坏、犯罪率的升降、受害人对犯罪人的愤恨程度以及民愤程度等来衡量。

　　从国内外各种不同的观点来看，虽然它们从某一角度来考察都不妨有合理之处，但从一般预防的需要的总体上来考察，它们都带有一定的局限性。鉴此，我们认为，一般预防的需要是多种因素共同决定的，其评价标准也应当是综合性的。在这一综合性标准中，不但包括反映犯罪严重性的诸种因素，而且还包括虽然不反映犯罪的严重性但反映一般预防需要大小的诸种因素。反映犯罪的严重性的因素主要有犯罪所侵犯的权益、犯罪行为的危险性、犯罪的实际损害、犯罪的对象、犯罪的时间、地点、犯罪的实施程度、犯罪的罪过等，不反映犯罪的严重

---

　　① ［英］吉米·边沁：《立法原理——刑法典原理》，孙力，李贵方等译，中国人民公安大学出版社1993年版，第68页。

　　② ［英］吉米·边沁：《立法原理——刑法典原理》，孙力，李贵方等译，中国人民公安大学出版社1993年版，第69页。

性的因素则主要包括治安形势好坏、个罪的发案率高低等等。具体来说，这些因素主要有犯罪可能侵犯的权益、犯罪可能的危险性、犯罪可能的实际损害、犯罪可能侵害的对象、犯罪可能发生的时间与地点、犯罪可能实施的程度、可能的犯罪的罪过、可能的犯罪人的生理与精神状况、可能的犯罪人的身份、可能犯罪时的治安形势、可能的犯罪的发案率等几个方面。

我国刑罚的特殊预防的需要与一般预防的需要是密切结合、相辅相成的。但二者并非永远处于平等的地位，而是随着刑事法律活动发展的各个阶段的不同，呈现出不同的主次关系。

（1）在刑罚的创制阶段以一般预防需要为主，以特殊预防需要为辅。刑罚的创制，主要是针对社会上犯罪的一般状况，具有对事不对人的特点，因而应当以一般预防为主，根据一般预防的要求来安排刑罚的体系、种类和各种犯罪的法定刑。但刑事立法也不可能无视特殊预防的需要，而应当根据特殊预防的需要，对反映犯罪人的人身危险性较大的某些特定的犯罪人类型，例如惯犯、累犯等予以特别规定，使之在个别化方面具有法律根据。同时，对自首、中止等反映犯罪人的人身危险性较小的犯罪情节予以法定化。总之，在刑事立法阶段，特殊预防与一般预防的关系表现为以一般预防为主、特殊预防为辅的这样一种主次关系。

（2）在刑罚的适用阶段，一般预防与特殊预防并重。刑罚的适用即是依法定罪量刑，而定罪量刑是针对具体的案件、具体的案犯适用法律，因而特殊预防的要求就跃居首位。在定罪量刑的时候，应当根据犯罪人的再犯可能性的大小判处罪刑相适应的刑罚。同时，也要考虑一般预防的要求，这主要表现在两个方面：一是依法定罪量刑本身意味着兼顾了一般预防，因为刑事立法是以一般预防为主要根据的，刑法本身体现了一般预防的要求，因而依法定罪量刑就必然兼顾了一般预防的要求。二是在定罪量刑的时候，还要考虑形势、犯罪率、民愤、是否初犯等可能的表征，从而直接照顾了一般预防的要求。总之，在定罪量刑阶段，特殊预防与一般预防的关系，表现为两者并重。

（3）在刑罚执行阶段，则以特殊预防为主，以一般预防为辅。刑罚执行是定罪量刑的延伸，在这一阶段，教育与改造犯罪人是首要的任务，因而无疑应当以特殊预防为主。但在刑罚执行阶段，也要兼顾一般预防的要求，这主要表现在刑事判决所确定的宣告刑的调整。根据我国刑法规定，减刑的期限不能高于宣告刑的二分之一，被判处无期徒刑的，必须实际服刑十三年以上；假释通常只能适用于已执行宣告刑二分之一以上的罪犯，被判处无期徒刑的，必须实际服刑十三年以上等。这些规定无疑体现了一般预防因素的制约作用。因为如果宣告刑可以无限制地减轻，罪犯可以无条件地假释，那么社会上的不稳定分子就会觉得刑罚不足以畏惧，因而必然削弱刑罚的一般预防的效果。由于在刑罚执行阶段，一般预防只是起到消极的制约作用，而不是像在定罪量刑阶段那样积极地予以考虑，因而在刑罚执行阶段，特殊预防与一般预防的关系是以特殊预防为主，兼顾一般预防。

五、罪刑相适应原则与刑罚的功能

刑罚的功能是指国家创制、适用和执行刑罚所可能产生的积极的社会作用。刑罚的功能表现在整个刑事立法和司法过程中，刑罚的功能如何，反映了刑事立法和司法的价值取向。全面深刻地揭示刑罚的功能，对于正确地理解刑罚的目的具有十分重要的意义。

刑罚的功能具有多向性的特征，表现为多种形式。从刑罚对犯罪人的作用和对犯罪人以外的其他人的作用来看，刑罚的功能可分为特殊预防功能和一般预防功能两大类。

（一）刑罚的特殊预防功能与罪刑相适应原则

刑罚的特殊预防功能是指刑罚对犯罪人适用而可能产生的积极的社会作用。它表现在如下几个方面：

1. 剥夺或限制再犯能力功能

刑罚是对犯罪人赖以实现犯罪的一定权益的剥夺或限制，因而刑罚的实际执行在客观上可以清除或限制犯罪人的再犯罪条件。死刑以剥夺犯罪人的生命为特征，死刑的适用与执行使罪犯的再犯罪能力彻底丧失。无期徒刑和拘役以永远或在一定时期内剥夺犯罪人的自由为内容，其再犯能力在刑罚执行期间一般也近乎完全地被剥夺。管制刑作为限制犯罪人自由的刑种，使罪犯的再犯条件受到很大限制。由于死刑、无期徒刑、有期徒刑、拘役和管制从基的相应性来说，其轻重有所差异，因此，从预防犯罪的角度来讲，刑罚愈重，其剥夺或限制再犯能力的功能就越强，与其对应的犯罪也应当愈重；相反地，刑罚愈轻，其剥夺或限制再犯能力的功能也就越弱，与其对应的犯罪也就应当愈轻。作为财产刑的罚金与没收财产，其适用对象主要是经济犯罪，而经济犯罪有不少是以财产为其犯罪的资本。通过罚金与没收财产，剥夺犯罪人的财产，无疑在一定程度上限制了其再犯经济犯罪的可能性。由于罚金与没收财产均有数额大小之别，因此，凡是罚金与没收财产的数额大的，与其相应的犯罪也必然是比较重的，对犯罪人的剥夺或限制再犯能力也就越强；反之，凡是罚金与没收财产的数额小的，与其相应的犯罪也必然是比较轻的，其对犯罪人的剥夺或限制再犯能力也就越弱。剥夺政治权利的适用与执行，使犯罪人不再享有政治权利，消除了其利用政治权利再犯罪的可能性。剥夺政治权利的有无与期限的长短与其犯罪的严重性也呈现出相互对应的关系，一般地，剥夺政治权利的期限越长，则表明该罪的性质较为严重；反之，剥夺政治权利的期限越短，则表明该罪的性质较轻，从而在剥夺或限制再犯能力方面呈现出罪与刑的相应性。我国刑罚具有剥夺或限制再犯能力的功能，但它并非我国刑罚的主要功能。我们并不是为剥夺犯罪能力而剥夺犯罪能力，而是通过在客观上剥夺或限制犯罪能力，为改造罪犯服务。因此，剥夺或限制再犯能力的功能强弱也是与罪刑相适应的原则有着较为紧密的联系的。一般来讲，刑事责任愈重，其剥夺或限制再犯能力就越强；反之，刑事责任愈轻，其剥夺或限制再犯能力也就越弱。

2. 个别教育功能

惩办与宽大相结合，分清不同情况区别对待、惩办少数、改造教育多数是我国一贯的刑事政策。我国刑法规定了自首、缓刑、减刑、假释、死缓等刑罚制度以及一系列从轻、减轻或者免除处罚的量刑情节，体现了国家对犯罪分子宽大处理的精神，以消除犯罪人的抵触情绪，使其自觉地接受人民法院对自己的处罚，从而在心理上瓦解其犯罪意志，感化犯罪人。我国在行刑期间给犯罪人以人道待遇，在生活、劳动、文化教育等各个方面通过多种措施感化犯罪人，解除犯罪人的顾虑与对立情绪，使之安心改造。这些都是刑罚教育功能的体现。我国刑罚的教育功能还表现在，刑罚对不知法而犯罪者的适用与执行，可以起到帮助他认清自己行为性质的作用。刑罚是国家对犯罪的否定评价与谴责的集中表现。不知法而犯罪者，通过接受法律的审判和刑罚的适用与执行，以亲身感受的方式清楚地认识到某一行为是为刑法所禁止、为社会所不接受的，从而接受教育以后不再重犯。从罪刑相应性的角度来分析，由于各种犯罪的事实、性质、情节和对社会危害的程度有所不同，因此，在人身危险性方面表现出来的差异性也就有所不同，对于人身危险性大的，应着重体现惩办的精神，对其要从严处罚；对于人身危险性小的，则应着重体现宽大的精神，对其要从宽处罚。只有严格把握好从严与从宽的界限，才能更好地体现罪刑相适应的原则。

3. 个别威慑功能

刑罚对犯罪人的个别威慑功能包括行刑前威慑与行刑后威慑两个方面。行刑前威慑功能表现在犯罪人在受到刑罚惩罚前，基于对刑罚的畏惧而采取放弃犯罪或争取宽大处理的行为。如犯罪人在犯罪时，可能由于对刑罚惩罚的畏惧而自动放弃犯罪，有效地阻止犯罪结果的发生；也可能由于外界因素的介入加剧了其畏惧心理而弃罪潜逃，使犯罪处于未遂状态。犯罪后，犯罪人也可能基于对刑罚惩罚的恐惧而投案自首，坦白认罪，退还赃物，赔偿损失等。行刑后威慑功能表现在刑罚的实际执行使犯罪人因畏惧再次受罚而不敢再犯。刑罚的实际执行，打破了犯罪人妄图逃避惩罚的侥幸心理，在犯罪人心理上建立了犯罪与刑罚惩罚之间必然联系的观念，从而消除犯罪人的犯罪动机，抑制其犯罪意志，使再犯心理不外化为再犯行为。从罪刑相应性的角度来分析，刑罚的个别威慑功能反映的是罪犯再犯的可能性与刑罚遏制之间的关系。一般来讲，对于再犯可能性大的犯罪分子应当适用的刑罚也比较重，而对于再犯可能性小的犯罪分子应当适用的刑罚相应地也比较轻，从而更好地体现罪刑相适应的原则。

4. 改造功能

这是刑罚最主要的功能之一，无论是剥夺、限制功能，还是教育功能、威慑功能都应服务于改造功能。刑罚的执行，通过强制改造，铲除犯罪人的犯罪意识，改变其不良习惯，使其养成良好的工作习惯、生活习惯和遵守社会共同生活准则的习惯，自食其力，遵纪守法。这不论对于社会还是对于犯罪者本人都是十分有益的。在我国，对罪犯的改造不仅是必要的，而且是可能的。因为人的思想具有可塑性，人的意识来源于社会实践。犯罪人的犯罪意识并非天生，而是社会消极因素在其头脑中的反映。只要具备一定的条件，便可以通过教育、改造，使之为进步的思想意识所取代。从罪刑相应性的角度来分析，对罪犯的改造功能主要应当从犯罪的综合因素来考察，即改造功能的发挥；不仅应当考虑犯罪的社会危害性，同时还应当考虑犯罪人的人身危险性方面的情形；不仅要考虑犯罪人造成的现实危害，而且还应当考虑犯罪人再犯的可能性，只有将两者紧密地结合起来，才能得出正确的结论。

（二）刑罚的一般预防功能与罪刑相适应原则

刑罚的一般预防功能是指刑罚对犯罪人以外的其他人所可能产生的积极的社会作用。它表现在如下几个方面：

1. 一般威慑功能

一般威慑功能是指刑罚对潜在犯罪人即社会上不稳定分子的威吓慑止作用。它又分为立法威慑与司法威慑两个部分。立法威慑即国家以立法的形式明确规定罪刑关系，通过刑法规定犯罪是应受刑罚处罚的行为，并具体列举各种犯罪应当受到的刑罚处罚，使意欲犯罪者望而止步。司法威慑即人民法院对犯罪人适用刑罚，行刑机关对已决罪犯执行刑罚，使意欲犯罪者目睹犯罪人得到惩罚而悬崖勒马。从罪刑相应性的角度来分析，关于刑罚的一般威慑功能的发挥，主要取决于两个方面：一是在法定刑的配置上要体现序的相应性，即重罪重刑，轻罪轻刑，而不能反其道而行之，从而起到立法威慑的效果。二是在司法实践中一定要坚持有罪必罚、无罪不罚的原则，而不能反其道而行之，从而打消犯罪人的侥幸心理，取得司法威慑的效果。

2. 安抚功能

法院对犯罪人适用刑罚，能在一定程度上满足受害人要求惩罚犯罪的强烈愿望，平息犯罪给其造成的激愤情绪，抚慰其受到的精神创伤，使其尽快从犯罪所造成的痛苦中解脱出来。与此同时，犯罪对社会造成了损害与威胁，破坏了社会秩序，不仅引起被害人的激愤，也引起其他人的义愤。通过对犯罪分子适用刑罚，可以平息民愤，满足社会公正的报应要求。关于刑罚的安抚功能，从罪刑相应性的角度来分析，主要把握以下两个方面的问题：一是要让所有的犯罪人在犯罪后都受到惩罚，从而做到不纵不漏，使受害人在遭受犯罪的打击之后，让其受到创伤的心灵得到抚慰，平息受害人的义愤。二是要让所有的犯罪人在犯罪后都受到应有的惩罚，这就意味着在对犯罪分子进行惩罚时，应做到罪刑相当，罚当其罪，从而使被犯罪分子破坏的社会秩序得以迅速恢复，满足社会上一般的人对刑罚公正的需要，以平民愤。以上两个方面的内容主要都涉及犯罪的惩罚概率问题，一般来讲，对犯罪人惩罚的概率越高，对被害人的安抚功能越强；反之，对犯罪人惩罚的概率越小，对被害人的安抚功能越弱。

3. 一般教育功能

刑罚对犯罪行为的适用，使社会上的其他人认清了这一行为的性质。这样，不知法而可能犯者在犯罪前基于自己对将要实施的行为的性质的认识而知道该行为的严重性与违法性，从而自觉地控制自己，防患于未然。对于自发守法者来说，他虽然是一个合格的守法公民，但这种守法并非基于对法律的认识，只是因为尊重社会风俗与习惯而同时遵守刑法规范，因而是消极、被动地守法。通过对犯罪分子适用刑罚，可以帮助他们了解法律内容，认识守法价值，由自发守法者转变为自觉守法者。对于自觉守法者来说，刑法规定犯罪应受刑罚惩罚，并通过法院将刑罚适用于犯罪人，既反映了国家对犯罪行为的否定，同时也表明了国家对守法行为的肯定，从而不断稳固与强化其守法意识。关于一般教育功能，从罪刑相应性的角度来分析，就是通过对犯罪分子的惩罚，使自发的守法者能够通过具体案件的教育，从一个自发的守法者变成自觉的守法者，从一个一般守法者变成坚定的守法者。一般来讲，通过对犯罪分子适用刑罚，使不知法者通过具体案件的处理产生了对法律的认识，而对知法者则通过具体案件的处理使其更加坚定守法的信念。因此，对自发的守法者而言，其对法律的醒悟程度越高，刑罚的一般教育功能就越强；反之，其对法律的醒悟程度越低，刑罚的一般教育功能就越弱。对自觉的守法者而言，其对法律坚定的信念越强，刑罚的一般教育功能就越强；其对法律坚定的信念越低，刑罚的一般教育功能就越弱。

六、罪刑相适应原则在我国刑事立法中的体现

罪刑相适应原则，作为我国刑法所确立的一项重要的基本原则，在我国刑事立法中，无论是刑法总则，还是刑法分则，都充分地体现了这一原则。

（一）罪刑相适应原则在我国刑法总则中的体现

刑法总则是我国刑法的重要组成部分，其规定的内容主要是关于犯罪与刑事责任的一般原理、原则的规范体系，这些规范是认定犯罪、确定刑事责任所必须遵守的共同的规则。因此，刑法总则部分所规定的内容对于整个刑法分则的适用都具有十分重要的指导意义。罪刑相适应原则在我国刑法总则中的体现主要表现在以下几个方面：

1. 关于犯罪形态的相应性规定

根据我国刑法的规定，犯罪形态可分为犯罪的完成形态与未完成形态两种不同的形式。其中犯罪的完成形态也就是犯罪的既遂，犯罪的既遂一般是指行为人所实施的犯罪行为已经完全具备刑法分则所规定的某种犯罪的全部构成要件。由于犯罪既遂是我国刑法分则设立的标准模式，在对某种犯罪进行定罪处罚时，即可直接按照刑法分则有关规定处理即可。

除了犯罪的完成形态之外，在我国刑法总则的规定中，还有三种未完成形态，这就是犯罪预备、犯罪未遂和犯罪中止。由于犯罪预备、犯罪未遂和犯罪中止处于不同的犯罪阶段，它们在客观危害和主观恶性上均有一定的差异，因此，刑法对其所规定的处罚原则的轻重也有所区别，从而体现了罪刑相适应的原则。

（1）预备犯的处罚原则

1997 年《刑法》第二十二条第一款规定："为了犯罪，准备工具、制造条件的，是犯罪预备。"据此，所谓预备犯是指已经实施犯罪的预备行为而被迫停顿在预备阶段的犯罪人。关于预备犯的处罚原则，从各国立法例看，对其进行处罚的主张各有不同，有的主张不处罚预备行为，因而在刑法总则和分则中均无处罚预备犯的规定；多数国家主张原则上不处罚预备犯，只在刑法分则条文中有特别规定应予处罚的预备行为时，才予以处罚；有的主张在刑法总则中规定对一切预备犯都应当处罚。上述主张处罚预备犯的，对其处罚原则主要有两种主张：一是必减主义，即对预备犯必须比照既遂犯减轻处罚；二是得减主义，认为对预备犯可以比照既遂犯减轻处罚，是否减轻，由审判机关酌情决定。

我国 1997 年《刑法》第二十二条第二款规定："对于预备犯，可以比照既遂犯从轻、减轻处罚或者免除处罚。"这一规定是符合我国国情的。因为预备犯在客观上实施了为顺利完成犯罪准备工具、制造条件的行为，主观上具有犯罪的故意，符合犯罪构成的特征，应当承担刑事责任。但是，犯罪预备毕竟没有造成实际的社会危害后果，距离完成犯罪不论从空间上还是时间上看都还有一定距离，其危害一般不同于犯罪未遂或既遂，因此，刑法规定可以比照既遂犯从轻、减轻或者免除处罚。在审判实践中，应当根据预备犯的不同情况，遵循罪刑相适应的原则，对预备犯一般可以比照既遂犯从轻、减轻或者免除处罚。但对于犯罪性质严重、情节特别恶劣、主观恶性深的预备犯，也可以不予从宽处罚。

（2）未遂犯的处罚原则

1997 年《刑法》第二十三条第一款规定："已经着手实行犯罪，由于犯罪分子意志以外的原因而未得逞的，是犯罪未遂。"据此，所谓未遂犯是指已经着手实行犯罪，由于意志以外的原因而未得逞的犯罪人。未遂犯与预备犯相比，其社会危害性的程度要大，而与犯罪既遂相比，则要小。因此，1997 年《刑法》第二十三条第二款规定："对于未遂犯，可以比照既遂犯从轻或者减轻处罚。"

运用刑法对未遂犯规定的处罚原则时，应注意把握以下三点：

一是刑法规定对未遂犯可以比照既遂犯从轻或者减轻处罚，而未规定应当从轻或者减轻处罚。据我们理解，除少数犯罪性质特别严重、情节特别恶劣、主观恶性特别深、其他后果特别严重的未遂犯可以不从轻或者减轻处罚外，一般都可以从轻或者减轻处罚。

二是可以比照既遂犯从轻或者减轻处罚的未遂犯，在具体量刑时，应当考虑以下因素进行区别对待：1）未遂行为距离犯罪既遂的远近程度。一般说，距离犯罪既遂远的要比距离犯罪既遂近的从轻或者减轻的幅度大。2）未遂行为的不同类型，反映了不同的社会危害程度。一般说，已了未遂的社会危害性相对大于未了未遂，能犯未遂相对重于不能犯未遂。如果其他情节相似，后者从轻、减轻的幅度要大。3）实际损害的有无或大小，是从轻或者减轻处罚的重要参考。

三是刑法没有规定对于未遂犯可以免除处罚，这是因为未遂犯相对于预备犯而言，其距离犯罪既遂的程度更近，因此，对社会造成的威胁和危险性更大，因此，根据罪刑相适应的原则，对于未遂犯没有规定可以免除处罚是正确的。但是，值得注意的是，如果未遂犯符合 1997 年《刑法》第三十七条的规定："犯罪情节轻微不需要判处刑罚的"条件，或者有其他法定免除处罚条件的，比如符合自首或立功免除处罚条件的，可以免除处罚。

（3）中止犯的处罚原则

1997 年《刑法》第二十四条第一款规定："在犯罪过程中，自动放弃犯罪或者自动有效防止犯罪结果发生的，是犯罪中止。"据此，中止犯是指犯罪行为符合犯罪中止特征的犯罪人。关于中止犯，各国刑法采取的主要是必减主义和得减主义两种原则。我国刑法根据罪刑相适应的原则，对于中止犯也基本上采取的是上述两种原则。中止犯虽然在主观上具有犯罪的故意，客观上实施了危害社会的行为，应当负刑事责任。但是，其犯罪故意在犯罪过程中发生了变化，由追求犯罪结果转化为自动放弃犯罪，并停止了犯罪行为或者积极地防止了危害结果的发生，不仅表明其主观恶性减少，而且在客观上也减轻了对社会的危害。因此，对中止犯的处罚应有别于预备犯、未遂犯。1997 年《刑法》第二十四条第二款明确规定："对于中止犯，没有造成损害的，应当免除处罚；造成损害的，应当减轻处罚。"这一规定，不仅明确将不同情况的中止犯的刑事责任区别开来，便于实际操作，而且也充分体现了罪刑相适应的原则，充分表明了立法者鼓励犯罪分子自动中止犯罪的意图及区别对待的政策精神。

2. 关于共同犯罪人刑事责任的相应性规定

1997 年《刑法》第二十五条第一款规定："共同犯罪是指二人以上共同故意犯罪。"从共同犯罪的概念中，我们不难看出，共同犯罪的成立必须具备以下三个方面的特征：（1）犯罪主体必须是两个以上的自然人或者单位；（2）行为人在主观上必须具有共同的犯罪故意；（3）行为人在客观上必须具有共同的犯罪行为。

根据 1997 年《刑法》第二十六条至二十九条的规定，我国刑法依照犯罪人在共同犯罪中所起的作用以及犯罪分工情况，将共同犯罪人分为主犯、从犯、胁从犯和教唆犯四种。在以上四种共同犯罪人中，除了教唆犯具有其特殊性之外，其他三种犯罪人都是以犯罪人在犯罪中所起的作用为标准来划分的，因此，在对其处罚上也体现了罪刑相适应的原则。

（1）主犯的刑事责任

1997 年《刑法》第二十六条第一款规定："组织、领导犯罪集团进行犯罪活动的或者在共同犯罪中起主要作用的，是主犯。"从这一规定中，我们不难看出，主犯有以下两种情况：一是组织、领导犯罪集团进行犯罪活动的犯罪分子，即通常所说的组织犯，这种主犯只限于犯罪集团才存在。二是在共同犯罪中起主要作用的犯罪分子。这类主犯有以下三种情况：其一是犯罪集团中的其他主犯；其二是在某些聚众犯罪中起组织、策划、指挥作用的犯罪分子；其三是在一般共同犯罪中起主要作用的犯罪分子。

主犯历来是刑法打击的重点，各个国家对其刑事责任都采取从重的原则。1997 年《刑法》第二十六条第三款规定："对组织、领导犯罪集团的首要分子，按照集团所犯的全部罪行处罚。"第四款规定："对于第三款以外的主犯，应当按照其所参与的或者组织、指挥的全部犯罪处罚。"这两款规定的精神主要在于：

一是突出了对犯罪集团的首要分子的打击。犯罪集团的首要分子是指在犯罪集团中起组织、策划、指挥作用的犯罪分子。由于这种犯罪分子是整个犯罪集团的核心人物，是主犯之中的主犯，因此其社会危害性也属重中之重，因此，犯罪集团的首要分子不论是否参与实施了具体的犯罪行为，只要是犯罪集团共同犯下的罪行，都应当承担刑事责任。

二是对其他主犯也规定了具体的量刑原则。即按照其所参与的或组织、指挥的全部犯罪处罚。就此规定来看，对犯罪集团的其他主犯的处罚较之于犯罪集团的首要分子显然为轻，即不是按照犯罪集团所犯的全部罪行，而是按照本人直接参与的或者组织、指挥的全部犯罪处罚。这样规定，既体现了与组织、领导犯罪集团的首要分子区别对待的原则，又贯彻了主犯从重的精神。

（2）从犯的刑事责任

1997年《刑法》第二十七条第一款规定："在共同犯罪中起将要次要作用或者辅助作用的，是从犯。"从刑法对从犯的规定来看，共同犯罪中的从犯主要有两种人：一是在共同犯罪中起次要作用的犯罪分子；二是在共同犯罪中起辅助作用的犯罪分子。由于从犯是相对于主犯而言的，其在共同犯罪中所起的作用较之于主犯为轻，因此，根据罪刑相适应的原则，刑法对从犯的刑事责任采取的是必减原则。依据刑法第二十七条第二款的规定："对于从犯，应当从轻、减轻处罚或者免除处罚。"这里的"必减"，是针对刑法分则所规定的该项犯罪的法定刑而言的。至于具体应当从轻、减轻，还是免除处罚，则要根据犯罪的性质、犯罪的情节以及该从犯在犯罪中所起的具体作用决定。

（3）胁从犯的刑事责任

根据1997年《刑法》第二十八条的规定，胁从犯是被胁迫参加犯罪的共同犯罪人。所谓"被胁迫"是指受他人的威胁或逼迫，即受到精神上的强制。胁从犯是在他人威胁、逼迫之下不敢或不能反抗，是在不自愿或不完全自愿的情况下才作出犯罪决定的。因此，相对于从犯而言，胁从犯是在被动的情况下参与犯罪的，他与积极主动参与犯罪的从犯在社会危害性上是有所差异的。根据罪刑相适应的原则，对于胁从犯的处罚也应当轻于从犯的规定。正基于此，1997年《刑法》第二十八条规定："对于被胁迫参加犯罪的，应当按照他的犯罪情节减轻处罚或者免除处罚。"相对于从犯而言，虽然在刑事责任的承担方式上，胁从犯也是采取的"必减"原则，但是，在处罚程度上却有很大的差异，从犯有"从轻""减轻""免除"三个不同的档次，而胁从犯只有"减轻""免除"两个不同的档次，显然后者的处罚比前者要宽。

（4）教唆犯的刑事责任

根据1997年《刑法》第二十九条的规定，教唆犯是指教唆他人犯罪的人，具体来说，就是指故意引起他人实行犯罪决意的人。在共同犯罪人当中，由于教唆犯是一种比较复杂的类型，在定罪量刑上也具有一定的特殊性，因此对其需要引起重视。一般来讲，教唆犯成立的主要特征有以下两个方面：第一，在客观上，行为人必须实施了教唆他人犯罪的行为；第二，在主观上，行为人必须具有教唆他人犯罪的故意。关于教唆犯的刑事责任也体现了罪刑相适应的原则。其具体情形可分为以下三种：

其一，被教唆人犯了被教唆的罪的，对于教唆犯应当按照他在共同犯罪中所起的作用处罚。起了主要作用的，按照对主犯的处罚原则处罚；只起次要或者辅助作用的，按照对从犯的处罚原则处罚。教唆犯通常是主犯，但在个别共同犯罪案件中，教唆犯也可能只起次要或辅助作用，如教唆他人帮助别人犯罪，在另一教唆犯的威逼下教唆他人犯罪等。因此，在处理时，应考虑教唆犯在共同犯罪中的不同情况，区别对待。

其二，如果被教唆人没有犯被教唆的罪，对于教唆犯可以从轻或者减轻处罚。所谓被教唆的人没有犯被教唆的罪，包括以下三种情况：第一，被教唆人拒绝了教唆人的教唆；第二，被教唆人虽然当时接受了被教唆人的教唆，但事后又放弃了犯意，或者尚未来得及进行任何犯罪活动；第三，被教唆人虽然当时接受了教唆人的教唆，但实际上实施的并非被教唆的罪，而是其他犯罪，并且这种其他犯罪与被教唆人的教唆之罪没有重合关系。在被教唆人没有实施被教唆的罪的情况下，由于教唆人主观上具有教唆的故意，且客观上实施了教唆的行为，所以仍构成独立的教唆犯。但是，考虑到教唆行为没有造成实际危害结果，所以法律规定，对于这种教唆犯可以从轻或者减轻处罚。

其三，教唆不满18周岁的人犯罪的，应当从重处罚。这是因为未成年人思想不成熟，辨别是非的能力较弱，容易听信坏人的教唆而误入歧途。教唆未成年人犯罪是一种最恶劣的教唆犯。为了更好地保护青少年，使其健康成长，对这种教唆犯从重处罚是完全正确的。

3. 关于过当行为的相应性规定

过当行为在刑法理论上是与正当行为相反的称谓。主要包括防卫过当和避险过当两种不同的情形。防卫过当是对正当防卫制度的不正确运用，在很多情况下表现为对正当防卫权的一种滥用。所以我国刑法规定，防卫过当是一种犯罪行为，应当承担刑事责任。但是，防卫过当作为一种犯罪行为，又毕竟不同于一般的犯罪行为。这是因为，防卫过当是防卫行为的正当性和损害结果的非正当性的统一。防卫行为的正当性是指，实施防卫行为时确有不法侵害存在；不法侵害正在进行；防卫的目的是保护合法权益不受非法侵害；防卫行为是针对不法侵害者实施。可见，在正当防卫的五个正当要件中，防卫过当具备了四个。从这个意义上讲，防卫过当具有正当性的一面。但是，从另一方面看，防卫行为的强度和力度明显超过了不法侵害的强度和力度，对不法侵害人造成了重大损害，从而使合法的防卫行为变成了不法的侵害行为，也使正当性的行为变成了非正当性的行为。然而，尽管如此，由于防卫过当的行为毕竟不同于一般的犯罪行为，因此，根据罪刑相适应的原则，在对防卫过当的行为进行处罚时，也应当与一般犯罪有所区别。正因为如此，1997年《刑法》第二十条第二款明确规定："正当防卫明显超过必要限度造成重大损害的，应当负刑事责任，但是应当减轻或者免除处罚。"如同防卫过当的行为一样，避险过当也同样是避险行为的正当性和损害结果的非正当性的统一。虽然避险过当的行为是一种犯罪行为，但同样不同于一般的犯罪行为。因此，1997 年《刑法》第二十一条第 2 款明确规定："紧急避险超过必要限度造成不应有的损害的，应当负刑事责任，但是应当减轻或者免除处罚。"

4. 关于追诉时效期限的相应性规定

所谓追诉时效，是指法律规定追究犯罪人刑事责任的有效期限，超过法定期限，就不得再对犯罪人提起诉讼。在刑法中规定追诉时效制度，不仅符合我国刑罚预防犯罪的目的，而且有利于司法机关集中精力打击现行犯罪和社会的安定团结。

关于追诉时效期限的规定，从世界各国的刑事立法来看，主要有以下几种模式：一是以罪种为标准设置追诉时效期限，如《法国刑法典》即是；二是以刑期为标准设置追诉时效期限，如我国 1997 年《刑法》即是；三是以刑种为标准设置追诉时效期限，如《瑞士刑法典》即是；四是兼采罪与刑的双重标准设置追诉时效期限，如 1960 年《苏俄刑法典》即是；五是采取罪与刑相结合标准设置追诉时效期限，如《越南刑法典》即是。我国 1997 年《刑法》在追诉时效的期限问题上采取的是以刑期为标准来设置追诉时效期限的模式。以刑期为标准设置追诉时效期限的时间长短，是指依照法定刑之轻重不同来确定不同犯罪的追诉期限，这一模式从不同刑期的长短出发，从而推导出不同的追诉时效的社会危害性轻重也有所不同。例如，我国 1997 年《刑法》第八十七条规定："犯罪经过下列期限不得追诉：（1）法定最高刑为不满五年有期徒刑的，其追诉时效期限为五年；（2）法定最高刑为五年以上不满十年有期徒刑的，其追诉时效期限为十年；（3）法定最高刑为十年以上有期徒刑的，其追诉时效期限为十五年；（4）法定最高刑为无期徒刑、死刑的，其追诉时效期限为二十年。"根据这一规定，我们可以清楚地看出，我国追诉时效期限的长短与法定刑的刑期长短有着十分密切的联系，一般来讲，法定刑刑期越短，其追诉时效则越短；相反地，法定刑刑期越长，其追诉时效则越长。由于法定刑刑期的长短代表着一定犯罪的社会危害性的大小，因此，某种犯罪的社会危害性越小，其追诉时效则越短；相反地，某种犯罪的社会危害性越大，其追诉时效则越长。由此可见，我国 1997 年《刑法》关于追诉时效期限的规定也同样体现了罪刑相适应这一刑法的基本原则。只是值得一提的是，我国 1997 年《刑法》关于追诉时效的规定也存在着少数不合理之处，没有完全实现罪刑相适应这一基本原则。例如根据我国 1997 年《刑法》所采取的立法方式，对于不存在刑期长短问题的死刑，显然就无法适用刑期这一标准，尽管我国 1997 年《刑法》对此采取了变通方式，将法定最高刑为死刑的犯罪的追诉时效与无期徒刑并列规定，意在解决此种标准的不足，但是却显得相对更不合理。因为将剥夺犯罪人生命的极刑与仅剥夺自由的无期徒刑适用同一追诉时效期限，在本质上无法体现二者在严厉程度上的差异。

（二）罪刑相适应原则在我国刑法分则中的体现

刑法分则亦是我国刑法的重要组成部分，其规定的内容是关于具体犯罪和具体法定刑的规范体系，这些规范是解决具体定罪量刑问题的标准。因此，刑法分则是刑法总则内容的具体化。刑法分则与刑法总则的关系是一般与特殊、抽象与具体、共性与个性的关系。罪刑相适应原则在我国刑法分则中的体现主要反映在以下几个方面：

1. 我国刑法分则类罪的建立体现了罪刑相适应的原则

我国 1997 年《刑法》分则共规定了十大类犯罪，它们分别为危害国家安全罪、危害公共安全罪、破坏社会主义市场经济秩序罪、侵犯公民的人身权利和民主权利罪、侵犯财产罪、妨害社会管理秩序罪、危害国防利益罪、贪污贿赂罪、渎职罪和军人违反职责罪。这十大类犯罪的排列基本上是依据社会危害性的大小进行的，从而体现了罪刑相适应的原则。

我国刑法分则对各类犯罪的排列基本上是以其侵害的权益的大小为序进行的。因此，侵害社会权益的重要性是对犯罪的社会危害性进行评价的首要标准。在所有的社会权益中，国家安全是对社会生存最重要的价值物。因为国家安全作为社会的管理者与公民个人权益的保护者的国家生命之所在。国家一旦被颠覆，政府一旦被推翻，社会因失去正常管理者而将全盘陷入混乱，经济活动必然瘫痪，公民个人的生命、健康、自由、财产等所有权益都将失去保障。这就是刑法分则将危害国家安全罪置于各章之首的主要原因。社会公共安全也是对社会生存至为重要的价值物，因为其是不特定多数人的生命、健康以及财产等的保障。社会公共安全得不到保障意味着不特定多数人而不只是某一个人的包括生命、健康、财产等在内的不特定权益将丧失殆尽。因此刑法分则将危害公共安全罪视为仅次于危害国家安全罪的严重犯罪，也是有一定的道理的。至于国家的经济管理秩序，直接构成对作为国家经济、社会与个人财富来源的经济活动即生产与流通活动的正常进行的保障，经济管理秩序一旦受到破坏，经济活动必然陷入混乱，国计民生的经济基础随即失去有效的保障。因此，国家经济管理秩序因事关国计民生而构成对社会生存最重要的价值物。这也是刑法分则将破坏社会主义市场经济秩序罪置于第三位的理由之所在。关于公民个人的人身权利与民主权利，直接构成对作为社会成员的公民的生命、健康与自由等切身利益以及社会政治权利的保障，人身权利与民主权利的丧失，意味着公民个人私有权益和载体与实现一切权益的前提的丧失。因此，人身权利和民主权利系公民个人最基本的价值物而构成对社会生存至为重要的权益，与此相适应，侵犯公民个人人身权利与民主权利的犯罪，同样是客观危害严重的类罪。国家、社会与公民个人的财产安全，是作为国家、社会与个人经济生活来源的财产的正常占有、使用、处分与收益的保障。财产安全得不到保护，意味着正常的经济交往与生活的无法正常进行。因此，财产安全事关国家、社会与个人的经济生活而构成对社会生存至为重要的价值物。相应地，侵犯财产的犯罪是客观危害严重的犯罪。国家对社会的管理秩序，直接构成对国家机关职能的行使、社会团体与公民个人的正常社会交往与活动的保障，是社会公共生活正常进行的前提。社会管理秩序被破坏，意味着国家机关职能的无法正常行使，社会团体与公民个人的社会交往与活动无法正常进行，社会公共生活势必因而处于混乱状态。因此，国家对社会秩序的管理，因事关社会公共生活的正常进行而构成对社会生存至为重要的价值物。与此相适应，妨害社会管理秩序的犯罪也是一类客观危害严重的犯罪。以上六章犯罪顺序的排列基本上是与该类犯罪所侵犯的权益价值的大小相适应的，至于其他各章的顺序排列虽然有一定的特殊性，但基本上反映了这一分类规律。由此可见，我国刑法分则对十大类罪的排列从总体上体现了罪刑相适应的原则。

2. 我国刑法分则各节与具体罪名的排列体现了罪刑相适应的原则

我国刑法分则体系的建立，除了各章的内容是依照其所侵犯的权益的大小依照罪刑相适应的原则来进行排列的以外，从刑法分则每一章内部所规定的各节犯罪和各种具体犯罪的罪名排序来看，也基本上是按照各自侵犯的社会权益的大小程度不同来进行排列的。例如，1997 年《刑法》分则第三章规定的破坏社会主义市场经济秩序罪共有八节，为什么要将生产、销售伪劣产品罪置于各节之首？这主要考虑到这一节的犯罪的涉及面广，给社会经济造成的负面影响大，在所有破坏社会主义市场经济秩序的犯罪中社会危害性最大，故被排在第一节。而走私罪则由于其直接侵犯国家的对外贸易管制，加上这一节的犯罪本身又会引起并发症，从而给社会带来极大的消极作用，故被排在第二节。其他各节的罪名排列莫不是以犯罪行为对社会主义市场经济秩序的危害程度的大小来进行排列的。又如1997 年《刑法》分则第四章规定的侵犯公民人身权利、民主权利罪，之所以将故意杀人罪列为本章之首，就是因为故意非法地剥夺他人生命的行为，是一种罪行极其严重的犯罪，较之于其他侵犯公民人身权利、民主权利的行为，其社会危害性最大，故被排在该章各种具体犯罪之首。至于其他各章的罪名在排列顺序上也基本上体现了罪重刑重、罪轻刑轻这一规律。

当然，在谈及我国刑法分则中各节、各罪的排列顺序时，有一个值得注意的问题是，我国刑法分则体系的建立，主要是依据犯罪的社会危害性程度来决定的。但是在少数情况下，为了照顾法条之间的内在联系，在有些地方也有某些例外情况出现。例如，在侵犯公民人身权利、民主权利罪一章中，过失致人死亡罪和过失致人重伤罪并不比故意伤害罪和强奸罪的社会危害性大，却被排在该两罪之前，这主要是考虑到了它们与故意杀人罪以及故意伤害罪法条内容之间的内在联系。在其他章节所规定的犯罪中，也还有类似的情况存在，但这些只是例外情况，并没有从根本上改变按照犯罪行为所侵犯的权益大小来进行排列的一般规律。

3. 我国刑法分则法定刑的配置体现了罪刑相适应的原则

在我国的刑事立法中，根据罪刑相适应原则的要求，不仅对于不同性质的犯罪规定了不同的刑罚幅度，即便是相同性质的犯罪，由于受到情节、后果或者数额等因素的影响，在其法定刑的配置上也有所不同，从而为司法机关正确地量刑提供了有力的法律依据。

关于法定刑配置对于量刑的影响，从我国刑法分则立法所规定的内容来看主要表现在以下几个方面：

（1）通过犯罪行为造成的后果轻重将法定刑分为几个不同的幅度，从而体现罪刑相适应的原则。这一方面的规定又分为以下几种情况：

一是以有无造成严重后果将法定刑划分为两个不同的量刑档次，从而体现罪刑相适应的原则。例如，1997年《刑法》第一百一十六条规定："破坏火车、汽车、电车、船只、航空器，足以使火车、汽车、电车、船只、航空器发生倾覆、毁坏危险，尚未造成严重后果的，处三年以上十年以下有期徒刑。"第一百一十七条规定："破坏轨道、桥梁、隧道、公路、机场、航道、灯塔、标志或者进行其他破坏活动，足以使火车、汽车、电车、船只、航空器发生倾覆、毁坏危险，尚未造成严重后果的，处三年以上十年以下有期徒刑。"第一百一十八条规定："破坏电力、燃气或者其他易燃易爆设备，危害公共安全，尚未造成严重后果的，处三年以上十年以下有期徒刑。"第一百一十九条规定："破坏交通工具、交通设施、电力设备、燃气设备、易燃易爆设备，造成严重后果的，处十年以上有期徒刑、无期徒刑或者死刑。"以上规定就是将上述危害公共安全的犯罪从危险犯与实害犯的角度，依其有无造成严重后果将其分为两个不同的法定刑档次的。

二是以造成严重后果的程度将法定刑分为几个不同的量刑档次，从而体现罪刑相适应的原则。例如，1997年《刑法》第一百三十二条规定："铁路职工违反规章制度，致使发生铁路运营安全事故，造成严重后果的，处三年以下有期徒刑或者拘役；造成特别严重后果的，处三年以上七年以下有期徒刑。"又如《刑法》第一百三十三条规定："违反交通运输管理法规，因而发生重大事故，致人重伤、死亡或者使公私财产遭受重大损失的，处三年以下有期徒刑或者拘役；交通肇事后逃逸或者有其他特别恶劣情节的，处三年以上七年以下有期徒刑；因逃逸致人死亡的，处七年以上有期徒刑。"以上这两条的规定就是从行为人的行为所造成的严重后果的程度上来进行划分，这种划分可以帮助司法工作人员依据不同的情形分别适用不同的法定刑。

（2）通过犯罪行为的情节轻重将法定刑分为几个不同的量刑档次，从而体现罪刑相适应的原则。这一方面的规定也可以分为以下两种情况：

一是以情节是否严重将罪与非罪严格划分开来，从而体现罪刑相适应的原则。例如1997年《刑法》第四百零九条规定："从事传染病防治的政府卫生行政部门的工作人员严重不负责任，导致传染病传播或者流行，情节严重的，处3年以下有期徒刑或者拘役。"本条所规定的情节是否严重就是划分是否构成犯罪的标准。本条规定的内容以情节是否严重作为区分罪与非罪的界限，从而体现了有罪必罚、无罪不罚的精神。

二是以情节严重的程度将法定刑分为几个不同的量刑档次，从而体现罪刑相适应的原则。这一方面的规定在刑法分则所规定的条文当中比较常见。例如1997年《刑法》第三百九十条规定："对犯行贿罪的，处五年以下有期徒刑或者拘役；因行贿谋取不正当利益，情节严重的，或者使国家利益遭受重大损失的，处五年以上十年以下有期徒刑；情节特别严重的，处十年以上有期徒刑或者无期徒刑，可以并处没收财产。"又如1997年《刑法》第三百九十九条规定："司法工作人员徇私枉法、徇情枉法，对明知是无罪的人而使他受追诉、对明知是有罪的人而故意包庇不使他受追诉，或者在刑事审判活动中故意违背事实和法律作枉法裁判的，处五年以下的有期徒刑或者拘役；情节严重的，处五年以上十年以下有期徒刑；情节特别严重的，处十年以上有期徒刑。"从以上法条对情节的规定来看，它们都是以情节严重和情节特别严重对行贿罪和徇私枉法罪的法定刑来分档作出规定的。通过这样规定，可以明确法定刑的域限，便于司法人员依法进行裁量。

（3）通过犯罪数额的大小将法定刑分为几个不同的量刑档次，从而体现罪刑相适应的原则。这一方面的规定可以分为以下几种情况：

一是在立法上通过明确的数额规定，将某种犯罪分为几个不同的量刑档次，从而体现罪刑相适应的原则。例如1997年《刑法》第一百四十条规定："生产者、销售者在产品中掺杂、掺假，以假充真，以次充好或者以不合格产品冒充合格产品，销售金额五万元以上不满二十万元的，处二年以下的有期徒刑或者拘役，并处或者单处销售金额百分之五十以上二倍以下罚金；销售金额二十万元以上不满五十万元的，处二年以上七年以下有期徒刑，并处销售金额百分之五十以上二倍以下罚金；销售金额五十万元以上不满二百万元的，处七年以上有期徒刑，并处销售金额百分之五十以上二倍以下罚金；销售金额二百万元以上的，处十五年有期徒刑或者无期徒刑，并处销售金额百分之五十以上二倍以下罚金或者没收财产。"这一立法规定根据生产者、销售者的销售金额大小不同规定了不同的法定刑，从而体现了罪刑相适应的原则。

二是在立法上通过笼统的数额规定，将某种犯罪分为几个不同的量刑档次，从而体现罪刑相适应的原则。这一方面的规定在刑法分则中也较为常见，尤其是经济犯罪与财产犯罪的立法条文中更为多见。例如，1997 年《刑法》第二百六十四条规定："盗窃公私财物，数额较大的，或者多次盗窃、入户盗窃、携带凶器盗窃、扒窃的，处三年以下有期徒刑、拘役或者管制，并处或者单处罚金；数额巨大或者有其他严重情节的，处三年以上十年以下有期徒刑，并处罚金；数额特别巨大或者有其他特别严重情节的，处十年以上有期徒刑或者无期徒刑，并处罚金或者没收财产。"对于在立法没有明确规定其犯罪数额的，虽然给司法机关在量刑时会带来一定的困难，然而通过司法解释可以弥补这一方面的缺陷。如刑法实施后，对于盗窃罪的数额标准如何确定，最高人民法院、最高人民检察院《关于办理盗窃刑事案件适用法律若干问题的解释》第一条就对此作出了较为明确的解释。根据该条解释："盗窃公私财物价值一千元至三千元以上、三万元至十万元以上、三十万元至五十万元以上的，应当分别认定为刑法第二百六十四条规定的'数额较大''数额巨大''数额特别巨大'。各省、自治区、直辖市高级人民法院、人民检察院可以根据本地区经济发展状况，并考虑社会治安状况，在前款规定的数额幅度内，确定本地区执行的具体数额标准，报最高人民法院、最高人民检察院批准。"以上立法规定与司法解释都体现了罪刑相适应的原则。

七、罪刑相适应原则的立法缺陷及其完善

我国刑法虽然在总体上贯彻了罪刑相适应的原则，但是在刑法分则的某些规定方面依然存在着某些缺陷。其主要表现在：

（一）有罪无罚

有罪当罚，无罪不罚，这是罪刑相适应原则的必然要求，实施了犯罪行为，就应当承担刑事责任，而刑罚、非刑罚处罚措施、免除处罚是实现刑事责任的三种途径。而 1997 年《刑法》有的规定却令人费解。如单位犯罪的处罚原则，根据 1997 年《刑法》第三十一条规定，对单位犯罪以双罚制为原则，以单罚制为例外。单罚制即处罚单位犯罪中的有关人员，而不处罚作为单位犯罪的真正主体——单位，如刑法第一百三十七条规定："建设单位、设计单位、施工单位、工程监理单位违反国家规定，降低工程质量标准，造成重大安全事故的，对直接责任人员，处五年以下有期徒刑或者拘役，并处罚金；后果特别严重的，处五年以上十年以下有期徒刑，并处罚金。"该条虽然属于单位犯罪，且处的是单罚制，但单罚制既不给予单位以刑罚处罚，也不给予非刑罚处罚措施，并且没有免除处罚，而是不了了之，明显背离了罪刑相适应的原则。

（二）轻重不分

所谓轻重不分，是指对犯罪性质有别、表现形态各异、社会危害程度不同的罪，配置相同的法定刑。此类法定刑大致有以下几种情况：一是故意犯罪与过失犯罪的法定刑轻重不分。如 1997 年《刑法》第三百九十八条规定的故意泄露国家秘密罪和过失泄露国家秘密罪两个罪的法定刑相同。第四百三十二条规定的故意泄露军事秘密罪和过失泄露军事秘密罪也存在着同样的问题。二是实害犯与危险犯的法定刑轻重不分。如 1997 年《刑法》第三百三十条规定的妨害传染病防治罪，有实害犯即引起甲类传染病传播和危险犯即有引起甲类传染病传播严重危险两种情况；又如 1997 年《刑法》第三百三十二条规定的妨害国境卫生检疫罪也有实害犯与危险犯之分。按理说，实害犯造成了严重后果，客观危害大；危险犯尚未造成严重后果，客观危害小。在处刑上前者理应重于后者，而刑法条文反映出来的量刑幅度却属于同一档次。三是多行为犯与一行为犯的法定刑轻重不分。修订后的 1997 年《刑法》仍规定有不少选择性罪名。譬如，非法制造、买卖、运输、邮寄、储存枪支、弹药、爆炸物罪，本罪系一个罪名，它包括五种行为和三个对象，也可以分解为十五个罪名，但无论如何组合，量刑幅度都是同一的。假如某甲犯了非法制造、买卖、运输枪支、弹药罪，某乙犯了储存枪支罪，依照法律的规定，甲、乙所犯之罪的法定刑并无二致。实际上，某甲与某乙罪行的危害程度不同，对它们的处罚也应当有所区别，但在立法上却没有体现多行为犯与一行为犯处刑的差异。

（三）罚不当罪

重罪重罚，轻罪轻罚，罚当其罪，这是罪刑相适应原则的主要内容，而重罪轻罚、轻罪重罚，罚不当罪，则直接违背了罪刑相适应原则的要求。在我国刑法分则中，有关这一方面的情形却为数不少。如 1997 年《刑法》第一百三十三条规定的交通运输肇事后逃逸致人死亡处七年以上有期徒刑。我们以 1997 年《刑法》第二百三十二条规定的故意杀人罪和 1997 年《刑法》第一百四十一条规定的生产、销售假药罪为参照分析之。在司法实践中，交通肇事转化为间接故意杀人的犯罪屡见不鲜。如果行为人在郊外开车将他人撞成重伤，生命垂危，行为人明知不抢救会有生命危险，但行为人却仍然听之任之，开车逃逸，以致死亡结果发生。该类案件无论其客观行为，还是主观罪过，已完全具备了间接故意杀人罪的特征，理应以故意杀人罪定性，但立法上仍构成交通肇事罪。当然构成何罪这是立法者的主观选择，问题在于两种行为具有相当的社会危害性，就应处以相当的刑罚，而事实上却完全相反，故意杀人罪最高可以判处死刑，而该条法定最高刑却只有十五年有期徒刑。再看第一百四十一条规定的生产、销售假药致人死亡或者对人体健康造成严重危害的，最高刑可判死刑，如果行为人明知生产、销售假药可能致人死亡而仍然生产、销售的，其主观心态无疑与交通肇事的上述情况相同，而第一百四十一条的法定最高刑却规定了死刑。因此，我们不难看出立法者在设立本条的法定刑时有一定的主观随意性。又比如，1997 年《刑法》第三百二十九条规定的抢夺、盗窃国有档案罪，行为对象是国家所有的档案，国有档案按其保存价值可分为永久保存、长期保存和短期保存三类，其中需要永久保存的档案是国家的无价之宝，有的还是国家的重要文物，该罪的行为方式有抢夺、盗窃、既抢夺又盗窃三种。依据法条规定，不论行为人抢夺、盗窃国有何类档案，也不论行为人实施的是一种行为还是两种行为，法定最高刑都是五年有期徒刑。而 1997 年《刑法》第二百六十七条、第二百六十四条规定抢夺公私财物的，法定最高刑分别为无期徒刑和死刑。两相比较，抢夺、盗窃国有档案罪的法定刑明显过轻。以上例证即为重罪轻罚之显例。而下面的立法例则为轻罪重罚之显例。如 1997 年《刑法》第三百五十八条规定的组织卖淫罪、强迫卖淫罪即为适例。该条法定刑失衡有二：其一，法条内部失衡。刑法将这两个罪规定在同一法条之中，其法定刑亦相同。这说明在立法者看来两罪的社会危害性是相当的。但事实上，在没有其他特殊情节下，组织卖淫罪的社会危害性轻于强迫卖淫罪，这主要是两罪客观方面的行为对社会危害性的轻重起了决定性作用。此外，第三百三十三条规定的非法组织卖血罪、强迫卖血罪的法定刑（后罪的起刑点是前罪的最高刑）也可以说明组织行为轻于强迫行为，因此，两罪法定刑相同是不妥的。其二，本条与其他罪名失衡，首先与起刑点相同的罪名比较，第一百二十二条的劫持船只、汽车罪的起刑点与本条均为五年有期徒刑，而本条最高刑为死刑，第一百二十二条的最高刑是无期徒刑，但两罪的社会危害性孰轻孰重，是再明白不过了，社会危害性轻的反而法定最高刑重。其次，与重罪法定刑比较，如故意杀人罪、强奸妇女罪、抢劫罪、放火罪等，这四罪的起刑点，法定最高刑均相同（仅指主刑），本条的社会危害性显然轻于这四大重罪，但本条的量刑起点反而比这四大重罪重。我们不妨再对 1997 年《刑法》第二百九十五条规定的传授方法罪的法定刑与《刑法》第三百零一条第二款规定的引诱未成年人聚众淫乱罪的法定刑作一比较，也不难看出传授犯罪方法罪的法定刑明显过重。该二罪所侵犯的直接客体是社会公共秩序，行为人主观上都具有希望自己的行为对象去实施一定犯罪的心态，客观行为的性质相似，社会危害性程度也相当。然而，传授犯罪方法罪的法定最高刑为无期徒刑，而引诱未成年人聚众淫乱罪的法定刑仅为五年有期徒刑。两相比较，后者的法定刑明显过轻。所有这些无不说明本罪在法定刑的规定上严重背离了罪刑相适应的原则。

（四）轻重倒置

所谓轻重倒置，是指重罪的法定刑反而比轻罪的法定刑轻，或者轻罪的法定刑反而比重罪的法定刑重。诸如，依照 1997 年《刑法》第一百三十条的规定，非法携带枪支、弹药进入公共场所或公共交通工具，危及公共安全的，法定最高刑为三年有期徒刑。1997 年《刑法》第一百二十八条规定，非法持有、私藏枪支、弹药的，法定最高刑为七年有期徒刑。实际上，非法携带枪支、弹药进入公共场所或公共交通工具，危及公共安全的行为，其社会危害性和危险性都重于仅非法持有、私藏枪支、弹药而未危及公共安全的行为，对两者的处刑，本应前者重于后者，但法律规定却是前者轻于后者。又如，1997 年《刑法》第三百一十条规定的窝藏罪与战时窝藏逃离部队军人罪，也存在法定刑轻重倒置的现象。这两种犯罪的主要区别在于：犯罪客体不同，前者是社会管理秩序，后者是国防利益；犯罪时间不同，前者多在平时，后者限定于战时；行为对象不同，前者是不特定的犯罪人，后者是特定的犯罪人即逃离部队的军人。相对而言，前者罪轻，后者罪重。而法定刑则是前者重（最高刑为十年有期徒刑），后者轻（最高刑仅三年有期徒刑）。两相比较，前后两罪明显背离了罪刑相适应的原则。

针对罪刑相适应原则存在的以上立法缺陷，我们认为，要改变这种状况，在立法上必须有一个观念的转变，真正使罪刑相适应的原则落到实处。为此，我们必须做好以下几个方面的工作：

（1）切实贯彻有罪当罚、无罪不罚的精神，做到有罪当罚，无罪不罚，从而真正体现罪刑相适应的原则。关于这一问题，主要是解决好单位犯罪的单罚制问题。因为单位犯罪的主体是单位，在对单位犯罪处以单罚制时，也应当以单位作为处罚的主体，而不应以单位的主要责任人员代为受过。即变代罚制责任为法人责任，即将以处罚法人机关的自然人来代替对法人的处罚变为只处罚法人组织本身，而不再对法人机关的自然人适用刑罚。从而解决在法人犯罪单罚制的情况下，对单位犯罪有罪无罚的情况。

（2）为解决法定刑轻重不分、罚不当罪的问题，应做到法定刑的刑种严厉性应当与罪质的严重性相适应。我国刑法规定的主刑，按其严厉程度大致可分为重刑即死刑、无期徒刑和十年以上有期徒刑；较重罪即三年以上十年以下有期徒刑；轻罪即三年以下有期徒刑、拘役和管制三个等级。形形色色的犯罪按其性质的严重程度也可分为三个等级，即重罪，如背叛国家罪、故意杀人罪等；较重罪，如传授犯罪方法罪等；轻罪，如侮辱罪、诽谤罪等。法定刑的配置应当是罪的等级与刑的等级基本相当。刑法存在法定刑失轻失重或轻重倒置或异罪同刑等不合理现象，主要原因就是对具体犯罪的性质及其严重程度的评判不当。如传授犯罪方法罪，依其性质的严重程度本属较重罪，而刑法却误定其为重罪，以致法定刑过重。因此，正确评价犯罪性质的严重性，对法定刑的合理配置是至关重要的。我们认为，若再次修订刑法时，可以考虑确定以犯罪性质的严重程度为标准的犯罪分类制，即将犯罪分为重罪、较重罪和轻罪三种，按罪的等级配置相应等级的刑罚，以免法定刑失轻失重。为了体现罪质重刑重、罪质轻刑轻的原则，在立法形式上，对于犯罪客体相同、行为方式相似，但主观罪过形式不同、客观危害不同的犯罪，仍应采取分款立法的模式，第一款规定故意犯罪，第二款规定过失犯罪，并分别配置轻重不等的法定刑。对有实害犯与危险犯之分的犯罪亦应如此。凡规定选择性罪名的条文均增设第二款，明文规定："犯前款罪，实施多种犯罪行为的，从重处罚。"

（3）切实贯彻重罪重罚、轻罪轻罚的精神，从而做到罪刑相适应。为了做到这一点，我们在按罪的等级配置相应等级的刑罚时，应注意不同犯罪性质之间的罪与刑的均衡。对于不同性质的犯罪应当配置不同等级的法定刑，对于性质相同的犯罪则应当配置相同等级的法定刑，从而克服重罪轻罚、轻罪重罚的现象。关于这一点，需要注意的问题是，在对某种犯罪进行配刑时，不仅要做到基的相应性，而且要做到序的相应性。所谓基的相应性，是指作为分配对象的刑量与作为被分配的对象的罪量在绝对意义上应该相适应。拿赫希的话来说，所谓"基的相应性是这样一项要求，即刑罚的绝对水平与犯罪的严重性之间应该保持一种合理的比例"①。例如，当我们要对侵犯人身权利类罪分配法定刑时，基的相应要求要么首先确定与作为最重刑的杀人罪的罪量幅度相对应的法定刑幅度，将其作为最重的法定刑等级，从而组成最高罪刑阶梯，以便其他种罪的罪刑等级以此为基点而由重到轻地排列，要么首先确定与最轻种罪的侵犯通信自由罪的罪量幅度相对应的法定刑幅度，将其作为最低的法定刑等级，从而组成最低的罪刑阶梯，以便其他种罪的罪刑阶梯以此为基点由轻到重地排列。而所谓序的相应性，是指罪量重的犯罪被分配的刑量相对于罪量较之为轻的犯罪的刑量应该重，但相对于罪量较之为更重的犯罪的刑量则应该轻。拿赫希的话来说，"序有相应性是这样一项要求，即刑罚的严厉性分级应该反映犯罪行为的严重性分级。刑罚在幅度上应该被排序，以便其相关的严厉性与行为的相对的应受谴责性相适应"②。序的相应性对不同种罪的制约作用，就要求以作为"排头罪"的最重种罪的法定刑幅度为基准由重至轻地或者作为"排尾罪"的最轻种罪的法定刑幅度为基准由轻至重地排列同类犯罪中不同种罪的轻重有序的罪刑阶梯。

---

① 转引自邱兴隆：《罪与罚讲演录》（第一卷 . 2000），中国检察出版社 2000 年版，第 167－168 页。
② 转引自邱兴隆：《罪与罚讲演录》（第一卷 . 2000），中国检察出版社 2000 年版，第 175 页。

第二章　　刑法中的效力原则

第一节　　刑法中的空间效力原则

　　刑法的空间效力即刑法在空间上的适用范围，涉及对国内犯与国外犯的适用范围。国内犯与国外犯分别指发生在本国领域内的犯罪与发生在本国领域外的犯罪，而不是指本国人的犯罪与外国人的犯罪。由于受多方面因素的影响，国家在确立刑法空间上的适用范围时，对于发生在本国领域外的犯罪采取的是比较保守的态度，虽然以前曾有主人主张，一个国家对发生在任何地方的犯罪都有逮捕、给予刑罚处罚的权利，但在国家主权也必须服从国际法的今天，不承认国家具有这种权利，特别是不允许为了行使刑罚权而侵害他国主权。对于发生在本国领域内的犯罪，各国都主张国内刑法具有普遍适用的法律效力，并认为这是主权的当然延伸。也因此决定了刑法的空间效力原则对国内犯和国外犯是迥然不同的。但无论如何，有两个基本原则：属人原则和属地原则，其他原则都是对这两个原则的补充和发展。以下将区分国内犯与国外犯，就国内犯普遍适用的属地原则和国外犯适用的属人原则以及其延伸——保护原则和普遍原则分别予以论述。

一、对国内犯适用的基本原则

（一）属地原则的含义

　　任何国家都有权对自己领域内的人的行为进行规制，以维护本国的国家与国民利益，而不问行为人的国籍。因此，一个国家对于发生在本国内的犯罪，不管行为人是否为本国人，都要适用本国刑法。这便是属地原则的基本含义，它以国家主权和国家刑罚权为根据。

　　对于国内犯，不能以行为人的属性为理由排斥本国刑法的适用，在这个意义上说，论述刑法对人的适用范围并无意义。至于如何看待"对享有外交特权或豁免权的人不适用本国刑法追究刑事责任"，则存在不同的观点。一种观点认为，对这些人不适用本国刑法，是属地原则的例外。一些国家的立法也反映了这一观点。如《意大利刑法典》第 3 条规定："意大利刑法，适用于意大利国家领域内的本国公民及外国人。本国法或国际法规定的例外情况除外。"另一种观点认为，对这些人不追究刑事责任，是因为存在诉讼障碍或者犯罪阻却事由。如果这种障碍与事由消失，则仍可适用本国刑法。换言之，不是本国刑法不适用这些人，而是因为存在追究这些人刑事责任的障碍，或者因为这些人在当时具有犯罪阻却事由。尽管说法不同，但刑法适用的结局一样，似乎后者更加维护了本国主权。但两种观点在下列情况下会得出不同结论，即行为时享有外交特权或豁免权，行为后丧失了该项权利，而行为人仍在本国内的，能否追究其刑事责任？根据前一种观点，不能追究刑事责任；根据后一种观点，可以追究刑事责任。

就国内犯而言，属地原则有利于维护国家主权、维护国内秩序，还有利于刑罚效果的实现、诉讼程序的顺利进行。

挂有本国国旗的船舶与航空器属于本国领土，不管其航行或停放在何处，对于在该船舶与航空器内的犯罪，都适用旗国的刑法，这就是旗国主义，是属地原则的补充。这一主张不仅得到了国际法的承认，而且许多国家刑法对此作了明文规定。

属地原则是刑法空间效力原则中最没有争议的一个原则。属地原则的萌芽最早可追溯至原始社会时期的以眼还眼、以牙还牙，也即对行为人采取相同的报复私刑被认为是正义的，这种报复私刑自然是由犯罪地的被害人来进行的，此种由犯罪地的被害人实施的报复私刑即是属地原则的雏形。属地原则第一次以法律的形式被确立下来是在古希腊时期，古希腊根据各城邦之条约，废除了以私人报复为目的的诉讼，确立了具有公诉性质的管辖权，管辖权是根据犯罪地确认的，采用的是属地原则。近代社会，随着国家主权观念的进一步发展，对于国内犯，各国刑法基本上采取属地原则。例如，《德国刑法典》第 3 条规定："德国刑法适用于本国内的一切犯罪行为。"第 4 条规定："在悬挂德意志联邦共和国国旗或者国徽之船舶、航空器内发生的犯罪行为，无论犯罪地法律如何规定，均适用德国刑法。"《奥地利刑法典》第 62 条规定"奥地利刑法适用于一切在奥地利境内实施的应受刑法处罚的行为。"第 63 条规定："奥地利刑法，适用于奥地利船舶或者航空机内实施的应受刑罚处罚的行为，船舶或者航空机位于何处，在所不问。"《日本刑法典》第 1 条规定："本法适用于在日本国内犯罪的一切人。对在处于日本国外的日本船舶或者日本航空器内犯罪的人，亦适用本法。"其他国家也都设立了类似规定。

（二）属地原则的理论根据

为什么犯罪地能够合理地作为刑法发生效力的空间，这就是属地原则的理论根据问题。对此，主要有以下几种观点。

一是维护主权国家法律秩序的需要。如前所述，属地原则的立论基础是国家主权学说。而一个主权国家为了对其领域内的法律秩序进行有效的维护，必须对发生在其领域内的一切犯罪行为具有有效的管辖权，否则便不能有效地惩处犯罪维护法律秩序。从另一个角度来讲，如果犯罪行为人在某一国实施犯罪行为后，犯罪地国不能有效地适用刑法对其进行惩处，使其轻而易举地逃避处罚，那么犯罪行为人就会变本加厉，为所欲为，法律秩序将无从谈起。而其他国家如果想依靠其他有关的刑法空间效力原则对上述案件进行管辖也会因为重重障碍变得不可能。因此，从这个意义上讲，以有关犯罪与该国的某种连接因素——犯罪地为出发点确立属地原则，既是该国的国家主权的自然延伸，也是该国当然履行的义务。

二是实现刑罚目的的需要。犯罪是对法律之否定，刑罚是对法律否定之否定，目的在于恢复被侵害的法律秩序。而法律秩序遭受侵害之主要地即为犯罪地。换句话说，由于犯罪地在空间上最接近犯罪，因此其秩序被破坏之情况，较之于其他地方更为严重，故为了实现刑罚的目的，正如学者所认识的那样，犯罪应该由社会秩序受其影响最深的国家——通常亦即犯罪地所在之国家来管辖①。

另外，如果某一犯罪行为在其所犯罪的地方得不到应有的惩处，必然使人们最朴素的正义观受到伤害，也会使刑罚预防犯罪的功能大打折扣。因为犯罪行为发生地的人们有着身临其境的感同身受，其目睹犯罪行为的发生，感受到犯罪行为的危害，要求及时公正地处置犯罪的呼声也最为强烈。一旦这种呼声得不到满足，犯罪行为发生地的人们就会对法律公平正义的信念产生动摇。更有甚者，当犯罪行为人得不到及时公正的处置，当地的人们就认为刑法不再具有权威性，刑法的威慑力也不复存在，刑法预防犯罪的目的将无从谈起。

三是方便诉讼的需要。显而易见，确立属地管辖的原则更有利于刑事诉讼。从证据的收集方面来讲，犯罪地国家比任何一个国家能够更及时有效地收集证据②。因为犯罪地是犯罪行为发生的地方，遗留的各方面证据多，更容易被犯罪地国司法机关收集到，也能更多地节约司法资源。再者，由犯罪地国管辖，也更容易使诉讼顺利进行，比如语言上的障碍少，传唤证人出庭作证便捷，对于证据不足的情形进行补充侦查也更容易等等。从时间的角度来讲，案件由犯罪地管辖，能更及时地立案、侦查、起诉、审判，更短时间内推进完结诉讼。

综上，确立属地原则是国家主权的自然延伸，从功利的角度来讲，确立属地

---

① 杨彩霞：《刑法空间效力研究》，中国社会科学出版社2007年版，第40页。
② ［日］森下忠著：《国际刑法入门》，阮齐林译，中国人民公安大学出版社1994年版，第35页。

原则更有利于刑罚目的的实现和诉讼的顺利进行。

（三）犯罪地的确定基准

属地原则首先要解决的问题是如何确立犯罪地。更准确地讲，所谓确立犯罪地并不是指确立犯罪的发生之地是不是在本国的领域内，而是确立犯罪发生地之本身。因为犯罪地的确立基准是随着社会的发展而不断变化的。传统上，只有当犯罪发生于国内时，才能视为国内犯而适用本国刑法进行管辖。但随着社会的发展，衍生出许多涉及跨两国或多国的犯罪，例如有些犯罪，犯罪行为发生地在本国但犯罪结果却发生或影响到他国，或者犯罪行为发生地在他国但犯罪结果却发生或影响到本国。对于这些犯罪，如何确立犯罪地就会成为必须解决的问题。理论上，主要有四种观点即行为地说、结果地说、中间地说和遍在说。

1. 行为地说

此说认为，犯罪是行为，故行为人实际实施犯罪行为的地点或场所，就是犯罪地，不作为犯罪则以义务的来源地或发生地为犯罪地。此说在国际上被称为主观领土说，其目的在于强调本国刑法的一般预防功能，主张只要某一犯罪行为发生在本国，即使在外国领土内完成的犯罪本国也有管辖权。

行为地说在世界各国并没有被普遍接受，但在某些国家的刑事法律或国际公约中对行为地说作了明确规定。如法国 1975 年《刑事程序法典》第 693 条规定："当具有犯罪要素的行为在法国完成就认为是在法国领土内的犯罪。"[①] 联合国《禁止伪造货币公约》《禁止非法买卖麻醉品公约》《1961 年麻醉品单一公约》《精神药物公约》等国际公约中规定，对于伪造货币，非法种植、制造、买卖与使用麻醉品的行为，只要犯罪行为发生在某一国领域，某一国就享有管辖权，而不管犯罪结果是在哪里发生的。

行为地说认为之所以要以犯罪行为发生地来认定犯罪地，是因为该说认为犯罪的核心要素是行为，犯罪结果也是由犯罪行为产生的，而且行为人只能对行为进行支配，因此犯罪行为发生地即为犯罪地。

2. 结果地说

此说认为，行为人实施犯罪行为所导致的结果发生地为犯罪地。此说目的在于发挥刑法的保护作用，主张不论犯罪行为发生在何处，只要其结果发生在本国领域内，本国就享有管辖权。那么，在未遂犯的场合，由于没有发生犯罪结果，如何确立犯罪地呢？有人认为，以结果应发生之地为犯罪地，有人主张，行为所引起的法益侵害的危险本身也是结果，所以，法益侵害危险地应为犯罪地。

---

① 王秀梅：《海峡两岸刑法中属地原则的比较研究》，载《刑事法专论》（上），中国方正出版社 1998 年版，第 569 页。

结果地说得到许多学者的支持和一些法律的采纳。如日本学者町野朔认为："刑法以保护法益为目的，法益侵害的结果是犯罪的实质，应当认为结果说是正确的。"《美国涉外关系法》第 18 条规定："发生在领域外的犯罪行为，如果其导致的结果发生在领域内，则该国享有该案件的管辖权，可以对该行为科以刑罚。"

结果地说之所以要以结果发生地来认定犯罪地，是因为该说极力主张维护犯罪结果发生地国的利益，因为犯罪行为最终危害为犯罪结果，如果某一国家对发生在本国的犯罪结果的案件没有管辖权，那么将不利于对本国利益的有效维护。但此说对何为犯罪结果并没有统一的认识。如有学者认为，犯罪结果须对某一国内的秩序产生实质的效果。但此处的实质效果也是一个不明确的概念。还有学者认为，犯罪结果必须对某一国的社会经济秩序产生有害的后果。以对社会经济秩序产生有害后果来认定犯罪结果就大大扩张了对犯罪结果的理解。因此，还有学者提出必须对犯罪结果作限缩解释，认为犯罪结果必须是跟犯罪行为有因果关系的犯罪构成要件要素之一[①]。

3. 中间地说

中间地是指在从犯罪的实行行为到结果发生之间的通过地中对结果发生的危险起增加作用的场所。例如甲以杀害日本国内的乙为目的，从国外寄送毒药到日本，乙在日本饮用此毒药受伤后，前往日本国外死亡。由于在日本发生了伤害结果，所以，能够适用日本刑法。由此可见，所谓中间地，实际上是指结果发生地的一部分或者危险结果发生地。中间地说只不过是结果地说的补充，而不可能是独立地确定犯罪地的学说。

4. 遍在说

此说认为，行为实施地与结果发生地都是犯罪地，行为或者结果有一项发生在本国内，就适用本国刑法。遍在说之所以将行为实施地与结果发生地认定为犯罪地，是因为此说认为，犯罪行为和犯罪结果都是犯罪的构成要件，且具有同等的价值，且如此认定犯罪地能够更有利于法益的保护和秩序的维持。遍在说得到了许多国家的认同，许多国家的刑法都明文规定了这一主张。纵观各国刑法关于遍在说的规定，主要有三种方式：第一，规定行为或结果的发生地为犯罪地，至于是全部发生地还是一部分发生地则不明确。如《德国刑法典》第 9 条第 1 款规定："正犯行为之地，不作为犯情况下的犯罪人应有所作为之地，犯罪构成的结果发生之地，或者根据依犯罪人的意愿应当发生结果之地，均为行为地。"我国

---

① 参见徐克铭：《从国际法的观点论刑事管辖权基础之属地原则》，载《法律评论》第 67 卷，第 28 页。

1997年《刑法》采用的就是这种方式，我国1997年《刑法》第六条第三款规定："犯罪的行为或者结果有一项发生在中华人民共和国领域内的，就认为是在中华人民共和国领域内犯罪。"第二，规定行为地、结果全部或一部发生地为犯罪地。如《奥地利刑法典》第67条第2款规定："行为人实施行为或者应当履行作为义务之地，或者构成要件的结果全部或者部分发生地，或者行为人希望的结果发生地，均为行为地。"第三，规定行为的全部或一部分发生地、结果地为犯罪地。如《意大利刑法典》第6条第2款规定："构成犯罪的作为或者不作为的全部或者部分发生在意大利，或者因上述作为或者不作为所产生的结果发生在意大利的，视为在意大利国家领域内犯罪。"

对于未遂犯，遍在说并不认为此种场合仅以行为之地为犯罪地，而是认为，行为之地以及犯罪人愿意结果发生之地、可能发生结果之地都是犯罪地。

无论是行为地说、结果地说还是中间地说都有其缺陷，以下就三个学说的缺陷进行评析。

行为地说忽略了在判断犯罪地时危害后果的社会危害性等要素，在认定结果犯和过失犯的犯罪地时存在困难。比如，过失犯一般以出现犯罪结果才构成犯罪，这必然导致在以行为地为标准来认定犯罪地时也将犯罪结果考虑在内，如果不考虑犯罪结果，则很难确定单纯的过失行为也可以构成犯罪，在过失行为尚未转换为待认定的犯罪行为时，犯罪地根本无从考察。再者，过失犯有无实行行为在刑法理论界也存在巨大争议。

按照结果地说来认定犯罪地面临的最大困难在于对犯罪结果的界定。有观点认为，犯罪结果是指犯罪行为对我国刑法所保护的社会关系造成的损害。按照这种广义的理解，一切犯罪行为均会产生犯罪结果，也就是说一切犯罪行为，无论是发生在国内还是发生在国外，只要涉及我国国家或公民个人利益，均会对我国刑法所保护的社会关系造成危害，我国即是犯罪地，如此会带来犯罪地认定上的恣意，也会将刑法空间效力原则中的保护原则架空。如果从狭义上来理解犯罪结果，认为犯罪结果是指犯罪行为通过影响犯罪对象而对犯罪客体造成的法定现实损害，则危险犯的犯罪地将无从认定。

中间地说的缺陷比较明显。首先，就行为和犯罪结果的关系来说，许多犯罪的犯罪行为和犯罪结果之间没有中间地，行为一经实施结果便会出现。其次，在很多有中间地的犯罪案件中，犯罪行为地和结果发生地的犯罪的社会危害性往往大于中间地的社会危害性，如果以中间地来确立犯罪地的话，不利于维护犯罪行为地和结果发生地国家的利益。再次，中间地的概念是不明确的。有人认为中间地是中间结果地，有人认为中间地是中间影响地。而无论是中间结果地还是中间影响地都可涵盖在行为地和结果地的概念之中。中间结果地可以视为是结果地的前沿，而中间影响地可以视为行为地的延伸。

综上所述，行为地说的主要弊端在于没有考虑到结果地所受到的伤害，不利于对结果地利益的维护。而结果地说不够全面，不能解决如未遂犯的犯罪地问题。因此，遍在说理所当然地受到了各国的青睐。我们认为，遍在地说存在的最大问题就是容易造成管辖的冲突。虽然就某一个国家而言，采用遍在地说有利于维护本国的利益，但是，在行为地和结果地涉及多个国家时，每个国家均对案件享有管辖权，就会产生管辖权的冲突问题。也有学者对这一问题提出批判，认为遍在说是国家扩充主权的表现，遍在说对犯罪地的拟制在法学上是不得当的①。更有学者认为，按照犯罪构成要件中的某一事实来确认犯罪地是不妥当的，只有犯罪构成要件的事实都在某一国内时，才可将国内认定为犯罪地②。但是，如果按照这种观点，将会造成跨国犯罪任何国家都无法管辖的现象。

（四）犯罪地的具体认定

1. 未遂犯犯罪地的认定

未遂犯犯罪地认定中存在的主要问题是结果预定地能否认定为犯罪地。在某些国家的刑法立法中，已经明确规定未遂犯中行为人预期之结果发生地为犯罪地。学术界对此也有持肯定态度的。如有学者认为，未遂犯在本质上是一种具体危险犯，而具体危险可以视为犯罪的一种结果。未遂犯结果预定地也可以看成是具体危险发生地，也是结果地，因此可以认定为犯罪地③。我们认为，此观点值得商榷。因为未遂犯是故意犯罪的一种停止形态，未遂犯所造成的无论是具体危险还是抽象危险，真正情况是其危险已经不再实际往前发生，因此，未遂地才是危险发生地。而未遂犯结果预定地所受到的危险，只是刑法上的一种假设的危险，可能连抽象危险的标准都达不到。例如，在 A 国的甲往 B 国寄送致命性毒药企图将 B 国的乙毒死，该毒药在 A 国邮寄途中被查获。A 肯定构成故意杀人罪的未遂犯，但是由于毒药已经在 A 国被查获，B 国对于甲的犯罪行为完全不知情，诉讼程序难以启动，即使启动，由于侦查、取证难等问题诉讼过程也难以推进，因此，A 国对未遂犯甲作为国内犯进行处罚也没有太大的意义。

2. 预备犯犯罪地的认定

对于预备犯犯罪地的认定主要有两个问题需要探讨：第一，对于仅仅有预备

---

① 参见阮方民：《论我国刑法中属地管辖权的"犯罪地标准"》，载《杭州大学学报》1997 年第 1 期。

② 参见［日］森下忠著：《国际刑法入门》，阮齐林译，中国人民公安大学出版社 2004 年版，第 39 - 40 页。

③ 参见［日］名和铁郎：《国际刑法》，载阿部纯二等编：《刑法基本讲座》第 1 卷，法学书院 1992 年版，第 72 页。

行为而无实行行为的犯罪，预备行为地可否认定为犯罪地？我们认为，可以将预备行为地视为犯罪地。因为在我国刑法中，犯罪行为不仅仅指实行行为，也包括预备行为，而且，构成要件的行为也不限于刑法分则规定的行为，也包括刑法总则中规定的修正的构成要件的行为。因此，预备行为地可以认定为犯罪地。第二，当预备行为发生在国内，而实行行为发生在国外时，如何认定犯罪地的问题。一种观点认为，预备行为发生在国内，国内的刑法即可完全适用于犯罪的全部行为；另一种观点则认为，如果预备行为发生在国内，实行行为发生在国外，则预备行为固然为国内犯，实行行为不可视为国内犯[①]。我们认为，以上这两种观点值得商榷。在第一种观点中，如果行为人在国内实施某种犯罪的预备行为，准备在国外实施某种犯罪的实行行为，但国外的刑法并未将这种行为作为犯罪处理，此时再适用国内刑法对其处罚显然不妥。第二种观点将预备行为与实行行为完全割裂开来认定犯罪地，不利于案件的完整处理，也加剧了管辖权的冲突。因此，我们认为，此种情况应该以实行行为地为犯罪地，预备行为被实行行为吸收。如果实行行为地不认为是犯罪，除非预备行为在我国内本身具有危害性构成其他犯罪，否则不能视为国内犯对预备行为进行处罚[②]。

　　3. 不作为犯犯罪地的认定

　　刑法通说认为，不作为也是一种行为，因此，不作为发生之地即是不作为犯的犯罪地。不作为在表现形式上通常表现为身体的静止、消极，但这并不是绝对的。在某些不作为犯罪中，行为人往往具有积极的身体行动。例如逃税罪，只能由不作为形式构成，即行为人有依法履行向国家缴纳税款的特定法律义务，能够履行而不履行。但是，逃税罪往往表现为行为人伪造、变造、隐匿和擅自销毁账簿、记账凭证，如设立虚假的账簿、记账凭证；对账簿、记账凭证进行挖补、涂改等；未经税务主管机关批准而擅自将正在使用中或尚未过期的账簿、记账凭证销毁处理等行为。因此，对于表现为身体静止的不作为犯，不作为犯犯罪地应为犯罪人应当有所作为地或犯罪结果发生地。对于表现为积极的身体行动的不作为犯，不作为犯犯罪地应为身体行动发生地、犯罪人应当有所作为地或犯罪结果发生地。德国刑法规定："在不作为犯罪情况下，犯罪人应当有所作为地，犯罪结果发生地，或犯罪人希望结果发生地，皆为犯罪地。"显然，此处的规定只把不作为犯的表现形式理解为身体的静止，忽略了积极的身体行动也可以成为不作为犯的表现形式。例如，某公司甲应缴税务地为 A 地，公司甲在 B 地实施了销毁

---

　　① 吴景芳：《犯罪地之决定》，载蔡墩铭主编：《刑法争议问题研究》，五南图书出版公司 1999 年版，第 86 页。

　　② 杨彩霞：《刑法空间效力研究》，中国社会科学出版社 2007 年版，第 55 页。

账簿的行为，此时，A 地为公司甲应当有所作为地，B 地为行动发生地，两地均可作为犯罪地。

4. 牵连犯、连续犯、继续犯的犯罪地的认定

牵连犯是指以实施某一犯罪为目的，其方法行为或结果行为又触犯其他罪名的犯罪形态。对牵连犯如何处理，我国刑法总则没有规定。刑法理论上通说认为，对牵连犯的处理不实行数罪并罚，而应"从一重处罚"，即按照数罪中最重的一个罪所规定的刑罚处理，在该最重的罪所规定的法定刑范围内酌情确定执行的刑罚，即"从一重处罚"。虽然处罚上是从一重处罚，但是牵连犯实际上是数罪，也即在确定犯罪地的时候，不能只把处罚时所犯之罪的行为地或结果地作为犯罪地，而应当将每个犯罪行为地或结果发生地视为牵连犯的犯罪地。连续犯是指基于同一或者概括的犯罪故意，连续实施性质相同的独立成罪的数个行为，触犯同一罪名的犯罪形态。连续犯按照一罪处断，不实行数罪并罚，对连续犯的处理，应当按照不同情况，依据刑罚的有关规定分别从重处罚或加重处罚。从实质上看，连续犯也是数罪，只是处断上按一罪处理，因此，连续犯的犯罪地也应为每个独立犯罪的行为发生地或结果发生地。继续犯是指作用于同一对象的一个犯罪行为从着手实行到行为终了犯罪行为与不法状态在一定时间内同时处于继续状态的犯罪。继续犯是实质上的一罪，对于继续犯中的在数个场所发生的犯罪行为，各个行为地和结果发生地均可视为犯罪地。

5. 共犯犯罪地的认定

在刑法的空间效力中，各国刑法理论普遍认为遍在说可以适用于共同犯罪，即不论是正犯行为还是共犯行为抑或是结果发生在某一国领域内，某一国就享有管辖权。上述观点可以分解成以下两种情况：第一种情况是正犯的犯罪地也是狭义的共犯的犯罪地；第二种情况是正犯与狭义共犯的犯罪地都是共同犯罪的犯罪地。我们认为，正犯的犯罪地可以作为狭义共犯的犯罪地进而认定为共同犯罪的犯罪地，而狭义的共犯的犯罪地不可以作为正犯的犯罪地进而认定为共同犯罪的犯罪地。理由如下：狭义的共犯包括教唆犯和帮助犯，教唆引发犯罪的决意进而是被教唆者在决意的支配下实施犯罪，帮助为被帮助者的犯罪提供更多便利，使犯罪臻于完成，教唆犯和帮助犯的行为通过正犯的行为对犯罪的实现施加影响力，与犯罪结果之间具有因果关系，因此，正犯的犯罪地可以作为狭义共犯的犯罪地进而认定为共同犯罪的犯罪地。但是，如果以狭义的共犯的犯罪地为基准来认定共犯的犯罪地，则忽视了正犯在共同犯罪中的地位和作用，还会有正犯从属于共犯之嫌，特别是在正犯犯罪地国不认为正犯行为是犯罪，而狭义共犯犯罪地国认为狭义共犯行为是犯罪，从而由狭义共犯犯罪地国将全案按照国内刑法来处理，正犯的可罚性就完全依赖于狭义共犯发生于国内这一事实。再者，如果认为

狭义共犯犯罪地和正犯犯罪地都享有管辖权，则会加剧刑法空间效力的冲突。因为在共同犯罪中，跨国犯罪的情形很多，即使共同正犯也可能跨多个地区和领域，这些地区和领域都可以主张刑法的适用，如果再加上狭义的共犯的犯罪地国，使原本有争议的管辖权变得更为复杂，最终不利于案件的办理。

（五）属地原则的适用领域

属地原则的适用领域，一般意义上指的是国家主权行使的空间范围。也就是说我们在具体判断属地原则的效力范围时，是以国家主权的权力范围——领土为界限的。领土包括领陆、领水和领空。领陆是指国家国界范围内的陆地及其底土。一国的领陆包括其大陆部分，也包括其所属岛屿，如果是岛国或群岛国，其领陆就由其全部岛屿或群岛构成。领水是国家陆地疆界以内的水域和与陆地疆界邻接的一带海域，即内水和领海两大部分。内水可分为内陆水和内海水。凡在一国领陆范围内的水域，如河流、湖泊、运河及水库等都可称为内陆水。而海港、内海湾、内海峡、河口湾及领海基线向海岸一面的海域可称为内海水。领海是连接国家陆地领土及内水或群岛水域的一定宽度的海水带，是沿海国领土的重要组成部分。领空是一个主权国家领陆和领海的上空部分，主权国家在这些领空中有绝对或部分操控权。主权国家可以划分禁飞区，甚至禁止任何他国飞机进入领空。领陆、领水、领空这三个部分共同构成国家主权的权力空间，除了国际法规定的某国领海内外国船舶的无害通过权对国家在领海内的主权作出限制，国家在上述三度空间内均有管辖权。因此，属地原则的适用领域包括领陆、领水和领空。领陆、领水和领空这三个领域在刑法学中称为实质领域，另外，属地原则的适用领域还包括想象领域，即船舶、航空器及驻外使领馆领域。

船舶和航空器可视为一国领土的延伸，是一国的浮动领土，是属地原则的特殊情况。根据我国1997年《刑法》第六条第二款的规定，凡在中华人民共和国船舶或航空器内犯罪的，适用我国刑法。对于船舶或航空器是否要区分国有或私有并以此确定属地原则的适用，对此，理论上是有争议的。一种观点认为，在国有船舶或航空器内犯罪，无论船舶或航空器处于何处，仍适用国内刑法追究刑事责任。在私有的船舶或航空器内的犯罪，如果私有船舶或航空器在国内则适用国内刑法追究刑事责任；如果私有船舶或航空器在国外，则适用所在国的刑法追究刑事责任[①]。另一种观点认为，只要犯罪发生在本国的船舶或航空器内，无论船舶或航空器是国有或私有都适用本国刑法。我们赞成后一种观点，理由如下：第一，从我国1997年《刑法》第六条第二款的规定来看，航空器或船舶并未区分

---

① 参见宁汉林，魏克家：《大陆法系刑法学说的形成与发展》，中国政法大学出版社2001年版，第46页。

国有或私有。第二，无论是国有的船舶和航空器还是私有的船舶和航空器，其都要在国内登记取得国籍，国籍国对其享有专属的管辖权，并不是说船舶或航空器航行在外国领域国籍国就放弃其管辖权。第三，如果以国有或私有为标准来确立适用不同国家的刑法，对犯罪者来讲是不公平的，也有违刑法的平等原则。

　　发生在驻外大使馆、领事馆的犯罪是否适用本国刑法的问题比较复杂。有学者认为，根据《维也纳外交关系公约》的规定，驻外大使馆和领事馆视同为本国领域，在其内发生的任何犯罪，不受驻在国的司法管辖，只受本国的司法管辖。我们认为这种观点值得商榷。首先，将驻外大使馆和领事馆视为本国领域的学说已经遭到理论界的摒弃。将驻外大使馆和领事馆视为本国领土的延伸是"治外法权说"的基本主张，"治外法权说"在帝国主义扩张时期受到追捧，但在第二次世界大战之后，受到了广泛的批判，认为其是强权政治在法律内的反映，是对国家主权的严重破坏。也因此，在《维也纳外交关系公约》中摒弃了"治外法权说"而采取了"职务履行便利说"，认为"确保代表国家之使馆能够有效执行职务"是确立外交特权和豁免权的根据。其次，将驻外大使馆或领事馆视为本国领域是对《维也纳外交关系公约》中"使馆馆舍不受侵犯"的错误理解。《维也纳外界关系公约》中规定的"使馆馆舍不受侵犯"是指，非经使馆馆长许可，其他人员不得进入使馆，使馆和使馆财产不受搜查、扣押、征用或强制执行。但这不等同于驻在国对使馆内的犯罪没有管辖权。"使馆馆舍不受侵犯"与不能行使司法管辖权不能画等号，也不能成为将大使馆或领事馆视为所驻国领域的借口，只是驻在国司法管辖的方式要更平和更保守。再次，以上观点对外交特权和豁免权作了不适当的扩大理解。的确，大使馆或领事馆的外交人员享有刑事豁免权，我国 1997 年《刑法》第十一条也规定："享有外交特权和豁免权的外国人的刑事责任，通过外交途径解决。"但是，这并不表明大使馆或领事馆的任何人员都享有外交特权或刑事豁免权。如果犯罪行为发生在驻在国的大使馆或领事馆内，行为人并非享有外交特权或刑事豁免权的人，则必须适用驻在国的刑法对其进行处理。因此，将驻外领事馆视为某个国家的领土的自然延伸，并不符合国际公约和国际刑事司法实践。因此，在我国驻外使领馆内的犯罪，犯罪行为人如果并非享有外交特权或刑事豁免权的人，则按照属地原则，驻在国国家的法律具有适用的效力。同理，发生在国外驻我国的使领馆内的犯罪，犯罪行为人如果并非享有外交特权或刑事豁免权的人，按照属地原则，我国的刑事法律也具有适用的效力。

　　（六）属地原则的例外

　　我国 1997 年《刑法》第六条第一款规定："凡在中华人民共和国领域内的犯罪，除法律有特别规定的以外，都适用本法。"因此，属地原则是有例外的。

我们认为，刑法属地原则的例外主要有以下两种情况：第一，刑法关于享有外交特权和刑事豁免权的外国人的刑事责任通过外交途径解决的规定；第二，香港特别行政区和澳门特别行政区基本法作出的例外规定。有论者认为，关于享有外交特权和刑事豁免权的外国人的刑事责任的规定，并不是属地原则的例外，刑法对特殊的外国人犯罪适用刑法的豁免，应当纳入属人原则的研究范围①。我们认为这种观点值得商榷，因为所谓属人原则研究的是本国人在国外犯罪的问题，而我国《刑法》第十一条规定的是外国人在我国领域内犯罪的问题，其应属于属地原则的例外规定。

民族自治地方的特别规定以及刑法施行后由国家立法机关制定的特别刑法的规定是否属地原则的例外，涉及对"法律"的理解问题。1997 年《刑法》第九十条规定，民族自治地方不能全部适用本法规定的，可由自治区或省的人民代表大会根据当地民族的政治、经济、文化的特点和本法规定的基本原则，制定变通或者补充规定，报请全国人民代表大会常务委员会批准施行。而法律是由享有立法权的立法机关行使国家立法权，依照法定程序制定、修改并颁布，并由国家强制力保证实施的基本法律和普通法律总称。从广义上理解，法律可以划分为：（1）宪法；（2）法律；（3）行政法规；（4）地方性法规；（5）自治条例和单行条例。民族自治地方的特别规定属于地方性法规或自治条例、单行条例。因此，民族自治地方的特别规定属于刑法第六条的"法律"的特别规定，可视为刑法属地原则的例外。而国家立法机关制定的特别刑法，不仅仅是法律，而且属于刑法的范畴，因此，对于国家立法机关制定的特别刑法中的特别规定，也属于刑法属地原则的例外。

二、对国外犯适用的基本原则

属地原则对于国内犯而言，是最理想的原则。但还有三种国外犯，应当或可以适用本国的刑法，却是属地原则所不能解决的。第一是本国公民在国外实施的某些犯罪；第二是外国人在国外实施的危害本国利益或本国国民权益的犯罪；第三是外国人在国外实施的危害各国共同利益的犯罪。以下将逐一论述。

（一）属人原则

1. 属人原则的含义

属人原则也称积极的属人原则，是指对本国国民在国外犯某些罪的，也适用本国刑法。一般认为，属人原则是先于属地原则而产生的，在原始部族社会中，就是以部族身份来确立处罚权的，这可以说是属人原则的雏形。因为在这种生产

---

① 钊作俊：《刑法效力范围比较研究》，人民法院出版社 2004 年版，第 243 页。

力水平极低的社会结构中，基于地域关系来建立服从其法律秩序的原则几乎是不可能的。在属地原则兴起后，属人原则由于其自身的劣势成了属地原则的补充原则，仅仅在适用于本国人在国外的犯罪案件中。当代社会中，属人原则仍不太受青睐，如英美法系中，对属人原则持排斥态度，对于本国国民在国外的犯罪，除法律有明确规定外，一般不予处理，其主要原因就是属人原则适用时在取证等诉讼程序方面存在很大的困难。

2. 属人原则的理论根据

（1）忠诚义务说

忠诚义务说认为，国民负有忠诚于国家的义务，即使国民在国外也不能例外，也同样具有遵守国家法律的义务。忠诚义务说承袭了日耳曼法思想中的"法律的精髓是忠诚"这一法律思想，认为使国家公民遵守本国的法律是国家的一项权能。

忠诚义务说持国家主义的立场，肯定了国家与公民之间的道义关系。但是，忠诚义务说在当今多元化的社会中显得难以自圆其说。因为如果采用忠诚义务说，则会得出国内法无限制地适用于国外犯的结论。但是，在文化、宗教、法制多元化的社会中，进入某一国的另一国公民，既然已经遵守了所在国的法律，其为什么还负有遵守母国法律的忠诚义务？特别是对于长期滞留在国外的本国人来说，其已经"入乡随俗"，对于其母国可能没有了忠诚的信念，其母国不能再以此理由主张刑法的适用。再者，在权利本位、服务型政府和人权保障观念深入人心的当今社会，忠诚义务说的主张愈发显得的不合时宜。

（2）国家利益说

注释法学派早在14世纪的时候就提出了处罚本国的在国外犯罪的人是与本国的国家利益一致的主张。在国外犯罪的本国人，如果没有受到犯罪地国国家法律的惩罚，回国后再不受处罚，犯罪人的国家便会成为在国外犯罪的本国人的避难场所，如此，本国国民的违法性意识将会被削弱，刑法预防犯罪的目的将大打折扣，最终不利于本国利益的维护。我们认为，国家利益说的主张是合理的，因为根据属人原则，防止了本国人在国外犯罪未受到惩罚时，基于本国人不引渡的原则，从而导致本国刑法无法适用的局面的发生。但是，从根本上说，没有一个国家是从有关国家防止犯罪的共同任务出发作这种规定的，它不是为了弥补国外属地原则的力所不及，也不是为了给国外进行"代理处罚"①。对在国外犯罪的本国人适用本国的刑法，让其感觉到在国外犯罪之后，本国并不是法外之地，从而增强本国人的守法意识，也有利于刑法预防犯罪技能的发挥。

---

① 参见张明楷：《刑法学》，法律出版社2003年版，第82页。

3. 属人原则的类型

（1）绝对的属人原则

绝对的属人原则认为，对于本国人的犯罪，无论是发生在国外还是发生在国内，均应受国内刑法的评价。这一原则强调本国人对国家的绝对忠诚，也是一种民族优越思想的体现，曾被德国法西斯政权的刑法所采用。绝对的属人原则认为属人原则是刑法空间效力最为基本的原则，属地原则也只是属人原则的补充。绝对的属人原则导致的直接后果就是对在国外犯罪的本国人的处罚，要比外国人的国外犯罪处罚得要重，同样的行为不同的处罚，对行为人来说是不公平的。同样，对本国人的处罚的根据是国民的忠诚义务，而对外国人处罚的理论根据则是外国人对当地法秩序的违反，两者具有一定的矛盾性。

（2）无限制的属人原则

无限制的属人原则是指对本国人在国外的犯罪，适用本国刑法予以定罪处罚的空间效力原则。无限制的属人原则在不问犯罪的种类、对本国公民在国外的犯罪一律适用本国的刑法上与绝对的属人原则是相同的。其与绝对的属人原则的区别在于无限制的属人原则是作为属地原则的补充而提出来的，而绝对的属人原则是把属地原则作为补充而存在的。无限制的属人原则把处罚本国人在国外的犯罪作为其圭臬，但在处罚可能性上却缺乏合理的论证，以至于其主张和现实之间存在很大的区别。

（3）有限制的属人原则

有限制的属人原则是指对于本国人在国外的犯罪，并非全部都适用本国刑法予以处罚，而是设定一定的条件，如特定的犯罪种类或比较严重的犯罪，符合此类条件的犯罪才适用本国刑法予以处罚。有限制的属人原则既旗帜鲜明地表明对本国人的国外犯处罚的必要性，又充分考虑了对一定犯罪处罚的可能性，有选择性地进行处罚，具有合理性和现实性。我国1997年《刑法》采用的就是有限制的属人原则。我国1997年《刑法》第七条规定："中华人民共和国公民在中华人民共和国领域外犯本法规定之罪的，适用本法，但是按本法规定的最高刑为三年以下有期徒刑的，可以不予追究。"最高刑为三年以上即是我国《刑法》设置的限制性条件。

4. 属人原则的限制

当今世界各国的普遍做法是，本国刑法在符合一定的限制条件时，才适用于本国公民在国外的犯罪。此立法例的价值合理性不言而喻，但每种立法例的限制角度、限制方式不同，导致刑法适用宽严也各不同。如何设置限制条件更为合理，我们将在下面予以分析。

（1）限制的角度

综观各国的立法例，刑法对属人原则的限制主要从以下几个角度进行：

第一，从法定刑上进行限制。这种限制主要是规定一定的最低刑期，如果本国人在国外的犯罪按照本国刑法应判处的最低刑在规定的最低刑期以上的，则适用本国刑法。如《意大利刑法典》第 9 条规定，本国公民在国外的犯罪，按照本国刑法最低刑为三年以上有期徒刑的，才适用本国刑法。

第二，从罪名上进行限制。这种限制主要是规定一定的罪名，只有本国人在国外实施以上特定种类的犯罪时，才适用本国刑法。此种限制综合考虑了犯罪的性质、法定刑的轻重、处罚的必要性等因素，以比较严重的罪名为限，避免刑法适用面过大。

第三，双重限制。这种限制从犯罪地和犯罪人双重角度来进行限制。只有当行为地国家的刑法和犯罪人国家的刑法都规定为犯罪的，才适用本国刑法的限制。这种限制既尊重了行为地国家法律所维护的价值，也保障了本国公民在国外享有他国公民同样自由的基本权利①。

（2）限制的方式

综观各国和历史上存在的立法例，对属人原则的限制方式主要有以下几种：

第一，概括式。即设置一定的适用本国刑法的标准，而不考虑具体的罪名，当行为符合这一标准时则适用本国刑法。我国就采取概括式的限制标准。我国1997 年《刑法》第七条第一款规定，"中华人民共和国公民在中华人民共和国领域外犯本法规定之罪的，适用本法，但是按照本法规定的最高刑为三年以下有期徒刑的，可以不予追究。"由此可见，我国采取的是以"刑期"为标准的限制模式，即我国公民在国外的犯罪，按照我国刑法规定法定最高刑为三年以下有期徒刑的，不论何种罪名，可以不适用我国刑法。

第二，列举式。即列举一定的罪名，当本国人在国外实施的行为触犯这些罪名时，才适用本国的刑法，明确列举的罪名之外则不适用本国刑法。列举式的限制方式以日本刑法为代表，日本刑法将严重侵害国家利益和公民利益的犯罪加以明确列举，作为可以适用本国刑法的犯罪，除此之外的本国人在国外的犯罪则不适用本国刑法。与概况式的限制方式相比，列举式只将某些严重的行为作为可适用本国刑法的犯罪，其对属人原则的限制程度较大，从而避免了本国刑法适用面的扩大。

第三，概括与列举并举式。即既设定一定的标准，也列举一定的罪名，当行为符合其中一项时便适用本国刑法处罚。如我国 1979 年《刑法》就采用的这种并举式的方式，其列举了在国外的八种犯罪无条件地适用我国刑法，在这八种犯罪之外，则必须受法定最低刑为三年以上有期徒刑和犯罪地刑法也规定为犯罪这

---

① 陈忠林：《我国刑法中的属人原则》，载《法商研究》2004 年第 1 期。

两种概括式的条件的限制。我国 1979 年《刑法》第四条列举的八种犯罪包括反革命罪、伪造国家货币罪、伪造有价证券罪、贪污罪、受贿罪、泄露国家秘密罪、冒充国家工作人员招摇撞骗罪以及伪造公文、证件、印章罪等。第五条规定："中华人民共和国公民在中华人民共和国领域外犯前条以外的罪，而按本法规定的最低刑为三年以上有期徒刑的，也适用本法，但是按照犯罪地的法律不受处罚的除外。"由此可以看出，1979 年《刑法》将严重侵犯国家利益的行为作为绝对适用本国刑法的犯罪，体现了一种国家本位的立法倾向。在这八种犯罪之外，将法定最低刑为三年以上设置为适用本国刑法的条件之一，体现了一种"托底式"的概况限制方式，如此将不适用本国刑法的情形限定为法定刑为三年以下的"轻刑"。

我国 1997 年《刑法》第七条规定："中华人民共和国公民在中华人民共和国领域外犯本法规定之罪的，适用本法，但是按照本法规定的最高刑为三年以下有期徒刑的，可以不予追究。中华人民共和国国家工作人员和军人在中华人民共和国领域外犯本法规定之罪的，适用本法。"由此可见，除了国家工作人员和军人在国外犯罪一律适用我国刑法外，对其他公民适用我国刑法采取了概括式的限定，并且取消了 1979 年《刑法》中双重限定，即只采用了"按本法规定的最低刑为三年以上有期徒刑"的限定条件。我们认为，采用概括式的限定具有合理性，但取消双重限制是不合理的，分析如下：

如果采取列举式的方式对属人原则进行限制，则在立法技术上可能显得比较困难。尤其是我国公民在国外犯罪的情形越来越复杂，种类也越来越多，唯有采取概括式的限制方式，才能一方面尽可能地使刑法规定简单明了，一方面又扩大了刑法的适用面，不至于对某些犯罪产生遗漏。再者，用列举的方式对属人原则进行限制，可能由于不同国家或地区的不同法律制度而产生形式上的分歧，如不同的国家对同一行为可能规定为不同的罪名，这种非实质性的差异就可能造成不必要的麻烦，影响为打击犯罪开展国际合作[①]。因此，我们认为，我国刑法中，采用概括式的方式对刑法的属人原则进行限制具有合理性。

我国 1997 年《刑法》取消了对刑法属人原则的双重限制，只是从法定刑的角度对刑法属人原则进行限制，我们认为，此种做法并不可取。理由如下：

第一，从国际合作的刑事司法实践来看，如果本国公民在国外犯罪适用本国刑法进行处罚，必须将其进行引渡。而我国同其他国家签订的引渡条约中，是以双重犯罪为基础的。如果犯罪地国家的法律不认为行为人的行为构成犯罪，则犯罪地国家便不会同意我们的引渡请求。因此，取消了对刑法属人原则的双重限

---

① 参见孙昌军，庄慧鑫：《论双重犯罪原则之实质类似说》，载《河北法学》2004 年第 3 期。

制，会使属人原则只是停留在法律规定上而无法成为司法实践。第二，从我国实际的国情来看，在国境外生活的本国公民数以万计，这些人长期居住在国境外，大部分已经融入当地的生产生活中，其固然具有遵守我国法律的义务，但是其也要遵守居住国的法律，如果居住国的法律认为某一行为不是犯罪，而我国对这一行为规定为犯罪，让长期居住在国境外的公民不实施此行为不具有期待可能性。因此，我们认为，我国刑法取消对属人原则的双重限制不具有合理性，其应以规定最低刑期以及双重限制相结合方式，对属人原则进行限制，才能使属人原则更具合理性和实用性。

5. 属人原则的"人"的范围

属人原则中的人是否仅指自然人抑或既包括然人也包括单位，是有争议的。从我国刑法的规定来看，属人原则中的人指的是中华人民共和国国家工作人员、军人和公民，单位自然不包括其中。因此，可以说我国属人管辖权的设置一定程度上还是建立在只有自然人才能成为犯罪主体的观念之上的。

我们认为，既然刑法已经规定了单位犯罪，则刑法在适用效力上就应该及于单位。我们应该通过完善刑法立法，在刑法总则关于刑法效力范围的规定体系中，增加单位犯罪的相关规定。在此，有两个问题需要探讨：

第一，单位与其内部成员国籍不一致如何适用刑法的问题。单位是以登记注册地为标准确定其国籍的，当中国单位在国外侵犯我国国家或公民利益时，此时，对中国单位可按照属人原则适用我国刑法，对于单位中的外国人，可按照保护原则适用我国刑法。当中国单位在国外犯罪并未侵犯我国国家或公民的利益时，按照属人原则，对中国单位当然适用我国刑法，但对于我国单位中的外国人如何适用刑法是有争议的。我们认为，鉴于单位犯罪的整体性，对于在中国单位任职的外国人，当中国单位在国境外犯罪时，也应该适用我国刑法。否则，将一个刑事案件拆分成若干个案件分别适用不同国家的刑法，对于犯罪事实的掌握、刑事诉讼的推进、及时公平地处罚犯罪行为人都是不利的。

第二，如何限制属人原则对单位效力的问题。对属人原则的效力加以限制是各国刑法的通例，但这种限制是否因自然人和单位主体性质的不同而不同？有论者认为，我国刑法对单位的处罚主要是财产刑，基于单位犯罪和自然人犯罪刑种的不同，应该设置不同的限制标准，自然人犯罪以一定的最低刑期为标准，而单位犯罪可以以罚金数额为标准①。我们认为，在我国，以罚金数额来限制刑法对单位犯罪的适用效力是不现实的，因为我国刑法分则在规定单位犯罪时，并未对罚金数额作出具体规定，这种无限额罚金制让依据罚金数额来限制属人原则的效

---

① 参见钊作俊：《刑法效力范围比较研究》，人民法院出版社 2004 年版，第 328 页。

力变得不现实。因此，我们认为，对于单位犯罪，应该以直接负责的主管人员和其他直接责任人员的法定刑对属人原则的适用加以限制，可以参照对自然人犯罪的限制标准以法定最低刑为三年以上作为刑法适用的标准。

（二）保护原则

1. 保护原则的含义

保护原则的基本含义是，不论本国人还是外国人，其在国外的犯罪行为，只要侵害了本国利益或本国公民的法益，就适用本国刑法。其实质意义在于保护本国利益与本国公民法益。保护原则源于意大利中世纪时期的"被害人属人原则"，即适用被害人所属国的法律来处罚行为人，这可以说是保护原则中国民保护原则的雏形。到了19世纪，德国刑法学家为维护本国的安全和尊严，又提出了国家保护原则。由此可见，保护原则的萌芽和提出要晚于属地原则和属人原则。

2. 保护原则的分类

根据被行为人所侵犯利益的不同，保护原则可以分为国家保护原则和国民保护原则。因侵犯本国利益而适用本国刑法的，称为国家保护原则；因侵犯本国公民法益而适用本国刑法的，称为国民保护原则。但是，有很多学者认为，刑法的保护原则仅仅指国家保护原则，对于外国人实施的侵犯本国国民法益的犯罪，不是因为保护原则而适用本国刑法，而是以被害人为连接点而适用本国刑法的，应该属于属人原则。也因此，国民保护原则也被称为消极的属人管辖原则①。

3. 保护原则的理论根据

（1）对保护原则的批判

保护原则是一个备受争议和批判的刑法效力原则。无论是国民保护原则还是国家保护原则，理论界都不乏对其的质疑。对国民保护原则的批判理由主要是：第一，基于国民利益受到损害而适用刑法，会不当扩大国家的域外管辖权；第二，对同一个行为人的同一行为，可能因被害人的不同而适用不同的法律，从而使行为人受到不同的处罚；第三，就行为人而言，其判断其行为合法与否的标准是本国刑法，以被害人国家刑法为判断标准，使行为人不能认识到侵害外国人法益的可能；第四，依照行为地国家的法律，行为人的行为不构成犯罪而依照被害人国家的法律认定行为人构成犯罪时，有违罪刑法定原则。对国家保护原则的批判理由主要是：第一，国家利益本身是一个十分抽象的概念，如果作扩大解释则容易导致刑法适用效力的无限扩张；第二，犯罪构成要件系由各国恣意制定等因素，在适用保护主义上易流于滥用的危险。并且，在适用保护主义之际常混杂各

---

① 参见林欣主编：《国际刑法问题研究》，中国人民大学出版社2000年版，第229-234页。

国的政治性判断，更易激化关系国之间的对立①。

我们认为，对国民保护原则和国家保护原则批判的观点虽然有一定的道理，但还是值得商榷的。就对国民保护原则的批判而言，首先，保护原则是属地原则的补充，并不会优先适用，国家并不会因为受害人为本国人而优先惩处外国人在国境外的犯罪行为。因此，不会无限地扩大域外管辖权。其次，保护原则的适用受到很多客观条件的限制，并非每个被害人的国家都会主张刑法的适用。只要各个国家对这一原则普遍承认，从处罚的角度来讲，对行为人也没有什么不公。再次，就第三点和第四点的批判，其本身是一个对保护原则的限制问题。对保护原则设置适当的限制，就不会造成"行为人无法认识侵害外国人法益的可能"以及"违反罪刑法定原则"。

（2）保护原则的理论根据

国家保护原则和国民保护原则的理论根据是不同的。通说认为，国家保护原则的理论根据是自卫权说。自卫权是被国际社会所认可的一项权利，也即当其他国家或公民在领域外实施侵害本国国家安全、社会秩序或经济利益等行为时，本国拥有实施自我防卫的权利。在刑事法领域享有刑事管辖权是国家实施自我防卫的一种体现。国民保护原则的理论根据是国家义务说，此说从国家与公民之间的关系着手，认为无论是在境内和境外国家都负有保护国民的义务。如果在国境外的人在没有受到当地法律充分的保护，本国就有必要处罚侵犯本国国民法益的外国人。

4. 保护原则的适用条件

（1）对相关概念的理解

保护原则是一个补充适用的原则，也即属地原则和属人原则优先适用，当属地原则和属人原则无法适用时，保护原则才可以适用。保护原则适用于在本国领域外对本国国家或国民犯罪的外国人。首先，何为"对"本国国家或国民犯罪成为适用保护原则首要解决的问题。我们认为，这里的"对"本国国家和国民犯罪，不仅仅指本国或国民作为犯罪的对象，还应当包括本国或国民作为被害者的情形。例如，抢夺罪中，被抢夺者有可能并非财物的所有者，而被害者却是财物的占有者。此时，无论是财物的所有者的国家，还是被害者的国家，按照保护原则均对案件具有管辖权。其次，如何界定国家利益问题。有的国家采取列举的方式对侵犯国家利益的犯罪予以明确。如《法国刑法典》第 442 - 1 条和第 442 - 2 条，将伪造与变造国玺罪和伪造与变造货币罪明确为侵犯国家利益的犯罪。应该说，由于国家利益概念的抽象性，这种列举式的规定具有合理性。我国刑法中

---

① 参见游宝珠：《恐怖主义与国际法》，台湾大学 2000 年硕士论文，第 78 页。

并没有关于国家利益的列举式或概括式规定，此问题只能留给理论界予以解决。有论者指出，所谓保护原则中的国家利益，应该指侵犯我国国家主权、领土完整与安全、国防利益以及我国的基本法律秩序有关的其他重要利益①。我们认为，此观点将国家利益限定为国家的重要利益，与刑法保护原则的补充适用地位相适应，值得肯定。

（2）限制方式

关于保护原则的限制方式，综观世界各国的刑法，其限制方式与属人原则的限制方式相类似。有的从罪名上加以限制；有的从法定刑上加以限制；还有的适用双重限制的方式，即本国与犯罪地国同样认定为犯罪的才可以适用本国刑法。我国采用的是法定刑和双重限制相结合的方式，对保护原则的适用予以限制。我国1997年《刑法》第八条规定："外国人在中华人民共和国领域外对中华人民共和国国家或者公民犯罪，而按本法规定的最低刑为三年以上有期徒刑的，可以适用本法，但是按照犯罪地的法律不受处罚的除外。"

对于我国1997年《刑法》第八条的规定，在此需要强调以下几点：

第一，我国1997年《刑法》第八条采取了规定法定刑最低刑的方式对保护原则予以限制，此限制方式虽然没有列举式更明确，但是也具有避免刑法适用漏洞的优势。由于本条还附加了其他限制条件，实际上使这种限制方式变得宽中有严。

第二，我国1997年《刑法》第八条规定的"按本法规定的最低刑为三年以上有期徒刑的，可以适用本法"与我国1997年《刑法》第七条规定的"按本法规定的最高刑为三年以下有期徒刑的，可以不予追究"，两个法条相比较，立法技术和措辞上的不同其背后有着更深刻的含义，最终将导致法律适用上的不同。前者规定最低刑为三年以上有期徒刑，可以适用本法。也就是说最低刑为三年以上有期徒刑，可以适用本法也可以不适用本法，但最低刑为三年以下有期徒刑的一律不适用本法。后者规定最高刑为三年以下有期徒刑的，可以不追究，也就是说对最高刑为三年以下有期徒刑的保留了追究的可能性，但最低刑为三年以上的，一般都应该予以追究。由此来看，我国1997年刑法规定的保护原则要比属人管辖原则在适用上要严格很多，这也与保护原则的是一种补充适用原则的法律地位相匹配。

第三，对于"双重限制"的问题。我国1997年《刑法》第八条，在对保护原则进行限制时，没有区分针对国家利益的犯罪和针对个人利益的犯罪，而是规定对国家或公民的犯罪按照我国和他国的刑法均认定为犯罪时，才可适用我国刑

---

① 齐文远，刘代华：《完善我国刑法空间效力立法的思考》，载《法商研究》2005年第1期。

法。我们认为，如此规定存在很大的弊端。首先，概括起来讲，无论是针对国家利益的犯罪还是针对国民利益的犯罪，对保护原则适用双重犯罪标准进行限制都违背了保护原则的初衷。所谓保护原则就是为了保护国家利益和公民个人利益，如果犯罪地国的法律不认为某个外国人侵犯本国①国家利益或公民个人利益的行为构成犯罪，本国将无法适用本国刑法予以惩处，何谈保护了国家或公民的利益。其次，对国民利益的犯罪，适用双重限制显得有必要。针对外国人侵犯本国国民利益的犯罪而言，由于行为人在实施犯罪行为时，一般只会以犯罪地国的刑法作为违法性判断的标准。如果行为对本国国家或公民利益造成损害，犯罪地国的刑法不认为是犯罪，而本国依据本国刑法对行为人予以惩处，无异于将本国的价值标准强加于他国，法律对行为人来讲也不具有可预测性。从这个意义上来讲，对国民利益的犯罪，适用双重限制又显得有必要。再者，保护公民个人的法益，比如生命健康法益、财产法益，其体现的价值观具有普世性，这些法益无论在哪个国家一般都会受到保护，要求在犯罪地国的法律也认为是犯罪的双重限制标准不会使保护原则形同虚设，也不会造成保护上的漏洞。

最后，对国家利益的犯罪，适用双重限制完全没必要。其一，法益是构成犯罪的一个最基本的要素。但每个国家的刑法设计也往往是为了保护本国的国家法益，而不可能是为了保护他国国家的法益。如此，针对外国人在国外实施的针对本国国家法益的犯罪，由于本国的刑法没有保护外国国家法益的犯罪构成，行为人的行为也因此在行为地国被认为是合法的②。以分裂国家罪为例，外国只会将针对自己国家的分裂国家的活动规定为犯罪，而绝不会将自己国家的国民实施的对他国从事分裂国家的活动规定为犯罪，如果该外国人在国外实施了分裂我国国家的行为，我国的国家利益肯定受到了损害，但是由于双重犯罪标准的限制，我国不可能对发生在国外的外国人实施的针对我国国家的分裂国家犯罪进行管辖，如此，保护原则也就形同虚设。其二，侵犯国家利益的犯罪，由于关涉国家利益的根本，也与每个国家的历史传统、民族状况、经济发展水平等多方面因素密切相关，各个国家很难在价值观和违法性认识上达成一致，采用双重犯罪标准也就更显得不可行。

因此，我们认为，对国家保护原则和国民保护原则的限制应适用不同的标准，对国民保护原则的限制可以采用双重犯罪标准，而对国家保护原则的限制以规定最低法定刑或列举的方式进行限制为宜。

---

① 这里的本国是指被外国人侵犯利益的国家或国民的国籍国，不是指犯罪地国或行为人的国籍国。

② 参见李海东：《国际刑法的本质》，载《西园春夫先生古稀祝贺论文集》，中国法律出版社、日本成文堂，第110页。

（三）普遍原则

1. 普遍原则的含义

普遍管辖原则以保护各国的共同利益为标准，认为凡是国际条约所规定的侵犯各国共同利益的犯罪，不管犯罪人的国籍与犯罪地的属性，缔约国或参加国发现罪犯在其领域内时便行使刑事管辖权。普遍管辖原则最早可以在《查士丁尼法典》中找到渊源，该法典曾规定，不论罪犯是哪里人，也不论犯罪行为发生在何地，罪犯所在地的法院和逮捕地的法院都有权对案件进行管辖。普遍管辖原则是随着航海业的发展得以在世界范围内确立的。航海业大发展时期，催生了海盗现象，"海盗被认为是一切国家的敌人，他可以被落入其管辖权的任何国家加以法办"①。17 世纪初期，格劳秀斯提出了国际社会有权对违反自然法的犯罪进行惩处的权力。其进一步以自然法的观点论证了普遍管辖的价值，自此之后，法学界逐渐在理论上承认了普遍管辖权。

20 世纪 70 年代以来，为了加强国际合作，对付不断加剧的国际犯罪活动，国际上先后签订了一系列公约，如 1970 年 12 月 16 日的《关于制止非法劫持航空器的公约》（简称《海牙公约》），1971 年 9 月 23 日的《关于制止危害民用航空器安全的非法行为的公约》（简称《蒙特利尔公约》），1973 年 12 月 14 日的《关于防止和惩处侵害应受国际保护人员包括外交代表的罪行的公约》，1982 年 12 月 10 日的《联合国海洋公约》。这些公约规定，各缔约国与参加国应将公约上所列举的非法行为规定为国内法上的罪行，并应采取必要措施。对这些犯罪行使刑事管辖权，而不论罪犯是否本国人，罪行是否发生在国内。这便是当代社会的普遍管辖原则。

2. 普遍原则的理论根据

普遍原则最初的理论根据是犯罪世界性说，该说认为，犯罪是对全社会的危害，因此，无论犯罪行为发生在何地，犯罪人属于哪个国家，只要有犯罪行为的发生，任何国家都有权适用本国刑法予以处罚。犯罪世界性说遭到了理论界的强烈批判，因为犯罪是一种复杂的社会现象，其具有一定的时空性，如果认为犯罪是世界性的，那么实际上就摒弃了犯罪的法律概念的性质，而是将犯罪当成一种超法规的违背伦理道德规范的行为，显然，这种观点与法律的本质相悖。

现在一般认为，普遍原则的理论根据是共同利益说。该说认为，不同国家的刑法之所以能够普遍适用，是因为某些犯罪侵犯了这些国家的共同利益。为了维护共同的利益，各个国家通过签订共同的协议，承认侵犯共同利益的犯罪如危害

---

① 参见［英］詹宁斯·瓦茨修订著：《奥本国际法》第 1 卷第 2 分册，王铁崖等译，中国大百科全书出版社 1998 年版，第 174 页。

国际和平与安全，破坏国际社会良好秩序的犯罪，签约国均有管辖权，均可适用本国刑法予以惩处。

3. 普遍原则的立法模式

综观世界各国刑法，普遍原则的立法模式主要有两种：一是列举式；二是概括式。这两种模式也是各国刑法与国际条约中有关规定相衔接的模式。

（1）列举式

列举式是以列举方式来明确本国对哪些发生在国外犯罪行为具有管辖权。列举式的方式将国际条约义务转换为本国的刑法规范，有利于司法操作。但这一方式也存在很大的弊端，首先，列举式的立法模式会使刑法规范变得十分繁杂。随着各个国际缔约的条约数量的不断增加，列举式的立法模式需要不断将这些条约中的犯罪行为在刑法规范中予以明确，不免使刑法规范变得越来越烦琐。其次，列举式的立法模式有时会造成刑法规范的前后不一致。因为国际条约关于罪名的规定可能与本国刑法中对罪名的规定存在表述上的差异，如此会破坏本国刑法前后罪名在规定上的一致性。最后，列举式的立法模式会破坏刑法的稳定性。因为当代社会缔约国际间的条约越来越多，而一旦缔约新的条约，本国都要对刑法规范作出相应的调整，如此也就破坏了刑法的稳定性。

（2）概括式

概括式是以概括规定的方式来明确对于国际上的犯罪本国在条约义务范围内可行使管辖权。这种方式的优势是具有伸缩性和延展性，既表明了普遍管辖的适用范围，又不会在理论上将国际犯罪排除在打击范围之外。缺点是：其一，过于笼统，缺乏明确性。其二，对于国内刑法没有规定罪名，国际条约中虽然已经作出规定，本国也已经缔结国际条约，但适用本国刑法就会出现无法可依的情形。

4. 普遍原则的适用条件

我国 1997 年《刑法》第九条规定："对于中华人民共和国缔结或者参加的国际条约所规定的罪行，中华人民共和国在所承担条约义务的范围内行使管辖权的，适用本法。"由此可见，对普遍原则的适用是有条件限制的。

首先是对象条件。根据我国刑法的规定，普遍原则的适用对象只能是我国缔结或参加的国际条约所规定的罪行。从行为性质上看，此类罪行危害了多数国家、多数国民乃至全人类的利益，是一种典型的国际犯罪。这种国际犯罪可能并未对本国国家或国民利益造成损害，也不能与涉外犯罪和跨国犯罪混为一谈①。

————————

①　跨国犯罪是指犯罪行为人在两国或两国以上实施的犯罪，而涉外犯罪的外延比跨国犯罪还要广，包括了所有具有涉外因素的犯罪。跨国犯罪和涉外犯罪可能并不对人类社会的普遍利益造成危害。相关国家通过行使属地管辖、属人管辖和保护管辖即能使犯罪分子得到应有的惩处。

从形式上看，这些罪行必须是国际条约所明确禁止的，而且我国是国际条约的缔结国或参加国。国际条约所禁止的罪行范围在不断扩大，从一开始的海盗罪和战争罪，扩大到现在的恐怖主义犯罪、劫持航空器罪等。但是，如果某一罪行危害了全人类社会的利益，而国际条约还没有对其明确禁止，或国际条约已经明确禁止，但我国不是缔结国或参加国，也不能适用本国刑法予以惩处。

再次是范围条件。也即，普遍原则的适用必须在我国所承担的国际条约的义务范围之内。因为我国在缔结或加入某些国际条约时，考虑到各种因素会对条约的某些内容作出保留。在保留范围之内，我国不能适用普遍原则享有案件的管辖权。

最后是禁止双重审判。国际条约的缔结国或参加国，往往都基于普遍原则对某一案件享有管辖权。如果一个罪犯在某一个国家受到刑法处罚后，其到另一个国家之后也要受到相应的处罚，甚至终生都要受到不同国家无穷无尽的追诉，如此便侵犯了该罪犯的人权，也违背了普遍原则的初衷。对此，普林斯顿普遍管辖原则草案中规定："一国应承认普遍管辖权恰当行使的有效性，应承认一个有资格的普通司法机构或有资格的国际司法机构根据国际正当程序准则行使普遍管辖权作出的终审判决。"[1] 因此，我们认为，既然国际条约已经赋予了缔约国或参加国对案件的普遍管辖权，出于对条约的尊重和审判效力权威的维护及罪犯人权的维护，必须禁止对罪犯的双重审判。

第二节　刑法中的溯及力原则

一、刑法溯及力原则概述

对于刑法溯及力的界定，我国刑法理论界主要存在两种不同的观点。一种观点认为，刑法溯及力是指刑法生效后，对于其生效以前未经审判或者判决尚未确定的行为是否适用刑法的问题。这一观点成为我国刑法学界的主流观点。另一种观点认为，刑法的溯及力是指刑法生效后，对于其生效前的行为能否适用的问题[2]。比较这两种观点，我们可以看出，第一种观点对刑法的溯及力作了限定性的理解，认为刑法的溯及力针对的对象是刑法生效前未经审判或判决尚未确定的行为；第二种观点认为刑法溯及力针对的对象是刑法生效前的所有行为，包括已

---

[1]　高铭暄，王秀梅：《普林斯顿普遍管辖原则及其评论》，载《中国刑事法杂志》2002 年第 3 期。

[2]　参见张根大：《法律效力论》，法律出版社 1999 年版，第 133 页。

经被审判的行为。我国 1997 年《刑法》第十二条规定："中华人民共和国成立以后本法施行以前的行为，如果当时的法律不认为是犯罪的，适用当时的法律；如果当时的法律认为是犯罪的，依照本法总则第四章第八节的规定应当追诉的，按照当时的法律追究刑事责任，但是如果本法不认为是犯罪或者处刑较轻的，适用本法。本法施行以前，依照当时的法律已经作出的生效判决，继续有效。"可见，我国刑法对刑法的溯及力采用了第一种观点。我们认为，关于刑法溯及力的第一种观点以及我国 1997 年《刑法》第十二条的规定是值得商榷的。因为这种理解和规定虽然承认了法的不溯及既往的原则，但其为了维护生效判决的权威性和稳定性对法不溯及既往的范围作了限定，与刑法的谦抑精神以及刑法处罚轻缓化的世界趋势是相悖的。当代很多国家的刑法，规定对于生效前已经判决的行为，如果新刑法不认为是犯罪或者处罚较轻的，新刑法还是有溯及力的。如《意大利刑法典》第 2 条第 2 款规定："新的法律规定出现在任何人的行为之后，且该行为不再认为是犯罪行为时，则不可对该行为作出处罚；而对已经被作出判决并执行中的案件，则要停止执行行为并消除不利后果。"①《西班牙刑法典》在总则也规定"对于新颁布的刑法条款对于犯罪人有利的时候，即使已经作出了有效判决，也要允许法律有追溯力"②。

　　刑法作为"犯罪人的大宪章"，保障犯罪人的权利是其分内之义。如果按照上述第一种观点，已经处于被审判或执行过程中的犯罪的人，无法根据处罚较轻的新刑法减轻处罚或完结刑罚，仍需承担与当下社会价值观不符合的过重刑法，无疑不仅与刑法所承载的公平正义和人道主义精神相违背，还会与刑法溯及力原则保障人权的价值追求相冲突。因此，我们认为，对刑法溯及力的理解，应采取上述第二种观点，即刑法的溯及力是指刑法生效后，对于其生效前的行为能否适用的问题。

二、刑法溯及力原则的概念和理论根据

（一）刑法溯及力原则的概念

　　所谓刑法溯及力原则是指刑法适用时，对其生效前发生的行为是否具有溯及力的适用原则。刑法对其生效前的行为具有溯及力的适用原则可以分为从新原则和从新兼从轻原则；刑法对其生效前的行为没有溯及力的适用原则可以分为从旧原则和从旧兼从轻原则。

　　从新原则是指新刑法生效后对于其生效前的行为按照新刑法处理，新刑法具

---

① 黄风：《最新意大利刑法典》，法律出版社 2007 年版，第 5 页。
② 潘灯：《西班牙刑法典》，中国检察出版社 2015 年版，第 1 页。

有溯及力。

从旧原则是指新刑法生效后对于其生效前的行为按照行为时的旧刑法处理，新刑法没有溯及力。

从新兼从轻原则是指新刑法生效后对于其生效前的行为原则上有溯及力，但旧刑法不认为是犯罪或者处罚较轻的，要按照旧刑法处理。

从旧兼从轻原则是指新刑法生效后对于其生效前的行为原则上没有溯及力，但新刑法不认为是犯罪或者处刑较轻的，则要按照新刑法处理。

当今，维护和保障人权、避免刑罚权的无限扩张成为刑法最为重要的两项任务，法不溯及既往也早就作为一个宪法性原则为大多数国家所接受。因此，当代社会大多数国家的刑法面对刑法的溯及力原则时采用的是从旧兼从轻原则。也可以说，当代社会刑法的主流适用原则是从旧兼从轻原则。因此，在当代社会背景下探讨刑法的溯及力原则问题就是在探讨刑法适用时如何不溯及既往的问题。刑法的溯及力原则指的就是刑法不溯及既往的原则或从旧兼从轻原则。

从旧兼从轻原则与从旧原则同样是刑法在适用时不溯及既往的原则，但相比之下，从旧兼从轻原则更能适应不断更新的社会需求和刑罚轻缓化的发展趋势。面对各种新出现的犯罪类型和犯罪手段，以及不同犯罪行为对社会所带来的危害程度的变化，单纯适用从旧原则已然不能满足复杂的情势需要，也不能尽可能全面地维护公民的权利，单纯适用从旧原则的国家已经越来越少[①]。

从新原则和从新兼从旧原则本质上是与罪刑法定原则相违背的，其弊端是显而易见的，不仅使国民丧失了对行为的预测可能性，侵犯了国民的个人自由，还让国民为不知晓的加重规则付出代价，破坏了公民对法律的信赖。因此，只有从旧兼从轻原则，一方面符合了罪刑法定原则的形式侧面要求；另一方面也顺应刑法轻缓化的要求，与刑罚的人道主义主张相契合。可以说从旧兼从轻原则是目前为止最为科学的适用刑法的时间效力原则。从旧表明法不溯及既往，为人们自由行为划定了界限；兼从轻表明刑法对国民的宽容教化，将对罪犯的责任与宽容包含在适用较轻的惩罚之中，使之积极改正错误，重新再社会化，而不是一味地以重刑重罚来达到折磨罪犯身心的目的。

我国早在 1979 年刑法立法时就采用了从旧兼从轻的溯及力原则。1979 年《刑法》第九条规定："中华人民共和国成立以后本法施行以前的行为，如果当时的法律、法令、政策不认为是犯罪的，适用当时的法律、法令、政策。如果当时的法律、法令、政策认为是犯罪的，依照本法总则第四章第八节的规定应当追诉的，按照当时的法律、法令、政策追究刑事责任。但是，如果本法不认为是犯

---

① 付瑜：《我国刑法溯及力原则》，河北师范大学硕士毕业论文，第 14 页。

罪或者处刑较轻的，适用本法。"但是，在我国 1979 年刑法颁布至 1997 年刑法颁布的这段时间里，我国还颁布了二十三个单行刑法，有的单行刑法却突破了 1979 年《刑法》第九条规定的从旧兼从轻原则。如 1982 年 4 月 1 日全国人大常委会颁布施行的《关于惩治严重破坏经济的罪犯的决定》第二条规定："凡在本决定施行之前犯罪，而在 1982 年 5 月 1 日以前投案自首，或者已被逮捕而如实地坦白承认全部罪行，并如实地检举其他犯罪人员的犯罪事实的，一律按本决定施行以前的有关法律规定处理。凡在 1982 年 5 月 1 日以前对所犯罪行继续隐瞒拒不投案自首，或者拒不坦白承认本人的全部罪行，亦不检举其他犯罪人员的犯罪事实的，作为继续犯罪，一律按本决定处理。"再如，1983 年 9 月 2 日全国人大常委会颁布施行的《关于严惩严重危害社会治安的犯罪分子的决定》规定："本决定公布后审判上述犯罪案件，适用本规定。"这两个单行刑法采用的便是有条件的从新原则和从新原则。直到我国 1997 年刑法的颁布，其第十二条重新确立了从旧兼从轻原则。1997 年刑法已经将上述二十三部单行刑法的大部分规定涵盖其中，并删去了不合理的规定。自此之后，我国相继颁布了十一个《刑法修正案》，没有突破从旧兼从轻原则的规定。可以说，从旧兼从轻原则已经在我国刑法立法中稳固地确定了下来，这是顺应世界刑法立法发展趋势和当代保障人权精神的体现。

我们认为，我国 1997 年刑法第十二条规定的从旧兼从轻原则中的从旧的具体内容包括：第一，旧刑法不认为是犯罪的，适用旧刑法；第二，旧刑法和新刑法都认为是犯罪，但旧刑法处罚较轻的，适用旧刑法。从轻的具体内容包括：第一，旧刑法认为是犯罪，新刑法不认为是犯罪的，适用新刑法；第二，新旧刑法都认为是犯罪，新刑法处罚较轻的，适用新刑法。

（二）刑法溯及力原则的理论根据

1. 法的预先公布性理论

法的预先公布性理论认为，预先公布并被国民所熟知是法律生效的前提，未提前公布的法律是没有法律效力的。也正因为如此，法律一旦公布并被国民所熟知其效力便无法回溯到公布之前的状态。英国法学家布莱克斯最早从法的公布与效力的角度对法不溯及既往作了阐释，其认为，如果行为人因为之后颁布的法律中被认定为犯罪，因为其没有预知未来的能力，此时对其的处罚是不公正的，法律不应该具有溯及既往的效力，只有提前公布的法律才是公正的，法律的制定要受"预先制定"这一术语的限定①。启蒙思想家洛克也认为，统治者要以预先公

---

① 参见［英］威廉·布莱克斯通：《英国法释义（第一卷）》，游云庭、缪苗译，上海人民出版社 2006 年版，第 58 页。

布并为国民所熟知的命令来对国民进行统领，否则便是不正当的①。霍布斯在《利维坦》中也表明任何法律都不能把它出现之前的行为断定为犯罪行为，即使是成文的法令，若是在订立之前未被国民所知晓，那么这法令也无法对国民产生约束力②。

2. 既得权理论

既得权理论即"新法不害既得权"，是启蒙思想家洛克在《政府论》中提出来的。洛克认为，"政府要保护人们已经获得的财产权利，社会中人们依据法律所享有的财产是属于他们个人的，这时，在未经他们允许的情况下，任何人都无权夺走他们的财产，国家也无权以其最高权力或立法权为所欲为。"③ 德国法学家萨维尼在《法律冲突与法律规则的地域和时间范围》一书中也认为，不对国民已经取得的权利产生影响和改变是法不溯及既往的根据。

既得权理论作为法不溯及既往的理论根据和法的预先公布性和可预见性是不同的，既得权理论着力维护国民权利的稳定性，对社会秩序的稳定，国民财产的有序传承起到了积极作用。其从最初的财产权利，逐渐扩充到国民的生命健康权利。而法的预先公布性和可预见性对国民的行为动向指明了方向，使得刑法具备了行为规范的属性。前者是从静态意义上而言的，更多的规制的是国家权力；后者则是从动态意义上而言的，更多的规制的是国民的行为。

3. 法的安定性原则和可信赖原则

信赖保护原则和法的安定性原则是随着法治国家理念的发展而衍生出来的。"法治国理念"是在 19 世纪的早期，德国法学家为早日实现德国现代化、实现德国社会的迅速转型而创造的重要理念，认为法律不仅仅具有工具的意义，其自身也应有其内在价值，法的安定性和可信赖性就是法律重要的内在价值。德国学者拉德布鲁赫提出，安定的法应当是稳定的，它是可以用于实践的制定法，不可以被随意地作出改变或解释，也不可以时常被临时的立法所任意替代④。由此决定了法律是值得信赖的。国民基于已经产生信赖的安定的法律规范来安排自身的行为，也就要求只能用已被知晓并实施中的法律对行为作出约束，而不能用事先并不了解的规则来制约之前的因信赖作出的行为，即要禁止法律的溯及既往。法的安定性和可信性成了当代法不溯及既往原则的重要理论基础和源泉。

---

① 参见［英］洛克：《政府论两篇》，赵伯英译，陕西人民出版社 2004 年版，第 210 页。
② ［英］霍布斯：《利维坦》，黎思复等译，商务印刷馆 1985 年版，第 229 页。
③ ［英］洛克：《政府论两篇》，赵伯英译，陕西人民出版社 2004 年版，第 210 页。
④ 参见孙晓红：《法的溯及力问题研究》，中国法制出版社 2008 版，第 60 页。

三、我国刑法溯及力原则适用中存在的问题

（一）处刑较轻是指宣告刑还是法定刑

1998 年 1 月 13 日公布施行的《关于适用刑法第十二条几个问题的解释》规定："刑法第十二条规定的处刑较轻，是指刑法对某种犯罪规定的刑罚即法定刑比修订前刑法轻。法定刑较轻是指法定最高刑较轻；如果法定最高刑相同，则指法定最低刑较轻。"由此可见，我国司法解释中的处刑较轻指的是法定刑较轻。由此，司法实践中对法定刑较轻的把握也变得更为简单。我们认为，我国《刑法》第十二条规定的处刑较轻应该指宣告刑而非法定刑。理由如下：

首先，法定刑和宣告刑是有很大区别的，法定刑轻并不意味着宣告刑轻，法定刑重也并不意味着宣告刑较重，法定刑是刑法预先规定的幅度刑期，宣告刑是审判机关在法定刑规定的幅度内依据量刑情节，并综合衡量全案具体情况后依法确定的具体刑期。也就是说法定刑是量刑的框架和起点，而宣告刑则是量刑的终点，行为人刑罚的轻重体现在宣告刑上。

其次，如果处刑较轻指的是法定刑较轻，是对罪刑法定原则的实质违反。因为如果在比较刑期过程中不考虑行为人具体因素或忽略了刑罚执行规范的规定，对行为人适用了更重的刑罚，这与适用加重的事后法没有本质区别。而罪刑法定原则从根本上否定适用加重的事后法律，将"处刑较轻"理解为法定刑较轻，虽然在一定程度上可节约司法资源，却是对罪刑法定原则的违反。

有论者认为，宣告刑受到法官主观偏向的影响，对其进行比较从而确定适用较轻的法律，本身带着不公平的基因[①]。我们认为，虽然宣告刑可能会受到一定主观因素的影响，但相较于法定刑的刻板，只有通过综合考虑犯罪事实和量刑情节，结合实际的情况作出的刑罚才更能保障行为人的权利。简单地进行法定刑轻重的比较只是一种程式化的比较，没有对行为人的行为进行全面的考量，不能体现同一个行为中因各种不同因素所带来的刑罚上的较大差异。论者对宣告刑容易受法官主观因素影响的担忧有其合理性，但我们认为这涉及另一个层面上的问题，而不应该当然地成为刑期比较选择上的决定性因素。宣告刑的不等所造成的不公涉及的是司法工作人员的专业素质问题，加强对司法工作人员的筛选和培训，并通过建立明确而健全的配套制度以减少主观因素的影响，必定能更好地实现从旧兼从轻原则的法律价值。

（二）刑法规范整体适用还是部分适用问题

对于"从轻"的法律规范选择上，是整体选择适用一部法律中的规范还是

---

① 参见卢广，李元瑞：《从旧兼从轻原则的错位与勘正》，载《经济与社会发展》2012 年第 1 期。

可以从不同的法律中筛选出对行为人有利的规范进行混合适用，是我国刑法溯及力原则中的争论点。从刑法基本原则的角度来理解，似乎任何选择都不违背罪刑法定原则，因为在刑法规定不明确的情况下，对法律规范的选择适用并非改变刑法规定，但如此做的结果便是在司法实践中产生多次进行选择法律适用的现象。

对于是否可以选择不同法律中的规范进行适用，我国刑法理论界也是存在争议的。有学者认为，必须贯彻整体适用的原则，新刑法和旧刑法只能选择其中之一，不可以混合适用，新刑法中的法条和旧刑法中的法条更不可以交叉适用。因为我国1997年刑法第十二条规定的溯及力原则所确立的从轻是"从一轻"，即在两部法律中选择其中一部，以其内部规范作为裁判依据，而不是在两部法律中选取其中处罚较轻的条款来拼凑成一个较轻的处罚规范，不然，从轻便成了"从若干轻"的法条组合。如果在司法实践中允许司法者将新旧刑法中不同法条进行分解重组作出选择，便会产生司法者造法的疑虑①。也有刑法学者认为，可以在新旧刑法中混合适用处罚较轻的法条。他们认为交替引用新旧刑法中的法条，是在遵循从旧兼从轻原则的基础上选择最有利于行为人的结果，而不是由法官肆意造法，只要是可以独立对量刑产生影响的因素，本着以最大化的角度保障行为人利益的出发点，都可以选择较轻的规范予以适用。在具体适用时可以这样操作，在判断是否构成犯罪上可以适用一部法律，对影响量刑情节的规范可以在不同法律中寻找。还有学者认为，我国1997年刑法应视为1979年刑法的修正和延续，因此，本身我国只存在一部刑法，其中的法条当然可以交叉适用②。

我们认为，整体适用刑法法条比交叉适用更具有合理性。理由如下：第一，从我国1997年刑法第十二条的规定来看，其本意就是从"当时的法律"和"本法"选择其一来进行适用，如果对新旧刑法进行交叉适用，刑法第十二条便不会如此表述。第二，所谓刑法溯及力原则中的从轻，并非简单的法条组合，处刑较轻并不意味着行为人最后得到了较轻的处罚，综合各方因素得出的最终刑罚较轻才应该是决定溯及力原则适用法条选择时的标准。第三，刑法的正义性一定程度上体现在它的可预测性上，可预测性要求法律规范具有明确性，这也是罪刑法定原则的应有之义。然而，如果国民要将法律进行重新"排列组合"才能知悉自己行为可能带来的后果，如此也就违背了法的可预测性原则。

（三）再审中的刑法溯及力问题

对于再审案件，根据最高人民法院1997年《关于适用刑法时间效力规定若

---

① ［意］杜里奥·帕多瓦尼：《意大利刑法学原理》，陈忠林译，法律出版社1998年版，第37页。
② 参见曲新久：《论刑法解释与解释文本的同步效力：兼论刑法适用的逻辑困境》，载《政法论坛》2006年第2期。

干问题的解释》（以下简称《解释》）的规定，"适用行为时的法律"。对于再审案件，能否适用从旧兼从轻原则，在我国刑法理论界历来存在争议。有学者认为，《解释》第十二条关于"按照审判监督程序重新审判的案件，适用行为时的法律"的规定具有合理性，因为按照我国 1997 年《刑法》第十二条的规定，"依照当时的法律已经作出的生效判决，继续有效"，表明刑法的溯及力不及于已经生效的判决，而按照审判监督程序再审的案件，针对的是已经发生法律效力的判决，从维护刑事判决既判力的意义上来讲，不能适用从旧兼从轻原则，只能按照当时的法律进行审理。再者，审判监督程序启动的目的在于纠正原判的错误，而只有按照同一标准对同一行为进行判决，才能更体现法律的公平原则。如果以审判监督程度的启动为由，依据现行法律对原来的行为进行评判，当新法处罚较轻时，势必等于将审判监督程序变为行为人肆意行使权利的工具，对司法的权威造成实质性损害。有学者并不赞成《解释》关于再审案件适用行为时法律的规定，认为这一规定只是机械地遵守了法不溯及既往的原则，没有给从轻原则留下任何适用的余地，是对行为人权利的忽视。从世界立法趋势来看，轻法能够溯及既往已成为刑事立法的一项原则，有利于行为人的事后法应该适用于判决已经生效的案件，包括按照审判监督程序决定再审的案件①。

我们认为，上述两种观点都有一定的合理性。不能只顾及行为人权利的保障而忽视法律的权威和刑事判决的既判力的维护，也不能只顾及法律的权威和刑事判决既判力的维护而忽视行为人权利的保障。我们可以将二者统一起来来理解，具体的做法是，在案件进入审判监督程序之前要进行严格的审查，不能基于刑法的变更对所有可能处罚更轻的案件进行重新审判，从而降低审判监督程序滥用的可能性。但对确有错误的刑事案件，当审判监督程序启动后，我们可以理解为其既判效力处于待定状态，这种效力待定状态可以和我国 1997 年《刑法》第十二条规定的"刑法生效后尚未作出判决的案件"放在同等地位和意义上来理解，因而可以适用从旧兼从轻原则，如果按照审判监督程度再审的案件，新刑法处罚较轻，就要适用新刑法。

我国刑事司法实践中，也存在再审程序中按照新的刑事法律进行裁判的案例，聂树斌案件即是如此。1994 年，聂树斌因被石家庄市公安局郊区分局民警怀疑为一起强奸杀人案的犯罪嫌疑人被逮捕；1995 年经过二审终审被判处并执行死刑。2005 年，王书金供述曾强奸杀害聂树斌案的被害人。2014 年 12 月，最高人民法院根据河北省高级人民法院申请和有关法律规定精神，决定将该院终审

---

① 参见林维，王明达：《论从旧兼从轻原则的适用——以晚近司法解释为中心》，载《法商研究》2001 年第 1 期。

的聂树斌故意杀人、强奸妇女一案，指令山东省高级人民法院进行复查。山东省高级人民法院经复查认为，原审判决缺少能够锁定聂树斌作案的客观证据，在被告人作案时间、作案工具、被害人死因等方面存在重大疑问，不能排除他人作案的可能性，原审认定聂树斌犯故意杀人罪、强奸妇女罪的证据不确实、不充分，建议最高人民法院启动审判监督程序重新审判。最高人民法院经审查，同意山东省高级人民法院意见，认为原审判决据以定罪量刑的证据不确实、不充分。依照《中华人民共和国刑事诉讼法》第二百四十二条第（二）项、第二百四十三条第二款之规定，决定提审本案。2016年6月6日，最高人民法院决定按照审判监督程序对聂树斌案件进行重新审判，2016年12月2日，最高人民法院第二巡回法庭对原审被告人聂树斌故意杀人、强奸妇女再审案公开宣判，宣告撤销原审判决，改判聂树斌无罪。在本案中，改判聂树斌无罪的依据是2012年的刑事诉讼法及相关司法解释的规定。聂树斌案的改判得到了社会各界的一致肯定，由此可见，在再审案件中适用从旧兼从轻原则能够在维护法律权威的同时保障行为人的权利。

（四）刑事司法解释的溯及力问题

刑事司法解释是我国特有的一种司法现象，在我国，刑事司法解释具有一种"立法化"的倾向，在刑事司法实践中发挥着重要作用。对于刑事司法解释的溯及力问题，最高人民法院和最高人民检察院于2001年12月7日颁布的《关于适用刑事司法解释时间效力问题的规定》（以下简称《规定》）规定："一、司法解释，自发布或者规定之日起施行，效力适用于法律的施行期间；二、对于司法解释实施前发生的行为，行为时没有相关司法解释，司法解释施行后尚未处理或者正在处理的案件，依照司法解释的规定办理；三、对于新的司法解释实施前发生的行为，行为时已有相关司法解释，依照行为时的司法解释办理，但适用新的司法解释对犯罪嫌疑人、被告人有利的，适用新的司法解释；四、对于在司法解释施行前已办结的案件，按照当时的法律和司法解释，认定事实和适用法律没有错误的，不再变动。"由此可见，《规定》前二条承认司法解释具有溯及力，而第三条又否认司法解释具有溯及力。对于第四条，司法解释是否具有溯及力无从得知。因此，《规定》对司法解释是否具有溯及力问题上，持的是相互矛盾的观点。

刑法学界关于司法解释是否具有溯及力也存在争议。肯定说认为，司法解释不是法，是司法机关根据宪法或宪法性法律发布的对法律适用过程中问题作出的进一步的解释说明，其依附于刑法条文，不具有独立的地位，因此，其适用于刑法条文实施后的全过程，在刑法条文颁布后出台的司法解释应该具有溯及力。否定说认为，司法解释不是单纯地解释刑法条文字面上的意思，实际上它更多是对刑法条文的进一步的延伸，对实务中的定罪量刑起着重要的作用，甚至是司法工作者办案过程中的首选根据，此时司法解释被认定为"准立法"的地位，其和刑法条文一样不应该具有溯及力。折中说则认为，对于司法解释生效前未处理的案件应该具有溯及力，已经判决的则不具有溯及力。

我们认为，探讨刑法司法解释的溯及力问题，应该首要区分的是刑法司法解释的效力问题和溯及力问题。所谓刑法司法解释的效力问题指的是由于刑法司法解释的特殊作用所决定的其效力区间问题。根据我国相关法律解释，刑法司法解释是在法律适用过程中由最高司法机关作出的解释，其法律效力和刑法规范等同，但刑法解释又是对刑法条文的解释说明，其效力当然适用于刑法规范有效施行的期间。对于刑法条文生效后，刑法司法解释生效前的实施的行为，刑法解释当然可以适用，但这并不是刑法司法解释的溯及力问题，所探讨的是司法解释的效力地位问题。对于刑法条文生效前所实施的行为，刑法司法解释是否可以适用才是探讨刑法司法解释的溯及力问题。我们认为，既然刑法解释和刑法条文具有同等的效力和地位，对于刑法条文生效前实施的行为，刑法司法解释不具有溯及力，应当坚持从旧原则，但刑法司法解释有利于行为人时，应该坚持从旧兼从轻原则。对于刑法条文生效后，相继出现两个司法解释时，如何适用，此时也涉及刑法司法解释的溯及力问题，因为刑法司法解释的效力等同于刑法条文，如果对一个条文出现两个司法解释，说明已经产生两个"准刑法条文"，在刑法条文适用时我们坚持从旧兼从轻原则，在对新旧司法解释适用问题上，我们当然应该坚持从旧兼从轻原则。

以上探讨了关于司法解释是否具有溯及力的三个问题，第一是对于刑法条文生效前发生的行为，如何适用刑法司法解释的问题；第二是对于刑法条文生效后，刑法解释生效前的行为如何适用刑法司法解释的问题；第三是刑法条文生效后，相继出现新旧刑法解释，行为发生在新旧司法解释之间或新司法解释之后如何适用刑法解释的问题。还有一个关于刑法司法解释的衍生问题，即当刑法条文变更后，以前的司法解释能否适用的问题。对此，最高人民法院 1997 年发出的《关于认真学习宣传贯彻修订后〈中华人民共和国刑法〉的通知》第五条中规定："新刑法实施后旧司法解释原则上不再予以适用，当其中与旧司法解释相关的条文实质内容并没有发生改变的，在新司法解释公布前，人民法院可以以此作为参照在案件审理中予以执行，但司法解释所解释的条文内容在新刑法中已发生实质改变的，该司法解释便不能再予以适用。"我们认为，此规定具有部分合理性。如前所述，司法解释是对刑法条文的解释说明，当被解释的刑法条文不具有法律效力时，司法解释自然失效，因此新刑法实施后旧司法解释原则上是不能适用的，司法实践中只可以将其作为参考，却不能适用或执行。

四、我国刑法溯及力原则的立法完善

对于刑法溯及力中"从轻"的判定标准的立法模式，主要存在两种立法模式：一种是法定刑主义，即以刑法规定的"法定刑"的轻重为判定标准。我国《刑法》就是采用的法定刑主义的立法模式；一种是有利于行为人主义的立法模式，这种模式以多重判定标准为依据，不仅考虑法定刑的轻重，还要考虑影响判处刑法轻重的因素，综合得出"从轻"的适用标准①。我们认为，有利于行为人主义的立法模式更具有合理性，能够在最大限度内保障行为人的权利，符合世界刑法轻缓化的立法趋势。因此，我国 1997 年《刑法》第十二条关于溯及力问题的规定，应当以"有利于行为人"替换"处刑较轻"的表述，如此才能将影响刑罚轻重的量刑情节和量刑规范囊括其中，在量刑时遵循"根据新旧法分别假定行为可能判处的刑罚——对所得两种刑罚进行全面比较——确定应适用的法律"的判断顺序，得出最有利于行为人的量刑结果。

如前所述，我国 1997 年刑法在溯及力原则的适用范围问题上，采取的是刑事既判力和溯及力相分离的方式，即"从旧兼从轻原则"只适用于在刑法生效之前的尚未审理完毕的案件。如此，虽然维护了司法的权威性，却未能顾及已经判决行为人的权利。我们认为，司法实践中，对所有的已经判决的行为人适用从旧兼从轻原则进行再次审理并不现实，合理的做法是采取折中主义，即在刑法中规定，从旧兼从轻原则的适用范围不仅包括新法出台时未经审理或判决尚未确定的案件，还包括旧法认为有罪而新法改为无罪的尚未执行完毕的案件，对于新法只是减轻了刑罚的已决案件不再溯及既往。如此，既维护了司法权威，又保障了行为人的权利。另外，对确有错误的刑事案件，当审判监督程序启动后，不应该只使用行为时的法律予以裁判，应该严格遵守从旧兼从轻原则。

---

① 如我国台湾地区的"刑法"第 2 条第 1 款规定："行为发生在法律发生变动之前的应适用变动之前的刑法进行审理，但如果变动后的刑法规定更有利于行为人，则适用有利的刑法。"《越南刑法典》第 7 条第 3 款规定："本法废除的某个罪名、某种刑罚、某个加重情节、增加的某个罪行较轻的刑罚、从重情节或者扩大的缓刑、免予刑事责任、免予刑罚、减刑、注销案籍等对被告有利的规定在适用范围时，这些规定可适用于本法生效前实施的行为。"

第三章　　刑法中的定罪原则

第一节　　刑法中的定罪原则概述

一、关于定罪原则的不同观点要览

关于定罪的原则，从我国目前刑法理论的研究现状来看，并未达成共识，而存在着各种观点的聚讼。归纳起来，主要有以下几种不同的观点。

一原则说。该说认为，在我国，关于犯罪认定的原则就是以事实为根据、以法律为准绳的原则①。即在认定犯罪的过程中必须以犯罪事实、犯罪性质、犯罪情节和犯罪对于社会的危害程度以及刑法总则和刑法分则所规定的各种犯罪的构成特征来加以认定。这是何秉松教授于 1986 年提出的观点。

二原则说。关于二原则说的观点有两种。第一种观点认为，定罪的基本原则，是指司法机关在定罪活动中必须遵循的基本准则。根据我国刑事法律规定的基本精神和司法实践的经验，定罪的原则主要有主客观相统一和疑罪从宽两个原则②。第二种观点认为，作为经常的针对普遍刑事案件而言，其定罪的基本原则是以事实为根据，以法律为准绳的原则和主观与客观相统一的原则③。

三原则说。该说认为，定罪作为审判工作的一个重要的环节，有一些审判工作的基本原则是必须遵守的。这主要是：（1）严肃与谨慎相结合原则；（2）以事实为根据、以法律为准绳原则；（3）法律面前人人平等原则④。

四原则说。关于四原则说的观点有四种。第一种观点认为，定罪的原则是司

---

① 何秉松：《建立具有中国特色的犯罪构成理论新体系》，《法学研究》1986 第 1 期。

② 赵廷光：《中国刑法原理（总论卷）》，武汉大学出版社 1992 年版，第 324 页。

③ 高格：《定罪量刑的理论与实践》，吉林人民出版社 1994 年版，第 27 页。

④ 何秉松：《刑法教科书》，中国法制出版社 1993 年版，第 324 页。

法人员在定罪工作中必须遵循的基本准则。根据我国刑事立法的基本精神和司法实践的经验，定罪的基本原则主要有以下四条：（1）主客观相统一原则；（2）协调统一原则；（3）平等公正原则；（4）严肃与谨慎相结合原则①。第二种观点认为，定罪的原则，是司法机关在定罪活动中必须遵循的基本准则。定罪活动应遵循以下几条原则：（1）合法原则；（2）平等原则；（3）协调原则；（4）谦抑原则②。第三种观点认为，定罪的基本原则是定罪工作的基本准则和立足点，是保证定罪正确性的重要条件。根据我国刑事法律规定的基本精神和司法实践的经验，定罪的基本原则可以概括为多条，其中比较重要的，尤其是较有现实意义的有四条，即主客观相统一的原则、协调统一原则、平等公正原则和疑罪从宽原则③。第四种观点认为，在我国刑法理论上，定罪的基本原则有以下四项，即：依法定罪原则、客观公正原则、必要性原则和疑罪从无原则④。

　　六原则说。该种观点认为定罪的原则有以下六个方面：（1）罪刑法定原则；（2）以事实为根据、以法律为准绳原则；（3）主客观相一致原则；（4）罪责自负反对株连原则；（5）平等原则；（6）严格按照刑事诉讼程序定罪原则⑤。

二、关于定罪原则的确立标准

　　众所周知，任何事物要能够成立都必须遵循一定的标准，这一标准不仅是表明其存在的根本理由，同时也是区分一事物与另一事物之间的界限之所在。有鉴于此，我们认为，要确定犯罪认定的基本原则，也必须遵循一定的标准。一般来讲，其标准可以从以下两个方面来加以把握：

　　第一，作为犯罪认定的原则必须为定罪活动所特有，如果不是定罪活动所特有的原则，则不能作为犯罪认定的原则。例如，罪刑法定原则、罪责自负反对株连的原则、平等原则是刑法的基本原则，虽然在定罪的过程中也必须遵守这些方面的原则，但是它们毕竟不是定罪所特有的原则，而是整个刑事立法、刑事司法和刑事执法的过程中都必须遵守的基本准则，尤其是平等原则作为一项宪法原则，其适用面则更为宽泛，不管是刑事、民事、行政、经济等立法与司法活动都必须贯彻执行，因此将它们作为定罪活动中必须遵循的原则，显然是不合适的。至于严格按照刑事诉讼程序定罪的原则，虽然强调了定罪过程中不仅要重实体而且更要重程序的理念；但是，我们知道，定罪活动就其本身而言是一个实体判断问题，虽然定罪的过

　　① 赵长青：《中国刑法教程》，中国政法大学出版社 1994 年版，第 144－145 页。
　　② 苏惠渔：《刑法学》，中国政法大学出版社 1994 年版，第 242－245 页。
　　③ 王勇：《定罪导论》，中国人民大学出版社 1990 年版，第 34 页。
　　④ 赵秉志，吴振兴：《刑法学通论》，高等院校出版社 1993 年版，第 297－300 页。
　　⑤ 马克昌：《刑法学全书》，上海科学技术文献出版社 1993 年版，第 42 页。

程要严格依程序办事，但程序毕竟是程序，它不能代替刑事实体法对定罪的判断。因此，将程序法上应遵守的原则作为定罪原则也有所不妥。

第二，作为犯罪认定的原则必须是贯穿于定罪活动整个过程的原则。众所周知，定罪作为刑事审判活动的一个重要环节，是准确量刑的前提和基础。只有在定罪活动的整个过程中严格遵守犯罪认定的原则，才能保证犯罪认定的正确性与科学性。因此，在定罪的过程中，既不能以犯罪认定过程中某一环节的原则来定罪，也不能以犯罪认定过程以外的原则来定罪。只有那些贯穿于定罪活动整个过程的原则，才应当成为犯罪认定的原则。

根据以上确定定罪原则的两个基本标准，我们认为，刑法中的定罪原则应包括主客观相统一原则、合法性原则、协调统一原则、疑罪从无原则和谦抑原则。

第二节　刑法中的定罪原则分述

一、主客观相统一原则

（一）主客观相统一原则的内涵

主客观相统一是认定犯罪的标准。现代刑法学发展过程中，定罪是以行为人的主观恶性为标准，还是以客观事实为标准存在着巨大的争议，也由此形成了客观主义和主观主义的长期对立，当二者由对立走向统一时便形成了主客观相统一的定罪原则。

客观主义形成于 19 世纪之初，是刑事古典学派的理论。在启蒙运动开展之前的欧洲社会，罪刑擅断成为一种司法常态。17、18 世纪资产阶级启蒙思想家针对封建刑法中罪刑擅断、践踏人权的黑暗现实，明确地提出了罪刑法定的主张，使罪刑法定的思想更为系统，内容更为丰富。正如贝卡里亚所指出的："只有法律才能为犯罪规定刑罚。"[①] 资产阶级革命胜利后，罪刑法定这一思想由学说转变为法律，在资产阶级宪法和刑法中得到确认，如此便剥夺了司法者罪刑擅断的权力。既然刑法以罪刑法定为原则，那么对于犯罪的规定自然以行为为核心，也因此在罪刑法定原则确立之初，刑事立法和刑事司法都崇尚客观主义。客观主义把行为客观上造成的对社会的危害作为犯罪的本质和犯罪成立的基础，认为犯罪对社会的危害是衡量犯罪的真正的标尺。客观主义建立了以行为为核心的犯罪论，虽然其强调客观的外部动作及外界所引起的结果，但并没有否认行为人

---

① ［意］切萨雷·贝卡里亚：《犯罪与刑罚》，黄风译，北京大学出版社 2014 年版，第 14 页。

的主观意志，只不过认为有自由意志的所有人的精神状态都是一样的，犯罪的大小轻重依所实施的行为（客观事实）的大小轻重而定①。

19 世纪中叶之后，客观主义不断受到批判。因为随着社会犯罪率的不断上升，尤其是累犯和青少年犯罪的大幅度增加，以外部行为为处罚对象的刑法显得力不从心。与此同时，自然科学得到长足发展，自然科学中的实证研究方法在社会科学中的运用，极大地改变了人类对社会现象的认知。意大利的犯罪人类学派的创立者龙勃罗梭首先肯定犯罪的人类学、遗传学的原因，阐明了犯罪是自然的、必然的现象以及犯罪人的重要性。随后，菲利在其论著中突出了犯罪的社会的、物理的原因，加罗法洛在其著作中论证了犯罪人的危险性是犯罪的中心要素。这些思想旨在说明犯罪的中心不是行为而是行为者即犯罪人，强调与犯罪作斗争的中心在于犯罪人的危险性、反社会性格，与犯罪中心主义的古典刑法理论相对而主张必须研究犯罪人，并根据犯罪人的分类使犯罪对策个别化。由此，主观主义的定罪理论便应运而生。主观主义并不重视外在的行为，而是认为犯罪人的人身危险性是衡量犯罪的真正尺度。

主观主义与封建社会时期的以主观意图归罪也有本质区别，其建立在对犯罪原因的实证分析之上，与客观主义相比更能适应刑罚个别化的需要，对于减少犯罪的滋生具有进步意义。但是，正如客观主义否定罪刑擅断的进步意义一样，其亦可以否定主观主义关于人身危险性判断的主张。因为目前的科学技术还不能对人身危险性进行测定，如果对人身危险性的判断缺乏具体可行的措施，那么必然存在侵害公民权利的潜在可能性。也正因为如此，目前，只有少数国家的刑法采用主观主义，客观主义仍占主流地位。但是，出于形势所迫，各国在制定刑法时又没有完全采用纯粹的客观主义，而是在以客观主义为基础构建犯罪认定框架的同时，兼顾主观主义的一些主张，采取的是一种折中主义的做法。具体来说，在立法上坚持将罪刑法定原则作为刑法的基本原则，对于犯罪之处罚，重视外部行为及其造成的社会危害；同时，认为纯粹的无意识的行为，虽然造成了社会危害，但并不构成犯罪。在规定刑罚时，兼顾主观主义和客观主义的主张，认为由犯罪事实决定基本的刑罚量，再根据人身危险性对其进行调整，并认为无行为者虽然不可处罚，但有行为却未必一定科处刑罚，可根据人身危险性给予缓刑、减刑或假释的处遇②。我们认为，折中主义的做法切实可行。因为客观主义针对封建社会的罪刑擅断偏向于对人权的保护，而主观主义针对现实的犯罪问题偏向于

---

① 周洪波：《论定罪原则》，载《首都师范大学学报》（社会科学版）2002 年第 2 期。
② 参见苗生明：《论主客观相统一的定罪原则》，载《政法论坛》（中国政法大学学报）1998 年第 2 期。

对社会的保护，而折中主义则体现了两种价值的调和与兼顾。

以上对主观主义和客观主义发展历程的简要回顾，对于我们更深刻的理解主客观相统一原则的内涵大有裨益。从犯罪成立和追究刑事责任的角度来讲，主客观相统一原则是指，在认定犯罪时必须坚持客观和主观兼顾的标准，即行为人客观上必须实施了危害行为，主观上必须具有罪过才构成犯罪，犯罪是人的行为和主观罪过的统一体。这是主客观相统一原则的第一层内涵。前述，刑法的定罪原则必须贯穿于定罪的全过程，对定罪活动的全过程具有指导性和约束力，而非只对局部性、阶段性的定罪活动具有效力。也因此，主客观相统一还应该指法官从事定罪活动时遵循的指导思想和方法论，即法官的主观认识和案件客观事实相统一。这是主客观相统一原则的第二层内涵。

综上所述，主客观相统一原则是指司法人员在认定某一行为构成犯罪时应坚持主观与客观相统一的标准，在定罪活动中，司法人员的主观认识要与案件的客观事实相统一。

（二）主客观相统一原则的理论基础

1. 客观主义的理论基础

客观主义的理论基础是形而上学的唯心主义，集中表现为意志自由论。意志自由论原是神学教义的一个基本命题，古罗马著名哲学家奥古斯丁曾经竭力倡导意志自由论。奥古斯丁认为，人类是要追求幸福的，但人类又是罪恶深重的，只有赎罪修行才能得到上帝的宽恕，从而得到幸福。但是，人类不能自己得救，因为人类为原罪所决定，已经失去了意志自由，陷入不得不犯罪的状态。然而责任是以意志自由为前提的，没有自由的行为，就无所谓行为的责任。为罪恶而能惩罚的行为，必然是由自由意志而产生的行为。奥古斯丁宣扬的意志自由论的主体是上帝而不是人，因为上帝是第一原因，它既推动了自然原因，又推动了生产善良意志的原因。保护意志自由就必须遵从上帝的意旨弃绝世俗的欲念。刑事古典学派扬弃了中世纪意志自由论中的宗教意蕴，形成一个十分重要的哲学命题。这个命题的核心是自由意志，是指人们在自己推理的基础上，在不完全受各种限制的支配的基础上，对各种事物进行选择以及在特定情况中从事活动的力量或能力。在刑事古典学派中，康德的绝对命令就是建立在意志自由的基础之上的，例如康德指出："意志是有生命东西的一切因果性，如若这些东西是有理性的，那么，自由就是这种因果性所固有的性质，它不受外来原因的限制，而独立地起作用，正如自然必然性是一切无理性东西的因果性所固有的性质，它们的活动在外来原因影响下被规定。"① 黑格尔也指出："法的基地一般说来是精神的东西，它

———————
① ［德］康德：《道德形而上学原理》，苗田力译，上海人民出版社1986年版，第100页。

的确定的地位和出发点是意志。意志是自由的，所以自由就构成法的实体和规定性。"① 根据自由意志论，犯罪人基于自由意志而选择了犯罪，由于每个人的自由意志都是同等的，因此，只能根据自由意志的外部现实行为及其后果为着眼点来确定犯罪行为并作为刑事责任的基础。

2. 主观主义的理论基础

主观主义的理论基础是机械唯物论，集中体现为行为决定论。行为决定论在哲学上又被称为宿命论，它原是神学教义的一个基本命题，是从宗教所赋予的上帝的特征中衍生出来的，这些特性是全能（权力无限）和全知（知识无穷）。按照这些宗教的说法，由于上帝创宇宙和包括人在内的宇宙万物，所以它能够做到一切，知道过去、现在和将来的一切。由于这些特征，世界历史上过去、现在和未来的一切事物，可以认为是注定如此，是可以预知的。在主观主义学派中，龙勃罗梭基于行为决定论，认为犯罪是由于生物学的因果和生理学的特征决定的，从而得出天生犯罪人的结论。李斯特则认为犯罪是客观环境条件造成的必然的而且是不可避免的结果，指出："犯罪是由实施犯罪行为当时行为者的特性，加上周围环境的影响所产生的。"② 根据行为决定论，犯罪根本不是犯罪人自由选择的结果，因此，应当根据行为人的人身危险性认定犯罪并作为刑事责任的基础。

3. 主客观相统一原则的理论基础

我国的主观与客观相统一的定罪原则是以马克思主义的辩证唯物论为其哲学基础的，因而根本不同于客观主义与主观主义的理论基础。马克思主义不仅对于绝对的意志自由论持否定态度，而且对于行为决定论也同样予以断然否定。根据马克思主义的观点，人的活动是具有自觉能动性的，但这并不等于意志的绝对自由，人的认识和活动并不是随心所欲的，而是受客观存在和客观规律制约的。人们只有在正确地认识和利用客观规律时才能获得意志的相对自由，这就是马克思主义的相对的意志自由论。根据这一观点，犯罪人的犯罪不是完全被决定的，而是根据其本人的意愿选择的。当然这种意愿本身又不能脱离一定的社会物质条件，因此，犯罪人应当对本人的危害社会的行为承担刑事责任，这种刑事责任乃是建立在犯罪人的社会危害性与人身危险性的统一的基础之上的，这是相对意志自由论的必然结论。

（三）主客观相统一原则的必要性

1. 我国刑事法律自身的要求

我国刑法整体上贯穿了主客观相统一的精神。例如我国 1997 年《刑法》第十三条规定的犯罪概念以及第十四条规定的故意犯罪的概念和第十五条规定的过

---

① ［德］黑格尔：《法哲学原理》，范扬、张企泰译，商务印书馆 1961 年版，第 11 - 15 页。

② ［德］李斯特：《德国刑法教科书》，徐久生译，法律出版社 2000 年版，第 416 页。

失犯罪的概念，都表明了行为只有在一定的有意识有意志的心理状态支配下实施，并对社会造成一定危害时才能构成犯罪。1997 年《刑法》第十六条还进一步明确规定："行为在客观上虽然造成了损害结果，但是不是出于故意或者过失，而是由于不能抗拒或者不能预见的原因所引起的，不是犯罪。"主客观相统一还体现在正当防卫、紧急避险、故意犯罪的发展阶段、共同犯罪等刑法规定上。例如，我国刑法只规定对犯罪预备、犯罪未遂、犯罪中止要予以定罪，却没有把犯意表示也看成犯罪，这是因为犯意表示不具备一定的客观行为。又如，世界上许多国家的刑法都规定预备犯法律有规定的才定罪（在刑法分则中规定预备犯），而我国刑法却在总则中规定了预备犯，表明对所有预备犯都应定罪，这也体现了主客观相统一的原则。因为预备犯在主观上具有一定的犯罪故意，在客观上又实施了一定的行为，从犯罪构成的角度而言，已经具备了主客观的构成要件，应当予以定罪处罚。此外，在我国刑法分则中也有许多规定必须具备某种特定目的或者明知才能构成犯罪。这都说明我国刑法是体现了主客观相统一原则的。在定罪工作中严格遵循这一原则实际上也就是依法办事，是社会主义法治的必然要求。

　　2. 惩罚犯罪与预防犯罪的需要

　　客观主义的定罪理论把立足点放在对犯罪的惩罚之上，在刑罚上就表现为"报应主义"，主观主义的定罪理论则把立足点放在对犯罪的预防上，在刑罚上就表现为"目的主义"。这种把惩罚犯罪和预防犯罪相分离的片面的观点是不科学的。惩罚犯罪与预防犯罪实际上是手段与目的的关系。惩罚犯罪的目的是预防犯罪，而预防犯罪目的的实现又必须基于惩罚犯罪的手段，惩罚犯罪与预防犯罪的效果是同时而生的。因此，惩罚犯罪和预防犯罪是一个不可分割的统一体，是定罪的两个基本落脚点。任何定罪活动都应当贯穿着既要惩罚犯罪、又要预防犯罪的精神。在客观归罪的场合下，定罪仅仅考虑到对行为的惩罚，而不问其对特殊预防的效果如何；而在主观归罪的场合下，定罪又一味追求遏制犯罪的结果，而不问是否已经发生了实际的危害社会的行为。而我们坚持既要惩罚犯罪又要预防犯罪，就必须在定罪工作中贯彻主客观相统一的原则。

　　（四）主客观相统一原则的具体内容解析

　　1. 犯罪构成事实的主观与客观的统一

　　（1）主观

　　主观是指对犯罪的主观评价，即对犯罪人的主观恶性的考察。在大陆法系刑法理论中，主观恶性集中体现在责任这个概念上。责任意味着行为人在具有责任能力和故意或过失的情况下实施犯罪行为，因而具有谴责可能性，因此，责任的本质实际上就是一个主观恶性的问题。在英美法系刑法理论中，主观恶性集中体现在犯意这个概念上。对犯罪要求有犯意，在英美刑法的以下原则中得以体现：

"没有犯罪意图的行为不能构成犯罪。"① 在英美刑法中，检验犯意具有两种标准：客观标准与主观标准。客观标准是指对每个案件的事实都要考察被告人的行为是否达到了在当时被普遍接受和认可的道德标准。如果事实查明被告人的行为没有像一个遵从道德准则的人所应当实施的行为那样，这就证实他有犯罪意图。尽管采用公认的道德准则作为认定犯罪意图的标准实际上意味着法院客观地评价被告人的行为，然而，在相当程度上必须考虑被告人真实的心理活动，这就出现了主观标准。因此，无论是大陆法系还是英美法系，在定罪时都注重犯罪人的主观恶性，以此作为定罪的主观根据。

（2）客观

客观是指对犯罪的客观评价，即对犯罪行为的客观危害的考察。所谓客观危害是指对社会造成的侵害，这种侵害主要是通过犯罪行为及其所造成的一定犯罪结果体现出来，因而具有某种客观性。客观危害首先是行为的属性，根据行为是否具有客观危害可以将犯罪行为与非罪行为加以区分。其次，客观危害是一种事实，即犯罪行为在客观上造成的危害社会的事实，这一事实也正是定罪的客观基础。最后，客观危害是对法益的侵害，因而具有不法的性质。总之，只有全面地理解客观危害，才能为定罪提供客观根据。

（3）主观与客观的统一

主观与客观的统一，表明某一行为之所以作为犯罪处理，首先是由于这种行为造成了法益侵害结果，或者至少具有法益侵害危险，因此，犯罪的客观上的法益侵害性是犯罪评价的重要根据。事实上，人的行为是受主观的意识与意志支配的，因而对犯罪的评价应当从客观上表现出来的法益侵害性，追溯到主观上的违法性意识及其可能性，揭示行为人的犯罪人格对于外部身体动作的支配性。一般来说，刑法上所谓主观主义与客观主义，是指价值判断之对象而言的。也就是说，主观主义侧重于行为人之人格，而客观主义则偏重于犯罪行为与结果的实害，因此，那种以为主观主义完全不考虑人的外部行为，客观主义则毫不关注人的内部精神的认识，纯属误解。坚持主观与客观相统一的原则，意味着在犯罪评价上，主观标准与客观标准两者并重。

从刑法史的角度考察，定罪经历了一个从客观归罪到主观归罪，再到主观与客观相统一的演变过程。客观归罪是以结果责任为特征的，只要发生了危害结果，不问行为人主观上是否具有罪过，均以犯罪论处。中国古代刑法尽管在夏、商、周就有故意与过失之分，对行为人的主观心理予以重视，然而，这并非意味着中国古代不存在结果责任。《秦律》中"戍边，失期当斩"的规定，是明显的

---

① ［英］J. W. 塞西尔·特纳：《肯尼刑法原理》，王国庆等译，华夏出版社 1989 年版，第 13 页。

客观归罪。即使是在《唐律》中，由于将过失理解为没有故意，因而过失责任具有强烈的客观归罪的色彩。在某种意义上说，罪过观的发达程度是以过失概念的发展为标志的。因此，中国古代刑法中过失概念的泛化，实际上是在过失责任中包含了客观归罪的内容。在欧洲古代刑法中，存在一个严格责任时期，因而支配着当时刑法的是这样一种观念：一个人当其所实施的行为造成了明显的损害结果时，他就应当对之承担责任。因此，通行的是"无意识地实施了过错行为，则要有意识地去补偿"①的原则。这种刑法中的结果责任，是以原始朴素的因果观念为基础，同时也体现了古代立法者对于主观罪过认识上的局限性。因为相对于客观上的危害结果而言，主观上的犯罪意图是更为隐蔽而难以认识的。随着社会的发展，结果责任衰落，思想意识对于行为的支配性越来越被人们所认识。在这种情况下，客观归罪开始向主观归罪转变。主观归罪是以主观责任为特征的，只要行为人具有主观恶意，即使在客观上并未实行一定的危害行为或者这种危害行为并未发生一定的危害结果，也以犯罪论处。在中国古代，主观归罪滥觞于汉初，随着儒家伦理思想统治地位的确立，诛心之说开始主导刑法，对所谓腹诽之罪的追究，就是主观归罪的典型。诛心之说更为完整的理论表述是原心论罪，这是根据儒家经典《春秋》用于断案直接引申出的原则，即所谓："春秋之治狱，论心定罪。志善而违于法者免，志恶而合于法者诛。"② 在这种情况下，有罪与无罪不是根据外在行为来判断，而是根据内心善恶来确定。在欧洲中世纪，主观归罪主要是宗教神学侵蚀刑法的结果，宗教教义是以恶意为中心的一种思想体系，反映在刑法中，注重人的主观恶性，甚至主张"行为无罪，除非内心邪恶"③。在这种情况下，犯罪不是取决于行为，而是取决于内心邪恶。

现代刑法中的主观与客观的关系，在刑事古典学派和刑事实证学派的争论中得以重塑。刑事古典学派以客观主义为特征，主张行为本位的刑法（行为刑法），强调行为的社会危害性在犯罪中的核心地位，例如，刑事古典学派代表人物贝卡里亚从主观意图的差异性和变异性出发，论证了不能以主观意图作为衡量犯罪的标准。当然，由于贝卡里亚并不否认人的意志自由是构成犯罪的前提，因此其客观主义立场与古代刑法的客观归罪是截然不同的。即使是费尔巴哈，虽然主张犯罪构成的客观结构，即在犯罪构成中不包括犯罪的心理因素，但犯罪的心理因素仍然是刑事责任的根据之一。刑事实证学派以主观主义为特征，主张行为人本位的刑法（行为人刑法），强调行为人的人身危险性在犯罪中的核心地位。

---

① 李韧夫：《犯罪过错论》，吉林大学出版社 1994 年版，第 12 页。
② 程树德：《九朝律考》，商务印书馆 2010 年版，第 211 - 212 页。
③ 储怀植：《美国刑法》，北京大学出版社 1987 年版，第 59 页。

这种行为人的人身危险性，主要是指再犯的可能性。对于这种人身危险性，龙勃罗梭侧重于生物学的解释，菲利侧重于社会学的解释。尽管解释的角度有所不同，但以行为人的特征取代行为的特征，这是刑事实证学派的共同之处。

虽然在刑法史上，存在这种主观主义与客观主义的刑法思想的分野，但现代刑法的定罪原则已经实现了主客观相统一。这种主观与客观的统一首先表现为主观恶性与客观危害的统一。主观恶性与客观危害的统一，就是在认定犯罪的时候，要坚持以犯罪构成作为定罪的标准（主观要件与客观要件必须同时具备）。在犯罪构成中，罪责主要体现主观恶性，罪体主要体现客观危害。就主观恶性与客观危害两者的关系而言，犯罪作为一种行为，它离不开主观罪过的指导与支配，二者具有内容上的一致性和因果的联系性。因此，罪过通过对事实情况的反映（认识因素）而调节犯罪行为，使之按照一定的目的或计划进行活动（意志因素）；同时，犯罪行为作为主观罪过的外化，对于主观目的的实现也具有重要意义。犯罪意图的实现，必须依赖于犯罪行为。作为主观见之于客观的犯罪行为，它是连接犯罪意图与客观存在，将主观犯意付诸实现的必由之路。缺乏客观上的犯罪行为，罪过就只能停留在主观活动的状态，而主体的犯罪意图也就无法实现，所以，犯意的实现离不开客观上的犯罪行为。同时，犯罪行为也是确定主观罪过的重要依据。离开了客观上的犯罪行为，就不能正确地认定主观上的罪过。因此，只有坚持主观恶性与客观危害的统一，才能既防止客观归罪，又能防止主观归罪。某些行为虽然客观上存在危害性，但行为人主观上却没有恶性，便不构成犯罪。正当防卫、紧急避险就属于这种情况。此外，行为人虽然在主观心态的支配下实施了某种客观行为，主观上具有恶性，但行为本身却不具有客观危害性时，不应为罪。迷信犯就属于这种情况。

现代刑法中的主观与客观的统一，不仅表现为主观恶性与客观危害的统一，而且表现为社会危险性与人身危险性的统一。社会危险性是犯罪行为的属性，主要通过在主观罪过的支配下所实施的犯罪行为对法益造成的侵害体现出来，因而是认定犯罪的事实根据。人身危险性是犯罪人的属性，主要通过犯罪人的人格特征体现出来，它与现实的犯罪行为具有一定的相关性。但更为重要的是，这种人身危险性是再犯可能性的一个指数。在认定犯罪的时候，主要应当根据行为的社会危害性，但也不能忽视行为人的人身危险性。只有坚持社会危险性与人身危险性的统一，才能使犯罪人承担的刑事责任合理化。

2. 认识活动的主观与客观的统一

司法人员的主观认识和案件客观事实的统一是在定罪活动中主客观相统一原则的又一内容。从哲学层面上讲，定罪是主观反映客观的一个过程。在具体案件中，案件事实或行为人的犯罪行为是一种客观存在，主客观相统一就是要求司法人员的主观认识和这种客观存在相符合，这是司法人员认识活动中坚持主客观相统一原则的第一层意思。司法人员对客观事实的认识是极为重要的一步，关系到刑罚目的的实现，只有对案件事实本身有了正确的认识，才可以进一步对案件事实进行法律性质分析，在此，司法人员的主观认识成了案件事实和既定法律评价的连接点。既定的行为事实与既定的刑法之间存在着一种既定的关系，也即既定的刑法已对该种事实情况作了预定的评价，只不过该种事实情况在既定刑法评价中表现为高度的抽象、概括，司法人员就是要认识这种既定的关系，主客观相统一原则要求司法人员的这种认识与既定的关系相符①。这是司法人员认识活动中坚持主客观相统一原则的第二层意思。

因此，我们认为，司法人员在认识活动中的主客观相统一原则的内容包括以下两个方面：一是司法人员的主观认识与案件客观事实相符，客观事实包括犯罪构成的主观要件和客观要件。比如，司法人员将行为人不具有非法目的，认定为具有非法目的，即是主观认识和案件客观事实的主观要件不符。再如，司法人员将被害人的伤势情况认定错误，即是主观认识和案件客观事实的客观要件不符。二是司法人员的主观认识和既定的法律评价相符。定罪过程中，司法人员的目光就是要徘徊于案件事实和法律规范之间，在高度概括的类型性的法律评价中找到案件事实的映射。司法人员对案件事实的评价必须与刑法既定的评价相一致，这种评价包括是否构成犯罪、构成何种犯罪、是否共同犯罪、是何种形态的犯罪以及构成几个犯罪等内容。

在司法实践中，经常出现司法者的主观认识和案件客观事实不相符的情形。正如美国杰出法官杰罗姆·弗兰克所言，初审法院的实情调查是司法中的弱点，在裁定事实中有无数的错误来源。比如可能存在作伪证的证人，为非作歹的律师，以及愚蠢、固执、有偏见的初审法官，等等。在所有的不利因素中，法官的不可预测的独特个性会使整个诉讼带有很大的主观性，会使法官具有一种实质上不受控制和实质上无法控制的事实裁决权。因此，司法实情调查中永远存在着大量非理性的、偶然的、推测性的因素②。按照理查德·波斯纳的分析，法官裁判的过程受法官个人因素和外在制度的影响，法官如常人一样，"他的审判可能受各种因素的影响，气质、情感、经验、个人背景以及意识形态，此外还受何为本案争议解决应采纳的最佳立法政策以及如何客观理解这一政策的影响。"③

在我国的刑事司法实践中，也存在着杰罗姆·弗兰克和波斯纳所言的类似的

---

① 周洪波：《论定罪原则》，载《首都师范大学学报》（社会科学版）2002 年第 2 期。

② 参见［美］E. 博登海默著：《法理学——法哲学及其方法》，邓正来，姬敬武译，华夏出版社 1987 年版，第 151 页。

③ ［美］理查德·波斯纳著：《法官如何思考》，苏力译，北京大学出版社 2009 年版，第 161 页。

问题，概括起来讲，法官对客观事实的认识主要受先入为主、主观臆断和情感因素等主观主义倾向的干扰。"先入为主"是指事先接受了某种观点，以为是正确，之后便不会接受其他观点的思考方法。在司法实践中，法官由于受到起诉书、公众舆论、司法政策等外在因素的影响，在审理案件之前就形成了有罪或无罪的结论，进而在这种观念的指导下进行审判和裁决。"主观臆断"是指不从客观实际出发，仅凭主观想象臆测断定客观事实。多数表现为司法者不设身处地地探求案件事实真相，而是怀着自负的心态和不负责任的态度去臆测案件事实。"情感因素的干扰"是指司法者在情感上的喜怒哀乐对案件的最终裁决产生或大或小的实质影响。但是，从司法的性质上来讲，定罪是一种有理性的活动，应当排斥法官情感因素的影响。为了最大限度地减少司法者的主观主义思想对定罪造成的不良影响，很多国家的刑事法律都在制度完善和改良程序方面做了许多努力，如限制法官调查权、禁止法官提前介入、明文规定无罪推定等。

二、合法性原则

定罪是刑事司法活动重要的一部分，是决定犯罪嫌疑人是否构成犯罪以及构成何种犯罪的重要过程，唯有坚持合法性原则，对定罪活动进行规制，才能防止司法专横，才能实现定罪的目的，使有罪的人受到刑事追究，使无罪的人不受刑事追究。背离合法性原则的定罪，只能走向定罪目的的反面。我们认为，定罪活动活动中的合法性原则包括程序合法性和实体合法性两个方面的内容。

（一）程序合法性

1. 程序合法性的内涵

程序合法性经历了由形式意义上的程序合法性到实质意义上的程序合法性转变的过程。形式意义上的程序合法性是指任何刑事责任的追究都必须由合法的主体依法定程序进行。实质意义上的程序合法性不仅要求对刑事责任的追究由合法主体依法定程序进行，还要求合法主体所依据的程序必须是正当程序。形式合法性的确立是国家公权力排斥刑事自力救济的结果。在国家公权力排斥了私人复仇和报复之后，必须创设一种替代性的纠纷解决方式，这种纠纷解决方式就是弹劾式的诉讼模式。私人救济的禁止预示着对某一个人追究刑事责任只能通过国家规定的程序进行。形式意义的程序合法性确立的最大意义在于任何严重的扰乱社会的行为都将完全地引起国家设立的法庭的追诉与干预。但这种形式意义的程序合法性仅仅是针对私人追诉而言具有历史进步性，尚不足以规范人类安宁与自由的最大敌人——国家权力，也不足以保障进入既定程序处理纠纷是公民权利的福音[①]。基于限制国家权

---

① 陈卫东，程雷：《刑事程序合法性论纲》，载《法律科学》2004 年第 1 期。

力的必要，正当程序原则开始勃兴，意味着形式意义上的程序合法性开始向实质意义上的程序合法性过渡。通说认为，实质意义上的程序合法性是资产阶级革命胜利的产物，可追溯于 1215 年的英国大宪章，其一开始是作为反对王权的工具，而后成了限制政府权力的工具。实质意义上的程序合法性不仅要求刑事诉讼所依据的程序事先明定，而且要求程序本身必须是正当的。因此，我们认为，刑事程序合法性是指刑事诉讼必须遵守法定的正当程序规则，"无程序则无处罚"，未遵守明定的正当程序规则而进行的刑事诉讼是无效的。

2. 程序合法性在我国的适用

（1）适用现状

程序合法性在我国主要是通过立法法和刑事诉讼法确立的。我国《立法法》第八条第五项和第九项规定，对公民政治权利的剥夺、限制人身自由的强制措施和处罚以及诉讼和仲裁制度必须由法律来规定，因此，在定罪时必须严格依照刑事法律进行，其他任何司法解释或规范性文件都不得成为定罪的依据。但是，我国立法法仅就公民政治权利的剥夺、限制人身自由的强制措施和处罚以及司法制度等内容作了法律保留性规定，而刑事司法程序中限制或剥夺公民权利的事项十分宽泛，根据程序合法性的要求，对于所有的能够干涉公民基本权利的事项都应予以法律保留。由此可见，我国立法法规定的法律保留事项仅部分体现了程序合法性，在刑事司法实践中，我们有必要对其外延作扩大解释。

我国《刑事诉讼法》第三条第二款规定："人民法院、人民检察院和公安机关进行刑事诉讼，必须严格遵守本法和其他法律有关规定。"此条规定体现了程序合法性在刑事诉讼中的要求，对在刑事诉讼中规制国家权力、保障公民权利起到了积极作用，但本条文对违反程序的后果未作出规定。以至于有论者认为刑诉法在详尽性、严谨性和明确性等立法技术上的欠缺，直接导致了法律通过后不久，有关部门便纷纷进行司法解释，其中有不少规定纯属自行授权，大大突破了法律的原有规定[①]。从刑事司法实践来看，程序性合法原则也没有得到彻底的贯彻，突出表现是明定的程序未得到有效执行，法律未明文规定的潜规则、隐性程序大行其道。前者表现为刑讯逼供、超期羁押、律师辩护难等问题，后者表现为司法实务部门依日常性、习惯性的办案方式进行刑事诉讼，典型的例证就是"三机关联合办案""案件协调制度""案件审批制度""疑请制度"，以及庭前实体性审查照旧问题、利用补充侦查"借时间"、依赖"两规""两指"办案等等[②]。

---

① 陈卫东，程雷：《刑事程序合法性论纲》，载《法律科学》2004 年第 1 期。
② 参见王超：《论隐形程序》，载《中国刑事法杂志》2002 年第 1 期。

（2）程序合法性适用的范围

程序合法性首先要求主体合法，即公权力干预个人基本权利必须有合法的授权。具体来说就是立案、侦查、起诉、审判阶段的办案机关必须是按照刑事诉讼法的规定为有权受理该案件的机关。我国刑事诉讼法第二章规定的管辖即是对立案、侦查、起诉、审判阶段的办案机关进行授权，只有按照级别管辖和地域管辖的规定行使权力，才可以说是合法的案件办理主体。不同性质的案件以及案件办理的不同阶段由不同的机关进行管辖，也是主体合法的应有之义。如刑事自诉案件由法院直接进行办理，但在特殊情况下由检察院进行介入。再如经济犯罪案件由公安立案侦查，贪污贿赂犯罪由监察委立案侦查，而检察机关享有对司法工作人员非法拘禁罪、非法搜查罪、刑讯逼供罪、暴力取证罪、虐待被监管人员罪、滥用职权罪、玩忽职守罪、徇私枉法罪、民事（行政）枉法裁判罪、执行判决、裁定失职罪、执行判决、裁定滥用职权罪、私放在押人员罪、失职致使在押人员脱逃罪、徇私舞弊减刑、假释、暂予监外执行罪等多个罪名的侦查权。

程序合法性其次要求行为合法。立案、侦查、起诉、审判阶段的具体活动必须符合刑事诉讼法的规定。如在侦查阶段，证据的收集、强制措施的采取必须符合刑事诉讼法的规定，在审查起诉阶段，认罪认罚制度的启用，不起诉或起诉决定的作出必须符合刑事诉讼法的规定，在审判阶段法院合议庭的组成、审判方式等也必须符合刑事诉讼法的规定。

程序合法性适用对象仅限于公权力主体，私人主体并不受这一原则的限制。事实上，无论是大陆法系国家的法律保留原则、基本诉讼权利保障原则，还是英美法系国家的正当程序原则，其所针对的对象都是国家公权力行为，对于私人行为大都是用实体法来调整。如依照美国的正当程序条款，由于其针对的是国家行为，所以私人间的侵权行为并不影响其证据能力。而大陆法系宪法上基本权利所针对的是公权行为，刑事诉讼法上所有规定也是针对国家，所以私人违法的取得证据也不应排除。程序合法性的确立就是在于限制侵犯公民基本权利的公权力行为，对于违反程序性合法原则的后果，我们认为应区分情况来确定行为无效还是有效，对于程序合法性中涉及当事人的重大利益以及刑事诉讼基本构造的内容，司法机关必须严格遵守，违法这些规定必然导致行为无效。对于违反一些对当事人权益关系不大、仅属于诉讼进行中的技术性规范的，不应认定为行为无效。如定罪活动中，司法机关必须保证诉讼参与人的各项权利，而且还必须尽可能地为诉讼参与人行使这些权利提供方便，如辩护权、申请回避权、最后陈述权等等，凡是剥夺此类权利而进行的诉讼活动应该是无效的。

（3）程序合法性适用的例外

程序合法性适用的重要目的是限制国家权力，保障公民权利，其适用的一个重要例外就是权利受处分人的同意。国家干预公民的基本权利的合法化、正当化基础是法律明文授权，但是如果干预措施受干预人同意，可能构成与法律授权平行化事由①。程序合法性产生的初衷是为了防止公权力任意干涉个人权利，其有个前提就是对个人权利的尊重。公民作为自由意志的主体，除非关系到公共利益以及性质上不能处分的权利外，应享有处分自己权利的自由。但是，在公法范围之内，公民同意放弃某些权利发生弊害的危险性比在私法范围内公民合意放弃某种权利发生弊害的危险性要大，因为国家在公民面前常常表现为一种"利维坦"的面孔，二者实力悬殊，虚假的和被迫的同意极易产生，也因此，基于同意而使程序具有合法性的要件必须严格设置。首先，国家必须履行告知义务并向权利人说明放弃权利产生的后果。其次，要确定该权利的放弃是否涉及公益，此种权利在性质上是否能够放弃，对于那些关乎人的基本尊严、基本生存的重要权利不允许放弃，这些基本权利的放弃可能有损社会公共利益与道德观念，或者关乎他人的基本权益。比如同意搜查妇女的身体，因为关系到人的尊严这一不可放弃的权利，一般不能允许。再比如不能基于犯罪嫌疑人的同意而将其羁押，因为羁押意味着对人身自由这一根本权利的处分②。再次，要保障权利人的放弃是出于内心真意，此时一般需要具有法律专业知识的人在场见证并提供法律帮助。

（二）实体合法性

所谓实体合法性主要是指司法机关的定罪结论要符合刑法的规定，即确定某一行为是否构成犯罪以及构成何种犯罪的结论都必须符合刑法的规定。

从认识论的角度来讲，定罪结论合法是指司法人员对案件事实的评价要与刑法规范的既定评价基本一致。贝卡里亚曾经提出司法三段论，认为法官对任何案件都应进行三段论式的逻辑推理。大前提是一般法律，小前提是行为是否符合法律，结论是自由或刑罚。在贝卡里亚的司法三段论中，法官的自由裁量是不存在的，因为定罪被看作是一个机械地适用法律的过程。尽管如此，贝卡里亚的司法三段论还是对定罪的逻辑过程作了正确的描述。我们认为，定罪的主体是人，确切地说是法官，法官在定罪活动中的主观能动性是不可否认的。当然，定罪又必须受到法律规定与案件事实这两个客观因素的限制。法官的作用只是将法律规定与案件事实加以同一性认定，因此，我们认为，若使定罪结论合法，必须采取以下方法：

1. 法的吸纳：解释方法

法律规定是定罪的依据，因此，法的吸纳是定罪的前提。法的吸纳表现为一

_____

① 林钰雄：《搜索扣押注释书》，元照出版公司 2000 年版，第 131 页。

② 参见［日］田口守一：《刑事诉讼法》，刘迪等译，法律出版社 2000 年版，第 32 页。

种找法的活动，找法即探寻可得适用之法律规范①。法之所以需要寻找，是由立法的特点决定的。立法有一个从个别性立法到一般性立法的演进过程。在个别性立法的情况下，个别性法律规定可以直接适用于案件，法律规定与案件之间具有简单的对应关系，因而不需要找法，此时的法律适用是一个对号入座的过程。个别性立法使得法律缺乏涵括力，在人们认识能力弱与社会生活简单的古代社会才有其存在的余地。在古代刑罚中，存在大量一事一罚的刑罚规范，诸如弃灰于道者斩手之类均是。随着人们概括能力的提高与社会生活的日益复杂化，个别性立法式微，取而代之的是一般性立法，这种立法抽象而概括，具有相当的涵括力。在刑法中，从侵犯财产的个别现象中概括出："取非其物谓之盗"的内容，然后又根据盗的手段是秘密窃取还是公然抢夺，区分盗窃与强盗（即现行刑法中的盗窃与抢劫），由此形成一般性的罪名。随着立法的日益复杂与抽象，法律适用不再是机械地对号入座，而需要寻找。因此，找法就成为法律适用的前提。

　　法律规定有两种情形：一是显性规定；二是隐性规定。显性规定是指字面上的直接规定，例如杀人，只要实施非法剥夺他人生命的行为即为杀人。在这种情况下，可以直接依照法律规定予以认定。隐性规定是指内容上的包容规定，法律规定的内容一般通过字面难以确定，而须通过对内容的过程分析才能确定。例如，抢劫之其他方法，对于这种方法法律并未列举，而是以不确定概念加以规定，其内容有待法官填补，是刑法上的一种概括规定或者空白要件。对此，应当予以具体化，使之成为可适用之法。在某些情况下，法律规定不仅不明，而且有疑，因而需要决疑。法律的疑惑往往是立法缺陷的表现。在理论上可以批评法律，但在司法中，法律不是嘲笑的对象，应当通过合理化解释，使之成为可适用之法②。找法的结果还可能找不到法律，即没有可适用的法律规范，这种情形即是存在法律漏洞。在法律适用中，对法律漏洞可以予以补充。法律解释学中，公认的法律漏洞补充方法包括依习惯补充、依法理补充、依判例补充。依法理补充，包括类推适用，即对法无明文规定的事项，比附援引与其最类似的规定。刑法具有特殊性，尤其在罪刑法定原则规制下的刑法，如何处理法律漏洞问题是一个很棘手的问题。我们认为，刑法中的漏洞是客观存在的，有些漏洞可以在法律适用中根据法律精神予以补充，但在关系到某一行为是否构成犯罪问题上，应当否认法律漏洞的存在，不能将法律未规定为犯罪的行为视为一种法律漏洞，而是应当依照罪刑法定原则，法无明文规定不为罪。

　　2. 事实识别：确认方法和推定方法

　　事实的识别，是指案件事实的确认。这种案件事实的确认包括两个层次：一

---

① 参见梁慧星：《民法解释学》，中国政法大学出版社 1995 年版，第 192 页。

② 参见张明楷：《刑法格言的展开》，法律出版社 1999 年版，第 3 页。

是事实本身的认定；二是事实意义的认定。无论是事实本身还是事实意义，都属于刑事司法认定的对象。还应指出：作为司法认定对象的案件事实，并不是所有与案件有关的情况，而是与法律适用相关的情况，在定罪活动中，主要是指构成要件的事实。定罪的事实并非一种裸的客观事实，而是一种法律事实。客观事实只有转化为法律事实，才能成为定罪的根据。

在我国司法活动中，实事求是的原则一再得以强调，表现在司法认定中就是以事实为根据。上述原则中的事实，是一种哲学意义上的客观事实，它是一种客观的、全部的、绝对的事实，独立于人的认识而存在，不以人的认识为转移。对于这种客观事实的查证，就成为司法活动的全部目标。我们认为，将司法认定中的事实直接等同于哲学上的事实并不科学，哲学上的事实是一种独立于主观认识的客观实在，而在司法活动中，案件事实虽然具有客观性，但它不是一种自在的客观事实，而是一种法律事实，即经过法定程序确认、具有法律意义的案件事实。这种案件事实获得合法证据的支持，因而具有法律效力。法律事实并不能等同于客观事实，法律事实只是对客观事实的一种复原或者再现。由于人的认识能力的有限性与司法活动的事后性，法律事实只能接近于客观事实，只能是在现有证据下所能够查明的事实。在案件事实的认定中，有些事实是可以直接予以确认的，例如一具尸体，表示人的死亡这一事实的存在。更多的事实无法直接确认，还需要进行间接确认。这里的间接确认是指尽管没有直接证据可以证实，但各种间接证据形成了证据链条，因而可以认定某一事实的存在。

在定罪中，案件事实不仅包括行为事实，而且还包括心理事实。行为事实具有客观外在表现，而心理事实是行为人的一种主观心理活动。对于心理事实的认定更为困难。这里存在一个根据客观事实加以推断的问题。这种推断，在理论上称为推定。推定是指根据已知的事实推断未知的事实的一种逻辑推理。在定罪活动中，推定的方法是经常采用的，尤其在主观罪过的认定中更是如此。在我国刑法中，被论及的是事实的推定。例如，故意规定，即依据一定的证据推定行为人具有某种故意，行为人若否定自己具有此种故意，必须提出反证。此外，在过失中，还有注意义务的推定、注意能力的推定等。由此可见，推定是定罪的方法之一。

3. 法律规定与案件事实的耦合：演绎方法

在找法与事实识别的基础上，应当在法律规定与案件事实之间求得同一性，这就是法律规定与案件事实的耦合过程。在这耦合过程中，存在一个从法之一般到案件个别的逻辑演绎过程。在定罪活动中，刑法关于构成要件的规定，是对犯罪现象的理论概括，个别案件事实只有该当构成要件时，才能视为犯罪。因此，将个别案件事实归属于一定的构成要件，通过演绎方法获得了定罪的正确性。在定罪活动中，由于法律规定与案件事实并非简单的对应关系，因而法官的自由裁量发挥着重要作用。定罪的自由裁量，是指在犯罪的认定上法官可以依据法律对于介乎于罪与非罪之间的所谓临界行为的性质加以确定。凡是行为事实符合法定的构成要件的，为罪；凡是行为事实不符合法定的构成要件的，不为罪。在这个意义上，法官并没有自由裁量的余地。但是，法律对于犯罪构成要件的规定并不都是十分明确的，有时存在一些评价要件。评价要件的实质是立法者将决定权授予法官。当这些评价要件关乎罪与非罪时，法官就具有了定罪的自由裁量权。因此，定罪活动绝非像贝卡里亚所认为的那样只是一个机械的逻辑演绎，而是包含着法官的主观能动性的发挥。

从内容上来讲，认定某一行为不构成犯罪，必须是这一行为不符合刑法所规定的所有犯罪构成；认定某一行为构成犯罪必须是这一行为符合刑法分则所规定的该罪的犯罪构成；认定某行为事实是共同犯罪、某种犯罪形态或数罪，都必须是该行为符合刑法所规定的有关犯罪构成[①]。定罪结论合法，从法的角度来看，主要包括以下三点：

第一，符合刑法的规定。此处的刑法是从广义上而言的，不仅包括刑法典，还包括单行刑法和附属刑法。自 1997 年《刑法》颁布施行至今，我国共颁布了十个刑法修正案，这十个刑法修正案是对刑法典的修正，因而可视为刑法典的一部分。此外，我国还存在三个单行刑法，即 1998 年 12 月 29 日通过的《全国人大常委会关于惩治骗购外汇、逃汇和非法买卖外汇犯罪的决定》，1999 年 10 月 30 日通过的《全国人大常委会关于取缔邪教组织、防范和惩治邪教活动的决定》，2000 年 12 月 28 日通过的《全国人大常委会关于维护互联网安全的决定》。符合刑法的规定，是指符合以上这些刑法规范所规定的犯罪构成。

第二，符合立法解释和司法解释。根据我国《宪法》的规定，全国人大常委会负责解释宪法和法律。根据 1981 年全国人大常委会通过的《关于加强法律解释工作的决议》（以下简称《决议》）的规定，凡关于法律条文本身需要进一步明确界限或作补充规定的，由全国人大常委会进行解释。因此，凡属于法律规定需要进一步明确具体含义的或者法律制定后出现的新情况，需要明确适用法律依据的，由全国人大常委会解释，是为立法解释。2000 年以来，全国人大常委会对 1997 年修订的刑法的有关内容作了一系列的立法解释。如 2000 年 4 月 29 日关于《刑法》第九十三条第二款的解释；2001 年 8 月 31 日关于《刑法》第二百二十八条、第三百四十二条、第四百一十条的解释；2002 年 4 月 28 日关于《刑法》第二百九十四条第一款的解释；2002 年 4 月 28 日关于《刑法》第三百

---

① 周洪波：《论定罪的原则》，载《首都师范大学学报》（社会科学版）2002 年第 2 期。

八十四条第一款的解释；2002 年 8 月 29 日关于《刑法》第三百一十三条的解释；2002 年 12 月 28 日关于《刑法》第九章渎职罪主体适用问题的解释；2004 年 12 月 29 日关于《刑法》有关信用卡规定的解释；等等。这些立法解释决定了刑法适用中的某些疑难问题，如村民委员会等村基层组织人员是否属于国家工作人员或准国家工作人员问题；"违反土地管理法规"及"非法批准征用、占用土地"两个法律用语含义问题；"黑社会性质组织"具有哪些特征问题；挪用公款"归个人使用"的含义问题；"对人民法院的判决、裁定有能力执行而拒不执行，情节严重"的含义问题；关于刑法分则第九章渎职罪主体的范围确定问题；关于刑法规定的信用卡的含义问题。

司法解释，就是由最高司法机关对刑法的含义所作的解释。有权进行司法解释的是最高人民法院和最高人民检察院。1981 年 6 月 10 日第五届全国人大常委会第十九次会议通过的《关于加强法律解释工作的决议》规定："凡属于法院审判工作中具体应用法律、法令的问题，由最高人民法院进行解释。凡属于检察院检察工作中具体应用法律、法令的问题，由最高人民检察院进行解释。"1997 年修订的刑法颁行后，最高人民法院和最高人民检察院对刑法施行中涉及的一些问题作出了司法解释，如最高人民法院 1997 年 9 月 25 日《关于适用刑法时间效力规定若干问题的解释》；1997 年 11 月 8 日《关于办理减刑、假释案件具体应用法律若干问题的规定》；1998 年 4 月 17 日《关于处理自首和立功具体应用法律若干问题的解释》；2000 年 11 月 15 日《关于审理交通肇事刑事案件具体应用法律若干问题的解释》；2005 年 5 月 11 日《关于办理赌博刑事案件具体应用法律若干问题的解释》；等等。符合刑法的规定，是指符合以上这些立法解释和司法解释所规定的犯罪构成。

三、协调统一原则

定罪的协调统一原则，是指在一定的时间和空间内，在对某种行为是否定罪、定什么罪等问题上应当协调起来，使定罪工作保持一定的稳定性和统一性，而不致出现对某种行为今日定罪、明日不定罪，此地定此罪、彼地定彼罪的不正常现象。

保持定罪的协调统一，是法制统一在司法工作中的必然要求。如果定罪工作在一定的时间和空间内不能保持一定的统一性，我国刑法也就不可能得到真正的贯彻执行。同时，这对于维护刑法的严肃性和权威性，对于刑罚目的的实现都会产生消极的影响。

从司法实践来看，目前，在定罪工作中存在的不协调统一的情况主要有以下几种：

第一，对某种行为此时定罪，彼时不定罪。从刑法发展史上看，存在某种行为在一定历史时期内构成犯罪，而在另外一个历史时期内不构成犯罪的现象。比如伪造、倒卖计划供应票证行为，我国 1979 年刑法规定了伪造、倒卖计划供应票证罪，伪造、倒卖计划供应票证行为在司法实践中将会被定罪，而 1997 年刑法废除了这个罪名，伪造、倒卖计划供应票证行为在司法实践中不会被定罪。但是，这种现象是刑法历史发展的结果，不涉及定罪中协调统一的问题。对某种行为此时定罪、彼时不定罪的情况针对的是同一刑法规定和同种行为而言的。例如，刑法规定了参加黑社会性质组织罪，同样是参加黑社会性质组织的行为，在严打时期该行为可能被作为犯罪处理，而在非严打时期，可能不会被作为犯罪处理。

第二，对某种行为此时定此罪，彼时定彼罪。此时定此罪、彼时定彼罪的情况也是针对同一刑法规定和同种行为而言的。在司法实践中主要体现为司法裁判者受社会舆论、被害人纠缠、自身认识等因素的影响，在不同时期针对同种行为认定为不同犯罪。例如，行为人实施了致人死亡的行为，司法裁判者在一审时认定为过失致人死亡罪，然而由于受到社会舆论或被害人家属纠缠影响，在二审中司法裁判者却改变定性，认定为故意伤害罪（致人死亡）。

第三，对某种行为此地定罪，彼地不定罪。对某种行为此地定罪，彼地不定罪，可能是由于数额犯中各地区存在不同规定的原因造成的。如同样是盗窃行为，在上海市盗窃 1500 元就构成盗窃罪，而在浙江省盗窃 3000 元以上才构成犯罪。但此种情况是各地规定不同造成的，不涉及定罪中协调统一的问题。对某种行为此地定罪、彼地不定罪的现象也是针对同种规定和同种情形而言的。例如，在醉酒型危险驾驶案中，据统计，浙江省醉酒型危险驾驶案件的数量在全国排前列，而根据实证调研，浙江省并非酒水的消费大省，此种现象的根本原因是执法、司法标准不统一，造成了定罪不协调。

第四，对某种行为此地定此罪，彼地定彼罪。对某种行为此地定此罪、彼地定彼罪的不协调现象主要是由于司法裁判者的认识不同造成的。例如，针对非法进入他人支付宝、微信后，将支付宝余额、余额宝、绑定的信用卡或者微信零钱，以发红包、转账、充值等方式转走的行为，某地区法院以盗窃罪定罪，而某些地区的法院认为将支付宝余额、余额宝、绑定的信用卡或者微信零钱转走的行为属于两高《关于办理妨害信用卡管理刑事案件具体应用法律若干问题的解释》第五条第二款第三项规定的冒用他人信用卡行为，应该定信用卡诈骗罪。

我们认为，要解决定罪工作中的不协调的情况，必须做好以下两个方面的协调工作：

一是纵的协调。所谓纵的协调，是指司法机关在定罪时要注意历史的一贯性和稳定性，也即在以法律为标准的基础上，使定罪做到前后一致，相互统一。如果同一司法机关在昨天将某种行为定为此罪，而今天又将与之类似的行为定为彼罪，那么，作为国家评价的一种手段，定罪还能有多少权威呢？对此，不但被告人不服，而且也会引起人民群众的反感。当然，我们这里说的定罪的历史一贯性和稳定性，只是指一定时期内的一贯性和稳定性。因为犯罪是一种社会现象，而作为社会现象，它必然会因社会条件的发展变化而发生相应的发展变化。尤其是在目前，我国正处在社会主义初级阶段，社会的政治、经济和文化等各方面都处于一个不断发展变化的过程之中。在此条件下，行为对于社会的危害性也发生或大或小的变化。因此，一些行为我们过去可能是作为犯罪来认定的，但现在却可能不作为犯罪来处理了，或者有些犯罪我们过去将之认定为此罪，但后来由于法律进行了调整，我们现在却将之作为彼罪来认定了；如此等等。可见，在对定罪进行纵的协调时，必须考虑社会条件和法律、政策等方面条件的变化，而不能从一个极端走上片面强调一贯性、稳定性的另一个极端。

二是横的协调。所谓横的协调，主要是指司法机关在定罪时要注意与本地或外地的其他司法机关的定罪保持统一，以保证定罪活动在全国范围内的统一性。保障各地人民法院在定罪上的统一性，首先就是要坚决依法办事，其中包括正确地理解法律的精神。法律是统一的，如果各地司法机关在定罪活动中都能够正确地使法律得到适用，那么，就能最大限度地保证定罪工作的统一性。此外，最高人民法院和最高人民检察院的司法解释，对于协调各地的定罪活动，也是具有十分重要意义的。尤其是对一些疑难问题，如果没有一个具有最高权威的司法机关对之作出正确的解释，各地司法机关在对其理解上就有可能出现不一致的情况。当然，在我们这样一个地域辽阔、人口众多的大国里，要把定罪都统一起来是不可能的。坚持统一性还要和一定的灵活性相结合。对于数额犯，我国刑法就采取了统一性和灵活性相结合的方式，并没有确定统一的数额标准，而是规定不同省份可以根据本地经济发展状况分别确定不同的定罪标准。比如 2013 年最高人民法院、最高人民检察院《关于办理盗窃刑事案件适用法律若干问题的解释》第一条规定，盗窃公私财物价值一千元至三千元以上、三万元至十万元以上、三十万元至五十万元以上的，应当分别认定为《刑法》第二百六十四条规定的"数额较大""数额巨大""数额特别巨大"。各省、自治区、直辖市高级人民法院、人民检察院可以根据本地经济发展状况，并考虑社会治安状况，在前款规定的数额幅度内，确定本地区执行的具体数额标准，报最高人民法院、最高人民检察院批准。2011 年最高人民法院、最高人民检察院《关于办理诈骗刑事案件具体应用法律若干问题的解释》第一条规定，诈骗公私财物价值三千元至一万元以上、三万元至十万元以上、五十万元以上的，应当分别认定为《刑法》第二百六十六规定的"数额较大""数额巨大""数额特别巨大"。各省、自治区、直辖市高级人民法院、人民检察院可以结合本地区经济社会发展状况，在前款规定的数额幅度内，共同研究确定本地区执行的具体数额标准，报最高人民法院、最高人民检察院备案。2013年，最高人民法院、最高人民检察院《关于办理抢夺刑事案件适用法律若干问题的解释》第一条规定，抢夺公私财物价值一千元至三千元以上、三万元至八万元以上、二十万元至四十万元以上的，应当分别认定为《刑法》第二百六十七条规定的"数额较大""数额巨大""数额特别巨大"，各省、自治区、直辖市高级人民法院、人民检察院可以根据本地区经济发展状况，并考虑社会治安状况，在前款规定的数额幅度内，确定本地区执行的具体数额标准，报最高人民法院、最高人民检察院批准。2013年，最高人民法院、最高人民检察院《关于办理敲诈勒索刑事案件适用法律若干问题的解释》第一条规定，敲诈勒索公私财物价值二千元至五千元以上、三万元至十万元以上、三十万元至五十万元以上的，应当分别认定为《刑法》第二百七十四条规定的"数额较大""数额巨大""数额特别巨大"。各省、自治区、直辖市高级人民法院、人民检察院可以根据本地区经济发展状况和社会治安状况，在前款规定的数额幅度内，共同研究本地区执行的具体数额标准，报最高人民法院、最高人民检察院批准。等等。

对于少数民族的犯罪，我国刑法也坚持了统一性和灵活性相统一的定罪标准。因为少数民族地区，由于其政治、经济、文化的发展都有一定的特点，因此在对少数民族的人员进行定罪时，在某些条件下就不能把他们和汉族群众同等对待。从尊重少数民族的风俗习惯和宗教信仰，加强民族团结的大局出发，我们对于一些涉及少数民族风俗习惯和宗教信仰的行为，也不能一概认定为犯罪。正是因为这一点，我们国家曾提出对少数民族犯罪分子实行"少捕少杀，处理上一般要从宽"的"两少一宽"政策。我国宪法和刑法也明确规定，当法律、法令中的某些规定不适应少数民族地方的政治、经济、文化特点时，该民族地方立法机关可以制定变通或补充规定。如我国1997年《刑法》第九十条规定，民族自治地方不能全部适用本法规定的，可以由自治区或者省的人民代表大会根据当地民族的政治、经济、文化特点和本法规定的基本原则，制定变通或者补充的规定，报请全国人民代表大会常务委员会批准施行。因此，在定罪上对少数民族成员予以从宽是有法律依据的，这是定罪的灵活性的体现，对于正确地执行刑法，保证法制的统一性具有积极意义。

四、疑罪从无原则

（一）疑罪和疑罪从无的理解

何为疑罪，从法学理论的角度来看，疑罪应从以下两个方面来理解：一是法律意义而不是客观事实意义上的疑罪。根据辩证唯物主义的观点，不会发生事实上的疑罪，原因在于客观事实一般能够呈现行为人是否实施了侵犯合法权益的行为。也就是说，从客观事实上讲，行为事实不存在中间状态，行为人要么有罪，要么无罪。可见，司法实践中所说的疑罪的实质是人们在依法认定或处理某个或某些行为，由于难以认定而依法作出法律观念或者说法律意义上的处理；二是结果意义与过程的有机统一。司法人员在办理刑事案件时，并不是一旦发现了疑罪就予以从无处理，而是依据主客观条件和法定的办案期限，在无法查清案件事实或难以认定被追诉人实施了犯罪行为的情况下不得已将案件认定为疑罪。不难看出，在司法实践中，为了有效防范侦查人员枉法裁判或者失职渎职以及徇私舞弊，理应合法、合理认识和处理这种法律意义上的疑罪是过程意义和结果意义的有机统一。

什么是疑罪从无？所谓疑罪从无是公安司法机关在证据不足的情况下，不得已作出的非正常的结案方式，其主要应从以下两个方面来理解：一是证据不足是疑罪从无的前提条件。依据现行法，有足够的证据予以证明且符合法定条件和程序的情况下才能对被追诉人定罪与量刑。也就是说，侦查机关侦查终结、检察机关移送起诉、审判机关认定行为人的行为构成犯罪都应当达到案件事实清楚、证据确实充分，符合法律规定的定罪量刑标准。由此不难看出，疑罪从无就是公安司法机关在证据不足的情况下不能追究被追诉人的刑事责任而不得已作出的处理；二是疑罪从无是公安司法机关处理证据不足刑事案件的方式之一。回顾我国诉讼制度的发展历程，比较考察域外相关制度，我们不难发现，司法机关对于疑罪案件，会作出多种处理，诸如从轻、从挂、从赦、从无等等，显然，从案件处理结果意义上看，疑罪从无只是疑罪案件的处理方式之一，而这种处理方式符合了现代保护人权的理念和刑法的谦抑精神。

（二）我国现行法律关于疑罪从无的规定

在我国，有关疑罪从无的法律规则，分布在多个规范性法律文件中，涉及侦查、起诉、审判等几个主要诉讼阶段。在审判阶段，现行《刑事诉讼法》第二百条第三款明确规定，审判机关经法庭审理，如果发现属于因证据不足而导致不能认定被告人有罪的情形时，不能作出有罪判决，而应当作出无罪判决，且不是普通的无罪判决，而是证据不足，指控罪名不能成立的无罪判决。现行最高人民法院《关于适用〈中华人民共和国刑事诉讼法〉的解释》第二百四十一条，对这种"无罪判决"的条件和程序作出了更为具体的规定。在审查起诉阶段，我国现行法主要从诉讼程序与认定标准两个方面规定疑罪从无处理问题。"对于二次补充侦查的案件"，现行《刑事诉讼法》明确规定，如果仍然证据不足，即不符合起诉条件，人民检察院应当作出不起诉的决定。最高人民检察院发布的《人民检察院刑事诉讼规则（试行）》第四百零三条，对补充侦查案件的疑罪处理问题又作出了更为具体的要求，即经过一次退补可以作出不起诉决定的情形，除了证据不足与不符合起诉条件的要求外，还要求属于没有退回补充侦查必要的情形。为了监督疑罪从无处理权力的运用，最高人民检察院发布的《人民检察院刑事诉讼规则（试行）》第四百一十五条赋予了公安机关对这种不起诉权力进行监督的权力，即如果认为这种不起诉决定有错误，公安机关有权要求复议。对于这种复议，人民检察院应当作出复议决定，而且严格限制复议的法定期限，即在受到要求复议意见书后的三十日以内作出。为有效监督疑罪从无处理权力的运行，《人民检察院刑事诉讼规则（试行）》明确规定了审查起诉机关的内部的监督机制，即该规范性文件第四百一十六条不仅要求在收到提请复核意见后，上一级人民检察院必须在三十日以内复核并作出决定，并将复核决定书送交提请复核的公安机关，还要将该书面决定书送交下级人民检察院。该规范性法律文件还根据处理决定的不同，要求办案机关采取不同的处理程序，即经复核改变不起诉决定的，上级检察机关对原不起诉决定，应当予以撤销或者变更，并交由下级人民检察院执行。现行《人民检察院刑事诉讼规则（试行）》第四百零四条还细化了证据不足的认定标准。简单地说，主要表现在以下几个方面：缺乏必要的证据证明犯罪构成要件事实的；定罪证据存在疑问且无法查证属实的；不能合理排除定罪证据之间以及证据与案件事实之间矛盾的；根据证据不能排除得出其他可能性结论的合理怀疑的；根据证据得出的结论明显不符合常理，认定案件事实不符合逻辑和经验法则的；等等。另外，为了满足特殊类型案件办理的需要，我国又出台相关法律对证据不足的认定标准作出更具体的规定。例如，2007 年，最高人民法院、最高人民检察院、公安部、司法部联合发布了《关于进一步严格依法办案确保办理死刑案件质量的意见》，并在其中的第二十五条对死刑案件证据不足不起诉的证据不足的判断标准予以明确。

（三）司法实践中疑罪问题的处理

从实体法的角度应当如何来解决具体疑罪的定性问题呢？疑罪由于事实查证的程度不同，也由于其本身的行为性质的不同，可以分为好多种。以下我们就司法实践中常见的疑罪类型，提出一些如何对其定性的意见：

（1）被告人可能犯有数罪，但能够查证属实的只有一罪或者其中几罪，应按查证属实的罪数去认定；无法查证属实，但根据推测有可能是被告人所为的犯罪，不能认定为是其所犯，也不能以此推测为基础而在量刑时予以从重处罚。例如，甲于夜间进入女单身宿舍对乙实施强奸。事后，乙发现自己放在桌子上的金项链不翼而飞，遂怀疑是为甲所偷窃，但又不能确认是甲偷的，而且甲也矢口否认自己偷了金项链，对此又无其他证据可以证明。在此情况下，虽然甲有偷窃的嫌疑，但也不能认定其犯有强奸和盗窃两个罪，只能按强奸对其定罪。在量刑时，也只能按其强奸的事实情节和后果来考虑，而不能因无法定其盗窃罪而把此情节在量刑中予以考虑。

（2）被告人可能犯有较重的罪，但能够查证属实的只是较轻的罪，应当按较轻的罪予以认定。例如，某居民家遭偷窃，后证明为某甲所为，但能查证属甲偷窃的财物数额是3000元，而该居民家实际被盗的数额却达6万元。那么，在定罪时，就只能以1997年《刑法》第二百六十四条规定的"数额较大"予以认定，而不能按1997年《刑法》第二百六十四条规定的"数额巨大"予以认定。

（3）被告人所犯之罪可能属牵连犯或吸收犯等情况，但能够确认的只是其中处刑较轻的一个犯罪行为，那么，只能按所认定的这一犯罪行为定罪。例如，某甲因私藏枪支而被查获。根据侦查，枪支很可能是他偷来的，但又没有确凿的证据证明这一点。在此情况下，尽管某甲可能犯有盗窃枪支罪，但因盗窃枪支罪得不到查证，所以只能对甲定私藏枪支罪。

（4）被告人可能实施了犯罪行为，但由于客观原因而使这种犯罪行为得不到查证属实的，则应按无罪处理。不能查证属实的情况虽不能说明行为人犯了罪，然而可以说明行为人有违反党纪政纪情况的，则应建议有关部门予以党纪政纪处分。

五、谦抑原则

（一）谦抑原则的含义

日本学者平野龙一指出，刑法谦抑原则有三个方面的含义：第一是刑法的补充性。即使是有关市民安全的事项，也只有在其他手段如习惯的、道德的制裁即地域社会的非正式的控制或民事的规制不充分时，才能发动刑法。第二是刑法的不完整性。即刑法不能介入国民生活的各个角落。第三是刑法的宽容性。即使是市民的安全受到侵犯，其他控制手段没有充分发挥效果，刑法也没有必要无遗漏地处罚。在现代社会，人不或多或少侵犯他人就不能生存下去，因此，各人在某种程度上必须相互忍耐他人的侵犯。如果对所有的侵犯行为都禁止，反而容易阻碍个人的自由活动①。

我们认为，平野龙一对刑法谦抑原则的界定是全面的。刑法的补充性也即刑法的最后手段性，因为刑法是控制犯罪的最后一道防线，也是最为严厉的控制手段，只有当道德、行政手段失灵时才能启动刑法。刑法的不完整性说明刑法并没有覆盖社会生活的各个领域，具有片段性，某些关系和某些行为不适合动用刑法

---

① 张明楷：《外国刑法纲要》，清华大学出版社2008年版，第8页。

予以调整，比如恋爱关系、同居关系、通奸行为等。刑法的宽容性要求我们在确定某一行为是否应当认定为犯罪并予以刑罚处罚时，一方面应当确认该行为具有相当程度的社会危害性；另一方面又应当确认，作为该行为的法律反应，刑罚具有无可避免性。相当程度的社会危害性主要是根据社会价值标准作出判断，而所谓刑罚之无可避免性则是对于一定的危害行为，如果不以国家最严厉的反应手段——刑罚予以制裁，就不足以有效地维持社会秩序。

（二）谦抑原则在我国刑法中的体现和定罪中的要求

1. 刑法对犯罪特征的界定要求定罪必须坚持谦抑原则

在我国，犯罪具有哪些特征，理论上存在着较大的分歧，形成一特征说、二特征说、三特征说、四特征说等不同的学说。一特征说认为，"在罪刑法定原则下，犯罪只有一个特征，就是刑事违法性，即行为违反刑法规范符合刑法规定的犯罪构成。"[1] 二特征说认为，犯罪应具有两个基本特征：社会危害性和刑事违法性[2]。三特征说认为，犯罪具有社会危害性、刑事违法性、应受惩罚性三个特征。

一特征说以罪刑法定作为犯罪概念的基础，仅仅从犯罪的表现形式分析犯罪的特征，脱离了1997年《刑法》第十三条对犯罪概念的界定，并没有得到理论界的广泛认同。二特征说否认应受惩罚性作为犯罪基本特征，得到了不少学者的认同。如有观点认为，只有构成了犯罪，才能谈得上惩罚的问题，惩罚是犯罪发生以后的事，而不是犯罪本身的特征[3]。我们认为，这种观点仅仅将刑罚作为已然犯罪的后果来认识，而作为犯罪特征的应受惩罚性，不仅仅针对已然的犯罪，而且针对可能犯罪的行为而言，同样具有评价作用。从规范的角度看，犯罪是规范主体丧失对法规范的忠诚的错误"作品"，是对规范有效性的损害，而刑罚是对这种损害的排除。易言之，只有立法者认为某种行为需要动用刑罚对其实施者加以制裁时，才会在刑法上将其规定为犯罪；在刑事司法中，只有某种危害行为值得动用刑罚处罚时，才能被认定为犯罪；是否应受刑罚处罚，也是犯罪行为与一般违法行为的重要区别。实际上，应受惩罚性是从犯罪的法律后果来补充说明什么是犯罪的。不过，应当指出的是，犯罪是应当受到刑罚处罚的行为，但在对犯罪的实际处理中，有的犯罪则可能被免于刑罚处罚。对此，德国刑法学者有精辟的分析，"刑法是将作为犯罪构成的犯罪与作为法律后果的刑罚连接在一起的国家法律规范的总和。刑法规范也总是包含着一个刑罚威胁。但法律并非总是让该刑罚得以执行，而是允许或要求在具体的情况下以其他法律后果来代替该刑

---

① 黎宏：《罪刑法定原则下犯罪概念的特征》，载《法学评论》2002年第4期。

② 何秉松主编：《刑法教程》，法律出版社1987年版，第37页。

③ 贾宇，林亚刚：《犯罪概念与特征新论》，载《法商研究》1996年第4期。

罚，或者根本不科处该刑罚。"① 我国 1997 年《刑法》第三十七条规定："对于犯罪情节轻微不需要判处刑罚的，可以免于刑事处罚，但可以根据案件不同情况，予以训诫或者责令具结悔过、赔礼道歉、赔偿损失，或者由主管部门予以行政处罚或者行政处分。"这里，免于刑事处罚与应受惩罚并不矛盾。因为只有当一种行为应当受到刑罚处罚的情况下，才可能基于某种从宽的情节（如犯罪中止、自首、防卫过当等）免除刑罚处罚。易言之，如果某种行为本不应受到刑罚处罚，那不但不能适用免于刑事处罚，而且根本就不是犯罪。

根据以上分析，我们认为三特征说是比较全面的。三特征说不但是我国刑法学中的通说，而且也是建立在我国 1997 年《刑法》第十三条犯罪概念基础上的。三特征说认为，犯罪的三个特征是紧密联系的。犯罪的社会危害性是犯罪的最本质特征，它揭示了犯罪的本质，是刑事违法性和应受惩罚性的基础。但新近也有学者认为，刑事违法性应该是犯罪的本质特征。因为从"刑法目的出发，犯罪的本质特征应该是刑法规范的禁止性，这也是罪刑法定原则的必然要求"②。我们认为，哲学范畴中所谓的本质，是事物的内部联系，决定着事物的发展方向；刑事违法性作为社会危害性的表征，本身是犯罪的表象。行为没有社会危害性，该行为不但不会在刑法上规定为犯罪，而且一般也无须对此种行为在刑法上作出评价，更不会受到刑罚的处罚；但社会危害性不能脱离刑事违法性、应受惩罚性而孤立存在。作为犯罪的社会危害性，在法律上的体现就是刑事违法性，揭示了犯罪的法律属性；应受惩罚性反映了犯罪与刑罚的联系，揭示了犯罪的法律后果。因此，有学者主张，对实害行为，先以"社会危害性"作为社会伦理的价值评价；再以"刑事违法性"对行为从犯罪构成及要件方面作精细考察，在此过程中应尽力贯彻"罪刑法定原则"——行为不符合构成要件即可作出否定的结论；最后再根据"应受刑罚处罚性"的特征对行为人作应否以及如何进行刑罚处罚的考虑。在对三性全面考察与权衡的过程中作出行为是否构成犯罪及如何处罚的结论③。

通过以上分析，犯罪的特征是社会危害性、刑事违法性和应受刑罚处罚性，也就是说司法者不能将不具备这三个特征的行为认定为犯罪行为。也因此，我国刑法关于犯罪特征的界定一定程度上对入罪设置了限制，体现了入罪上的谦抑性。司法者在司法实践中，要正确把握犯罪的三个特征，不能只机械地适用刑法分则的规定，只有行为人的行为既符合刑法总则中关于犯罪特征的界定又符合刑法分则的规定时，才可以对行为进行入罪。以下试用天津赵春华非法持有枪支案，来分析司法者应如何在定罪中贯彻谦抑原则。

---

① ［德］弗兰茨·冯·李斯特：《德国刑法教科书》，徐久生译，法律出版社 2000 年版，第 1 页。
② 丁祥雄：《论罪的基本特征和本质特征》，载《江西公安专科学校学报》2005 年第 6 期。
③ 冯亚东：《理性主义与刑法模式》，中国政法大学出版社 1999 年版，第 181－182 页。

被告人赵春华于 2016 年 12 月 27 日被天津市河北区人民法院以非法持有枪支罪判处有期徒刑三年六个月。赵春华上诉后，天津市第一中级人民法院依法立案受理并查明：2016 年 8 月至 10 月间，赵春华在天津市河北区李公祠大街摆设射击摊位进行营利活动。同年 10 月 12 日 22 时许，赵春华被公安机关巡查人员查获，当场收缴枪形物 9 支及配件等物。经天津市公安局物证鉴定中心鉴定，涉案 9 支枪形物中的 6 支为能正常发射、以压缩气体为动力的枪支。二审法院认为，赵春华明知其用于摆摊经营的枪形物具有一定致伤力和危险性，无法通过正常途径购买获得而擅自持有，具有主观故意。赵春华非法持有以压缩气体为动力的非军用枪支 6 支，依照刑法及相关司法解释的规定，属情节严重，应判处三年以上七年以下有期徒刑。考虑到赵春华非法持有的枪支均刚刚达到枪支认定标准，其非法持有枪支的目的是从事经营，主观恶性程度相对较低，犯罪行为的社会危害相对较小，二审庭审期间，其能够深刻认识自己行为的性质和社会危害，认罪态度较好，有悔罪表现等情节，天津市人民检察院第一分院也建议对赵春华适用缓刑，故酌情对赵春华予以从宽处罚。综上，二审法院认为一审判决认定赵春华犯非法持有枪支罪的事实清楚，证据确实、充分，定罪准确，审判程序合法。综合考虑赵春华的各种情节，对其量刑依法予以改判。遂以非法持有枪支罪判处上诉人赵春华有期徒刑三年，缓刑三年。

我们认为，虽然二审法院改判赵春华缓刑，但二审法院并未真正把握犯罪的基本特征，也没有真正地在定罪中敢于运用刑法的谦抑原则。本案中，赵春华的行为固然具备刑事违法性，因为根据我国 1997 年《刑法》第一百二十八条以及相关司法解释的规定，其行为完全符合非法持有枪支罪的犯罪构成。但是，赵春华持有的"枪支"其实是在商业摊位中普遍存在的一种类似于玩具的枪支，其对这种"枪支"的持有，目的是客人射击娱乐，自己从中营利糊口。我们认为，其行为并不具有刑法意义上的社会危害性。此种行为也不具有可受刑罚处罚性，因为对其进行行政处罚完全可以使其受到教育，消除其人身危险性和再犯可能性，并能达到遏制这种行为在社会上蔓延的目的。刑事处罚虽然严厉，但对一个本身没有"恶意"的善良公民的行为进行适用，造成的负面后果远远比刑罚所带来的利益大得多，违反了"以最小的害换取最大的益"的刑罚比例原则，因此也是对刑法谦抑原则的违反。

2.《刑法》第十三条"但书"的规定要求定罪要坚持谦抑原则

（1）情节显著轻微危害不大的把握

我国 1997 年《刑法》第十三条规定，一切危害国家主权、领土完整和安全，分裂国家、颠覆人民民主专政的政权和推翻社会主义制度，破坏社会秩序和经济秩序……以及其他危害社会的行为，依照法律应当受到刑罚处罚的，都是犯罪，但是情节显著轻微危害不大的，不认为是犯罪。我国刑法虽然没有明确地将刑法谦抑原则确立为刑法的原则，但其将情节显著轻微危害不大的行为排除在犯罪圈之外，本质上是对刑法谦抑原则的遵守。在司法实践中，如何把握情节显著轻微是一个关键问题。我们认为，对于情节显著轻微、危害不大的行为，应从以下几个方面来把握：

第一，"但书"规定的情节应当兼备行为和行为人两个方面的因素，对情节的评价是对行为的社会危害性评价和行为人的主观恶性评价的统一。

第二，显著轻微是对情节的修饰。我国刑法中对情节的阶梯式排列可分为：情节显著轻微、情节轻微、情节较轻、情节严重、情节特别严重。其中，只有情节显著轻微的才是非罪情节。从刑法和相关司法解释的规定来看，情节严重和情节特别严重一般都被明确地列举，而情节显著轻微、情节轻微和情节较轻需要依靠司法者的自由裁量权来进行判断，在判断时一定要与情节严重和情节特别严重明确分列开来。

第三，"但书"中的危害不大指的是行为造成的客观危害结果不大。有学者认为，危害不大包括两个方面的内容，即主观和客观两个方面的危害不大，其中主观危害不大包括罪过、主观恶性、人身危险性危害不大，客观危害不大包括行为和客观危害结果危害不大①。我们认为，危害不大不能"大包大揽"地包括主观危害不大和客观危害不大，因为如前所述，"情节显著轻微"中的情节已经包含了行为人因素，在此不必要重复。

第四，对于"情节显著轻微"和"危害不大"二者应该是并列关系，而非递进关系或因果关系，在适用时，二者相辅相成，缺一不可，不能仅凭一项内容而得出非罪的结论。

第五，"但书"的适用有一定的条件限制。首先是被告人的行为形式上符合刑法分则的犯罪构成。这首先要求案件的事实要清楚，如果案件事实不清楚则适用疑罪从无原则直接认定行为人无罪，在案件事实清楚的基础上再进一步判断行为人的行为是否符合刑法分则规定的犯罪的构成要件。对于某些不具备犯罪构成要件的行为可直接排除为犯罪，无须再适用"但书"的规定，如不以非法占有为目的的诈骗行为，因其不符合诈骗罪所需要的主观方面要件即非法占有目的，故不构成诈骗罪。其次是判决被告人构成犯罪严重背离一般人的正义感，此条件是"但书"适用的核心条件。司法者在一个案件中考虑是否需要适用"但书"的时候，实则也是一场内心博弈的过程，因为在当前的司法环境下，判决无罪是需要一定勇气和担当的，尤其是适用"但书"的规定如何能够说服人更是一大

---

① 张小虎：《人身危险性与客观社会危害显著轻微的非罪思辨》，载《中外法学》2000 年第 4 期。

考验。因此，司法者对个案正义的追求将成为"但书"规定适用的起因①。最后是"但书"的出罪功能具有最后手段性，如果行为人的行为存在紧急避险等法定排除犯罪性的事由，则直接适用法定排除犯罪的事由，无须适用"但书"的规定。

第六，侦查机关、检察机关和审判机关皆可成为适用的主体。对行为人进行定罪的刑事流程一般分为三个阶段：立案侦查、审查起诉和刑事审判，在这三个阶段中，公安机关、人民检察院和人民法院都可以适用"但书"的规定。首先，根据我国《刑事诉讼法》第一百一十条和第十六条的规定，侦查机关对刑事案件进行立案时必须符合有犯罪事实和需要追究刑事责任两个条件。在刑事侦查过程中，侦查机关运用"但书"的情况分为两种：第一种是在立案阶段，认为虽然符合犯罪构成，但情节显著轻微危害不大的不予对其立案；第二种是立案后，经侦查认为犯罪情节显著轻微危害不大的，可以撤销案件。因此，侦查机关是通过不予立案或行使案件撤销权来运用"但书"规定的。其次，公诉机关在自侦案件中与公安机关一样，享有刑事立案权和撤销权，其运用"但书"规定的方式和公安机关一样。在审查起诉阶段，对于符合《刑事诉讼法》第一百七十七条第一款以及《刑事诉讼法》第十六条规定的，应当作出不起诉决定。再次，审判机关是案件最终的处理机关，是对刑事案件把关的最后一道防线，对于所有的案件无论是自诉的还是公诉的，人民法院都可以运用"但书"的规定认定行为人的行为是否构成犯罪。

（2）"但书"的适用范围

我国1997年《刑法》第十三条"但书"的规定在总则中对罪量因素进行了设定，但是，在我国刑法分则中，许多犯罪将"后果严重""情节恶劣""数额较大"等作为犯罪成立的要件。如此，在刑法总则和分则都设定了定量要素的情况下，对"但书"的适用范围产生分歧自然是不可避免的。

首先，对于"但书"的规定能否适用于抽象危险犯是存在争议的。以危险驾驶罪为例，肯定说从刑法总则和分则的关系出发，认为"但书"的规定属于总则性规定，而在《刑法修正案（八）》中新增的危险驾驶罪属于分则规定，所有分则罪名适用无例外地都应受到总则的指导和制约②。有时候刑法分则个罪中的"情节严重""数额较大""情节恶劣"的立法语言只是将"但书"的规定表述得更为具体，但并没有突破刑法总则的规定，对于其余没有写明犯罪成立情节

---

① 蔡松怡：《我国刑法第13条"但书"规定的司法适用探究》，2017年华东政法大学硕士毕业论文。

② 王强军：《危险驾驶罪的构成特征及司法适用》，载《学术交流》2011年第11期。

要求的罪名，同样也要受 1997 年《刑法》总则第十三条的约束[①]。否定说认为，"但书"在危险驾驶罪中不能适用，因为在醉驾入刑时，立法者就考虑到了 1997 年《刑法》第十三条"但书"的规定，即醉酒驾车已经不是情节显著、危害不大的行为[②]。

我们认为，1997 年《刑法》第十三条"但书"应该适用于抽象危险犯中。抽象危险犯之所以具有可罚性，是因为行为制造了法律所禁止的风险。立法者对破坏制度性利益的行为进行扩张性的风险防控与损害结果预防，采用的方法是直接拟制某些特定行为具有破坏制度的危险与潜在性损害，通过刑法规范严格地予以提前保护[③]。这种提前保护，也存在情节显著轻微、危害不大的情形。

在我国二元的惩罚体系之下，犯罪行为和违法行为具有危害程度上的区别。在抽象危险行为中，也只有具有高度危险的行为才被刑法设定为犯罪。因此，在判断某行为是否构成犯罪时，除了具备符合犯罪构成要件这一条件外，还要判断行为所造成的危险是否达到刑法规定的严重的危险程度。换言之，即使行为人实施了符合犯罪构成要件的行为，亦可能达不到刑法所要求的法益侵害危险的程度而不构成犯罪。以危险驾驶罪为例，不可否认的是，在一般情况下，行为人醉酒在道路上驾驶机动车的，具有极高的法益侵害的危险性，从而不适用"但书"的规定。但由于存在例外情况，这也便使得"但书"规定在抽象危险犯中具有了适用的余地。司法实践表明，不是发生在任何时间、任何地点的醉驾行为都具有危害社会的可能。对发生在特殊的时间、地点，不具有社会危害性的醉驾行为一律入刑，是对现代刑法谦抑性原则的违背[④]。

其次，"但书"是否适用于数额犯也是有争议的。通说认为，但书的规定不能适用于数额犯，因为"通过多年来累积的司法经验，刑法对许多罪的定罪量刑数额都作了具体的规定。达到数额的就应定罪判刑，数额不够的才是'情节显著轻微危害不大'，否则数额的规定就丧失了它的意义。不能在定罪数额之上，以总则具有普遍适用性为理由，将刚刚达到数额或者仅超过数额一点的，作为'情节显著轻微'对待。"[⑤] 我们认为，"但书"的规定能够适用于数额犯，数额固然是衡量行为社会危害性的一个重要标准，但数额却不是认定犯罪的唯一标准，如果不对所有能够影响行为的社会危害性、行为人的人身危险性及其程度等定罪事实综合加以考虑，则不可避免地会将"情节显著轻微危害不大"的行为划入犯

① 赵秉志，赵远：《危险驾驶罪研析与思考》，载《政治与法律》2011 年第 8 期。
② 参见戴玉忠：《醉酒驾车犯罪相关法律规定的理解与适用》，载《检察日报》2011 年 6 月 20 日第 3 版。
③ 谢杰：《"但书"是对抽象危险犯进行适用性限制的唯一根据》，载《法学》2011 年第 7 期。
④ 焦运虎：《情节显著危害性不大的醉驾应不认为是犯罪》，载《中国检察官》2012 年第 7 期。
⑤ 参见王尚新：《关于刑法情节显著轻微规定的思考》，载《法学研究》2001 年第 5 期。

罪圈，必然有违刑法的谦抑原则。

再次，"但书"是否适用于情节犯也存在争议。情节犯是以情节作为定量因素的犯罪，刑法分则中常以情节较重、情节严重、情节恶劣的表述来设置情节犯。"情节显著轻微危害不大"的"但书"规定能否在情节犯中予以运用，也就成了值得探讨的问题。有观点认为，但书的规定不能适用于情节犯，因为既然刑法将情节较重、情节恶劣、情节严重的行为才规定为犯罪，也就意味着情节显著轻微、危害不大的行为不构成犯罪。因此，对于情节犯，要么情节显著轻微不构成犯罪，要么情节严重构成犯罪，不存在既构成犯罪又情节显著轻微的情形[1]。陈兴良教授也认为，从逻辑上对法条进行分析，罪量要素的规定本身就是具体犯罪的可罚性条件，已经将"但书"规定的情形排除在外[2]。我们认为，在情节犯中，"但书"规定具有适用的余地。因为刑法分则中规定的情节和刑法总则中所规定的情节在范围上应作区分，前者的范围窄于后者的范围，如此刑法总则中"但书"所规定的情节不会因为范围过窄而丧失普适性，分则所规定的情节也不会因为范围过宽而丧失特定性。刑法总则中"但书"所规定的情节包括影响行为的社会危害性和行为人的人身危险性的各种情节，如客观损害结果大小、行为方法、手段、时间、地点、次数、行为人年龄、刑事责任能力、动机、目的、被害人情况等方面，而刑法分则中的情节只是特别强调其中的一项。因此即使行为人的行为具备了刑法分则中规定的较重或严重的或恶劣的情形，也完全可能由于其他情节显著轻微而符合"但书"的规定，从而不构成犯罪。如此理解，才能在定罪中真正贯彻谦抑原则。

（三）刑法谦抑原则在定罪中的实现

1. 转变司法理念，真正树立刑法谦抑思想

目前，我国刑事司法实践中，受多种因素的影响，司法者还未真正树立起刑法的谦抑思想。我国1979年刑法规定了类推制度，当时的司法现状是对于具有社会危害性而无刑事违法性的行为一般类推适用刑法的规定，予以犯罪化处理。虽然我国1997年刑法废除了类推制度，对于上述情形不再作犯罪处理，但对于具有刑事违法性而无社会危害性的行为，受多种因素的影响，一般还是作犯罪化处理；司法中受刑事司法政策的影响，有时也会对入罪门槛降低；疑罪从轻的做法还存在；有罪推定的定罪思路尚未真正摒弃；对刑罚有效性的论证和思考欠缺；一诉了之、一判了之、就案办案、机械地适用刑法的现象尚存在。这些现象都说明，司法人员还未真正树立其刑法的谦抑思想。因此，在司法实践中，我们

---

① 张永红：《刑法第13条但书的适用范围》，载《黑龙江省政法管理干部学院学报》2006年第6期。
② 陈兴良：《"但书"规定的规范考察》，载《法学杂志》2015年第8期。

必须转变司法理念，将刑法谦抑原则所强调的犯罪的相对性概念、刑法的不完整概念、刑罚的经济性概念和刑法的最后手段概念大胆地运用到定罪过程中去，真正树立刑法的谦抑思想。

2. 以谦抑原则为指导，正确处理刑法弹性规定和罪刑法定原则的关系

罪刑法定原则要求刑法规范具有明确性的特征，但是社会生活的复杂性、语言的高度概括性以及刑法条文的简洁性又决定了刑法典中不可避免地会出现一些诸如"其他方法""其他手段""情节严重"等等之类的所谓"弹性"条款。这些条款的内涵和外延比较模糊，在很多场合是区分罪与非罪、重罪与轻罪的界限。司法者在运用这些条款时，应严格坚持刑法的谦抑原则，将以上法律用语从立法技术的角度予以理解，在没有明确的立法解释或司法解释的情况下，不能任意作扩大解释对行为人的行为以"弹性"条款予以定罪。

3. 建立以谦抑为导向的刑法解释方法

刑法的适用本质上是对刑法规范的解释，只有真正建立起以谦抑原则为导向的解释方法，才能真正在司法实践中贯穿刑法的谦抑原则。我们认为，建立以谦抑为导向的解释方法，第一，必须坚持合法性和合理性的统一。刑法解释的合法性是指刑法解释不能脱离刑法和法律的形式规制而任意地进行解释。除了合法性，合理性也是刑法解释的过程中必须坚持的。在刑法解释中，真正考验法律适用者的智慧的不是合法性原则，而是合理性原则。因为合理性判断的标准不仅是多元的、灵活的，甚至还是矛盾的。坚持合法性和合理性的统一，就是让合理性的解释必须接受合法性的限制，而合法性的解释必须接受合理性的修正，这种修正是对运用合法性解释产生有违公平原则结论时的微调。第二，必须坚持实质解释和形式解释的统一。实质的刑法解释主张对刑罚法规进行实质的、有价值的、合目的的解释。"形式解释主张对刑罚法规进行字面的、形式的、逻辑的解释。"[①] 形式的刑法解释能够满足法治的形式主义要求，但对形式正义的追求意味着法律适用的一般性，对具体个案不能保证都是公正的，有时会将不具有社会危害性和刑罚可罚性的行为解释为犯罪，因此，实现刑法谦抑原则，必须坚持形式解释和实质解释的统一。

---

① 苏彩霞：《实质的刑法解释论之确立与展开》，载《法学研究》2007 年第 2 期。

第四章　刑法中的量刑原则

第一节　刑法中的量刑原则概述

定罪与量刑是刑事审判权的两个基本维度，也是刑事审判权的两个核心内容。如果说定罪关注的是犯罪行为的"质"，量刑则关注的是犯罪"量"的问题。量刑是人民法院在定罪的基础上，依法确定对犯罪人是否判处刑罚、判处何种刑罚以及判处多重刑罚，并决定所判刑罚是否立即执行的审判活动①。

一、量刑原则的概念

量刑原则是人民法院在对犯罪人进行量刑时必须遵循的基本准则。它贯穿量刑活动始终，对全部量刑活动具有指引和制约作用。量刑原则是量刑规则体系的重要基础，是刑罚裁量在总体上实现法律规范与个案公平正义有效衔接的基本准则，对于引导和规范法官的自由裁量权、确保量刑均衡、实现裁判正义与刑罚的惩罚、教育和矫正功能具有重要意义②。

我国刑法学界关于量刑原则的理论观点较多，有影响力的观点有以下几种：周振想教授将刑罚适用原则分为刑罪相适应原则、刑罚个别化原则、刑罚法定原则③。黎宏教授将量刑原则分为罪刑相适应原则、刑罚个别化原则④。高格教授将量刑原则分为三个层次，第一层次的量刑原则是刑法的基本原则，第二层次的量刑原则是刑法的一般原则，第三层次的量刑原则是刑法规定的具体原则⑤。赵

---

① 高铭暄，马克昌主编：《刑法学》，北京大学出版社、高等教育出版社 2016 年版，第 250 页。
② 郑高键、孙立强：《量刑规范化理论与实务研究》，法律出版社 2017 年版，第 16 页。
③ 周振想：《刑罚适用论》，法律出版社 1990 年版，第 160 - 199 页。
④ 喻伟主编：《量刑通论》，武汉大学出版社 1993 年版，第 82 页。
⑤ 高格：《定罪与量刑》（上卷），中国方正出版社 1999 年版，第 185 - 186 页。

廷光教授将量刑原则分为刑责相适应原则、刑罚个别化原则、依照刑事法律政策量刑原则①。之所以会出现如此多的观点与分类，其原因在于混淆了刑法中的上位概念与下位概念的关系。我们认为，量刑原则也是刑法的原则，两者既有联系又有区别，刑法原则起统领作用，量刑原则反映刑法原则的要求，是刑法基本原则在量刑阶段的直接应用和具体表现。我们将量刑原则分为量刑的一般原则与量刑的特殊原则。

二、量刑原则的定位

关于量刑原则的定位，在我国刑法理论中，不同的学者对此有不同的看法。总体上有以下几种观点：

第一种观点：一般原则说。该观点认为量刑原则即是量刑的一般原则，是指对刑法分则规定的各类犯罪及各类犯罪中具体犯罪的量刑都普遍适用的原则。量刑原则的内容就是"以犯罪事实为根据，以刑事法律为准绳"②。

第二种观点：基本原则说。认为量刑原则即"量刑的基本原则"，指的是"为量刑活动特有的，对量刑具有普遍指导意义的、人民法院在量刑时必须遵循的准则"③。

第三种观点：具体原则说。认为量刑的原则"是国家审判机关量刑时必须遵循的具体原则。它规范着整个量刑活动，对于量刑活动的正确进行具有重要的指导作用"④。

第四种观点：三层次原则说。认为量刑过程必须遵循三个层次的原则：第一个层次的原则是刑法基本原则，如罪刑法定原则、罪刑相适应原则等；第二个层次的原则是刑法的一般原则；第三个层次的原则是刑法规定的量刑的具体原则⑤。

以上几种观点在一定意义上都有其合理性，但有的过于简单，而有的过于复杂。我们认为，量刑原则宜分两个层次来论述：第一个层次为量刑的一般原则，即对整个量刑工作具有普遍指导意义的一般原则，其内容包括依法量刑原则、刑罚个别化原则与宽严相济原则；第二个层次为量刑的特殊原则，即针对不同的阶段和对象而适用的个别原则，其内容包括自首立功坦白从宽处罚原则、累犯从重处罚原则与数罪并罚原则。

---

① 马克昌主编：《刑罚通论》，武汉大学出版社2007年版，第264－279页。
② 高铭暄，马克昌主编：《刑法学》，北京大学出版社，高等教育出版社2016年版，第252页。
③ 赵炳寿主编：《刑法若干理论问题研究》，四川大学出版社1992年版，第268－270页。
④ 樊凤林主编：《刑罚通论》，中国政法大学出版社1994年版，第379－383页。
⑤ 高格：《定罪量刑的理论与实践》，吉林人民出版社1994年版，第168－170页。

第二节　量刑的一般原则

一、依法量刑原则

我国 1997 年《刑法》第六十一条规定："对于犯罪分子决定刑罚的时候，应当根据犯罪的事实、犯罪的性质、情节和对于社会的危害程度，依照本法的有关规定判处。"根据该条的规定，依法量刑原则是指量刑时应当以事实为根据，以法律为准绳。

（一）以犯罪事实为根据

犯罪最基本的特征是行为的社会危害性，决定社会危害性大小的因素有多种，但无论何种因素都无法脱离客观存在的犯罪事实。犯罪事实是量刑的客观基础。没有犯罪事实，就无法确立犯罪，也就更谈不上量刑了。所以，量刑的首要基础就是查清犯罪事实。

犯罪事实，是指客观存在的犯罪诸种情况的总和。包括广义的犯罪事实和狭义的犯罪事实，广义的犯罪事实，是指 1997 年《刑法》第六十一条规定的犯罪事实、犯罪的性质、情节和对于社会的危害。狭义的犯罪事实，是指 1997 年《刑法》第六十一条中与犯罪的性质、情节和对于社会的危害程度相并列的犯罪事实，即犯罪构成的基本事实。作为量刑原则内容之一的"以犯罪事实为根据"中的犯罪事实，是指广义上的犯罪事实①。

以犯罪事实为根据的具体内容包括犯罪事实、犯罪性质、犯罪情节和犯罪对于社会的危害程度等四个方面。

1. 犯罪事实

犯罪事实是定罪量刑的基础，查清犯罪事实是准确认定犯罪性质和正确适用刑罚的前提。这里的"事实"是指刑事案件中的所有事实，既包括犯罪构成要件的事实，也就是犯罪客体、犯罪客观方面、犯罪主体和犯罪主观方面诸要件事实；也包括那些与定罪无关，但反映行为社会危害性和主观恶性程度的各种客观事实，例如行为动机、手段、对象、时间、地点，后果等因素；犯罪事实既包括犯罪的客观事实，也包括犯罪的主观事实，如犯罪的动机、目的、罪前罪后表现、认罪态度等。犯罪事实是定罪量刑的基础，只有查清所有事实，才能正确认识案情，才能够对行为性质、情节、危害情况做出正确的判断，也才能正确适用

---

① 高铭暄，马克昌主编：《刑法学》，北京大学出版社、高等教育出版社 2016 年版，第 252 页。

刑罚。对犯罪事实了解不清，量刑就缺乏明确的事实根据，无法保证适当量刑。因此，全面查清犯罪事实是正确量刑的必备前提，至关重要。

2. 犯罪性质

犯罪的性质直接体现犯罪的社会危害性程度。在刑法典中，社会危害性大、性质严重的罪名排列在前面，以示对此类犯罪的打击力度。不同的罪名反映不同的性质，也反映不同的社会危害性，相对应的法定刑也有很大的差别，有的较轻，有的较重，有的甚至最高可处死刑。因此，确定了犯罪性质就意味着选定了与之相适应的法定刑，从而为正确地量刑提供了必要的条件。如果不能正确认定犯罪性质，法定刑的选择也就会相应地错位，最终的量刑必然不当。比如，抢夺罪与抢劫罪是性质不同的两个罪名，抢劫罪的最高刑可处死刑，而抢夺罪的最高刑只能处无期徒刑。从最低刑比较，抢劫罪的最低刑可处三年有期徒刑，而抢夺罪的最低刑为管制。如果在司法实践中对夺取他人财物的行为在定性时没有认定清楚，则对量刑的影响非常大，也最终影响司法的权威、公平与正义。只有正确认定犯罪性质，严格区分不同犯罪之间的界限，才能为恰当量刑奠定可靠的法律基础。

3. 犯罪情节

犯罪情节是指犯罪构成基本事实以外的其他能够影响犯罪社会危害程度及犯罪人人身危险大小的各种具体事实情况①。犯罪构成事实决定行为的可罚性，也是量刑的基础事实。但量刑的根本依据是犯罪行为的社会危害性程度，而社会危害性程度包括客观方面也包括主观方面，即行为人的人身危险性大小，它对量刑也起着重要的作用。这些因素称为量刑情节，包括罪前、罪中、罪后等方面。比如同是剥夺他人生命的故意杀人罪，犯罪的时间、地点、手段、犯罪后的态度等情节不同，社会危害性就不同，刑事责任的大小就不同，最终在量刑结果上也会不同。

对于 1997 年《刑法》第六十一条所指的"犯罪情节"的范围，理论上有不同的观点。有学者认为，作为量刑根据的"情节"，由于没有限制词语，既可理解为"犯罪情节"，还可以理解为"非犯罪情节"；既可以理解为"定罪情节"，还可以理解为"量刑情节"。犯罪情节亦称罪中情节，是指发生在犯罪过程中的能够在一定程度上揭示行为社会危险性的主客观事实情况；非犯罪情节亦称罪外情节，是指发生在罪前和罪后的，能够在一定程度上提示行为人人身危险性的主客观事实情况。定罪情节是用以充足犯罪构成起码要求的主客观事实情况，它只能决定法定刑——对犯罪分子适用刑罚的范围；量刑情节是定罪情节以外的，能够在一定程度上揭示行为社会危害性和行为人人身危险性的主客观事实情况。在正确定罪并找准法定刑的前提下，量刑情节是对犯罪分子判刑轻重的唯一根据。

---

① 高铭暄，马克昌主编：《刑法学》，北京大学出版社、高等教育出版社 2016 年版，第 252 页。

因此，认定 1997 年《刑法》第六十一条所指的"情节"只能理解为"犯罪的情节"，如果理解为"量刑情节"的话，则牵强附会①。

我们认为犯罪情节也有广义与狭义之分，罪前、罪后情节虽然不存在于犯罪行为之中，却与犯罪人的主观恶性明显相关，而主观恶性也是犯罪社会危害性的重要内容，因此，这些情节广义上也当然属于犯罪情节范畴。《刑法》第六十一条规定的是整个量刑活动的基本原则，在具体量刑时，应以犯罪事实为根据，但不可能只要求考量罪中情节，而将罪前情节、罪后情节排除在外。在刑法典中规定的法定量刑情节中有相当一部分就属于罪前情节或罪后情节。如自首、立功、累犯等。因此，1997 年《刑法》第六十一条所讲的犯罪情节，是指能够说明犯罪行为的社会危害性程度，又不属于犯罪构成要件事实的一切情节。

4. 犯罪对于社会的危害程度

社会危害程度是指犯罪行为对社会已经造成或者可能造成的损害，既包括客观上所造成的现实损害和可能损害，也包括行为人通过犯罪行为表现出来的人身危险性。我国《刑法》第六十一条的规定突出行为的社会危害性，但淡化了行为人的人身危险性。这也导致司法实践中长期存在重定罪轻量刑和重社会危害性轻人身危险性的错误倾向。事实证明，定罪正确并不等于量刑适当，许多量刑畸重畸轻的案件都是在定罪正确的情况下发生的。是否我国刑法典中没有规定反映行为人人身危险性的量刑情节呢？也不是，在我国现行刑法规定的量刑情节中，还包括表明行为人人身危险性程度的量刑情节，如累犯、自首、立功等②。这表明，我国刑法在立法时重视人身危险性的规定，但司法实践中却忽视对人身危险性的考察。

社会危害性，既是犯罪的本质特征，又是量刑最基本的依据，社会危害性的有无及其大小，不仅是区分罪与非罪的主要依据，而且还决定罪重与罪轻以及相应刑罚轻重的重要标准。社会危害性并不是孤立于前述的犯罪事实、犯罪性质、犯罪情节，而是通过犯罪事实、性质、情节来反映犯罪的社会危害性。同时，社会危害性也体现在犯罪前与犯罪后的行为表现，即人身危险性方面。通过查清犯罪事实、正确认定犯罪性质、全面考察犯罪情节、重视罪前罪后表现，最终才能准确评价社会危害性。

评价犯罪的社会危害性，需要全面查清事实，认定性质，考察情节，重视罪前罪后表现，这对于准确量刑固然重要，但我们也不应忽视国家的政治、经济形势、特别是社会治安形势对量刑的影响。因为在不同的形势下，社会危害性的大小甚至有无，都有可能发生变化。考察犯罪的社会危害性应从宏观上，从根本上

---

① 赵廷光：《中国量刑改革之路》，武汉大学出版社 2014 年版，第 34 页。
② 赵廷光：《中国量刑改革之路》，武汉大学出版社 2014 年版，第 35 页。

把握社会危害性的评价标准，我们主张从社会经济、政治形势特别是社会治安形势出发，以犯罪的事实、性质、情节和对于社会的危害程度为根据，来掌握从宽从严的界限，在法定刑的幅度内决定刑罚的轻重。

（二）以刑事法律为准绳

以犯罪事实为根据，只是量刑原则的内容之一，还必须以刑事法律为准绳。这是法制原则的必然要求，也是罪刑法定原则的具体体现。1997 年《刑法》第六十一条规定，对犯罪分子决定刑罚时，应当"依照本法的有关规定"判处，这就要求量刑时必须以刑事法律为准绳。

量刑以刑事法律为准绳，是指在裁量决定刑罚的时候，司法人员必须严格遵照刑法中有关量刑的各种规定，依法量刑。具体而言，包括以下几方面内容。

量刑必须依照刑法总则所规定的刑罚体系的内容；必须依照刑法分则各条对于各种犯罪规定的刑种和刑度，严格按照刑法的规定来量刑，在不具有法定量刑情节的情况下，根据酌定量刑情节以及行为人的罪前罪后表现等人身危险性因素来选择法定刑。要注意刑法分则条文、相关司法解释、人民法院量刑指南的具体规定，注意不同法条规定的适用条件、方式和处罚的程度，应做到区别适用、认真分析、严格执行。

量刑必须依照刑法总则及分则有关各种法定量刑情节的规定。刑法总则、分则都规定了各种从重、从轻、减轻和免除处罚的情节，其中，有应当从重、从轻、减轻和免除处罚的情节，有可以从重、从轻、减轻和免除处罚的情节。从重、从轻、减轻处罚和免除处罚都有其特定的含义。司法人员在具体裁量时，要认真分析，真正理解法律对各种情节所规定的本意，同时根据案件的不同情况，遵照执行。

量刑必须依照刑法总则对各种刑罚制度的规定。刑法总则规定了自首制度、立功制度、累犯制度、缓刑制度、数罪并罚制度等。对于这些制度的适用，首先应充分了解每一种制度的适用条件，在具体量刑时，分析具体案件的情况而正确运用。需要说明的是，量刑应以刑事法律为准绳，这里的刑事法律是指整个刑事法律规范，包括刑法典，也包括国家颁布且正在生效的一切刑法规范。

二、刑罚个别化原则

（一）刑罚个别化原则的历史渊源

1. 近代的刑罚个别化

刑罚个别化是指根据犯罪的个别情况适用刑罚[①]。刑罚个别化在 19 世纪末被

---

① 翟中东：《刑罚个别化研究》，中国人民公安大学出版社 2001 年版，第 1 页。

正式提出，距今已有百余年。但从其思想渊源追溯，其产生的时期还可以提前，可以推至19世纪初①。在启蒙思想以前，"刑罚个别化"思想就曾盛行，但是这一时期的刑罚个别化没有在立法中体现出来，也没有系统的理论，刑罚残酷，罪刑擅断。针对封建刑罚的残酷和擅断，启蒙思想家给予了猛烈的抨击。在启蒙思想的影响下，意大利刑法学家贝卡里亚提出了罪刑法定的思想。德国刑法学家费尔巴哈则在他的心理强制说的理论基础上构建起了严格的罪刑法定与罪刑均衡原则。但是在严格规则主义的指导下，绝对确定的法定刑使法官丧失了任何在刑罚上自由裁量的余地，更别提刑罚个别化。刑罚个别化是基于纠正严格规则主义指导下的罪刑法定原则的需要而产生的，其价值在于追求一般正义的基础上，实现刑法个别的正义。刑罚个别化理论的蓬勃发展是由刑事实证学派努力倡导的结果。刑事实证学派分为刑事人类学派和刑事社会学派。

龙勃罗梭是刑事人类学派的代表人物。他曾长期担任狱医，通过对监狱中犯人的长期观察以及对死囚头盖骨的解剖，认为犯罪行为是由遗传所决定的，这就是他提出的"天生犯罪人理论"，主张刑罚应针对不同个体的特殊情况而适用不同的处遇方法，如同医生根据病人的病情对症下药，因病施疗一样②。龙勃罗梭在他的《犯罪人论》一书中，把犯罪人分为四类：天生犯罪人、精神病犯罪人、激情性犯罪人、偶发性犯罪人。他认为前两种人是真正的犯罪人，主观恶性大；激情犯和偶发犯不具有先天人体特质，主观恶性较小③。因此，他主张对不同的犯罪人采取不同的处遇措施。如对天生犯罪人应适用终身监禁、永远隔离、死刑等，对激情犯罪人可以采用流放、赔偿损失，对偶发性犯罪人可以采用缓刑或不定期刑。这样就充分考虑了犯罪人的生理与心理上的差异，并使不同的刑罚适用于不同的犯罪人身上。龙勃罗梭虽然没有明确提出"刑罚个别化"，但是他把古典学派以行为为中心的理论视角转向了以行为人为中心。他不仅注意到犯罪人在生理和心理上的差异性，还因人而异地提出了具体处遇措施，这些都充分体现了刑罚个别化的思想。

菲利早期属于刑事人类学派，后期则转为刑事社会学派。他以龙勃罗梭的天生犯罪人理论为基础，认为每一个社会都有其应有的犯罪，其质和量是与每一个社会的发展相适应的，即"犯罪饱和法则"。刑罚对于犯罪未必是有效的，并且，"刑罚不能防止犯罪行为的发生，每次处刑都被证明是无效的"④。他认为犯

---

① 卢建平：《社会防卫思想》，载高铭暄、赵秉志主编：《刑法论丛》第1卷，法律出版社1998年版。

② 马克昌：《近代西方刑法学说史略》，中国检察出版社1996年版，第58页。

③ 魏平雄、赵宝成、王顺安主编：《犯罪学教科书》，中国政法大学出版社2008年版，第43页。

④ ［意］菲利：《实证派犯罪学》，郭建安译，中国政法大学出版社1987年版，第28页

罪原因有三个方面，即人类学因素、自然因素和社会因素。菲利将犯罪人分为五种类型：天生犯罪人、精神病犯罪人、偶然犯罪人、激情犯罪人、习惯性犯罪人①。主张根据犯罪人的不同人格，创建不同形式的制裁、处遇措施以适用于不同形式、类型的犯罪个体。

菲利是预防主义者，他否定刑罚的惩罚性，而非常重视人身危险性对刑罚的作用，他形象地比喻古典学派用刑罚惩治犯罪就像旧医学治病，认为是不顾病人的人格，仅把疾病作为抽象的病理现象进行治疗。他主张应根据预防犯罪的需要即犯罪分子的人身危险性设定刑罚。菲利对刑罚个别化的贡献也集中体现在对人身危险性的重视上。"人身危险性作为刑罚根据的确立，完成了从刑事古典学派的刑罚一般化到刑事实证学派刑罚个别化的转变。"②

加罗法洛是刑事社会学派的代表人物，他提出了自然犯罪的概念，所谓自然犯罪，是相对于法律上的犯罪概念而言的，是存在于人类社会中的，独立于某个时代、环境和立法者观点之外的犯罪。主张刑罚应与犯罪人的"自然倾向性"，即人身危险性相一致。在他所著的《犯罪学》一书中，他对罪犯进行了分类，并提出了合理的刑罚体系的构想：对谋杀犯适用死刑；对天性倾向杀戮的暴力犯和习惯性的盗贼要放逐于孤岛；对习惯性的盗贼或职业盗贼应当适用终身拘留；对属于累犯但不是职业犯的盗贼与伪造者以及属于暴力犯的危险犯和色情犯，可以适用不确定期限的拘留；对于因游手好闲、无感情、流浪而犯罪的非累犯，可以强制其劳动；对于不是前述的有支付能力的非危险性的暴力犯与非累犯，可以判决其强制赔偿③。从加罗法洛的"自然犯罪"概念、犯罪人的分类以及对刑罚的适用方面可以看出，其刑罚个别化的思想基础在于罪犯的反社会程度，即人身危险性。

李斯特是刑事社会学派的另一位代表人物，在犯罪原因的分类上，批判了菲利的犯罪原因三元论，认为自然原因只是社会原因的一种，即犯罪的原因包括"社会因素"和"个人因素"两种。他重视社会因素对犯罪的决定作用，提出"最好的社会政策就是最好的刑事政策"的论断，确信可以利用社会政策的法则来影响犯罪；并力求在对行为人具体分析的基础上，追求防卫社会和特殊预防的最终目的；强调刑罚的适用不仅要依据犯罪行为的客观危害性，还要依据犯罪人的人身危险性，即犯罪人的性格、主观恶性、反社会性等，并据此实行刑罚个别化，达到防卫社会的目的。在犯罪与刑罚之间的关系上，他提出了"应受惩罚的

---

①　[意] 菲利：《犯罪社会学》，郭建安译，中国人民公安大学出版社 1990 年版，第 141 页

②　陈兴良：《刑法的人性基础》，中国政法大学出版社 1998 年版，第 118 页。

③　[意] 加罗法洛：《犯罪学》，耿伟，王新译．中国大百科全书出版社 1996 年版，第 365－368 页。

不是行为，而是行为人"的著名论断，深化了对刑罚价值的认识。李斯特是目的刑理论的集大成者，目的刑思想的提出，为刑罚个别化原则的最终确立奠定了理论根基。

从刑事人类学派到刑事社会学派，从龙勃罗梭的天生犯罪人理论到李斯特的目的刑思想，刑罚个别化的思想观念逐渐成熟，开始走上刑罚理论研究的历史舞台。近代学派的发展使刑罚个别化思想明确了两个观点：第一，适用刑罚应当以犯罪的个人预防为出发点；第二，刑罚个别化是以犯罪分子的人身危险性决定刑罚的适用。近代学派的刑罚个别化不仅明确了为什么要刑罚个别化，而且明确了如何进行刑罚个别化①。

2. 现代刑罚个别化

第二次世界大战后，社会普遍重视人权保护。在这种情况下，兼采古典学派与实证学派之长的综合主义刑法理论应运而生。新社会防卫论就是在这种背景下产生的，新社会防卫的代表人物意大利著名刑法学家格拉马蒂卡和法国的安塞尔。格拉马蒂卡在他的《社会防卫原理》一书中对社会防卫思想进行了集中阐释，他认为，社会防卫的终极目的是使反社会的人适应社会秩序，复归社会，国家不能只强调施用刑罚的权力，国家还具有使犯罪人复归社会的义务。其具体观点主要体现在：首先，完全抛弃刑法、犯罪、刑罚这样的概念；用社会防卫来取代刑法。认为社会防卫是法学的一个独立分支，其适用对象则是那些需要改善的人，既包括犯罪分子，也包括那些具有反社会倾向的人。格拉马蒂卡用"反社会性"取代"犯罪"概念，而用"反社会性的指标及程度"取代"责任"的概念。其次，采用主观主义的社会防卫。格拉马蒂卡认为对那些具有"反社会倾向"的人应采取"社会防卫措施"，也就是根据这些人的特殊情况而专门为他们设定的用于改善目的的措施，他认为这些社会防卫措施就是不定期刑，甚至认为可以在没有任何行为的情况下仅仅凭"反社会性"特征就可以适用"防卫措施"②。这体现了刑罚个别化的思想。但这种体现极端社会防卫思想的刑罚个别化似乎并没有得到广泛的认可。

马克·安塞尔的社会防卫思想称为新社会防卫思想，既不主张抛弃刑法，也不否认刑事责任概念；相反，新社会防卫思想主张在刑法科学里努力发展道德化法律化的人道主义。他反对实证学派的意志决定论和社会责任论，而承认古典学派的意志自由和道义责任论，但又不赞成刑罚与犯罪行为相适应而不考虑行为人

---

① 翟中东：《刑罚个别化研究》，中国人民公安大学出版社 2001 年版，第 16 页。

② 卢建平：《社会防卫思想》，载高铭暄、赵秉志主编：《刑法论丛》（第 1 卷），法律出版社 1998 年版，第 155 页。

个人特征的客观主义理论。同时，他认为人身危险性与道义责任论并非水火不容，完全可以在"行为人格"的基础上统一起来，把"人格"与人的行为紧密联系起来作为刑罚的依据。安塞尔强调刑事诉讼应该考虑罪犯的人格，指出："法官将继续审理法律规定为犯罪的行为，但他不再仅仅根据法律的客观标准，而还要考虑犯罪行为人的有关情况进行审理。"安塞尔重视人格调查，主张把人格因素作为量刑的重要依据。法官不仅要了解罪犯的犯罪行为，还要了解他的个人情况，包括：生理特征、心理特征、个人生平、个人现状以及所处的社会环境，并专门为行为人建立"人格档案"。安塞尔有关犯罪人的理论集中体现了刑罚个别化思想，在坚持罪刑相适应基础上，既体现了报应也体现了预防。

新社会防卫论的刑罚个别化适应刑法理论的发展，被各国运用到司法实践中，许多国家明确规定在适用刑罚时必须遵循刑罚个别化原则，充分考虑犯罪人自身的不同情况，进而区别对待，分别处理。例如：法国新刑法典第122—124条规定："法院在法律规定的范围内，依据犯罪情节和罪犯人格，宣告刑罚并规定刑罚制度。"① 1996年，俄罗斯联邦刑法典第6条规定："对实施犯罪的人适用的刑罚与其他刑法性质的方法，应该是公正的，即与犯罪的性质和社会危害的程度，实施犯罪的情节及犯罪人的身份相当。"②《意大利刑法典》第133条在规定法官裁量刑罚时不仅应考虑犯罪行为情状，还应考虑有关行为人的犯罪倾向：（1）犯罪的原因和犯罪人的特点；（2）刑事处罚前科，尤其是犯罪人在犯罪前的品行和生活；（3）犯罪时的品行和犯罪后的品行；（4）行为人个人、家庭及社会关系③。

对于刑罚个别化的相关司法实践，还有美国的不定期刑运动，不定期刑的指导思想是认为量刑的目的应该追求功利，强调罪犯复归社会和剥夺罪犯的犯罪能力，不定期刑的根基在过度强调刑罚的功利性。1900年，美国有11个州引进了不定期刑，1910年达到了20个，后又发展到36个州采用了不定期刑。但随着犯罪率的居高不下和累犯率的迅猛增长，人们对不定期刑开始进行反思。一些州逐渐放弃了不定期刑。虽然不定期刑在美国的实践并不成功，但不能因此而否定刑罚个别化原则的作用。

（二）刑罚个别化原则的蕴含

对于刑罚个别化，学者们有多种表述：一种表述："刑罚个别化是指根据犯罪人的个人情况，有针对性地规定和适用相应的刑罚，以期有效地教育改造罪

---

① ［法］巴芭戴奥多鲁：《法国新刑法典中的刑罚个人化》，魏武译，中国大百科全书出版社1998年版，第98页。

② 翟中东：《刑罚个别化研究》，中国人民公安大学出版社2001年版，第23页。

③ 曲新久：《刑法的精神与范畴》，中国政法大学出版社2000年版，第475页

犯，预防犯罪的再次发生。"① 第二种表述为：刑罚个别化是"以个别预防为基础，以人身危险性为核心，与一般预防相对立，且与报应刑相排斥的刑罚理念"②。第三种表述为：刑罚个别化即是指"法官在适用刑罚时，要充分考虑犯罪人的人身危险性"③。第四种表述为："作为我国刑法的量刑原则之一的刑罚个别化原则，是刑责相适应原则的派生原则，指审判机关在量刑时，应当根据犯罪人所犯罪行的社会危害程度和犯罪人的人身危险性大小，在相应的法定刑范围内或以该法定刑为基础，判处适当的刑罚或刑期。"④

从以上表述中可以看出，有认为刑罚个别化是刑法的基本原则，有认为刑罚个别化是一种刑法理念，还有认为刑罚个别化是刑法的量刑原则之一。如上述第三种和第四种观点。我们赞同刑罚个别化是刑法的量刑原则的观点，并且认为在量刑时既要根据犯罪行为的客观危害大小，即行为的社会危害性程度来决定刑罚，同时又要考虑犯罪人的个人情况，即人身危险性的大小来判处刑罚。具体阐述如下：

1. 刑罚个别化是社会危害性与人身危险性的统一

人身危险性与犯罪的特殊预防功能密切相关，从一定意义上说，人身危险性就意味着对犯罪人的特殊预防。有学者认为刑罚适用的唯一依据是人身危险性，而且与报应主义不相容。如果在适用刑罚时割裂与报应的联系，仅仅考虑行为人的人身危险性，根据现代刑法的理念是不可想象的，也是对公正、正义的曲解。刑罚的适用基础应是只有在犯罪人实施了犯罪行为的前提下才能发挥作用。完全不受报应制约的刑罚，将最终演变成侵犯人权的工具。

2. 刑罚个别化是一般预防与特别预防的统一

刑罚的目的是刑罚制度赖以存在的出发点和归宿。旧派主张报应刑论和一般预防论，从而忽视个别预防；新派则强调个别预防，而忽视一般预防。报应刑论仅从已然之罪出发考察刑罚的目的，而没有从未然之罪探求刑罚目的；个别预防论主张人身危险性作为刑罚的唯一依据。显然，其主张都只考虑了公正的一面，而忽视了另一面，是不科学的。随着新、旧两派刑法思想的融合，单纯的报应或预防都不能体现刑罚目的。以报应刑、一般预防为基础的罪刑相适应和以个别预防为中心的刑罚个别化需要合理的折中。

一般预防作为刑罚的功能这一点是毋庸置疑的，具有正当性和终极目的性。但并不能因此而得出刑罚个别化与一般预防是绝对对立的。刑罚个别化与个别预

① 曲新久：《刑法的精神与范畴》，中国政法大学出版社 2000 年版，第 274 页。
② 邱兴隆：《罪与罚讲演录》，中国检察出版社 2000 年版，第 89-97 页。
③ 王作富：《谈谈刑罚个别化》，载《中国人民大学学报》1987 年第 4 期。
④ 马克昌主编：《刑罚通论》，武汉大学出版 2000 年版，第 271 页。

防紧密联系，体现刑罚的特殊预防与个别化。但这种个别化是建立在一般预防的终极目的上的，也就是刑罚的目的是一般预防与特殊预防的统一，即双面预防思想。贝卡里亚指出："刑罚的目的仅仅在于：阻止罪犯再重新侵害公民，并规诫其他人不要重蹈覆辙。"①

（三）刑罚个别化原则在我国的适用

刑罚个别化原则在世界各国得到普遍的认可，并在刑事立法中得以体现。我国对刑罚个别化的研究较晚、研究成果也较少，而且在过去相当长的时间内对刑罚个别化是持否定态度。如我国刑法学者邱兴隆教授就极力否定刑罚个别化②。但也有学者赞同，我国最早开展刑罚个别化研究的学者是王作富教授，他在《谈谈刑罚个别化》这篇文章中，对刑罚个别化进行了初步的介绍和研究③。随后，又有一批学者加入此研究行列，刑罚个别化原则理论研究开始繁荣起来。对刑罚个别化进行系统研究的当属翟中东教授，他在自己的博士论文中系统地阐述了刑罚个别化原则。因此，在理论上也形成了否定论与肯定论的学说之争。

1. 否定论

这种观点认为"个别化不只是一种不合理的刑罚理念，而且还是一种不现实的刑罚理念。其不现实性就在于人身危险性的无法预测性"④。个别化因存在严重的理论缺陷而是一种天生不良的刑罚理念，同时又因不具有贯彻的现实性而是一种后天不足的刑罚理念。即使将来可以准确地预测人身危险性，通过一定手段有效地消除个人的人身危险性，也就是说，即使个别化的不足可以通过一定手段弥补，个别化的天生不良也决定了它终将不能成为一种刑罚理念。该种观点认为抛开对刑罚一般预防功能的刑罚效益永远不是刑罚的最大效益；抛开已然之罪而奠基于未然之罪之上的刑罚即使具有社会效益但终将失去对个人的公正，刑罚的人权保障功能将会在防卫社会的需要下丧失殆尽⑤。

2. 肯定论

（1）取代论

对于刑罚个别化持肯定论的学者中，有人主张罪刑相适应是基于报应观念，而这是一种落后的观念，应建立完全基于人身危险性的刑罚个别化，用刑罚个别化原则取代罪刑相适应原则。另有一部分学者认为，主张罪刑相适应原则不能作为刑法基本原则，因其仅重视犯罪行为的社会危害性的大小来决定刑罚的轻重，

① ［意］贝卡里亚：《论犯罪与刑罚》，黄风译，中国大百科全书出版社1993年6月版，第42页。
② 邱兴隆：《刑罚个别化否定论》，载《中国法学》2000年第5期。
③ 王作富：《谈谈刑罚个别化》，载《中国人民大学学报》1987年第4期。
④ 邱兴隆：《刑罚的哲理与法理》，法律出版社2003年版，第305－309页。
⑤ 邱兴隆：《刑罚个别化否定论》，载《中国法学》2000年第5期。

而忽略犯罪分子的人身危险性，是难以刑罚预防犯罪和改造犯罪的目的。相反，认为"刑罚个别化不仅从修正罪刑法定原则不足的思想发展到近代刑罚个别化，而且从近代刑罚个别化发展到现代刑罚个别化。刑罚个别化仍是一种充满生机的理论"①。

（2）并存论

该观点认为，刑罚个别化原则和罪刑相适应原则是并列的，刑罚个别化并不排斥罪刑相适应原则。"人民法院在适用刑罚时，首先考虑的是刑罚的轻重与犯罪的社会危害性相适应，罪行轻重是刑罚轻重的决定性因素，然后才考虑刑罚的轻重与犯罪人的认识危险性相适应的问题。"②

（3）包容论

该观点认为罪刑相适应原则包容了刑罚个别化思想。在适用罪刑相适应原则时不仅要注重从客观上考虑行为的社会危害性，还要充分考虑犯罪人的人身危险性大小。做到既要重视以客观犯罪行为为依据，又要以主观要素以及犯罪人的个人情况为依据，如犯罪目的、犯罪动机、罪前罪后表现等。据此，可以认为刑罚个别化原则与罪刑相适应原则并不对立，刑罚个别化原则蕴含于罪刑法定原则之中，罪刑法定原则是个别化基础上的罪刑相适应，两者是辩证统一的③。

我们认为，简单地对刑罚个别化加以否定的观点是片面的，也是不科学的。虽然刑罚个别化的实践在某些国家并不成功，但不能因此对刑罚个别化原则做极端化的评价。相反，刑罚个别化对刑法理论和实践的贡献是有目共睹的。而认为完全用刑罚个别化原则替代罪刑相适应原则的观点也是有失偏颇的，完全奉行刑罚个别化，依据人身危险性的大小对犯罪分子适用刑罚，而不考虑犯罪行为的客观危害，甚至对于那些仅有犯意而没有犯罪行为的犯罪分子适用刑罚，则会陷入主观归罪的泥潭。这样将不利于对人权的保障，甚至会沦落为统治者践踏人权的工具。

我国刑法典中是否规定了刑罚个别化，学者们存在较大的分歧。我国 1997 年《刑法》第五条规定："刑罚的轻重，当与犯罪分子所犯罪行和承担的刑事责任相适应。"这一规定包含两个方面：第一，刑罚的轻重应当与犯罪分子所犯罪刑相适应。第二，刑罚的轻重应当与犯罪分子所承担的刑事责任相适应。而罪责刑相适应原则的内涵包括：一是法定刑的轻重，应当与犯罪分子所犯罪罪刑相适应；二是罪、责、刑三者之间是有机统一、三位一体的关系。三是刑事责任是犯

---

① 翟中东：《刑罚个别化的蕴涵：从发展角度所作的考察》，载《中国法学》2001 年第 2 期。
② 周振想：《刑罚适用论》，法律出版社 1990 年版，第 198－199 页。
③ 陈兴良：《论我国刑法的发展完善》，载《中国法学》1989 年第 12 期。

罪行为所引起的一种法律责任。而刑事责任是犯罪分子因其犯罪行为而需要承担的法律上的否定性评价和谴责。"刑事责任是介于犯罪和刑罚之间的桥梁和纽带，它的功能就在于对犯罪和刑罚的关系起调节作用。"① 而刑事责任则包括客观责任，也包括主观责任，是主客观的统一。因此，人身危险性就借着刑事责任的桥梁作用影响到对刑罚的裁量，既坚持了罪刑相适应原则，又体现了刑罚个别化的要求。所以，刑罚个别化原则与罪刑相适应原则虽然有矛盾，但又相互影响。罪刑相适应原则是刑罚个别化原则的前提和基础，刑罚个别化原则是对罪刑相适应原则的补充。

三、宽严相济原则

（一）宽严相济原则的历史渊源

1. 古时的"宽严相济"

（1）先秦时期

我国有五千年的历史，其中蕴含着丰富的治国安邦的理念，早在原始社会末期就已经有了"慎刑""轻刑"的思想。而"宽严相济"的法律思想更是成为各朝代思想家们所倡导的一项重要的刑罚适用原则。我国在夏商时代是滥用刑罚的时期，到了西周，统治者提出了"兹式有慎，以列用中罚"② 的"慎刑"思想。在《礼记·曲礼》上记载"八十、九十曰耄，虽有罪，不加刑焉"，甚至在战争中也要做到"不斩祀，不杀厉，不获二毛"，即不斩尽杀绝，不杀病人，不擒老人。这都说明了统治者在适用刑罚时会根据具体情况不同或宽或严。《尚书·吕刑》中也规定："刑罚世轻世重，惟齐非齐，有伦有要。"③ 意思就是说会根据形势的不同来决定刑罚的轻重。《周礼·秋官·大司寇》中也有："一曰刑新国用新典，二曰刑平国用中典，三曰刑乱国用重典。"④ 这被称为"三国三典"原则，意思是指，治理新的国家用新的法典，治理稳定的国家用比较平和的法典，治理乱世则用重刑。可见在古人的法治思想里，刑罚的轻重也不是一成不变的，会随着时代的变化而变化。总之，西周时期"礼""刑"结合，体现了宽严相济的思想，并对后世的政治法律理论产生了深远影响。

春秋时期郑国子产提出："唯有德者能以宽服民，其次莫如猛。夫火烈，民望而畏之，故鲜死焉；水懦弱，民押而玩之，故多死焉，故宽难。"⑤ 意思指有

---

① 高铭暄主编：《刑法学原理》，中国人民大学出版社1993年版，第418页。
② 《尚书·立政》。
③ 《尚书·吕刑》。
④ 《周礼·秋官·人司寇》。
⑤ 《左传·昭公二十年》。

德的统治者会实行宽松的政策来驯服民众，其次才会依靠严刑峻法来进行统治。"宽"指的是德、仁政。"猛"指的是刑、严刑峻法，二者的关系是体现了"宽猛相济"。孔子在《礼记·杂记》中写道："子曰：……张而不弛，文、武弗能也。弛而不张，文、武弗为也。一张一弛，文、武之道也。"在《左传·昭公二十年》中写道："仲尼曰：'善哉！政宽则民慢，慢则纠之以猛，猛则民残，残则施之以宽。宽以济猛，猛以济宽，政是以和。'"① 宽即宽大、宽容之意，猛也即严厉之意。孔子意指施政时要宽和严相辅相成，互相补充，宽以济猛，猛以济宽，才能达到政是以和。这些都体现了古人对刑罚轻重的态度，也体现了宽严相济的刑罚思想。

（2）秦汉隋唐时期

秦国推崇法家思想，统治者坚信法律是万能的，采用先秦法家的严刑峻法来维护统治。商鞅曾说："禁奸止过，莫若重刑。"② 韩非子则说："夫以重止者，未必以轻止也，以轻止者必以重止矣。"③ 这些都体现重刑主义的思想。但这种思想并没有让国家长治久安，反而最先灭亡。

汉武帝时，采纳董仲舒"罢黜百家，独尊儒术"之建议，把儒家思想作为治理国家的指导思想。儒家思想主张"德主刑辅""礼刑并用"，也就是要用道德教化和刑罚处罚两种手段并用来治理国家，倡导以道德教化为主，刑罚惩罚为辅。这体现了一种宽严相济的精神。

三国时期，诸葛亮主张实行"威之以法，法行则知恩限之以爵，爵加则知荣。恩荣并齐，上下有节，为治之要，于斯而著"④。其主张体现出宽严相济的法治思想。

在唐朝，唐太宗主张"用法务在宽简""以宽仁治天下，而于刑法尤慎"⑤。长孙无忌在《进律疏表》中，说"轻重失序，则系之以存亡。宽猛乖方，则阶之以得丧"⑥。意思是适用刑罚不按轻重的次序，则会危及国家的存亡；不按宽严的规则来处理，则会有所失去。既然这样，就应用宽猛相济的思想来处理刑罚的适用，这就是宽严相济。

（3）宋元明清时期

到了宋朝，宋太宗主张："治国之道，在乎宽猛得中，宽则政令不成，猛则

---

① 《左传·昭公二十年》。
② 《商君书·赏刑》。
③ 《韩非子·六反》。
④ 《三国志蜀书诸葛亮传》。
⑤ 《贞观政要·卷八·刑法》。
⑥ 长孙无忌等：《唐律疏议》，中华书局年1983年版，第577页。

民无措手足，有天下者可不甚哉。"① 这体现的是宽猛相济的治国思想。南宋理学家朱熹主张"当以严为本，而以宽济之"。他主张恢复肉刑，提倡重刑主义思想，因而受到诟病。

明朝时期，朱元璋采用"重典治乱世"的治国方略，认为治乱世应用重典，治平世用轻刑，体现了根据社会情况的变迁来确定刑罚的轻重的思想。同时朱元璋又认为，仅凭乱世用重典的思想治理国家不能达到长治久安的目的，还要推行"礼法并用"的思想。《明史·刑法志》记载："盖太祖用重典以惩一时，而酌中制以垂后世。故猛烈之治，宽仁之诏，相辅而行，未尝偏废也。"意思是指"明太祖用重典惩治犯罪是一时的权宜之计，而酌取适中的法制给后代垂留典范，因此既用猛烈法制，又下宽仁的诏书，相互辅助而行，没有有所偏废。"②"宽严相济"思想继续发扬光大。

明末清初时期，王夫之对孔子"宽猛相济"思想进行了全新的诠释。他认为："严者，治吏之经也。"执法"严"，意味着严惩贪吏："严下吏之贪，而不问上官，法益峻，贪益甚，政益乱，民益死，国乃以亡。""严之于上官，而贪息于守令，下逮于簿尉胥隶，皆喙息而不敢逞。"③ 王夫之的主张实际上体现的是"宽以养民""严以治吏"，提倡"两者并行"，才能达到真正的"政是以和"。

清朝的统治者采用重刑主义的同时，也认识到"刑罚世轻世重"的重要性。雍正皇帝曾主张"然宽严之用，又必因乎其时"④。意指刑罚的宽与严必须依据社会形势而定。这恰恰体现了宽严相济的思想。

我国历史悠久，各朝代统治者的治世方略也是各有特色，与其所处的时代特点紧密相连。中国古代"刑罚世轻世重"的法治思想受儒家"慎刑""轻刑"的"仁"的思想的影响，从而使我国古代"宽严相济"思想既体现根据社会形势发展而采用重刑主义的需要，同时也注重治平世时对刑罚"宽"的体现。这也是"宽严相济"的刑罚原则在中国古代法治思想中的朴素体现。

2. 宽严相济刑事政策的形成与发展

宽严相济刑事政策的形成过程比较长。它是我国为维护社会治安，在同犯罪长期做斗争的过程中形成的，也是党和政府长期实践经验的总结。它是根据地时期形成的"惩办与宽大相结合"的刑事政策的沿用。

第二次国内革命战争时期，中央苏区为了有力打击猖狂的反革命破坏活动，

---

① 《宋朝事实类苑》卷二，《祖宗圣训·太宗皇帝》。

② 高潮，马建石主编：《中国历史刑法志注释》，吉林人民出版社年1994年版，第937页。

③ 《读通鉴论》卷二十八。

④ 马克昌：《宽严相济刑事政策当议》，载《人民检察》2006年第10期（上）。

于 1934 年毛泽东签署颁行《中华苏维埃共和国惩治反革命条例》，其中就明确规定："对于一切图谋推翻或破坏苏维埃政府及工农民主革命的反革命分子，区分不同情况进行处罚。对于那些严重危害人民的重大反革命分子、首要分子和再犯分子要严惩，甚至判处死刑；而对那些被他人胁迫以及自首、坦白和立功的分子，则规定减轻或免除其处罚。"这一规定体现了对犯罪分子根据不同情况区别对待的政策，既体现法律严厉的一面，也体现对犯罪分子宽大的一面，即宽严相济。

抗日战争时期，毛泽东在《论政策》一文中指出："应该坚决地镇压那些坚决的汉奸分子和坚决的反共分子，非此不足以保卫抗日的革命势力。但是决不可多杀人，决不可牵涉到任何无辜的分子。对于反动派中的动摇分子和胁从分子，应有宽大的处理。"① 这篇文章中提出了镇压与宽大两个政策。1942 年 11 月 6 日中共中央颁布了《中共中央关于宽大政策的解释》，指出："这里是提示了镇压与宽大两个政策，并非片面的，只有一个政策。对于绝对坚决不愿改悔者，是除外于宽大政策的，这就是镇压政策。"同时强调"镇压与宽大是必须同时注意，不可缺一的"②。

在解放战争时期，在对国民党反动派的斗争中贯彻镇压与宽大的政策。毛泽东在 1947 年的《中国人民解放军宣言》一文中指出："本军对于蒋方人员，并不一概排斥，而是采取分别对待的方针。这就是首恶者必办，胁从者不问，立功者受奖。""凡是已经做过坏事的人们，赶快停止作恶，悔过自新，脱离蒋介石，准其将功赎罪。"③

新中国成立之初，毛泽东明确提出了镇压与宽大相结合的政策。在随后的"三反""五反"运动中，得到了具体体现和发展。1949 年 9 月 21 日，毛泽东在《为争取国家财政经济状况的基本好转而斗争》一文中，明确提出镇压与宽大相结合的政策："必须坚决地肃清一切危害人民的土匪、特务、恶霸及其他反革命分子，在这个问题上，必须实行镇压与宽大相结合的政策，即首恶者必办，胁从者不问，立功者受奖的政策，不可偏废。"④ 1956 年 9 月 15 日，党的第八次全国代表大会的政治报告指出："我们对反革命分子和其他犯罪分子一贯地实行惩办和宽大相结合的政策，凡是坦白的、悔过的、立功的，一律给以宽大的处置。"⑤

---

① 《毛泽东选集》（第 2 卷），人民出版社 1991 年版，第 767 页。

② 《中国新民主主义革命时期根据地法制文献选编》（第 3 卷），中国社会科学出版社 1981 年版，第 54 页。

③ 《毛泽东选集》（第 4 卷），人民出版社 1991 年版，第 1238 页。

④ 《毛泽东选集》（第 5 卷），人民出版社 1977 年版，第 20 页。

⑤ 高铭暄，彭凤莲：《新中国基本刑事政策的演进》，载《刑事政策评论》2006 年第一卷。

自此，惩办与宽大相结合的政策取代镇压与宽大相结合的政策，这也是新中国第一次正式将惩办与宽大相结合的政策确定下来作为我国的基本刑事政策。1979年颁布的《刑法》第一条明文规定惩办与宽大相结合的政策作为刑法制定的根据。

　　随后，治安形势严峻，中共中央在1983年做出了《关于严厉打击刑事犯罪活动的决定》，开始了"严打"的刑事政策，严厉打击严重危害社会治安的严重犯罪分子。自此，"严打"刑事政策持续了二十余年，它强调对犯罪分子从重从快打击，然而忽视了从宽的一面，实践中存在很多弊端。2002年起，最高人民法院副院长刘家琛主持召开"关于刑罚适用及其价值取向"的课题调研与研讨，倡导公平、人道、法治和效率的刑罚价值取向，主张"少杀""慎杀"的死刑政策，呼吁重视刑罚的成本核算及刑罚的正负效应①。2004年12月22日，罗干同志在中央政法工作会议上指出："正确运用宽严相济的刑事政策，对严重危害社会治安的犯罪活动严厉打击，绝不手软，同时要坚持惩办与宽大相结合，才能取得更好的社会效果。"2005年以后，理论界组织了"宽严相济的刑事政策与和谐社会构建""中法刑事政策比较研究"等一系列的学术研讨活动，社会各界反响热烈，展开研究"宽严相济"刑事政策的热潮。2006年10月11日，中共中央十六届六中全会通过了《中共中央关于构建社会主义和谐社会若干重大问题的决定》，文中指出："实行宽严相济的刑事司法政策，改革未成年人司法制度，积极推进社区矫正。"至此，执政党第一次明确提出了宽严相济的刑事政策。

　　（二）宽严相济的内涵

　　关于宽严相济的内涵，在学界有不同的理解。这四个字既言简意赅，又内涵丰富，蕴藏了深刻的法治理念。最高人民法院《关于贯彻宽严相济刑事政策的报告》中写道："根据不同的社会形势、犯罪态势与犯罪的具体情况，对刑事犯罪在区别对待的基础上，科学地、灵活地运用从宽和从严两种手段，打击和孤立极少数，教育、感化和挽救大多数，最大限度地实现法律效果与社会效果的统一。"② 也有学者认为宽严相济应包括以下几个方面：第一，对严重刑事犯罪，依法从严惩处。第二，即使对于严重刑事犯罪，如果有法定或酌定从轻、减轻处罚情节的，也应予从宽判处。第三，对于罪行较轻、主观恶性较小的，则应从宽处罚。第四，对于虽然罪行较轻，但有法定从重处罚情节的应依法从重处罚。第五，刑罚的宽严应根据社会情况的不同而灵活掌握③。如何深入细致地理解宽

① 刘家琛：《宽严相济，逐步实现刑罚轻缓化》，载《法学杂志》2006年第4期。
② 参见最高人民法院《关于贯彻宽严相济刑事政策的报告》，2007年3月29日，第58页。
③ 马克昌：《"宽严相济"刑事政策与刑罚立法的完善》，载《法商研究》2007年第1期。

严相济，可以对"宽""严""济"进行字义、语义上的分析，从而揭示其基本蕴含。

1. 宽严相济的"宽"

"宽"的含义，在汉语中有两种解释：一种为"不严，宽大对待"之意；另一种意为"减轻"，即宽大、宽容、宽恕的意思，从现代刑事法律的角度上来看，也就是从轻处罚的意思。具体来讲是指区分情况，该轻的时候轻，该重的时候也会因具备从轻处罚的情节而从轻处罚。"宽"的思想源远流长，从夏朝时期就开始有了"恤刑"的思想，也就是对过失犯罪和老幼犯罪施行减免法律的责任。从我国"宽严相济"的思想源流来看，从古代的"刑罚世轻世重"的儒家思想到现代的"镇压与宽大""惩办与宽大"以及"宽严相济"政策中都可以看出。在严厉打击犯罪的同时，还重视社会形势的不同，根据犯罪分子的个人不同情况而适用不同的刑罚。

在理论界，我国著名刑法学家马克昌教授对于宽严相济也做出了明确的阐述。指出宽严相济包括"该严则严，当宽则宽，严中有宽，宽中有严，宽严有度，宽严审时"六个方面，其中"宽"即体现在"当宽则宽"和"严中有宽"两个方面。当宽则宽，即对罪行较轻、犯罪人主观恶性较小的，则应从宽处罚，对轻微违法犯罪人员特别是对失足青少年，根据条件可以免予处罚，也可以适当多判一些缓刑或者安排到社区矫正。严中有宽，是指即使所犯罪行严重，但有法定或酌定从轻、减轻处罚情节的，也应予以从宽处罚。罪当判处死刑，如有从轻、减轻处罚情节或者不是必须立即执行的，应依法判处死刑缓期二年执行、无期徒刑或者十年以上有期徒刑。

最高人民法院对宽严相济刑事政策中的"宽"也进行了明确的界定，"宽"是指对于情节较轻，社会危害性较小的犯罪，或者罪行虽然严重，但具有法定、酌定从宽处罚情节，以及主观恶性相对较小、人身危险性不大的被告人，可以依法从轻、减轻或者免除处罚；对于具有一定社会危害性，但情节显著轻微、危害不大的行为，不作为犯罪处理；对于依法可不监禁的，尽量适用缓刑或者判处管制、单处罚金等非监禁刑。

具体的"宽"体现在以下几个方面：第一，"宽"体现非犯罪化。非犯罪化是指虽然行为人的行为符合刑法分则所规定的犯罪构成要件，但由于其犯罪情节轻微、危害不大，且没有违法阻却事由、责任阻却事由的情况下，不作犯罪处理。第二，"宽"体现非监禁化。是指行为虽然构成犯罪，但根据其犯罪情节和悔罪表现，在监狱或其他监禁场所之外执行刑罚，或者对其采取管制、剥夺政治权利、罚金、缓刑、假释、社区矫正等非监禁化的刑事处罚措施。这些措施的主要特点就是不予关押犯罪人，体现了宽严相济刑事司法中宽的一面。第三，

"宽"体现非司法化。是指行为人的行为涉嫌犯罪需要进入刑事诉讼程序，但根据犯罪行为所造成的后果来看，社会危害性并不是十分严重，或者说是属于刑事自诉案件，可以通过刑事和解程序来解决的，就不需通过普通的刑事诉讼程序，从而可以节约司法资源，提高效率，又能减少诉累，保障被告人的权利。第四，"宽"体现轻刑化。轻刑化与重刑化是指刑罚轻重的发展趋势。重刑主义思想在我国相当长的时期存在。但轻刑化是历史发展的必然，是刑法科学的要求，是刑罚改革的必然趋势。从新中国成立以来，我国的刑事法律都存在着重刑化的特征。但近些年来，随着我国经济的发展以及对刑罚制度的改革，在刑罚适用的某些方面呈现出轻刑化的趋势。如我国废除了某些犯罪的死刑，扩大了拘役、管制的适用罪名，加大对非监禁刑的适用范围等。

　　2. 宽严相济的"严"

　　汉语中，"严"也有两种意思：一种为"严密，紧密"；另一种为"严厉，严格"。具体到宽严相济原则中，第一是严密。刑法的严密，是指立法上要严密刑事法网。对于那些有严重社会危害性的行为要及时纳入刑事法律，追究犯罪人的刑事责任。第二是严格。是指对于具有严重社会危害性的行为，应该追究其刑事责任的一定要作为犯罪来处理，而对于那些社会危害性严重、人身危险性大的犯罪分子应该从重处罚的一定要从重处罚。第三是严厉。一方面是指犯罪分子犯多大的罪就处多重的刑，即重罪重罚；另一方面根据刑罚个别化的要求，虽然行为人犯罪的是轻罪，但因其人身危险性首先是罪重刑重，即根据罪责刑相一致原则，对于犯较重之罪的行为人，使其担负较大的刑事责任和承受较重的刑罚。另外，即使犯罪分子犯较轻的罪也要承担较重的刑罚。马克昌教授认为"严"体现在"该严则严"和"宽中有严"两个方面。该严则严，是指对严重犯罪，应依法从严惩处，判处重刑。依法判处重刑应当判处死刑的，应依法判处死刑，甚至是判处死刑立即执行。宽中有严，意指虽然罪行较轻，但有法定从重处罚情节如累犯的，应依法从重处罚[①]。

　　最高人民法院《关于贯彻宽严相济刑事政策的若干意见》中对宽严相济刑事政策中的"严"做出了明确的界定。宽严相济中的"严"，是指对于罪行十分严重、社会危害性极大，依法应当判处重刑或死刑的，要坚决地判处重刑或死刑。对于社会危害大或者具有法定、酌定从重处罚情节，以及主观恶性深、人身危险性大的被告人，要依法从严惩处。通过对犯罪分子的从严定罪处罚来有效打击罪犯，强力震慑犯罪分子和社会不稳定分子，达到刑罚的特殊预防功能和一般

---

① 马克昌：《宽严相济刑事政策当议》，载《人民检察》2006 年第 10 期（上）。

预防功能①。

宽严相济之"严"，来自"惩办与宽大相结合"之"惩办"和"严打"方针，"严"字的内涵体现在以下几个方面：

第一，对象严格。严格是指刑事司法上的犯罪化与刑罚化，也就是要求严格遵照罪刑相适应的原则，应当按照刑事犯罪处罚的一定要按照刑事犯罪处罚，应当受到刑罚的就一定要受到应有的刑罚处罚。"严"首先体现在犯罪对象上，对那些具有严重社会危害性的有组织犯罪、恐怖犯罪、严重暴力犯罪及毒品犯罪等犯罪分子，应当根据刑法典和刑事诉讼法的规定及时予以立案、起诉、审判，定罪判刑，决不姑息，一抓到底，不放纵任何犯罪分子。

第二，处罚严厉。严厉则是指对刑事犯罪判处较为严重的刑罚，体现当重而重的精神。具体到中国刑事司法实践，应重视运用累犯制度，慎用死刑制度，正确适用从重、加重量刑的情节，特别对于累犯、惯犯及人身危险性大的恶性暴力犯罪、黑社会性质组织犯罪、毒品犯罪等罪犯分子，在定罪判刑、刑罚的适用、减刑假释时予以从严把握。

3. 宽严相济的"济"

宽严相济的"济"，是"救济""协调""调和""补充"之意。"相济"就是互相调和、互相依赖、互相协调补充之意。而宽严相济中"宽"与"严"不是相互独立的两个方面，只有"宽"和"严"则难以形成一个有机的整体，在具体实施过程中也难免会发生宽严失当、时宽时严、过宽过严的情况，两者也并不是简单机械的相加，而是有"济"在"宽"与"严"之间起调节作用的有机统一整体。所以，"相济"连接了"宽"与"严"，体现了两者之间即宽与严的关系是相辅相成、互相协调，以宽济严，以严济宽。陈兴良教授认为："宽严相济不仅是指对于犯罪应当有宽有严，而且在宽与严之间还应当具有一定的平衡，互相衔接，形成良性互动，以避免宽严皆误结果的发生。换言之，在宽严相济刑事政策的语境中，既不能宽大无边或严厉过苛，也不能时宽时严，宽严失当。"②赵秉志教授认为："宽严相济之'相济'，蕴含着结合、配合、补充、渗透、协调、统一、和谐之意，亦即协调运用宽松的刑事政策与严格的刑事政策，以实现二者的相互依存、相互配合、相互补充、相互协调、有机统一。从一定意义上也可以理解为宽严相济之"相济"的一个方面，即该宽则宽，当严则严。"③

最高人民法院《关于贯彻宽严相济刑事政策的若干意见》中也对宽严相济

① 最高人民法院《关于贯彻宽严相济刑事政策的若干意见》，2010年2月8日。
② 陈兴良：《宽严相济刑事政策研究》，载《法学杂志》2006年第1期。
③ 赵秉志：《和谐社会构建与宽严相济刑事政策的贯彻》，载《吉林大学社会科学学报》2008年第1期。

中的"济"进行了明确的阐述："宽严相济刑事政策中的'相济'，主要是指在对各类犯罪依法处罚时，要善于综合运用宽和严两种手段，对不同的犯罪和犯罪分子区别对待，做到严中有宽、宽以济严，宽中有严、严以济宽。"①

（三）宽严相济的具体表现

具体来说，在司法审判中，宽严相济体现在以下几个方面：

1. 当严则严，当宽则宽

对于那些实施严重犯罪行为的犯罪分子，如危害国家安全犯罪、严重暴力犯罪、黑社会性质组织犯罪，以及其他严重侵犯他人人身权利、财产权利和严重破坏社会主义经济秩序的犯罪，必须从严打击，决不手软。而对于那些实施轻微犯罪行为的犯罪分子，则应从宽处罚。如对于过失犯罪、初犯、偶犯等人身危险性小、犯罪情节轻微、后果不严重的犯罪，则应根据其具体情况处以较轻的刑罚，坚持从轻、减轻、教育、感化的原则，当宽则宽。

2. 宽中有严，严中有宽

"宽"与"严"是矛盾的两个方面，既对立又相互依存，宽中有严，严中有宽，相辅相成，不可分离，只宽不严或者只严不宽都是错误的，都会在司法实践中造成不良后果。具体而言，在罪行较轻的情况下，如有法定从重处罚情节的，应当予以从重处罚，这就是宽中有严；相反，虽然犯罪严重，但有酌定或法定从轻、减轻处罚情节的，应当从宽处罚，做到严中有宽。

3. 宽严有度，审时度势

"宽"不是没有限度的宽，"严"也不是无限的严。具体到个案，从宽和从严的情节往往是错综复杂的。只有从具体案件的实际情况出发，充分考虑各种从宽和从严的情节，根据事实情况的不同、社会形势的不同、犯罪人个人情况的不同审慎处理。同时，也要在法律的范围内，"以事实为根据，以法律为准绳"来定罪判罚，而不能脱离案情事实，不能脱离法律的规定。审时度势，则要考虑随着社会形势的发展而做出及时的调整。首先，要因时而宜。根据某一时期的社会治安状况对刑罚的轻重做出科学的判断。从新中国成立以来，我国经历了几次犯罪高峰，虽然现在犯罪的整体形势比较平稳，但犯罪的类型、年龄结构、组织程度等方面和过去相比已经有很大的不同。这就要求我们在审理具体案件的时候要依据大形势，立足小案情来具体适用刑罚。其次，要因地而宜。我国是一个地域广大的国家，地区经济发展也不平衡，各地区在犯罪的类型方面也有自己不同的特点。如走私犯罪多发生在边境地区，毒品犯罪多发生在边境及经济较发达地区，虽然近年有向经济欠发达地区蔓延的趋势，"两抢"案件多发生在人口流动

---

① 参见最高人民法院《关于贯彻宽严相济刑事政策的若干意见》，2010 年 2 月 8 日。

性大的经济发达地区。针对这些特点在适用刑罚的时候也要考虑地区特点，综合各种因素来判定刑罚。最后，要因罪而宜。就犯罪行为而言，有的属于重罪，有的属于轻罪。对于重罪而言，因其犯罪行为具有极其严重的社会危害性及犯罪人具有较大的人身危险性，所以，根据罪行相适应原则以及刑罚个别化的要求，对其判处较重的刑罚种类，或者在法定的量刑幅度内判处较重的刑罚；对于轻罪，应判处较轻的刑罚种类，或者在法定刑幅度内从轻处罚。

（四）宽严相济作为量刑原则的必要性

宽严相济既体现在立法层面，也体现在司法层面，特别是在司法裁量的过程中，更是如此。在我国刑法典的规定中，无论是法定量刑情节，还是酌定量刑情节的规定，都体现了宽严相济的理念，是司法工作人员在具体量刑时一定会考虑的基本问题。在具体适用刑罚时，宽严相济的标准一般由具体承办法官灵活掌握，突出体现在"坦白从宽，抗拒从严"上。因此，宽严相济的原则有必要成为量刑的基本原则。

第三节　量刑的特殊原则

一、自首立功坦白从宽处罚原则

（一）自首从宽处罚原则

1. 自首从宽的历史渊源

（1）我国古代的自首从宽

我国自首制度的变迁源远流长，从萌芽、确立、完善至今已有几千年的历史。关于自首制度的起源，理论上有两种不同的学说。一种观点认为自首制度可以追溯到夏朝。《尚书·洪范》记载："凡厥庶民，有猷有为有守。"即，凡是处罚庶民的犯罪，其中有预谋犯罪的、有实施犯罪的、有犯罪后自首的，只有区分不同情节而给予不同的处罚，才能起到惩罚犯罪的作用。另一种观点认为自首制度起源于西周时期，《尚书·康诰》记载："既道极厥辜，时乃不可杀。"[1] 这被认为是中国古代关于自首的最早规定，意思是犯人彻底交代所犯之罪，虽然罪行很大，亦不可杀。这一时期的自首制度只是笼统地规定犯罪之人彻底交代罪行会给予一定的从轻处罚，与现代刑法中的自首制度有很大的不同。但这种粗疏的规定体现了自首的思想内核，为后世自首制度的形成奠定了基础。到秦汉时期，自

---

① 沈家本：《历代刑法考》，中国检察出版社2003年版，第203页。

首制度逐渐完备，自首被称为"自告""自出"。《睡虎地秦墓竹简·法律答问》记载："隶臣妾系城旦舂，去亡，已奔，未论而自出，当笞五十，备系日。"意思指被处城旦舂刑罚而逃亡的人，如果在官府追究前自首者，可以从轻处罚判决为笞五十的刑罚。又如"司寇盗百一十钱，先自告，当耐为隶臣，或日赀二甲"。即盗得百一十钱的本应当罚为奴隶，但因其有自首情节，故从轻判为罚二甲。再如，"把其假以亡，得及自出，当为盗不当？自出，以亡论。其得，坐赃为盗；盗罪轻于亡，以亡论"①。意思是指携带借用的官府财物逃走，如能自首就以逃亡罪处罚，免盗窃罪；如果被捕获，按赃数以盗窃论处；如果盗窃罪轻于逃亡罪，则仍以逃亡罪论罪。从这些规定的内容来看，秦律明确地提出了"自首"的概念和减轻处罚的办法。汉承秦制，在汉律中，把自首称为"自告"。"先自告除其罪"，意思是指犯罪未被发觉时自己先自首的，不仅可以减轻其刑罚，还可以免除其刑罚。据《汉书·淮南衡山王传》，"元狩元年冬，有司求捕与淮南王谋反者，得陈喜于孝家，吏劾孝首匿喜。孝以为陈喜雅数与王计反，恐其发之，闻律先自告除其罪……孝先自告反，告除其罪"。刘孝参与刘赐的谋反活动，本应处死，但由于他及时自首，所以被免除了谋反罪的刑事责任②。汉代以后，魏晋南北朝及隋朝的法律继承汉律，将自首作为减免刑罚的情节，但是在名称上将"自出"改为"自首"，并为后世所沿用。唐朝是立法水平比较高的一个时期，《唐律疏议》中既坚持自首减免刑罚的规定，又进一步完善自首制度，对自首的原则、主体、时间、地点等都进行了详细的规定，体现出极高的立法水平，成为封建社会自首制度的立法典范。总的来讲，唐律对自首制度的规定，采取了一般原则和具体规定相结合的立法体例。一般原则指自首减免刑罚的原则。《唐律疏议·名例律》规定"诸犯罪未发而自首者，免其罪"③。意思指凡是犯了罪的，但官府还没有立案而自首者，按律皆可能减免刑罚，这是关于自首一般原则的规定。具体规定表现为对自首的成立条件、方式、要求、特殊情况、刑事责任等进行了具体的规定，十分具体与详细，成为后世效仿的典范。宋代基本沿袭《唐律》，不仅在其律令条款中规定了自首制度，且具体内容也与《唐律》相同。《宋刑统·名例律》规定"犯罪未发而自首者，原其罪"。即把犯罪事实没被告发或没被官府查知作为自首的先决条件。与唐律相比，自首也有所发展，如对反逆、强盗、杀人等重大犯罪规定不准自首，即使自首也还是要追究其刑事责任。同时，严格区分自首与自新的界限。"自新"不同于"自首"，是指在犯罪事实

---

① 叶孝信：《中国法制史》，复旦大学出版社 2002 年版，第 77 页。

② 张兆凯主编：《中国古代司法制度史》，长沙岳麓书社 2005 年版，第 91 页。

③ 钱大群：《唐律研究》，法律出版社 2000 年版，第 146 页。

被人告发，或被官府查知，出于无奈，被迫向官府交代罪行的。因此，"自新"不能按照自首处理，只能按情节减轻处罚。明代在修律时遵循的基本思想是"一遵唐旧"，所以，《大明律》也是沿袭《唐律》的规定。在自首制度方面，无论是基本原则还是具体规定都是依照《唐律》的规定展开，只是明律对自首制度的规定比唐律更为严厉。清朝也是承袭《明律》，清代的自首，既叫自首，也叫投首，《大清律》中规定："凡犯罪未发而自首者，免其罪，犹征正赃。"① 但在例中，以及反映清代案件审办的《刑案汇览》中，则大量使用"投首"一词，两者在用法上并无区别。

（2）新中国成立后我国的自首从宽

我国自新中国成立后至 1979 年间，由于历史原因未能颁布统一的刑法典。这一时期有关自首的规定体现在一些单行条例或决定中，例如 1951 年的《惩治反革命条例》、1952 年的《惩治贪污罪条例》等文件。这一时期关于自首的规定主要有以下特点：第一，并未明确自首的含义及相关成立要件，也未区分自首、坦白和立功的含义。只区分了犯罪未被发觉前的坦白和犯罪被发觉后的坦白，未被发觉前的坦白其实就是现在的典型自首行为。第二，有关自首或坦白的规定仅存在于对特定罪行处理的条例或决定中。第三，将犯罪者主观上的悔过态度作为对其从宽处罚的依据之一。第四，从宽处罚的条件趋于具体化②。

1979 年 7 月 1 日通过了新中国历史上的第一部《刑法》。该法第六十三条规定："犯罪以后自首的，可以从轻处罚，其中，犯罪较轻的，可以减轻或者免除处罚；犯罪较重的，如果有立功表现，也可以减轻或者免除处罚。"这一时期的自首具有以下特点：第一，自首作为一项独立的刑罚制度首次在刑法典中出现，体现了对自首行为的价值认可以及对其从宽处罚的基本立场。第二，在总则中对自首及其从宽处罚的原则加以规定，针对的是刑法分则中所有罪行而非特定罪行。第三，受当时刑法"宜粗不宜细"的立法总体指导思想的影响和制约，该部刑法关于自首的条文过于简单。虽然是专节规定，但仅有一个条文的规定。第四，没有自首和立功的概念和相关成立要件的规定。条文内容过于粗化，认定自首具有较大弹性③。随后又出台了一系列的司法解释，对 1979 年刑法中自首的规定作了进一步的完善和补充。

1997 年对 1979 年《刑法》作了全面系统的修改，其中关于自首的规定也作了较大的修改，在第四章第三节规定了自首和立功，第六十七条明确规定："犯

---

① 田涛，郑秦点校：《中华传世法典——〈大清律例·名例律〉》，法律出版社 1999 年版，第 112 页。

② 邓晓霞：《自首制度的理论与反思》，中国政法大学出版社 2016 年版，第 2 页。

③ 邓晓霞：《自首制度的理论与反思》，中国政法大学出版社 2016 年版，第 3 页。

罪以后自动投案，如实供述自己的罪行的，是自首。对于自首的犯罪分子，可以从轻或者减轻处罚。其中，犯罪较轻的，可以免除处罚。被采取强制措施的犯罪嫌疑人、被告人和正在服刑的罪犯，如实供述司法机关还未掌握的本人其他罪行的，以自首论。"第六十八条规定："犯罪分子有揭发他人犯罪行为，查证属实的，或者提供重要线索，从而得以侦破其他案件等立功表现的，可以从轻或者减轻处罚；有重大立功表现的，可以减轻或者免除处罚。犯罪后自首又有重大立功表现的，应当减轻或者免除处罚。"1997年刑法中有关自首的规定具有以下特点：第一，将自首与立功合并在一起进行规定。第二，明确规定自首和准自首的成立条件。1979年刑法中并无自首有关成立要件的规定，而在1997年刑法则予以明确规定。第三，加大了自首的从宽幅度。1997年刑法对具有自首和立功表现的犯罪分子规定了更为宽大的处罚原则，第六十八条第二款规定，犯罪后自首又有重大立功表现的，应当减轻或者免除处罚。对于这一款在2011年的《刑法修正案（八）》中被删除。

2. 我国自首的类型及成立条件

（1）一般自首及其成立条件

我国1997年《刑法》第六十七条第一款规定："犯罪以后自动投案，如实供述自己的罪行的，是自首。对于自首的犯罪分子，可以从轻或者减轻处罚。其中，犯罪较轻的，可以免除处罚。"这是我国刑法对一般自首的规定。从以上规定可以看出一般自首的成立要件有两个，即自动投案和如实供述自己的罪行。

① 自动投案

自动投案是一般自首成立的前提条件。是犯罪分子在犯罪之后、归案之前，出于本人的意志而向有关机关或个人承认自己实施了犯罪，并自愿置于有关机关或个人的控制之下。犯罪分子的这种行为反映了其较好的认罪悔罪态度，也说明其人身危险性相对较小，社会危害性较低。因此，以自动投案为核心的自首行为才会被从轻或减轻处罚。

第一，自动投案的时间。

自动投案对于自首的成立来说是具有决定性作用的，也可以说是一般自首的本质特征、决定自首是否成立的关键条件。根据1998年最高人民法院《关于处理自首和立功具体应用法律若干问题的解释》（以下简称《解释》）第一条的规定："自动投案，是指犯罪事实或者犯罪嫌疑人未被司法机关发觉，或者虽被发觉，但犯罪嫌疑人尚未受到讯问、未被采取强制措施时，主动、直接向公安机关、人民检察院或者人民法院投案。"根据《解释》的规定，自动投案的时间是在犯罪以后、尚未归案之前。这里的犯罪包括犯罪的预备、未遂、中止和既遂。所以，在犯罪预备、未遂、中止和既遂以后自动投案的，都有成立自首的可能性。投案时间具体指：在犯罪事实未被发觉时投案；犯罪事实和犯罪嫌疑人都被发觉，但犯罪人未受到讯问，未被采取强制措施时投案犯罪后逃跑，在通缉、追捕过程中投案经查实确已准备去投案，或者正在投案途中，被公安机关捕获的。

第二，自动投案的对象。

投案对象是指自动投案的机关。根据1998年最高人民法院《关于处理自首和立功具体应用法律若干问题的解释》，投案对象既可以是负有侦查、起诉、审判职能的公安机关、人民检察院和人民法院及其派出单位，如街道派出所、人民法庭等，也可以是犯罪嫌疑人所在单位、城乡基层组织和其他有关负责人。在实践中，也可能会出现向以上接受对象以外的单位或个人自动投案的情况，如新闻单位、党团组织等。如果明知这些单位不会告发自己，则不属于自动投案。如果这些单位将犯罪事实通知司法机关时，犯罪人并未阻拦并在被移交给司法机关后如实供述自己的罪行的，也应以自首处理，这对于鼓励犯罪人自首，减少司法资源的浪费提供条件，也符合我国刑法改造犯罪分子的立法精神。

第三，自动投案的方式。

自动投案一般是指犯罪嫌疑人亲自向有关机关投案。根据最高人民法院《解释》的规定，自首的投案方式比较宽泛：犯罪嫌疑人因某些客观原因不能亲自投案的，委托他人先代为投案；因客观原因不能立即投案，先以信、电方式投案，随后再向有关机关投案；由于恐惧心理，请求他人陪同投案；并非主动或者并非经过家长、亲朋好友规劝投案；亲朋好友主动报案后，将犯罪嫌疑人送去投案等等，只要其投案后能够如实供述自己的罪行，均可视为自首。也就是说，在我国，"代首""陪首""送首"也是成立自首的。

② 如实供述自己的罪行

如实供述自己的罪行是成立自首的核心条件。根据最高人民法院《解释》的规定，"如实供述自己的罪行，是指犯罪嫌疑人自动投案后，如实交代自己的主要犯罪事实"。在自动投案之后，只有如实供述自己的罪行，才表明犯罪嫌疑人愿意主动承担责任，才能对案件的破获有帮助作用。如果隐瞒案件事实，不如实供述，则自动投案也就毫无意义。因此，有的学者将"如实供述自己的罪行"作为自动投案行为的"合乎逻辑的发展"[①]。

第一，如实供述必须是"自己"的犯罪事实。

根据《解释》的规定，"如实供述自己的罪行，是指犯罪嫌疑人自动投案后，如实交代自己的主要犯罪事实。"具体包括两层含义：一是供述的必须是犯罪事实。而不是一般的违法违纪或者违反道德义务的行为。二是必须是自己的犯

---

① 周振想：《自首制度的理论与实践》，人民法院出版社1988年版，第67页。

罪事实。是由自己实施，并由自己承担刑事责任的罪行。既包括一罪的事实，也包括数罪的事实。共同犯罪案件中，除如实供述自己的犯罪事实外，还应当供述所知的同案犯；主犯则应当供述所知其他同案犯的共同犯罪事实。犯有数罪的投案人仅如实供述所犯数罪中部分犯罪的，只对如实供述的部分犯罪行为，认定为自首。

第二，投案人必须"如实"供述。

如实供述罪行，是认定一般自首的另一个重要条件。"如实供述"，是指客观地、实事求是地供述自己的犯罪事实。但是，从实际情况来看，犯罪嫌疑人的供述不可能与事实情况完全吻合，不可能做到事无巨细，面面俱到，精准无误。根据《解释》的规定，只要投案人交代了主要的或基本的犯罪事实即可，至于细节是否准确不影响自首的成立。如果犯罪嫌疑人在供述中避重就轻则不能认定为如实供述。同时要注意两点：第一，把合理辩解与"不如实供述"区别开来。如实供述是指犯罪嫌疑人客观地供述其犯罪事实，而自我辩解是犯罪嫌疑人对于其行为是否构成犯罪以及是否承担责任进行解释，这是法律赋予犯罪嫌疑人的权利，两者具有不同的价值追求，本质不同。第二，要正确区分自首与翻供。根据《解释》的规定："犯罪嫌疑人自动投案并如实供述自己的罪行后又翻供的，不能认定为自首。但在一审判决前又能如实供述的，应当认定为自首。"

（2）准自首及其成立条件

准自首，又称余罪自首。我国 1997 年《刑法》第六十七条第二款规定："被采取强制措施的犯罪嫌疑人、被告人和正在服刑的罪犯，如实供述司法机关还未掌握的本人其他罪行的，以自首论。"准自首与一般自首的成立条件不同，有其特殊性，包括主体要件和客观要件。立法对准自首的主体进行了比较严格的界定，对所供述的罪行也限制在司法机关还未掌握的其本人的其他罪行，即对余罪的供述。

① 主体要件

准自首的主体必须是被采取强制措施的犯罪嫌疑人、被告人和正在服刑的罪犯。一般认为，这里的强制措施应理解为刑事强制措施，而不能扩大理解为行政强制措施、司法强制措施等。最高人民法院 2010 年《关于处理自首和立功若干具体问题的意见》（以下简称《意见》）也作了规定：因特定违法行为被采取劳动教养、行政拘留、司法拘留、强制隔离戒毒等行政、司法强制措施期间，主动向执行机关交代尚未被掌握的犯罪行为的，也应当认定为一般自首中的"自动投案"。可见行为人在被处以行政强制措施期间，如实交代司法机关还未掌握的犯罪事实的，属于主动供述自己的罪行，符合一般自首的成立条件，而不应认定为准自首。"犯罪嫌疑人"，是指公安机关依法对其进行侦查、检察机关依法对其审查起诉的案件当事人。"被告人",是指人民法院依法对其进行审判的案件当事人。"正在服刑的罪犯",是指正在被执行人民法院生效判决决定为有罪并科以刑罚且刑罚正在执行之中的罪犯。

② 客观条件

准自首成立的客观要件是"如实供述司法机关还未掌握的本人其他罪行"。对此,我们主要从以下两个方面展开论述:

第一,对"司法机关"的理解。

关于"司法机关"的具体范围,是指直接办案的司法机关,还是泛指全国所有的司法机关。对此,有不同的主张:第一种主张认为,这里"司法机关"是指直接办案机关①。另一种主张认为,这里"司法机关"应当是指全国所有的机关②。我们认为,对"司法机关"的界定应结合具体个案,根据案件的实际情况具体问题具体分析。在当今信息传播方式快速发展的今天,网上通缉、协查办案、信息处理等方面都是通过互联网进行的,这种方式很容易得知犯罪嫌疑人的犯罪事实,如果司法机关在对犯罪嫌疑人采取强制措施或审判之时,已经通过上述手段得知犯罪嫌疑人还犯有前罪的,就可以认定为司法机关已经掌握犯罪分子所犯前罪,此时的司法机关就包括掌握犯罪嫌疑人犯罪事实的其他司法机关;反之,司法机关就不应包括其他司法机关。所以,对"司法机关"的界定应结合具体案情综合判断。

第二,对"还未掌握"的界定。根据 2010 年最高人民法院《意见》的规定,"司法机关尚未掌握的其他罪行"的认定,应包括几种情况:首先,如果罪行已被通缉,一般应以该司法机关是否在通缉令发布范围内做出判断,不在通缉令发布范围内的,应认定为尚未掌握,在通缉令发布范围内的,则视为已经掌握。其次,如果该罪行已被录入全国公安信息网络在逃人员信息数据库,则为已掌握;如果不在该数据库则应认定为尚未掌握,反之则视为已经掌握。再次,如果该罪行既没有被通缉,也不能从全国公安信息网络在逃人员信息数据库查到,则以有关机关是否实际掌握该罪行为标准。

第三,对"其他罪行"的界定。

"如实供述司法机关还未掌握的其他罪行"中的"其他罪行"的界定在理论上有争议。一般认为,"其他罪行"是指与被采取强制措施或被判刑的罪行不同种类的罪行。但也有学者持不同意见,认为既包括不同种罪行,也包括同种罪

---

① 潘浩:《以"自首论"的理解与和适用》,载《法学》,1998 年第 3 期,第 54 - 56 页。

② 刘凌海,司明灯:《我国刑法中自首制度司法适用若干问题研究》,载姜伟主编:《刑事司法指南》(2002 年第一辑),法律出版社 2002 年版,第 10 页。

行。1998年的《解释》则认为仅指不同种罪行。如果供述的是同种罪行，则只能视为是坦白，而不能认定为自首。根据2010年最高人民法院《意见》，同种罪行与不同种罪行的界定主要是通过罪名来区分，罪名相同的自然为同种罪行，但在罪名不同时还要考虑数罪是不是选择性罪名或数罪在法律上、事实上有密切关系来综合判断。

（3）特别自首及其成立条件

与1997年《刑法》第六十七条所规定的一般自首和准自首制度不同，1997年《刑法》第一百六十四条第三款、第三百九十条第二款、第三百九十二条第二款规定了针对职务犯罪的自首。涉及的罪名分别是对非国家工作人员行贿罪、行贿罪、介绍贿赂罪，理论界称之为"特别自首"。之所以将其称为特别自首，主要基于一方面它是自首制度的一种，另一方面它又与一般自首和准自首有不同之处。其特殊性表现在以下几个方面：首先，一般自首、准自首规定在总则中，且集中规定；而特别自首则规定在刑法分则中，且分散规定在各法条中。其次，特别自首与一般自首、准自首的适用范围不同。一般自首与准自首在适用效力上具有普遍性，而特别自首只针对具体的法律规定才能适用。再次，特别自首与一般自首、准自首的处罚幅度不同。特别自首的从宽处罚幅度大于一般自首和准自首的从宽处罚幅度。例如：对于一般自首和准自首，刑法规定只有犯罪较轻的，才"可以免除处罚"，而对于特别自首，在犯罪较轻的情况下"可以免除处罚"，在犯罪情节较重的情况下，只要符合"在被追诉前主动交代犯罪行为的"，都可以从宽处理。

特别自首作为自首的一种类型，既有与一般自首和准自首相同的构成要件，又有其特殊的构成要件。其成立条件主要包括：

① 主体条件

特别自首之所以称为"特别"，首先就在于它是针对特别犯罪而设立的。不是法定的特别犯罪就谈不上特别自首的问题。因此，特别自首只适用于特别的犯罪人。根据刑法分则的规定，仅指非国家工作人员行贿罪、行贿罪及介绍贿赂罪中的三类犯罪人。

② 时间条件

特别自首的时间条件必须是在刑法分则所规定的特定犯罪被追诉之前，犯罪人主动交代所犯特定之罪。"被追诉前"一般是指被有关司法机关立案侦查前。包括两种情况，一种情况是行为人在犯罪以后归案之前，自动投案，如实供述自己所犯的特定罪行。另一种情况是行为人犯有其他罪行，在被采取了强制措施或者在服刑期间，如实供述司法机关还未掌握的其本人的其他特定罪行。

3. 自首从宽处罚的依据

自首是从宽处罚的前提，从宽处罚是自首的法律后果。自首从宽这一量刑原则在世界各国的刑法中都普遍适用。自首之所以可以从宽，如何从宽，从理论与法律规定上，我们分析如下。

（1）理论依据

从理论上来看，自首从宽的依据主要有以下几种观点：

第一种观点：社会危害性减少说。该观点认为行为人通过自首减少了社会危害性。首先，无论动机如何，行为人的自首行为，使其犯罪行为的社会危害性逐渐变小了。其次，行为人能够主动自首，表明其思想上已决定改过自新，准备接受教育改造。再次，自首能够有效地节约司法资源，降低司法成本①。

第二种观点：人身危险性减小说。该观点认为自首与社会危害性无关，只要实施了犯罪行为，其社会危害性就是客观存在的，自首不能表现社会危害性，而只能体现人身危险性。因此，自首从宽处罚的根据是行为人人身危险性的减小②。

第三种观点：刑事政策说。该观点认为，我国刑罚的目的是惩罚、教育改造犯罪人，最终预防并消灭犯罪。行为人在实施犯罪行为后，不论出于什么样的原因悔悟并自首，如果不对之从宽处罚，不能体现我国社会主义刑法的人道精神和民主精神③。

第四种观点：提高破案率说。该观点将功利因素作为自首从宽处罚的根据。因为刑罚的目的在于预防犯罪，而预防犯罪本身是一种功利，同时自首也有利于提高破案率，增强刑事斗争的有效性。因此，基于自首的功利性而对犯罪人做出从宽的处罚规定④。

我们认为，第一种观点是不正确的。犯罪的社会危害性是与已然发生的犯罪事实紧密相连。犯罪行为实施完毕后，其社会危害性是客观存在的，是一种既成的事实，并不会因为犯罪人的自首而使社会危害减少。第二种观点认为自首的根据是犯罪人自愿将自己置于司法机关的控制之下，从而使其人身危险性减小了。这种观点固然有其合理的一面，但并非仅基于此。人身危险性是未然之罪的本质属性。对于已经实施犯罪行为的犯罪分子来说，人身危险性意味着再犯可能性。犯罪以后自首，自愿置身于司法机关的控制之下，表明犯罪分子的再犯可能性或人身危险性大大减少了。这作为一般自首从宽的依据是没问题的。但对于准自首而言，犯罪分子已被司法机关控制，早已失去了再犯可能性，其从宽的根据又在哪里呢？所以，此种观点有其局限性。第三种观点认为自首从宽的根据是刑事政

---

① 周振想：《自首制度的巧论与实践》，人民法院出版社1989年版，第143－145页。

② 陈兴良：《刑法适用总论（下卷）》，法律出版社1999年版，第500页。

③ 高铭暄，赵秉志主编：《新中国刑法学五十年》（上册），中国方正出版社2000年版，第117－118页。

④ 王学沛：《论新刑法对自首制度的修改》，载《法商研究》1998年第5期。

策法律化的结果，这是一种合理的考量，但又是一种过于宏观的认识，并不能很好地与自首从宽这一具体的量刑原则联系起来。第四种观点认为自首可以提高司法机关的破案率，节约司法资源，这是毋庸置疑的，但是此种观点过于狭隘，也本末倒置，不可取。

探寻自首从宽处罚的根据，要从刑法理论和司法实践两个方面进行分析。首先，从功利主义思想出发，通过鼓励犯罪分子投案自首，以较小的司法投入收到遏制犯罪的最大效益。犯罪分子如果没有投案自首，必然会潜藏于社会，增大社会风险，而司法机关也会投入大量的人力、物力。所以，自首能有效地节约司法成本，提高办案效率，从而为司法机关进一步地侦查、起诉、审判工作提供了方便，因此对自首的犯罪分子从宽处罚。其次，自首从宽是实现刑罚目的的需要。我国刑法的目的不是惩罚犯罪分子，不是为了惩罚而惩罚，而是教育改造罪犯，预防犯罪。因此在对犯罪分子量刑时必须坚持主客观相一致的原则，既要看到犯罪行为的客观危害，又要考虑犯罪分子的主观特征，真正做到使犯罪分子受到公正的处罚，从而最终实现刑罚的一般预防与特殊预防的功能。再次，从实践中来看，犯罪分子犯罪后往往选择逃避司法追究，大多抱着能逃多久是多久的心理。自首就意味着犯罪分子主动把自己置于司法机关的控制之下，自愿接受司法机关的审判，从心理上是对法律的惩处是认同，这也是我们通常所说的"悔罪"态度，这证明行为人认识到自己行为的错误性，也表明其主观恶性和人身危险性相对来说是比较小的。基于报应的理论，自首也应该得到从宽处罚。

（2）法律依据

我国 1997 年《刑法》第六十七条第一款规定了自首从宽的原则："对于自首的犯罪分子，可以从轻或者减轻处罚。其中犯罪较轻的，可以免除处罚。"从以上规定可以看出，我国对于自首采取的是相对从宽的处罚原则，即"可以"从宽，而不是"应当"从宽。具体来看，对一般情节的自首是可以从轻或减轻处罚的；对于其中犯罪较轻的，规定可以"免除"处罚。也就是对于可以"免除"处罚的犯罪分子，其罪行较轻而且又有自首的情节，所以给予从宽处罚的力度就比较大。

对于"犯罪较轻"的理解，在理论界有不同的看法，有的以法定刑为认定标准，有的以所犯之罪的性质为认定标准，有的以所处刑罚为认定标准。我们认为，应以自首者应处的刑罚为认定标准，即以三年以下有期徒刑为标准。这也是我们国家在认定罪行较轻时的普遍做法，在刑法总则中有不少这样的规定。例如：我国刑法总则关于缓刑的规定，其适用对象是三年有期徒刑以下刑罚的犯罪分子；在效力范围的规定中，在国外犯罪的中国人，所犯之罪为我国刑法规定最高刑为三年以下有期徒刑时，可以不追究其刑事责任。

综上，自首从宽处罚的根据包括：自首行为从本质上体现了犯罪人的悔罪态度，证明其人身危险性相对较小，再犯可能性较低；符合刑罚目的的要求，同时有助于司法机关打击犯罪、提高效率、节约司法成本。

4. 自首从宽处罚的原则

对于自首的犯罪分子予以从宽处罚，这是各国都普遍适用的司法原则，但具体到如何从宽处罚，从宽处罚多大的幅度，各国的规定就各不相同。主要包括如下几种原则：

（1）绝对从宽处罚原则。即对于犯罪后自首的行为人，不论其犯罪性质是否严重、犯罪情节是否严重、自首的动机是否纯洁，自首的时间早晚、悔罪是否真诚，只要法律认定成立自首，都一律从宽处罚，法官没有自由裁量的余地。在文字描述上往往使用"应当""必须"从宽处罚这种表述方式。采用这种处罚原则的国家和地区主要有朝鲜、蒙古、巴西、法国及我国台湾地区等。如台湾《刑法》规定："自首者减轻其刑，但有特别规定者，依其规定。"①

（2）相对从宽处罚原则。即行为人犯罪后自首的并不必然地会得到从宽处罚，是否从宽要由法官对行为人的行为进行综合的考察，最后决定是否从宽处罚。在文字描述上往往使用"可以""得"这种表述方式。适用这种从宽处罚原则的国家主要包括日本、韩国等，如《日本刑法典》第42条：犯罪人在被搜查机关发觉以前自首的，可以减轻处罚；《韩国刑法典》第52条：犯罪后向搜查机关自首的，可以减轻或者免除处罚②。

对于从宽处罚的幅度，各国在刑事立法上都规定了几个不同的幅度，如从轻处罚、减轻处罚、免除处罚，但如何具体适用各国的规定则不尽相同。有的只规定自首后"从轻处罚"，有的只规定自首后"减轻处罚"，也有的只规定自首后"免除处罚"，还有的规定自首后"减轻或者免除处罚""从轻或者减轻"处罚。

我国刑法对自首的处罚采取的是相对从宽处罚原则。具体的法律规定为：1997年《刑法》总则第六十七条规定："对于自首的犯罪分子，可以从轻或者减轻处罚。其中，犯罪较轻的，可以免除处罚"；另外在1997年《刑法》分则第一百六十四条第四款、第三百九十条第二款、第三百九十二条第2款规定的对非国家工作人员行贿罪、行贿罪或介绍贿赂罪的犯罪分子，在被追诉前自首的，"可以减轻处罚或者免除处罚"。另外，需特别强调的是，我国2011年《刑法修正案（八）》删除了自首后又有重大立功表现应当从宽处罚的规定，这也使我国在自首从宽处罚的原则上从相对从宽兼绝对从宽原则转变为单纯的相对从宽处罚

---

① 钱旱军：《论自首认定中的若干疑难问题》，2006年对外经济贸易大学硕士学位论文。
② 辛月：《自首从宽处罚的适用》，2015年西南政法大学硕士学位论文。

原则，而且从宽处罚的幅度包括三种，即从轻、减轻、免除处罚。

5. 自首从宽的具体适用

我国对自首的处罚是采取相对从宽处的罚原则，属于"可以型"立法类型，即自首可以从宽处罚，也可以不从宽处罚。在从宽处罚与不从宽处罚之间如何做出抉择，这是在量刑时需要进行考察的，包括多方面的因素。根据我国1997年《刑法》第六十一条关于量刑依据的规定，法官对犯罪分子进行量刑时"应当根据犯罪的事实、犯罪的性质、情节和对于社会的危害程度，依照本法的有关规定判处"，这是我国关于量刑的一般规定。至于自首的具体量刑如何适用，根据最高人民法院于2010年施行的《意见》规定如下，"对具有自首情节的被告人是否从宽处罚、从宽处罚的幅度，应当考虑其犯罪事实、犯罪性质、犯罪情节、危害后果、社会影响、被告人的主观恶性和人身危险性等。自首的还应考虑投案的主动性、供述的及时性和稳定性等"。具有自首情节的，一般应依法从轻、减轻处罚；犯罪情节较轻的，可以免除处罚。

上述法律规定及司法解释规定了自首从宽处罚在量刑中需考量的因素，既有抽象因素也有具体因素，既有客观因素也有主观因素，既有社会因素也有个人因素，总之涉及内容庞杂。从实质来看，我们在认定自首从宽处罚时，可以用"量刑情节"来代替以上诸种因素。量刑情节是指那些能够决定或影响犯罪分子从轻、减轻、免除、从重处罚的主客观事实情况。只有这些事实情况才能影响行为的社会危害性和犯罪人的人身危险性。具体包括如下内容：

（1）自首的动机

在刑法法条中并没有对自首的动机进行规定，自首的动机也不是认定自首的条件。根据最高人民法院《量刑指导意见》的规定：对于自首情节，应综合考虑自首的动机、时间、方式、罪行轻重、如实供述罪行的程度以及悔罪表现等情况；恶意利用自首规避法律制裁等不足以从宽处罚的除外。行为人犯罪后自首，其动机可能各不相同，不同的动机反映行为人的犯罪意志、主观恶性程度不同，因为在研究自首时，不能忽视对犯罪人自首动机的研究。自首的动机大致有以下几种：

第一种是行为人真心悔过的自首。这类犯罪人本身的人身危险性一般不大，犯罪之后往往会马上后悔，并产生一种负罪心理，出于这种心理会心甘情愿地置于司法机关的控制之下，主动交代自己的犯罪事实，配合调查案件事实，并愿意接受对其的惩罚和教育改造。这种动机是自首制度最典型的一种，在实践中也是占有很大的比例，大多发生在偶犯、从犯、胁从犯、过失犯罪或是有轻微罪行的犯罪人身上。在司法实践中，有这种自首动机的犯罪分子从宽的幅度比较大，犯罪分子在接受惩罚后的教育改造效果也是比较好的。

第二种是行为人出于被迫无奈的自首。有些行为人并非出于主动，而是迫于无奈，走投无路，或是经过亲友规劝、陪同去投案的，法律规定如果行为人能够如实供述自己的罪行，也将其认定为自首。这类自首反映行为人对其实施犯罪行为的悔悟心理不强烈，并非自愿认罪，并非情愿接受刑罚惩罚，但只要最终如实供述了自己的犯罪行为，说明还是可以挽救的对象。因此，对具有这一类自首动机的行为人仍然会根据情况从宽处罚，但从宽的幅度会受到限制。

第三种是行为人为逃避刑罚处罚的目的而自首。实践中有一些行为人知道一些法律知识，甚至个别人还比较精通。在实施犯罪行为后，企图通过虚假自首的方式来逃避较重的刑罚处罚。这种人自首并非基于悔罪的心理，甚至是为了以后进一步实施犯罪行为而精心策划，是一种"恶意自首"，当然不适用于从宽处罚。

（2）自首的时间

根据我国刑法的规定，除了特别自首外，自首的时间并无限制，而且自首的时间也不是成立自首的条件。但是，实践中普遍认为，自首时间的早晚能够反映行为人对自己犯罪行为的悔悟的早晚，反映行为人的主观恶性、人身危险性的大小。早自首、早悔悟、早供述、早配合，只有做到这四个"早"，才能早破案，早结案，提高司法效率，节约司法资源。自首的时间主要包括以下几种情况：第一，行为人与犯罪事实都没有被司法机关发现。在这种情况下自首，说明行为人的主观恶性极小，实施犯罪行为后能够马上意识到其犯罪性，并主动交代其罪行，接受司法的审判。也正因为其人身危险性小，对其教育改造将会比较顺利，再犯可能性也将是很小。对此类行为人多数情况下会给予从宽，甚至是免除处罚。第二，犯罪事实已被发现，但行为人还未确定。在这种情况下，对嫌疑人而言，由于自身没有被发现，还是有机会逃跑的。但最终却主动投案，交代罪行，说明其人身危险性在逐步减小，具有可从宽的依据。对这种情况一般都会给予从宽处罚，但从宽的幅度不会太大。第三，犯罪事实与犯罪人都被发现的自首。在这种情况下，犯罪行为人往往存在侥幸心理，即如果不被司法机关发现就逃避，万一被发现就去司法机关自首。对于这种自首，其实施犯罪的主观恶性较大，对自己的罪行也没有正确的认识。只要其能够如实供述自己的罪行，综合其他情节，可以从轻或减轻处罚，也可以不予以从宽处罚。

（3）自首的方式

自首方式的不同也可以从一个侧面反映出行为人犯罪后的悔罪态度、主观恶性程度。实践中，自首的方式可以归纳为几种：第一种，犯罪人亲自到司法机关去自首。第二种，犯罪人通过家长、亲友代为自首或者由家长、亲友送到或陪同到司法机关自首。第三种，犯罪人通过书信、邮件、电话等方式的自首。犯罪分子亲自到司法机关自首是通常情况下的自首，这种自首能够明确地反映行为人的悔罪态度，其从宽的幅度也会较大。其他方式的自首，由于不是亲自前往，需要与其他情况综合来判断行为人的自首而决定从宽的幅度。

（4）自首的供述程度

在一般自首中，包括自动投案和如实供述两个方面的要素，而如实供述则处于决定性的地位。在准自首中，如实供述也是非常重要的成立条件。如实供述并不要求行为人把所有的事实情况都交代清楚，只需要供述案件的主要犯罪事实就可以。所以，在对案件事实的供述程度上会有一个较大的差异。供述的程度不同，反映其悔罪的程度也会不同，这也会影响其自首从宽处罚的适用。

（二）立功从宽处罚原则

1. 立功从宽的历史渊源

（1）我国古代的立功从宽

立功从宽制度的历史在我国可谓是源远流长，且很早就已转化为刑事立法与刑事司法实践了。从历史的角度来看，立功制度的产生与发展与"立功受奖""将功折罪"思想是紧密联系在一起的。立功制度最早起源于战时的军功制度，为鼓励战士英勇杀敌，需要构建赏罚分明、立功受奖的制度。于是在西周时期就出现了立功制度。公元前1066年，武王姬发讨伐商纣获得胜利，但如何处理俘获的商殷敌人成为一大难题。后来武王采纳了周公旦提出的分化利用、区别对待的建议，从而制服了商人，巩固了统治。这种分化利用、区别对待的斗争策略以及后来提倡的"明德慎刑""立功受奖"的思想。在这一思想的指导下，对犯罪人的"立功"表现及其处罚都做了规定①。在立法上，立功受奖出现在秦朝，秦律《封诊式》载："男子甲缚诣男子丙，辞曰：'甲故士伍，居某里，乃四月中盗牛，去亡以命。丙坐贼人命，自昼见丙阴市庸中，而捕以来自出，甲毋它坐'。"意思是"男子甲犯有盗窃、逃亡罪。逃亡期间，见犯有杀人罪的丙隐藏在市佣里，于是将丙捕获来自首，由于甲不仅自首了，并且有捕获其他犯罪人的立功表现，所以被免除其罪。"②秦朝自首只能减轻处罚，但当甲既自首又抓捕罪犯丙后则可免除处罚，这是对甲抓捕行为的奖励。虽然此例中没有出现"立功"一词，但在量刑上产生了与立功一样的效果，也标志着立功制度的雏形。《唐律》是中华法系集大成者，唐律中也有类似的规定。《唐律·名例》："诸犯罪共亡，轻罪能捕重罪首，及轻重等，获半以上首者，皆除其罪。"③ 意思是犯罪事发，而犯罪人共同逃亡的，如果轻罪犯能捕获重罪犯来自首或者虽然共同逃

① 周振想：《当代中国的罪与罚》，中国人民公安大学出版社1999年版，第284－285页。
② 赵秉志：《刑罚总论问题探索》，法律出版社2003年版，第391页。
③ 宁汉林，魏克家：《中国刑法简史》，中国检察出版社1997年版，第327页。

亡之人罪行轻重相等，其中有人悔悟，并捕获共同逃亡人数一半以上来官府自首的，均可免罪。根据唐律对于自首的规定，犯罪未发而自首的才能免罪。这里犯罪已发，并且犯罪人又逃亡之后才自首，之所以仍能得以免罪，原因即在于其有捕获其他犯罪人的立功表现①。《明律》不但承继了《唐律》中对于自首又有立功的犯罪分子给予奖赏的规定，又增加了一些细节上的规定。如更严格地规定了只有轻罪囚捕获重罪囚，或者轻重相等捕获半以上首始能免其罪；伤人及奸这类犯罪即已完成犯罪，就不能因其符合"犯罪共逃亡"的规定而免除其刑。

（2）我国近代的立功从宽

近代中国，内忧外患、社会动荡，这一时期从农民起义到民国政府，再到中国共产党，立功受奖制度都得到很好的运用，在斗争岁月里发挥了应有的作用。如洪秀全颁布"小功有小赏，大功有大封"的诏令。民国时期，北洋政府颁行的《暂行新刑律》保留了《大清新刑律》中关于附属于自首的立功规定，1913年公布的《监狱规则》第八十一条规定，对"密告在监者为逃走暴行之预谋或将为逃走暴行，救护人命或捕获逃走中之在监者以及天灾多变或传染病流行以及监狱事务有劳绩"的罪犯，"得赏给二十元以下金钱"②。这里的规定并不是刑罚裁量上的立功，而是监狱在刑罚执行阶段的行政奖励措施，但这是"立功受奖"思想在刑罚执行中的体现。1946年公布的《监狱行刑法》把受刑人得以奖赏的行为范围又进行了扩大，增加了因"作业成绩优良，其他行为善良足为受刑人表率"两项内容。可见，"立功受奖"的思想已在刑法立法中普遍被接受。

在新民主主义革命时期，苏区颁布的一些法律文件中都有立功的内容，只是有时称谓不一样，有的把立功称为"自新"，有的把立功与自首混同，有的明确使用立功这一术语。1934年4月8日公布的《中华苏维埃共和国惩治反革命条例》中规定："凡犯本条例各罪之一，未被发觉而自己向苏维埃报告者（自首分子），或既被发觉而悔过，忠实报告其犯罪，帮助肃反机关破获其他同谋犯罪者（自新分子），得按照各条文的规定，减轻处罚。"③ 这里即体现出"有功绩者减轻"的刑事政策④。1940年12月25日，毛泽东撰文《论政策》中明确提出了锄奸工作的宽大政策，从而为以后的立功制度奠定了坚实的理论基础。1942年11月6日，中共中央《关于宽大政策的解释》中指出："镇压与宽大两个政策，并

---

① 郭庆：《立功制度疑难问题研究》，2009年吉林大学硕士论文。
② 山东劳改局：《民国监狱法规选编》，中国书店出版社1990年版，第8页。
③ 张希坡：《中华人民共和国刑法史》，中国人民公安大学出版社1998年版，第421页。
④ 马克昌主编：《中国刑事政策学》，武汉大学出版社1992年版，第50页。

不只是一个宽大政策。对于绝对坚决不愿悔改者，是除外于宽大政策的，这就是镇压政策。"① 惩办与宽大相结合的刑事政策由此得以形成雏形②。自此以后，我国制定的刑事法律文件中都有立功从宽思想的体现。如 1943 年制定的《晋察冀边区处理伪军伪组织人员办法》第十条，再如同年颁布的《晋冀鲁豫边区晋冀鲁豫行署查禁假钞暂行办法》第五条，1947 年 10 月《中国人民解放军宣言》，1949 年 7 月发布的《北平市军事管制委员会布告》第四条等法律条文都对立功从宽做出了规定。

虽然这些规定都有浓厚的对敌斗争的色彩。但为以后新中国刑法建立系统完善的立功制度积累了丰富的经验。

（3）新中国成立后的立功从宽

新中国成立以后，在刑事立法中，立功制度得到进一步的完善和发展。新中国成立之初颁布的一些单行刑事法律对立功做了明确的规定。1951 年颁布的《惩治反革命条例》第十四条，1952 年颁布的《惩治贪污条例》第五条③。1956 年 11 月颁布的《关于宽大处理和安置城市残余反革命分子的决定》中首次将立功划分为"立功"和"立大功"两个层次，为以后立功制度的层次化研究提供了有益的尝试。

在"立功受奖"刑事政策的指导下，1979 年我国第一部刑法颁布实施，此后，我国的立功从宽处罚制度也经历了两个阶段，即依附阶段和独立阶段。依附阶段，是指立功作为一种制度，并没有独立地规定在刑法条文中的一个时期。具体指 1979 年 7 月 1 日至 1997 年 3 月 14 日，也就是新旧刑法之间④。1979 年《刑法》第六十三条规定："犯罪以后自首的，可以从轻处罚，其中，犯罪较轻的，可以减轻或者免除处罚；犯罪较重的，如果有立功表现，也可以减轻或者免除处罚。"在第四十六条、第六十三条和第七十一条规定了自首制度、减刑制度和死缓制度中附属规定了立功的问题，于是形成了我国附属自首立功制度、附属减刑立功制度和附属死缓立功制度，形成我国立功制度的基本框架，也是"立功从宽处罚制度"的雏形。但这一规定并不完美，都是附属规定，独立的立功从宽处罚制度尚未确立。为了弥补这一缺陷，此后颁行的一些单行刑法及附属刑法做了进一步的规定，相对于刑法典中一般立功而言，形成了"特别的立功制度"⑤。如1981 年颁布的《中华人民共和国惩治军人违反职责罪暂行条例》第二十二条，

---

① 韩延龙，常兆儒编：《中国新民主主义革命时期根据地法制文献选编》（第三卷），中国社会科学出版社 1981 年版。

② 马克昌：《刑罚通论》，武汉大学出版社 1999 年版，第 393 页。

③ 马克昌：《刑罚通论》，武汉大学出版社 1995 年版，第 394 页。

④ 金福：《论立功制度》，2009 年吉林大学博士学位论文。

⑤ 陈兴良：《刑法适用总论》（下卷），法律出版社 1999 年版，第 508 页。

1990 年颁行的《关于禁毒的决定》第十四条，1993 年颁行的《中华人民共和国国家安全法》第二十四条。

所谓独立阶段，是指立功作为一种制度被独立地规定在刑法中而不依附于任何一种制度的一个时期，即 1997 年 3 月 14 日刑法修订之后，立功制度发生了里程碑式的变化①。1997 年《刑法》将立功单独列出，在总则第四章第三节将自首与立功并列为一节，在第六十八条规定："犯罪分子有揭发他人犯罪行为，查证属实的，或者提供重要线索，从而得以侦破其他案件等立功表现的，可以从轻或者减轻处罚；有重大立功表现的，可以减轻或者免除处罚。犯罪后自首又有重大立功表现的，应当减轻或者免除处罚。"据此，1997 年刑法将"自首"和"立功"分别单独规定，并对于自首后又有重大立功表现的情形明确规定了应当减轻或者免除刑罚的情形。但这一规定于 2011 年 2 月 15 日《刑法修正案（八）》中予以删除，主要是因为在实践中偏离罪刑相适应的原则。1997 年《刑法》还在第五十条规定了附属于死缓的立功制度；第七十八条又规定了几种重大立功表现的情形；第四百四十九条还规定了"戴罪立功"的特殊的立功制度。这些规定标志着我国立功制度的健全和完善，不再依附于自首制度而成为独立的刑罚裁量制度，从而为有效打击犯罪分子起到积极的作用。

2. 立功从宽的价值

价值问题是法律科学所不能回避的一个问题。所谓价值，是指满足人和社会需要的那种属性，即物对人和社会的有用性，是指对人的生存、发展和享受具有积极意义的一切东西②。法律价值是指法律本身固有的，由其性能和特殊的调整机制、保护机制和程序机制等法律手段所反映出的，满足社会和个人法律需要的价值③。立功是对实施犯罪行为后又有立功表现的犯罪人予以从宽处罚的一项制度。它的价值是该制度赖以存在的根据，也是立法者设立该项制度所追求的目标，是其对国家和社会的积极作用。

（1）立功的功利价值

立功制度的功利价值在于立功在打击犯罪、预防犯罪、提高诉讼效率、节约司法资源方面的积极作用。这是立功制度的外在价值，是立法者设立该制度的原始动力。

第一，立功制度有利于司法机关提高破案率，节约司法成本，提高司法效益。

---

① 金福：《论立功制度》，2009 年吉林大学博士学位论文。
② 杜齐才：《价值与价值观念》，广东人民出版社 1987 年版第 9 页。
③ 陈东升：《法律价值选择的方法思考》，载《法制与社会发展》2003 年第 1 期。

当前社会治安形势持续整体良好，但也有相当一部分的大案要案发生，且犯罪的复杂性更加突出，犯罪的手段更加多样化、智能化，对社会的危害性还是比较严重。快速有效地侦破案件才能更好地惩治罪犯，维护法律权威。破案率的高低与刑法的威慑效果是成正比例关系。只有案破了，才能让犯罪分子受到法律的惩罚，才能彰显法律的公正。刑法的效益是指刑法自身的投入成本与收益之间的比例关系，也就是以最少的刑法成本的投入，获得最大的收益。追究犯罪分子的刑事责任是需要相当的人力、物力和财力的投入。刑法的效益包括经济效益与社会效益两个方面。经济效益要求投入最小化的司法成本，也就是需要投入最有效、最合理的司法成本，达到最大化地追究犯罪分子刑事责任的效果。使刑法所要求的惩罚犯罪、保护人民的刑法目的得到最完美的实现。刑法设立的立功制度正是这种价值追求的反映。

立功制度的收益越大，其成本就越低，其表现出来的经济效益与社会效益就会越明显。所以，在立功的认定过程中，要把对犯罪分子的犯罪事实与立功表现的事实给予同等的重视，"做到事实清楚，证据确凿，程序合法，手续完备，准确无误，经得起历史的考验。"① 只有准确地认定立功，才能保证较高的司法效益。

第二，立功制度有利于刑罚目的的实现。

刑罚的目的是国家据以确定刑事政策、制定刑事法律，特别是设计刑罚制度的基本出发点，是国家适用刑罚同犯罪作斗争的最终归宿。具体指国家制定、适用和执行刑罚所追求的效果，包括国家刑事立法、刑事审判和刑罚执行所期望达到的目的②。刑罚的目的包括一般预防和特殊预防。一般预防是指通过对犯罪分子适用刑罚，威慑潜在的犯罪分子，防止他们走上犯罪道路。一般预防的对象不是犯罪人，而是没有犯罪的社会一般人员，包括危险分子、不稳定分子、被害人以及其他社会成员。而立功制度对不稳定分子将起到很大的警示作用，因自己的犯罪行为可能被其他人揭发，使继续犯罪的难度增大，这种警示使不稳定分子不敢轻易以身试法。同时，立功制度使司法机关侦破案件的效率提高，对一般预防的刑罚目的的实现具有很大促进作用。特殊预防，是指通过对犯罪分子适用刑罚，惩罚改造犯罪分子，预防他们重新犯罪。对犯罪分子适用刑罚，除对极少数罪行极其严重的犯罪人适用死刑外，主要是通过刑罚的剥夺、惩罚和教育改造的

---

① 葛寿高：《对犯罪分子亿功表现的认定程序》，载《政治与法律》1992 年第 1 期。

② 高铭暄、马克昌主编：《刑法学》（第七版），北京大学出版社、高等教育出版社 2016 年版，第 223 页。

方法，限制或剥夺犯罪分子的再犯罪能力，使其认罪服法，悔过自新，重新做人①。特殊预防的功能不仅在于剥夺犯罪分子的再犯能力，更为重要的是通过对其进行思想教育改造，消除其犯罪思想和生活恶习，只有这样才能收到一劳永逸的效果。立功制度在客观上就具有对犯罪分子进行心理教育的作用，通过对立功者的从宽处罚，从而对其心理产生一定的影响而逐渐被感化，并最终放弃长久以来所形成的好逸恶劳等不健康的心理。立功制度体现了我国惩办与宽大相结合的刑事政策，为改造犯罪分子并重新回归社会创造了有利条件，最主要的一点是立功制度为犯罪分子指出了一条悔过自新的道路，大多数犯罪分子在犯罪后都会陷入自责与反省，如果有合适的途径引导，就可能让犯罪分子彻底放弃继续犯罪，消除对抗情绪，接受惩罚与教育改造。立功制度正是迎合了犯罪分子的这种心理需求，才对犯罪分子具有一定的吸引力，促使其在继续犯罪与结束犯罪之间进行了选择，从而达到刑罚特殊预防功能的实现。

（2）立功的公正价值

在法律价值理论中，公正、公平与正义之间的差别甚微。早在两千多年前亚里士多德就曾经指出："公平和公正实际上是一回事情，虽然公平更有力些，但两者都是好事情。"② 立功制度的公正价值在于它符合关于公正的理念，符合人们对于公正的心理期待，从而使这一制度具有其内在合理性。人们对公正的向往与追求，是立功制度长久存在的基础。立功制度的公正性主要体现在以下几个方面。

第一，立功制度符合道义根基。

立功制度的道义根基在于人类长期以来所形成的"恶有恶报、善有善报"的报应观念。早在原始社会，这种观念就已经成为支配人们行为的一种规则，即道德规范。而法律与道德在价值取向上也是基本一致。美国学者博登海默在关于法律与道德的关系问题上曾指出："道德是一个关系到某些规范性模式的价值侧重概念，因为这些模式的目的在于，在个人生活和社会生活中扬善驱恶"③。立功制度的公正价值也是与报应观念相联系，而不是毫不相干的。根据我国刑法的规定，立功是否从宽，以及从宽的幅度要受报应的制约，需要根据案件的具体情况，有的从轻，有的减轻，而有的免除处罚。其中起决定作用的是犯罪行为的社会危害性和行为人的人身危险性。因此，犯罪才是刑罚的根据，而立功只是实现

---

① 高铭暄、马克昌主编：《刑法学》（第七版），北京大学出版社、高等教育出版社 2016 年版，第224 页。

② 谢鹏程：《基本法律价值》，山东人民出版社 2000 年版，第60 页。

③ ［美］博登海默：《法理学：法律哲学与法律方法》，邓正来译，中国政法大学出版社 1999 年版，第370 页。

刑罚目的的手段。

从另一方面来看，犯罪分子的立功行为并不能减少其犯罪行为对社会所造成的客观危害与影响，但立功制度的存在从整体上对社会是有益的，它有利于案件的快速侦破，有利于犯罪分子弃恶从善，从而有利于维护整体社会秩序。从社会公共道德来看，这也是一种善。

第二，立功制度符合刑法基本原则的要求。

首先，立功制度符合罪刑相适应原则的要求。根据刑事古典学派的主张，罪刑相适应原则要求刑罚的轻重要与犯罪所造成的客观危害相适应。根据新派的观点，主张刑罚应与犯罪人的人身危险性相适应。一个仅与已然之罪相对应，而另一个仅考虑未然之罪，所以都有其局限性。而综合论弥补了前两种观点的不足，要求既要考虑已然之罪，又要考虑未然之罪。认为"罪刑相适应不是罪刑的绝对相等和机械对应。……要把犯罪的社会危害性与罪犯的人身危险性结合起来考虑"。立功可以从轻、减轻或免除处罚。从具体案件来看，刑罚减轻了，从质上来看，犯罪分子的人身危险性降低了，从而对社会的危险性也就降低了，符合罪刑相适应原则的要求。从社会整体上来看，如果对犯罪分子的立功行为不予以褒奖的话，会严重影响司法机关对其他案件的侦破，甚至会造成相关人员逍遥法外，从而对社会的危害性更大。所以，立功制度有利于维护整体社会秩序与基本的社会公正。其次，立功制度符合罪刑平等原则的要求。罪刑平等原则，是指对任何犯罪分子，不分年龄、性别、民族等，在适用刑法上一律平等，不允许任何人有超越法律之上的特权。法律之上的平等要求在定罪、量刑、执行时都一律平等。罪刑平等，也不是一刀切的平等，而是考虑各种情节之后的平等。立功制度对所有的犯罪分子都是适用的，凡是构成犯罪的人，无论其犯的是何种罪行，也不论应判处何种、多重的刑罚，都可以成为立功的主体。此外，从罪刑法定原则的要求来看，立功条件以及从宽的幅度都是法律明确规定的，对任何犯罪分子都是适用的，不论其性别、年龄、民族、籍贯、职业、信仰、权力大小、财富多寡，只要符合刑法的规定，都可以被认定为立功，从而得到从宽处罚，也使立功的平等性得到充分体现。

3. 立功从宽的处罚原则

立功从宽处罚的原则是从我国长期以来"立功受奖"思想的延续和发展，也是我国惩办与宽大相结合刑事政策的直接体现，对于改造罪犯使之成为新人并重新回归社会，是一项不可忽视的重要制度。经过《刑法修正案（八）》的修订，明确把1997年《刑法》第六十八条第二款予以删除，因此，目前立法对于立功从宽处罚的情形包括以下两种：

（1）可以从轻或减轻处罚

立功分为一般立功和重大立功。对于一般立功，可以从轻或减轻处罚。也就是说只要具备一般立功的条件，那么在量刑时就可能获得从轻或减轻的处罚。一般立功表现主要是指：犯罪分子检举、揭发他人的犯罪行为，包括共同犯罪案件中的犯罪分子揭发同案犯的共同犯罪以外的其他犯罪，经查证属实；提供侦破其他案件的重要线索，经查证属实；阻止他人犯罪活动；协助司法机关抓捕其他犯罪嫌疑人（包括同案犯）；具有其他有利于国家和社会的突出表现的。犯罪分子只要具备以上行为其中的一种，就属于一般立功，就可以从轻或减轻处罚。至于在什么情况下从轻处罚，在什么情况下减轻处罚，需要根据具体案件的各种情节综合来判断。

（2）可以减轻或免除处罚

根据1997年《刑法》第六十八条的规定，有重大立功表现的，可以减轻或免除处罚。意思是指，犯罪分子在具有重大立功表现的行为时，可以得到减轻或免除的处罚。重大立功表现主要是指：犯罪分子检举、揭发他人重大犯罪行为，经查证属实的；提供侦破其他案件重要线索，经查证属实的；阻止他人重大犯罪活动；协助司法机关抓捕其他重大犯罪嫌疑人（包括同案犯）的；对国家和社会有其他重大贡献的。对于"重大立功"与"一般立功"的区别主要体现在"量"上。对于以上提到的"重大犯罪、重大案件、重大嫌疑人"的具体标准，主要是指犯罪嫌疑人、被告人可能被判处无期徒刑以上刑罚或者案件在本省、自治区、直辖市或者全国范围内有较大影响等情形。

如何对"可以""从轻""减轻"和"免除"这些词语进行理解。首先"可以"是一种可能性，可以这样处罚，也可以不这样处罚，具体应由法官根据具体案情进行裁量。"从轻"处罚是指法官在对犯罪分子裁量刑罚时，在法定刑幅度范围内，比没有立功情节的犯罪分子所判处的刑罚要轻一些。"减刑"处罚是指在对犯罪分子裁量刑罚时，在法定刑幅度范围内最低刑以下判处刑罚。减轻处罚，既可以是减为较轻的刑种，也可以是减为较短的刑期。"免除"处罚是指对具有立功情节的犯罪分子，只定罪但不给予刑事处罚。

4. 立功从宽原则的适用

从我国立功的立法和相关司法解释的规定来看，对于具有立功情节的犯罪分子，一般都会给予从轻或者减轻的处罚。可见，我国对于具有立功情节的犯罪分子的处罚是比较宽容的，这对于鼓励犯罪分子积极立功，协助司法机关查案，提高司法效率是具有重要意义的。

实践中，对于具有立功情节的犯罪分子，是不是一律都予以从轻或者减轻处罚呢？答案是否定的，因为刑罚的裁量是一个复杂的过程，而立功只是在量刑过程中需要考虑的一个因素,犯罪的具体情况错综复杂,因人而异、因事而异,因环境而异,所以,量刑并不能绝对化,不能搞一刀切。对于立功是否从宽,如何从宽,应当考虑如下因素:

第一,犯罪分子的悔罪态度。也就是犯罪分子犯罪以后对于自己的犯罪行为在主观上是否后悔以及是否愿意接受处罚的意愿。悔罪态度的好坏,表明其向善意愿的大小,表明其立功赎罪的真诚度,是其以后是否会继续犯罪的一个指标因素。如果悔罪态度好,则说明其有认罪服法、真诚悔悟的决心。悔罪态度不好则表明其主观恶性、人身危险性较大,以后继续犯罪的概率就会较大。之所以要首先考虑犯罪分子的悔罪态度,是因为根据主客观相统一的定罪量刑原则,意识决定行为,行为反映态度。犯罪分子是否有悔罪的态度,反映其主观上对其犯罪行为的认知。因此,在处理具体案件时,对于那些虽然具有立功情节,但是主观恶性深、人身危险性大,或者在犯罪之后出于规避法律、逃避刑罚处罚而假装立功的,就可以做出不予以从宽处罚的决定。

第二,立功行为的社会价值的大小。立功行为的社会价值在于其对社会所具有的积极意义。如果立功行为对社会的积极影响较大,那么它带来的社会价值就较大,应得到从宽的幅度就会较大;反之,则较小。在法条上的反映就是重大立功的从宽幅度就比一般立功的从宽幅度要大。如检举、揭发他人重大犯罪行为,提供重要线索,阻止他人重大犯罪活动,协助抓捕重大犯罪嫌疑人等,这些立功行为的社会价值大,其得到的从宽幅度就大,可以减轻处罚,也可以免除处罚。

(三) 坦白从宽处罚原则

1. 坦白的历史渊源

"坦白从宽"最早大约出现在西周时期,《尚书·康诰》中记载:"乃有大罪,非终,及惟眚灾,适尔,既道极厥辜,时乃不可杀。"[①] 其中"道极厥辜",指的是"坦白",这句话的意思是只要坦白交代,虽然罪行严重,也不会被处死,而是从轻处罚。这一时期的坦白是包括在自首中的。秦汉时期,也有坦白的相关规定,如《秦简法律问答》中记载:"隶臣妾系城旦春,去亡,已奔,未论而自出,当笞五十,备系日。"[②] 意思是逃亡本应处以重刑,但因为自首,所以从轻处理。至唐朝,自首制度发展得比较完备,对坦白制度进行单独的规定,但仍可以从自首的相关规定中推导出关于坦白的规定,《唐律疏议·名例律》规定:"其知人欲告及亡叛而自首者,减罪二等坐之。"[③] 意思是主动坦白也算自

---

① 沈家本:《历代刑法考》,中国检察出版社 2003 年版,第 203 页。
② 乔伟:《唐律研究》,山东人民出版社 1985 年版,第 140 页。
③ 刘俊文点注:《唐律疏议》,法律出版社 1999 年版,第 111 页。

首，可以减罪二等。宋代，根据《嘉编救》中记载，"应犯罪之人，未被说，但诘问便承，皆从律按问欲举首减之科"，意思是犯了罪的人，因为受到怀疑被抓捕时，赃物和证据还不明了，或者在共同犯罪中，同案犯归案后未将其供述出来，但一经讯问便承认罪刑的，按照自首减刑处理。在宋律中，严格区分"自首"和"自新"，"自新"相当于现代的"坦白"，是被迫向官府交代罪行的。对于"自新"不能按自首来处理，只能按情节减轻处罚。

在近现代，我国始终是承认坦白从宽制度。北洋政府于1912年8月的《暂行新刑律》规定，"一罪既发，别首未发余罪者，得减所道余罪之刑一等"。1934年4月，毛泽东签署颁布的《中华苏维埃共和国惩治反革命条例》将自首、坦白并列规定，提出从宽的处罚政策：凡是一切阴谋推翻或者破坏苏维埃政府化及工农民主革命的犯罪分子，区分不同情况，实施有区别的刑法处罚方法，直到判处死刑；而对于那些受到他人胁迫以及能够自首、坦白和立功的犯罪分子，则可减轻或者免除处罚①。在抗日战争时期，同样非常重视犯罪人坦白的从宽处罚。例如："山东省《关于特务汉奸之处理办法》规定：凡在坦白运动中能觉悟认识自己的罪行错误，坦白报告而愿改正者，一律予以宽大处理。"② 解放战争时期，同样非常重视坦白从宽制度的建设，如《淮海区惩治盗匪暂行条例》中规定了自首、自新制度，同时还规定了"自白"从宽制度："在侦查审判中自白而有改悔表现者，得减轻其刑。""所谓自白，是指在侦查、审判中自动坦白。"③

新中国成立后，1950年颁布的《关于镇压反革命分子活动的指示》确立了"镇压与宽大相结合"的基本政策，坦白作为这一政策中的一项内容被初步确立下来。1951年颁布的《惩治反革命条例》中明确规定："犯罪分子自动向人民政府真诚归案者，或在检举、揭发以前或以后能够真诚悔过赎罪者，得以酌情从轻、减轻或者免于刑事处罚。"1956年1月31日，董必武同志在全国政协第二届二次会议上所作的《关于肃清一切反革命分子问题的报告》中进一步指出："镇压与宽大相结合的政策，这就是坦白从宽、抗拒从严、立功折罪、立大功受奖的政策。"同年9月，罗瑞卿在中共第八次全国代表大会的政治报告中又进一步明确强调："我们对反革命分子和其他犯罪分子一贯地实行惩办和宽大相结合的政策，凡是坦白的、悔过的、立功的，一律给以宽大处理"④。至此，"惩办与宽大相结合"政策在新中国历史上正式确立，"坦白从宽，抗拒从严"的刑事政策也正式出炉。2011年2月，《刑法修正案（八）》在第六十七条前两款基础上

---

① 参见《中国法制史资料选编》（下册），群众出版社1988年版，第1119-1124页。
② 张希坡：《中华人民共和国刑法史》，中国人民公安大学出版社1998年版，第421页。
③ 高铭暄主编：《刑法学原理》（第3卷），中国人民大学出版社1994年版，第311页。
④ 《人民日报》1956年9月17日。

增加了第三款的规定："犯罪嫌疑人虽不具有前两款规定的自首情节，但是如实供述自己罪行的，可以从轻处罚；因其如实供述自己罪行，避免特别严重后果发生的，可以减轻处罚。"从这项规定来看，我国刑法将"坦白从宽"的刑事政策正式确定为一项法律制度。

2. 坦白的定义及构成

（1）坦白的定义

对于坦白的定义，学者从不同的角度给出了不同的界定，比如从语词意义、政策意义以及刑法意义的视角来揭示"坦白"的含义。从刑法意义来看，坦白具有广义和狭义两种含义。广义上的坦白是指如实交代罪行。这种坦白是包括自首在内的，也可以说自首是坦白的最高形式。两者的区别在于，自首是主动归案后如实交代罪行，而坦白是被动归案后如实交代罪行。狭义的坦白与自首有严格的区别，在《刑法修正案（八）》出台之前，根据1984年4月16日最高人民法院、最高人民检察院、公安部《关于当前处理自首和有关问题应用法律的解答》中的规定，坦白，是指"犯罪行为、犯罪事实已经被有关组织或者司法机关怀疑、发觉，而对犯罪嫌疑人进行询问、传讯，或者在采取强制措施之后，犯罪分子能够主动如实地供认这些罪行的行为"。2011年《刑法修正案（八）》出台以后，《刑法》第六十七条第三款对坦白做出了明确的规定。虽然从法条上看，这不是一个关于"坦白"的明确的定义，但确实是给"坦白"作出了明确的界定。

在理论上，对"坦白"的定义也是众说纷纭，主要有以下几种观点：

第一种观点认为，坦白是指，"犯罪分子被动归案后，如实供述自己罪行的行为"[1]。

第二种观点认为，坦白是指，"犯罪嫌疑人除构成自首外的如实供述自己罪行的行为"[2]。

第三种观点认为，坦白是指，"如实交代自己的犯罪事实，但又不属于自首的行为"[3]。

第四种观点认为，坦白是指，"犯罪嫌疑人被动归案之后，如实供述自己被指控的罪行或者司法机关尚未掌握的其他同种罪行"[4]。

以上几种观点基本上以《刑法修正案（八）》对第六十七条的修改为基础，

---

[1] 赵秉志主编：《刑法修正案（八）理解与适用》，中国法制出版社2012年版，第86页。

[2] 张军主编：《刑法修正案（八）条文及配套司法解释理解与适用》，人民法院出版社2011年版，第82页。

[3] 高锋志著：《自首与立功制度及司法适用》，中国人民公安大学出版社2012年版，第81页。

[4] 赵秉志主编：《刑法学》，北京师范大学出版社2013年版，第374页。

具有一定的合理性，但在主体的界定、行为的表述等方面又显得不够严谨，容易产生歧义。笔者认为，所谓"坦白"，是指犯罪嫌疑人除自首之外的如实供述自己被指控的罪行的行为。从这一定义可以看出，坦白与自首这两个概念是密切相连的同时又有区别的两个概念。

（2）坦白的构成

根据《刑法》第六十七条的规定，坦白的构成与自首的构成是紧密联系的。因此，在探讨坦白的构成时应建立在对自首规定的正确理解上。坦白的核心构成要件包括两个方面：第一，犯罪嫌疑人被动归案；第二，如实供述自己被指控的罪行。

第一，坦白的主体是犯罪嫌疑人。

1997 年刑法将坦白的主体定位为"犯罪嫌疑人"。犯罪嫌疑人是指因涉嫌犯罪而受到刑事追诉的人，具体是指在侦查及审查起诉阶段，即检察机关正式向法院提起公诉以前的称谓。也就是说只有在这一阶段实施了犯罪行为的人才可能是坦白的主体。在实践中，对于坦白的认定往往与在法庭审理阶段当庭自愿认罪相混淆，其实这就是对坦白的主体认识不清导致的。对于当庭自愿认罪的人来说，案件已进行到法庭审理阶段，行为人的身份已发生改变，由犯罪嫌疑人转变为刑事被告人。因此，这时行为人也不可能成为坦白的主体。根据《刑法》第六十七条的规定，被采取强制措施的犯罪嫌疑人、被告人和正在服刑的罪犯都可成为特殊自首的主体，但第三款中的坦白的主体只能是犯罪嫌疑人。

第二，犯罪嫌疑人被动归案。

犯罪嫌疑人被动归案是成立坦白的首要条件，这也是区别自首与坦白的主要判断标准。所谓被动归案，是与主动归案相对而言的，是指归案行为并非出自犯罪人本人自由意志的选择，而是其在外力作用下被迫为之[①]。所以坦白的犯罪嫌疑人的人身危险性相对要大一些。自动归案在 1997 年刑法及相关的司法解释中规定得比较详细，而对被动归案并没有进行明确的规定。实践中到案的形式也是千差万别，被动到案的认定也会因细节的不同而结果会大为不同。参考自动归案的规定，我们认为，被动归案的情形主要包括如下几种：第一种情况是司法机关对犯罪嫌疑人采取强制措施而归案。司法机关包括公安机关、人民法院、人民检察院以及在特定情况下行使侦查权的国家安全机关、军队保卫部门、监狱部门等。强制措施则包括我国刑事诉讼法中规定的拘传、取保候审、监视居住、刑事拘留、逮捕。第二种情况是指犯罪嫌疑人因为罪行被发现而被司法机关传讯。这里是指犯罪嫌疑人的罪行已经被司法机关掌握而被传讯问话。与因为形迹可疑被

---

① 周家海：《自首制度研究》，中国人民大学出版社 2004 年版，第 209 页。

司法机关盘问而主动交代自己犯罪事实的情况要区分开，后者则是自动投案的一种情形，应认定为自首，而且是坦白。第三种情况是被人民群众扭送归案。人民群众当场发现有犯罪行为的发生，可以控制、扭送犯罪嫌疑人到司法机关，这是法律赋予人民群众同犯罪行为做斗争的一项权利。以上三种情况，都是在犯罪嫌疑人不情愿的情况下归案，属于被动归案，迫于无奈归案，与自愿归案、亲朋好友陪同归案是有本质区别的，前者是成立自首的前提，而后者则是成立坦白的前提。

第三，如实供述被司法机关所指控的犯罪事实。

根据《刑法修正案（八）》的规定，坦白的成立要求犯罪嫌疑人"如实供述自己罪行"。这里"如实供述自己罪行"，有的学者认为是指"如实供述被司法机关指控的罪行"。具体来说，有学者认为："被指控的罪行，是指犯罪嫌疑人所犯的、已被司法机关掌握并因此对其进行讯问或采取强制措施的罪行，或者是其本人所犯的、人民群众据之将其扭送，或者是其本人所犯的、司法机关据之对其采取通缉、追捕措施的罪行。"[①] 还有学者认为："被指控的罪行，是指司法机关对犯罪嫌疑人采取强制措施或传唤以及公民将其扭送所依据的犯罪事实。"[②] 笔者认为，根据有关司法解释，犯罪嫌疑人因某种犯罪行为而被动归案，如果在到案后主动如实交代自己被指控的犯罪行为以外的其他罪行，这种情况，到底是构成坦白还是自首，需要分不同的情况来区别对待：第一种情况，行为人如实供述的罪行是已经被司法机关所掌握的罪行，这时只能成立坦白。第二种情况，行为人如实供述的罪行还没有被司法机关所掌握，而且与被司法机关指控的罪行也不是同种类的犯罪行为，这时则成立自首。

另外，犯罪嫌疑人主动如实供述其被司法机关所指控的犯罪事实应该是犯罪嫌疑人所实施罪行的主要犯罪事实，并不要求将被指控罪行的全部事实予以供述。所谓主要犯罪事实，是指符合犯罪构成要件所必备的，足以证明犯罪嫌疑人实施了犯罪行为的基本客观事实情况。

3. 坦白从宽的处罚原则

"坦白从宽"是党和国家一贯坚持的刑事政策。也是为了实现刑罚的目的，即预防犯罪的刑罚目的而确立。行为人在犯罪以后能够及时悔悟，自首或坦白，这是行为人真诚悔改、接受惩罚、接受教育改造的第一步，给予他们从宽的处罚，从思想上可以极大地提高犯罪分子改造的积极性，坚定改造的信心，争取早日回归社会。

---

① 周家海：《自首制度研究》，中国人民大学出版社 2004 年版，第 211 页。
② 赵秉志主编：《刑法修正案（八）理解与适用》，中国法制出版社 2012 年版，第 87 页。

从世界各国对坦白的处罚原则来看，包括绝对从宽处罚原则、相对从宽处罚原则。我国关于坦白的规定是刑法第六十七条第三款："犯罪嫌疑人虽不具有前两款规定的自首情节，但是主动如实地供述自己罪行的，可以从轻处罚；因其主动如实地供述自己罪行，避免特别严重后果发生的，可以减轻处罚。"从法条中可以看出，我国关于坦白从宽的处罚原则是采用相对从宽的立法模式。具体坦白从宽的幅度分为两个等级，一个等级是"从轻处罚"，另一个等级是"减轻处罚"，没有"免除处罚"的规定。而且都是"可以"型的量刑情节，"可以"型量刑情节属于授权性情节，也就是授权法官拥有一定的自由裁量权，可以对影响量刑的各种情节综合予以考虑，可以从宽处罚，也可以不从宽处罚。

（1）从轻处罚原则

根据"宽严相济"刑事政策的指导精神，一般情况下，只要犯罪嫌疑人有坦白的行为，是可以得到从轻处罚的。与自首相比，犯罪分子的人身危险性、主观恶性，以及对司法资源的占用上来说，其从宽的量定肯定要严格，无论从主观方面来判断，还是从客观方面来判断，犯罪分子毕竟是在无奈的情况下被迫归案，其如实供述的犯罪事实也是司法机关已经全面掌握的案情。但是，只要犯罪嫌疑人没有负隅顽抗、拒不认罪，能够如实供述自己的罪行，没有进一步的浪费司法资源。一般情况下，都是可以得到从轻处罚的。

（2）减轻处罚原则

我国《刑法》第六十七第三款规定了坦白从宽处罚中的减轻处罚档次，是指犯罪嫌疑人"因其如实供述自己罪行，避免特别严重后果发生的，可以减轻处罚"。应如何理解这一规定，即什么是特别严重后果，这在理论上也有不同的理解。笔者认为，所谓特别严重后果，通常是指造成特别重大的公共财产损失、特别重大的人身伤亡、严重危害国家安全和利益的后果。具体来说，可以包括以下几个方面的内容：首先，因为坦白，避免了不特定的多人重伤、死亡的；其次，因为坦白，避免了特别巨大的经济损失；最后，因为坦白，使得共同犯罪中的其他同案犯得以抓获，从而避免重大人身伤亡或避免了巨大经济损失。

二、累犯从重处罚原则

（一）累犯的历史渊源

1. 我国古代的累犯制度

关于累犯的规定在中国古已有之，一般认为，我国累犯制度最早可见于《尚书·舜典》的"怙终贼刑"的规定。南宋朱熹解释为："怙，谓有所恃，终，谓再犯，若有人如此而入于刑，则虽可当宥当赎者，亦不听其宥，不听其赎，必处以刑。""宥",指宽恕、原谅;所谓"赎",则是指通过"使入财而免其罪",就是缴纳一定数量的金铜或丝即可赎罪免刑,此种赎刑只有贵族特权者才能享有①。从以上规定可以看出,对于累犯的处罚,虽然没有规定可以从重处罚,但也是不可宽恕原谅、不能赎罪免罪的行为,也可谓是一种变相的从重处罚。另外《尚书·舜典》中还有关于处罚累犯的条文"天命有德,五服五章哉;天讨有罪,五刑五用哉"②。这一句话的意思是先前受到刑事处罚后又犯应受刑事处罚的罪,那么就要处以将其头、手、足分别束缚在木头的十字架上处以不伤罪犯肌肤的死刑;先前曾吃人而杀人,后又吃人而杀人的,就要处以先截断头、手、足,然后再从腰部斩断的死刑③。这是我国历史上关于累犯处罚的最早规定,也是关于累犯处罚的量刑要求,虽然简单粗暴,却反映对累犯处罚的态度。

到了夏商周时期,在律法上进一步规定对累犯的处罚。《周礼》记载:"凡民之有衺恶者,三让而罚,三罚而士加明刑,耻诸嘉石,役诸司空。其有过失者,三让而罚,三罚而归于圆土。"④ 意思是凡是犯了罪的人,首先对其进行教育改造,经过三次而没有悔改的,就对其进行体罚;体罚又经过三次还不悔改的,就让他坐在嘉石上当众受辱,并强制其参加劳动。对于过失犯罪的,也是先进行教育,经过三次而没有悔改的,则进行体罚;体罚又经过三次还不悔改的,便收监改造。可见,在夏商时期,对于累犯的处罚也是逐渐加重的。

在汉代,《汉书》中记载:"当斩右趾,及杀人先自告,及吏坐受赇枉法,守县官财务而即导致,已论命复有笞罪者,皆齐市。"⑤ 意思是对于犯应当判处斩掉右脚刑罚的犯罪分子、杀人后自首的犯罪分子、贪赃枉法监守自盗的犯罪分子,又犯应判处笞刑的,应当处以弃市的刑罚。从以上规定来看,汉代对累犯的处罚也是加重处罚的。

唐朝是我国封建社会法律比较发达时期,对于累犯制度的规定也相当完备。《唐律》中规定了丰富的累犯制度。首先,《唐律》不仅在总则中规定了累犯,而且还在分则中规定了特别累犯。《唐律·名例篇》规定:"诸犯罪已发及已配而更为罪者,各重其事。即重犯流者,依流住法决杖,于配所役三年。若已至配所而更犯者,亦准此。即累流徒应役者不得过四年。若更犯流徒罪者准加杖例。其杖罪以下,亦各依数决之。累决笞杖者,不得二百。其应加杖者,亦如之。"⑥

① 周密:《中国刑法史》,北京人民法院出版社 1992 年版,第 145 页。
② 李学勤主编:《十三经注疏》(尚书正义),北京大学出版社 1999 年版,第 108 页。
③ 魏克家编:《刑法的基本问题》,中国政法大学出版社 2012 年版,第 240 页。
④ 杨天宇译注:《周礼译注》,上海古籍出版社 2004 年版,第 202 页。
⑤ 施丁主编:《汉书新注》(第二册),三秦出版社 1994 年版,第 74 页。
⑥ 高绍先:《中国刑法史精要》,法律出版利 2001 年版,第 456 页。

这些是《唐律》关于累犯的总则性规定。此外，《唐律》中还规定了"再犯"和"三犯"制度。再犯是指两次以上的犯罪行为，而三犯是指经常性的犯罪，至少三次以上。《唐律·贼盗律》中规定："诸盗经断，仍更行盗，前后三犯徒者，流三千里；三犯流者，绞。其于亲属相盗者，不用此律。"这是关于特别累犯"三犯盗"的规定。《唐律》对"再犯"和"三犯"的处罚也是不同的，对再犯是"各重其事"，实行累科制；而对三犯则是提高刑种，直至死刑。可见，《唐律》是不断加重对屡次犯罪者的处罚。作为封建立法典范的《唐律》对后世有着非常大的影响，累犯制度也被后世所延续，只是根据具体情况做了细微的调整。值得一提的是，《明律·名例篇》中规定："凡犯罪已发又犯罪者，从重科断。已徒已流又犯罪者，依律再科后犯之罪。其重犯流者，依留住法三流并决杖一百于配所，拘役四年。若犯徒者，依所犯杖数该徒年限决讫，应役亦总不得过四年。其杖罪以下，亦各依数决之，其应加杖者，亦如之。"① 从以上规定可以看出，《明律》对累犯的处罚采取的是从一重罪的处罚原则。

2. 我国近现代的累犯制度

1840 年以后，在西学东渐的过程中，不断学习西方的法律制度，清政府在 1910 年颁布《大清新刑律》，第一章规定了累犯问题，主要包括再犯的概念、范围、再犯及三犯的处罚等内容。在累犯的称谓上采取的仍是再犯。在累犯的处罚原则上，《大清新刑律》明确规定："已受徒刑之执行，更犯徒刑以上之罪者，为再犯，加本刑一等三犯以上者，加本刑二等，仍依前条之例。"很明显，累犯的处罚原则采取的是加重处罚主义。民国时期，1928 年制定了"中华民国刑法"（称为"旧刑法"），第六十五条规定了构成累犯的刑度条件和时间间隔条件。1935 年对"中华民国刑法"进行了修订，在第四十七条中规定了累犯制度，与"旧刑法"相比，对累犯的处罚规定为加重本刑至二分之一。

新中国的累犯制度，最早可以追溯到革命根据地时期，散见于一些地方性法规，不具有普适性。新中国成立以后，累犯制度得到进一步的规范和完善。1950 年起草的《中华人民共和国刑法大纲草案》，规定了实质意义上的累犯制度。1951 年《惩治反革命条例》和 1952 年的《惩治贪污条例》等法律法规中都有累犯从重的规定。1956 年《中华人民共和国刑法草案》规定了成立普通累犯的时间条件、刑度条件、前后罪的时间间隔条件。到第 38 稿时，整个累犯制度的内容已比较完善，于是 1979 年《刑法》在第六十一条中规定了一般累犯制度。1997 年《刑法》进一步完善了累犯的构成要件，将普通累犯的时间间隔扩展到五年，将特殊累犯的罪名由"反革命罪"改为"危害国家安全罪"。经过修改后

---

① 《唐律疏议》，上海中华书局 1933 年版，第 79 页。

的累犯制度更加科学合理，适应社会的发展要求。自 1997 年刑法实施至今，又颁布的十一个《刑法修正案》，涉及对累犯制度进行修改的是《刑法修正案（八）》。2011 年《刑法修正案（八）》通过，有关累犯制度方面的修改主要包括以下几个方面。首先，构成特殊累犯的范围有所扩大，增加规定了黑社会性质组织犯罪、恐怖活动犯罪，这种规定符合社会的发展要求，有利于维护社会秩序。其次，对主体进行了限缩，将不满十八周岁的未成年人排除在累犯之外。这种规定展现了我国法律对未成年人的特殊保护，符合未成年人的身心特征，有助于及时感化教育矫正未成年人。最后，将《刑法》第五十条的内容进行了调整。规定人民法院可根据犯罪情节等情况对被判处死刑缓期执行的累犯分子采取限制减刑措施。这一规定有利于维护社会正义，实现刑罚目的。

（二）累犯的处罚原则

1. 国外关于累犯的处罚原则

累犯从重处罚的思想，可以追溯到罗马时期、中世纪时期的法律条文中有所体现，但只体现在具体的犯罪之中，并没有把累犯作为加重处罚的一种理由，直到 19 世纪才得到普遍承认。

在不同的历史时期，由于受不同刑事学派思想的影响，各国对累犯的定义、理论依据、处罚原则等都有不同的理解。刑事古典学派以客观主义为其理论基础，在对累犯下定义时，是以行为为中心，与已然之罪相对应。以行为为中心的累犯概念强调以犯罪行为的客观因素来研究累犯制度的适用，注重对犯罪行为的次数、时间间隔和前后罪质进行详细的考量，而忽略对犯罪分子人格特征的考察。对累犯的处罚也是基于对已然犯罪的报应之结果。随着刑事实证学派的兴起，由以行为为中心开始转变为以行为人为中心，主张刑罚应与未然之罪相对应，犯罪的根源应当从行为人的反社会特质中寻求，刑罚的裁量不应针对行为本身而应以行为人为中心，刑罚的目的是教育和社会防卫。不同学派的观点也影响到对累犯采取的从严处罚原则。据此我们可以将累犯从严处罚的规定分为两大类别。

（1）以行为为中心的累犯处罚原则

① 特别处罚主义

特别处罚主义，是指刑法对于累犯处以特别规定的严厉之刑。主要是指无期放逐于殖民地或长期使犯罪分子服苦役刑。如前者法国 1885 年累犯惩治法规定：对于危险性较大的多次累犯，除判处主刑外，附加判处无期殖民地流刑；比利时 1891 年刑法规定，对乞丐和流浪的累犯要判处长期苦役刑，但规定长期苦役刑的只适用于特别累犯。

② 加重处罚主义

加重处罚主义，是指对于累犯应当加重处罚。又分为两种处罚情况，一是加重刑罚，二是加倍刑罚。

加重刑罚可以再细分为两种立法例。第一种立法例是确定加重，是指刑法明确规定对累犯处以某一确定的刑罚。如美国纽约州、加利福尼亚州的《惯犯法》规定"犯重罪四次以上累犯，处无期徒刑"。第二种立法例是不确定加重，是指刑法没有规定对累犯处以何种刑罚，只是规定对累犯的处罚应在原罪刑罚的基础上，再加重处罚的比例。至于如何加重又存在几种情况：第一，在后罪的法定刑范围内，处以相对较重的刑罚或者处以较长的刑期。如我国 1997 年刑法的规定。第二，提高后罪法定刑的下限，但上限不作改变。如《德国刑法典》第 48 条规定："如果认为以前判处的刑罚对其未起警诫作用，最低自由刑为六个月。"第三，以后罪应当判处的刑罚为基础，将本刑加重一定的比例。如《意大利刑法典》第 99 条规定：犯罪被科刑后，再犯他罪者，加重其刑六分之一。如果具有某些情节后再犯同等之罪的，加重其刑二分之一。第四，以后罪应判处的刑罚为基础，加重相应法定刑幅度中最高刑与最低刑的差的几分之几。如澳门原刑法典第 100 条规定：对第一次累犯的处罚，以后罪应判处的刑罚为基础，加上法定刑幅度中最高刑与最低刑差的二分之一。对第二次累犯，处罚要重于第一次累犯，第二次累犯的加重处罚为加上法定刑幅度中最高刑与最低刑差的四分之三，这显然是高于第一次累犯的处罚。

③ 加倍处罚

加倍处罚，是指对于累犯的处罚应当加重本刑的倍数的立法例。如韩国刑法典第 35 条规定："对于累犯之处罚，得加重至本刑的二倍"。

④ 变更主义

变更主义，是指将构成累犯的后罪的法定刑变更为更重的刑种。如 1874 年德国刑法典规定：前罪被判处有期重惩役，执行完毕后，再犯应判处有期重惩役之罪的，科处无期重惩役。

（2）以行为人为中心的累犯处罚原则

近代学派反对古典学派的客观主义，认为刑罚应以犯罪人的性格为依据，根据犯罪人的人身危险性的大小来决定刑罚的轻重。在此学派观点影响下的处罚原则如下：

① 保安处分与刑罚并科

保安处分与刑罚并科的处罚原则，是指考虑累犯的人身危险性较大的原因，仅通过加重后罪刑罚的方法不足以消除其人身危险性，故通过刑罚与保安处分并科的方法，既能使犯罪分子得到应有的惩罚，又可以通过保安处分预防未然之罪。如英国 1908 年的《犯罪预防法》规定：累犯在刑罚执行完毕后，还要执行五年至十年的保安处分；《德国刑法典》规定：对于不同累犯应当并科不同的保安处分，且这些保安处分措施应与犯罪分子的人身危险性相适应。

②代替主义

代替主义，是指用保安处分代替自由刑适用于对累犯的处罚。各国的做法不尽相同，有的国家对于累犯科以定期的保安处分，而有的国家则科处不定期的保安处分。如英国 1948 年《刑事审判法》采取的就是定期的保安处分的做法，该法第 30 条规定：对累犯可以按年龄不同处以不同期限的"矫治训练"或者"预防拘禁"，以此来代替刑罚的适用。再如 1945 年《瑞典刑法典》和 1930 年《丹麦刑法典》，都是对累犯处以不定期保安处分来代替刑罚的执行。

③不定期刑主义

不定期刑主义，是指对累犯进行判决宣告时，只宣告对其判处刑罚而没有具体的刑期，或者仅宣告刑期的上限或下限，至于犯罪分子什么时候执行完刑罚，则完全依据犯人在行刑期间的表现，这取决于监狱执行人员的判断。如 1921 年由意大利刑法学家菲利起草的刑法草案第 29 条规定："犯三次轻惩役之罪或二次重惩役之罪的罪犯，应用不定期刑。"1974 年《日本刑法改正草案》第 59 条规定："对于常习累犯，可以宣告不定期刑。"①

以上关于累犯的处罚原则，是各国在不同时期适应不同的理论学说和社会发展形势而采取的处罚原则。从历史唯物主义的观点出发来看待这些原则，在特定的历史条件下都有其存在的合理性，也有其不合理的方面。特别处罚主义已完全退出历史舞台。代替主义主张用保安处分完全替代刑罚，从主观上来看具有可行性，但据以判处保安处分的犯罪分子的人身危险性缺乏相应的客观判断标准，把犯罪分子将来能否被改造好完全取决于保安处分措施，显然不科学，从漫长历史长河的实践经验来看，刑罚在惩治改造犯罪分子方面作用是不可忽略的，虽有不完美，但仍有其存在的合理性与科学性，不能被完全替代。从自然规律上来看，加重处罚往往是最先被认可的处罚原则，有其自身的优势。但究其累犯的原因，从根本上来讲，是犯罪分子人身危险性大，思想麻木，不服管教才屡次犯罪，因此，以保安处分与刑罚并科的方法更为合理，但也有弊端，如果并科的度没有掌握好，会造成处罚过重的结果。

2. 我国关于累犯的处罚原则

我国刑法中关于累犯的处罚原则，总体上经历了一个由"加重处罚"到"从重处罚"的过程。"加重处罚"时期，主要是在民主革命时期，这一时期所颁布的一些刑事法律以及相关的单行法律中，对累犯的处罚原则采用的是加重处罚的原则。例如：1934 年 4 月 8 日颁布的《中华苏维埃共和国惩治反革命条例》

---

① 吴江：《累犯制度研究》，2004 年武汉大学法律硕士学位论文。

第 31 条规定："凡犯本条例第 3 条至第 30 条所列各罪之一项或二项以上，经法庭判处监禁，又再犯本条例所列举各罪之一项或者一项以上者，加重处罚。"1942 年 12 月 25 日通过的《晋冀鲁豫边区妨害公务违抗法令治罪暂行条例》第五条规定："第一条、第三条之累犯，加重处罚。"1952 年 5 月 3 日东北人民政府《关于根绝烟毒处理贩毒分子的决定》第五条规定："凡掩护包庇毒贩运毒……，如系一贯累犯，情况严重恶劣，顽固抗拒坦白者，则应加重一级处分。"①

"从重处罚"时期，1979 年 7 月 1 日颁布实施的我国第一部《刑法》，第六十一条规定："被判处有期徒刑以上刑罚的犯罪分子，刑罚执行完毕或者赦免以后，在三年以内再犯应当判处有期徒刑以上刑罚之罪的，是累犯，应当从重处罚。"此后，无论单行刑法还是附属刑法，基本上坚持累犯从重处罚的原则，1997 年刑法对这一原则也予以肯定。

（二）累犯从重处罚的理论基础

1. 报应刑主义

"报应"的意思为等价或者等量的回复和补偿。原始社会人类就是通过血亲复仇、同态复仇来达到报应的目的。随着私有制、国家的出现，这种私人复仇就被刑罚所代替。对报应的追求被认为是刑罚对犯罪行为的一种最公正且是唯一的正义性回复，通过赋予犯罪者痛苦的刑罚来实现社会公平正义，从而体现罪责对等的原始理念。以康德、黑格尔为代表的报应主义刑法理论认为刑罚的意义和本质是对犯罪人的犯罪行为所造成的恶害的报应，运用刑罚的手段作用于犯罪人身上，以对其造成精神和肉体上的痛苦来均衡犯罪行为的恶害和犯罪人的罪责，并以此来实现法律以及社会大众对正义的需求。报应刑主义是从已然之罪中寻求刑罚的合理限度，强调刑罚是对犯罪的公正报应。报应刑主义经历了朴素的报应主义、神意报应主义、道义报应主义、法律报应主义等阶段。虽然都是报应主义，但不同阶段的报应主义对于累犯从重处罚的理由不尽相同。

① 朴素报应主义

朴素报应主义在人类社会发展的早期占据极其重要地位，是人们在长期的实践活动中形成的，是朴素正义感的表现。如人们通常所说的"以眼还眼、以牙还牙""恶有恶报""罪有应得""杀人偿命"等，都是朴素报应主义的表达。基于朴素报应主义的影响，且为了实现对公平正义的追求，在对犯罪分子刑罚的裁量方面，要求报应的程度要与受害者所遭受的损失相适应。这种朴素的报应观反映到累犯制度上，认为累犯不同于初犯，其主观恶性大，出于报应也应当对累犯判处更重的刑罚。中国古代的"怙终贼刑"的记载以及古印度《摩奴法典》中关

---

① 吴江：《累犯制度研究》，2004 年武汉大学法律硕士学位论文。

于累犯加重的规定正是朴素的报应观的反映。

② 神意报应主义

神意报应主义是朴素报应观在发展中逐渐被神化的结果。由于当时社会生产力低下，人们的认识能力有限，很多社会现象不能得到解释，朴素的报应观形成以后，很快就被神学化。神意报应观认为神意是刑罚权的根据，犯罪是违反神的命令或上天的旨意，国家对罪犯适用刑罚，是按照神的旨意给予犯罪分子的惩罚。而且犯罪次数越多，其罪恶就愈发深重，受到的刑罚就应该更严苛。只有让累犯接受残酷的身心折磨，才能最大限度地完成对犯罪分子的救赎，披上了一层实现刑罚社会预防功能的理性外衣。神意报应主义能够认识到累犯的主观恶性大于初犯，具有其合理性的一面，但将犯罪作为是对上天旨意的违反，将主观恶性作为定罪的唯一标准，其不合理性、伪科学性也是显而易见的。

② 道义报应主义

道义报应主义形成于资产阶级启蒙时期，由德国哲学家康德对报应论进行了世俗化和哲学化改造而形成。道义报应论认为，犯罪与刑罚实际上是道德关系，犯罪行为是对社会道德规范的违反，认为每个人都是有自由意志的个体，正是基于自由意志的选择去实施犯罪行为，那么就应该对自己的行为负责，接受道义的谴责。特别是罪犯在初次犯罪之后，不思悔改，再次犯罪，那就应该受到更为严厉的道德谴责而加重对其刑罚处罚。道义报应主义关注的中心是犯罪行为，与行为中心论相适应。在累犯问题上，也是只强调累犯行为的次数、轻重作为累犯的构成条件，坚持的是客观主义的立场，否定主观归罪，强调罪与罚的一致性，而且，道义报应主义没有将法律和道德进行区分，这是不合理的。毕竟法律和道德是不同的社会规范，两者不能混为一谈。

④ 法律报应主义

法律报应主义，是由德国哲学家黑格尔提出来的。他认为道德与法律是不同的社会规范，从而将法律从道德中分立出来。并认为犯罪行为是对法的否定，而刑罚措施是对犯罪行为的一种否定，是对正义的回复。犯罪行为侵犯了法律秩序，刑罚则通过对犯罪人适用刑罚使被破坏的法律秩序得到恢复，从而维护社会正义。

在康德和黑格尔看来，犯罪是一种恶害，刑罚是社会对犯罪这种恶害行为的一种报复、反应方式，认为："正义要求刑罚应与罪恶均等。假如刑罚重于罪恶，则该人受到了过于严重的惩罚，并被用作实现他人幸福的手段；假如刑罚轻于罪恶，则罪恶并未受到应有的报复，该人仍取得了某种不正当的利益"[①]。所以，

---

① 迈克尔·D. 贝勒斯著：《法律的原则—个规范的分析》，张文显等译，中国大百科全书出版社1996年版，第339页。

对于累犯而言，在意志自由的情况下实施了一次犯罪行为，在受到处罚后，又一次基于自由意志实施犯罪行为，此时行为人本身所表现出来的"恶害"在客观上与初犯时没有什么不同，但其主观上的恶性是比初犯重。因此，其面对的刑罚的处罚就要重。

2. 功利主义

功利主义刑罚观产生于 19 世纪后半叶，由龙勃罗梭、菲利、李斯特等提倡。资本主义发展到垄断阶段，犯罪问题日益严重，犯罪率居高不下，累犯显著增多。古典学派的报应论显得无能为力。功利主义从行为决定论出发，否定道义责任论，认为犯罪不是行为人自由意志选择的结果，而是自然、环境、社会等因素所决定；刑罚也不是对已然之罪的报应，而是对未然之罪的预防，刑罚以预防犯罪防卫社会为目的，强调刑罚的社会功利效果。功利主义认为即使刑罚对已然发生的犯罪的报应从客观方面看有多么公正，也无法弥补犯罪所造成的社会危害，所以刑罚着眼于已然犯罪，并使行为人受到报应的主张是行不通的。于是实证功利主义把目光由犯罪行为转向了犯罪人身上，在累犯问题上，更加关注累犯的人格倾向，而不是累犯的次数和时间间隔。刑罚的根据不是报应，而是基于实现个别预防和防卫社会的需要。犯罪对社会造成了侵害，为了保卫国家利益，必须对犯罪人处以刑罚。功利主义认为累犯和初犯最大的不同是行为人的人身危险性，而不是犯罪行为。累犯的人身危险性比初犯要大，因为累犯没有从前一次犯罪所受的刑罚中得到教训，改过自新，而是再一次挑战法律的权威，重新走上犯罪的道路。功利主义刑罚论者从人身危险性的概念出发，以预防犯罪为目的，得出累犯从重处罚的正当性根据。

3. 一体化刑罚论

实证主义学派是在批判古典学派的基础上发展起来的，两学派的争论从没有停止过。无论是报应刑主义还是功利刑主义，都有其致命缺陷。报应刑主义强调刑罚是对犯罪的公正报应，否定刑罚的目的性和功利性，可以说是得之公正而失之功利。功利刑主义，特别是实证学派的功利主义看到了刑罚的功利性，但又完全否定刑罚的报应功能。为了实现刑罚的功利目的，甚至可以不管犯罪行为的客观危害而任意用刑。因此，功利刑主义存在着侵犯罪人人权的危险，可谓是得之功利而失之公正。融合两学派之长的一体化刑罚理论逐渐得到学界的认同。该观点既承认古典学派的自由意志，又认为行为人承担刑事责任的根据不是行为，而是行为人；既认为刑罚要实现正义，又认为刑罚也要实现功利。也就是刑罚既要以报应为基础，也要以一般预防和特殊预防为刑罚之目的。

在累犯问题上，一体化刑罚论认为，正是因为有了累犯，并为了没有累犯而科处刑罚。该观点认为对累犯加重处罚，是因为其已受到过刑罚的处罚而再次犯罪，因此，在责任上应该加重处罚。但不能认为累犯制度的存在只是为了报应，它既关注累犯的报应性根据，同时又追求刑罚的功利的目的；既关注刑罚对累犯的惩罚功能，又重视对累犯的矫正与改造功能。

（三）我国累犯从重处罚的学说之争

累犯从重处罚的原则是我国普遍接受的一项量刑原则。那么，累犯为什么要从重处罚，其依据是什么，对于这个问题有不同的主张，大致有以下几种观点：

1. 社会危害性说

设立累犯制度的目的，是针对那些罔顾国家法律、恣意妄为、屡教不改的犯罪分子，从法律上加大对这部分犯罪分子的打击力度，使他们受到应有的惩罚，而对之采取的非难性谴责和对其行为的否定性评价，以达到维护社会正义、维持社会秩序、预防犯罪的刑罚目的。

持社会危害性观点的学者大多坚持以"行为为中心"的刑罚观。他们认为，社会危害性是犯罪的本质特征，累犯比初犯所造成的社会危害性要大得多，所以对累犯要坚持从重处罚的原则。其原因主要是：第一，累犯浪费国家更多的司法资源。第二，累犯大大削弱国家法律的权威。第三，累犯对社会心理秩序有较大的破坏性[①]。

2. 人身危险性说

人身危险性说认为，之所以对累犯从重处罚，是基于犯罪人在一定时间内又犯性质比较严重的罪行，表明其人身危险性较大，只有判处较重的刑罚，才能有效地对其实施惩罚和改造，达到预防犯罪的目的[②]。显然，这种观点是刑事近代学派所主张的，该学派以行为人为中心，认为刑罚应与未然之罪相适应，即与行为人的性格、人身危险性相对应，人身危险性大说明行为人再次犯罪的可能性就大，应受到的刑罚处罚就重；人身危险性小则说明行为人再次犯罪的可能性就小，应受到的刑罚处罚就轻。而累犯是被判处一定刑罚的有过犯罪记录的人，不顾法律的规定再次犯罪，说明行为人的人身危险性比较大，再犯罪可能性就比较大，对社会的危害也就比较大。因此，对这部分人应加大处罚力度，使其再犯罪的思想被彻底打消，需对其从重处罚。

3. 综合性说

综合性说认为，累犯从重处罚的根据就在于累犯的主观恶性和人身危险性都要大于初犯。犯罪人在经过刑罚的制裁后仍不知悔改继续犯罪，说明一般的处罚

① 周振想：《论累犯刑法的适用》，载《河北法学》，1989 年第 1 期。
② 高铭暄主编：《刑法学》，法律出版社 1982 年版，第 261 页。

标准对其不能起到特殊预防的作用，因而构成了刑事政策意义上特别防范的对象[①]。

我们赞同综合性说的观点，认为累犯从重处罚的依据是犯罪人所实施的犯罪行为的社会危害与犯罪人所反映出来的人身危险性的结合，但两者并不是处于平等的地位，而是以社会危害性为基础，犯罪人的人身危险性才是累犯从重处罚的最终依据。社会危害性和人身危险胜的关系是密切联系、相互统一、主次有别的关系。离开犯罪行为的社会危害性空谈其人身危险性是不可取的，因为这会造成司法擅断、侵犯人权的危险。之所以对累犯从重处罚，一方面是因为其屡次犯罪，表明其主观恶性深、人身危险性大；另一方面，从司法实践来看，初犯往往是犯罪分子在过失、激情等情况下实施的，犯罪之后往往会陷入深深的自责与反思之中，比较容易接受教育和改造。而再一次实施犯罪行为的累犯分子，往往由于主观恶性大，不容易被改造好，所以，第二次实施的犯罪行为要比初犯所实施行为的社会危害性要大，当然并不是所有累犯的社会危害性都要比初犯大，但都具有社会危害性。总之，对累犯的人身危险性进行考察时绝不能脱离对其犯罪行为客观性的分析，没有后罪的犯罪行为，就没有社会危害性，进而也就没有人身危险性的存在基础，如果仅凭所谓的人身危险性来对累犯进行从重处罚，那也只能是主观擅断的表现，根本不能实现量刑的公正。

（四）对我国"累犯从重处罚"的理解

我国 1997 年《刑法》第六十五条的规定："被判处有期徒刑以上刑罚的犯罪分子，刑罚执行完毕或者赦免以后，在五年内再犯应当判处有期徒刑以上刑罚之罪的，是累犯，应当从重处罚，但是过失犯罪和不满十八周岁的人犯罪的除外。前款规定的期限，对于被假释的犯罪分子，从假释期满之日起计算。"从法条上可以看出，我国刑法对于累犯的处罚只有一个方向性的规定，即对累犯从重处罚，而没有详细规定对累犯如何从重处罚。我们需要从以下几个方面加强对"从重处罚"的理解。

第一，我国刑法对于累犯的处罚是"刚性"规定。只要被认定为累犯，其法律后果就是"从重处罚"。一般来说，累犯具有较大的人身危险性，对其从重处罚是理所当然的，但也不可否认，并不是每个累犯都有较大的人身危险性，有时行为人是在被逼无奈的情况下，如激情、愤怒之下或在被害人有过错的情况下实施了犯罪行为，且没有造成严重后果的。所以，累犯也有不同的情况，在从重处罚量刑时也要区分不同情况，不能搞"一刀切"，否则，将会造成形式上的平等实质上的不平等。

---

① 陈浩然：《理论刑法学》，上海人民出版社 2000 年版，第 407 页。

第二，"从重处罚"的"从重"，在司法实践中如何操作？对于这个问题，我们赞同以下观点，即"从重"处罚是指在法定刑幅度范围内选择比没有这个情节的相对重一些的刑种或刑期，也就是以没有从重处罚和从轻处罚情节的应判处的刑罚为基准，具备从重情节时，则在此标准上适当地从重①。具体可以理解为，"从重"处罚是指在法定刑幅度内的"从重"；"从重"的参照标准是没有从重处罚和从轻处罚情节时应判处的刑罚。

第三，"从重处罚"并不意味着在法定刑幅度内判处最高的刑罚。"从重处罚"是有一定的参照标准的，是在参照标准以上判处相应的刑罚，而不是在法定刑幅度内判处累犯分子最重的刑罚。

三、数罪并罚原则

（一）数罪并罚原则概述

1. 数罪并罚的概念

数罪并罚，在不同的国家有不同的称谓，在日本称为"并合罪"，在德国称为"真实竞合"，在韩国称为"数罪的并罚"。日本学者大塚仁认为："所谓并合罪，是指未经过确定裁判的两个以上的罪。"② 日本学者大谷实认为："所谓并合罪，是指没有经过裁判的数罪，单个行为人成立数个犯罪的，是犯罪的竞合。并合罪也被称为和观念竞合相对的实质竞合。"③ 德国学者费兰茨·冯·李斯特认为："实质竞合，是指数个独立的应受处罚行为的竞合。"④

我国学者关于数罪并罚的概念也有不同的认识，主要包括以下几种观点：

第一种观点认为："数罪并罚，是指人民法院对判决宣告前一人所犯数罪，或者判决宣告后，刑罚执行完毕前发现漏罪或者又犯新罪的，在分别定罪量刑后，按照法定的并罚原则及刑期计算方法，决定对其应执行的刑罚的制度。"⑤

第二种观点认为："我国刑法中的数罪并罚，是指人民法院对一行为人在法定时间界限内所犯数罪分别定罪量刑后，按照法定的并罚原则及刑期计算方法，决定其应执行的刑罚的制度。"⑥

第三种观点认为："数罪并罚是指法院对一人犯数罪分别定罪量刑，并根据

---

① 高铭暄主编：《刑法学原理》第 2 卷，中国人民大学出版社 1994 年版，第 259 页。
② ［日］大塚仁：《刑法概说》（总论），冯军译，中国人民大学出版社 2003 年版，第 430 页。
③ ［日］大谷实：《刑法总论》，黎宏译，法律出版社 2003 年版，第 369 页。
④ ［德］费兰茨·冯·李斯特，埃贝尔哈德·施密特修订：《德国刑法教科书》，徐久生译，法律出版社 2000 年版，第 398 页。
⑤ 高铭暄，马克昌主编：《刑法学》，高等教育出版社，北京大学出版社 2011 年版，第 282 页。
⑥ 赵秉志主编：《新刑法教程》，中国人民大学出版社 1997 年版，第 359 页。

法定原则与方法，决定应当执行的刑罚。"①

第四种观点认为："数罪并罚是指人民法院对犯罪人在法定期限内所犯数罪分别定罪量刑后，以法律所规定的并罚原则决定应当执行的刑罚。"②

第五种观点认为："数罪并罚是指法院系统对一罪犯所犯数罪进行量刑裁定后，在依照相关法律法规，或者是并罚原则，从而进行裁定其执行的刑罚。"③

国外学者对数罪并罚的理解都集中在犯罪行为的竞合上，而没有过多地关注刑罚的竞合，是不合理的。我国学者提出的几种观点，虽然表述不尽相同，但在一定程度上都体现了数罪并罚的属性。笔者认为，在对数罪并罚下定义时，第一，要体现数罪并罚的固有属性，把反映数罪的特质表述出来。要将数罪并罚的本质特征在概念中体现出来。具体来说，数罪并罚的概念中要体现数罪的基础，即一人犯数罪的特征。第二，概念中要体现数罪的限制性条件，即时间条件，具体是指发生判决宣告以前，还是在刑罚执行的过程中。第三，概念中要体现出依据一定的原则方法进行，即数罪需分别定罪量刑，然后根据一定的原则方法决定最后应执行的刑罚。所以，数罪并罚的概念应该是：同一个犯罪人，在判决宣告以前犯数罪的，或在判决以后，在缓刑、假释考验期内，在刑罚执行中又发现有漏判之罪的，应当将数罪分别定罪量刑后，依照法律所规定的并罚原则和方法决定对其应当执行的刑罚的制度。

2. 数罪并罚的特征

第一，主体特征。数罪并罚制度适用的主体要求，必须是一个人，这种主体单一性适用于所有数罪并罚的情形。数罪并罚制度设立之初就是为了解决一个人犯数罪的处罚问题，也是为了达到罪刑均衡的刑罚效果所必需的。不管是把行为主体的单一性作为数罪并罚制度的前提，还是作为数罪并罚制度的必要特征，其实质上的追求和意义都是一样的，因此，主体特征是认定数罪并罚制度不可或缺的。

第二，事实特征。即必须犯有数罪。对于一罪与数罪的区分标准主要有行为标准说、危害结果标准说、法益标准说和犯罪构成说。就我国而言，犯罪构成说是我国的通说，该说是严格以犯罪构成要件的个数作为区分一罪与数罪的标准，具有科学性和严谨性。数罪是并罚的基础，没有数罪也就失去了并罚的意义和前提。但是对于数罪的性质，却是有争论的。所谓数罪可以依据不同的标准进行不同的分类，如同种数罪和异种数罪、实质数罪和想象数罪、并罚的数罪和非并罚的数罪、判决宣告前的数罪和刑罚执行期间的数罪等。我国数罪并罚中的数罪一

① 张明楷：《刑法学》，法律出版社2011年版，第527页。
② 陈兴良：《规范刑法学》，中国人民大学出版社2006年版，第363页。
③ 曲新久等：《刑法学》，中国政法大学出版社2004年版，第135页。

般情况下指的是异种数罪、实质数罪。

第三，时间特征。数罪并罚必须发生在特定的时间期间。数罪并罚的前提必须是数罪，但数罪的结果并非必然要并罚，只有根据法律的规定并依据一定的标准选择并确定的数罪才能纳入数罪并罚的范畴。根据我国刑法的规定，当犯罪人考验期在判决宣告以前，或者在判决宣告以后，在假释及缓刑考验期内，在刑罚执行完毕以前，犯有数罪，就应当对所犯数罪进行依法并罚处理。

第四，方法特征。对于数罪并罚来说，必须按照法律的要求遵循一定的原则和方法。在对数罪分别定罪量刑的基础上，依照法律规定的并罚原则和方法，决定行为人应当执行的刑罚。根据我国法律的规定，数罪并罚的原则主要有并科原则、吸收原则和限制加重原则，根据不同情况采取不同的并罚原则。

3. 数罪并罚的历史渊源

（1）我国古代的数罪并罚

一人犯数罪，古已有之。我国最早关于数罪并罚的记载始于西周，《吕刑》是周穆王时期吕侯订立的刑律，其中有关数罪并罚的规定："上刑适轻下服，下刑适重上服，轻重诸罚有权刑罚世轻世重，唯齐非齐，有伦有要……其刑上备，有并两刑。"意思是指重刑有可减轻的，可以权衡刑罚随着社会情况的变化，有时从轻，有时从重；轻重可以随时制宜，灵活掌握；两罪或数罪俱发，轻罪并入重罪，不复科其轻罪①。在这种思想的指导下，西周对于犯数罪的，实行吸收原则，也就是只处罚重罪，而不处罚轻罪。

《秦律》是我国第一部比较完备的封建制刑法。在秦代，对一人犯两罪的，一般是采用重罪吸收轻罪，按一个重罪判刑。在睡虎地秦墓竹简中记载，《秦律》对犯两个罪以上的犯罪人，在定罪时分别定罪，在量刑时采用"并赃以论"，也就是从一重论处的原则。如《秦律》规定："把其假以亡，得及自出，当为盗不当？自出，以亡论；其得，坐赃为盗。盗轻于亡，以亡论。"意思是，携带借用的公物逃亡者，自首的，按逃亡论罪；捕获的，依盗罪科刑；但如果因所盗物品较少，其刑罚轻于逃亡罪的，则按逃亡罪判处。又如，秦简中的《法律答问》曰："上造甲盗一羊，狱未断，诬人曰盗一猪，论何也？当完城旦。"意思是，犯罪人"上造甲"盗一羊为一罪，诬人盗一猪又为一罪。《秦律》一般采用以赃论罪的原则，故盗一猪比盗一羊处刑要重。因此，按盗一猪处以完城旦。汉代何休注释《春秋公羊传》引《汉律》说："一人有数罪，以重者论之。"从中可以看出，汉代在数罪并罚上适用的是吸收的原则。

《唐律》中的数罪并罚，是指在前一项已发案或已宣判，或宣判后刑罚尚未

执行完毕的阶段内，又发现或又犯新罪，以及犯一事而有二罪的处罚制度。《唐律》对数罪并罚的规定从概念上看比较简单，但其基本观念却是比较完整的，重罪吸收轻罪是其基本原则。如《名例律》曰："二罪以上俱发，以重者论。"疏文举例曰："如一官员俱发三罪，一罪是盗绢五匹，合徒一年；二罪是私有禁兵器稍一张，合徒一年半精；三罪是过失折人二肢，赎流三千里。"比较三罪中第二罪最重，所以就只定"私有禁兵器"罪论处，其他罪则不论处。《唐律》中也规定有限制加重的原则，主要适用于"频犯"和其他以获取财物为目的的犯罪，其表现方式是"累而倍之"。而对数罪采用并科原则，是通过"累而不倍"体现出来的，是针对少数"赃罪"而采用的不予减轻的处罚方法。

宋代数罪并罚制度遵循《唐律》的原则，即"二罪以上俱发，以重者论。唯犯赃，法当并计"。《名例敕》中曰："诸犯罪已发而更为罪，应各重其事者，依逐犯别科，其编配以一重论。"宋代对再犯罪者量刑，将其后犯重罪并合论处，只能是对主刑而言，作为附加刑的编配罪不得并合科罪，仍当另行另科。

清朝的法律也是渊源于《唐律》。清末的《大清新刑律》受西方近代刑法思想及其刑事立法的影响，依效西方国家的刑法，设专章规定了数罪并罚制度。虽然仍将数罪并罚称为俱发罪，但已经吸收了大陆法系中的数罪并罚原则的主要内容，改变了我国历史上长期沿用的数罪并罚的处罚原则，即吸收原则，而采用以限制加重原则为主的综合做法。

（2）新中国成立之后的数罪并罚

新中国成立后，由于我国刑事立法还处于初级阶段，有关数罪并罚也没有完整的规定。1950 年 7 月 25 日，中央人民政府法制委员会拟订出了《中华人民共和国刑法大纲（草案）》，有关数罪并罚的规定："一人犯数罪，……择其中最重的执行之；宣告多数褫夺政治权利者，内容不同的一并执行，内容相同的，执行其中期间之最长者。"可见对主刑的数罪并罚采取了吸收原则，而对附加刑采取了并科的原则。1951 年 2 月的《惩治反革命条例》第 15 条规定："凡犯多种罪者，除判处死刑和无期徒刑者外，应在总和刑以下，多种刑罚的最高刑以上酌情定刑。"可以说，这是新中国关于数罪并罚的最早规定。从中可以看出涉及的并罚原则主要有两个：一个是吸收原则，主要是针对被判处死刑和无期徒刑的情况；另一个是限制加重原则。1952 年 4 月 18 日通过的《惩治贪污条例》第 4 条规定："……因贪污而兼犯他种罪者，合并处刑。"随后，我国的刑事立法基本处于停滞状态，因而对数罪并罚制度也没有明确的规定，直至 1979 年新中国第一部刑法的颁布。1979 年 7 月 1 日，第五届全国人民代表大会第二次会议通过了《中华人民共和国刑法》，这是新中国颁布的第一部刑法，对数罪并罚规定得比较具体，分别在第六十四条、第六十五条、第六十六条规定了判决宣告以前发现数罪、判决宣告后发现漏罪和判决宣告后再犯新罪三种情况下的数罪并罚原则。由于 1979 年刑法关于数罪并罚的规定是比较科学的，因此，在 1997 年修订时并没有进行修改，而被完全吸收进 1997 年《刑法》中。2011 年 2 月 25 日，全国人大常委会通过《刑法修正案（八）》，对涉及数罪并罚制度进行了两个方面的修改：第一点是对《刑法》第六十九条第一款中的"有期徒刑最高不能超过二十年"修改为"有期徒刑总和刑期不满三十五年的，最高不能超过二十年，总和刑期在三十五年以上的，最高不能超过二十五年"。这次修改使我国刑法规定的数罪并罚时有期徒刑最高期限由二十年提高到二十五年，意味着对数罪并罚的犯罪分子予以从严、从重处罚。

4. 数罪并罚的理论根据

任何一种法律制度的存在，都不是立法者凭一时的冲动而随意创制的，而是社会现实和社会需要在法律上的反映。刑法的发展在不同的时期总是具有不同的价值取向，数罪并罚制度作为一项源远流长的刑罚制度，也有其存在的价值和现实意义。

（1）报应主义

报应主义由刑事古典学派提出来，在报应主义看来，"刑罚是犯罪的当然结果，犯罪是刑罚的原因；也就是说刑罚只是由于犯罪才被科处，而此外不应追求任何其他目的。"[①] 报应主义认为刑罚应与已然之罪相适应，它重视犯罪与刑罚之间的绝对的因果关系，对于犯罪来说，必须用刑罚来对应，实现以恶止恶。报应主义的理论内核就是确保刑罚实施的正义性。在等量报应主义看来，刑罚对于犯罪进行的报应应当满足数量上的均衡。"如果你偷了别人的东西，你就是偷了你自己的东西；如果你打了别人，你就是打了你自己；如果你杀了别人，你就是杀了你自己。"[②] 这种理论认为，实施犯罪的人都是具有自由意志的，犯罪是自由意志的理性违反，刑罚的性质是一种报应，作用于犯罪人身上以实现道义上的责任，因而追求量上的相等，才能体现正义的报应，才能维持正义和均衡。等价报应论认为，刑罚与犯罪之间的对等，并不是意味着数量上的简单对等，而是一种价值上的对等。

我国刑法中规定数罪并罚的刑罚裁量制度，是考虑了报应主义的价值追求。数罪并罚制度是建立在报应刑基础上的制度，犯罪行为作为一种恶，而刑罚的目的是实现对犯罪行为这种恶的报应，通过对犯罪的报应进而实现刑罚的正当性。犯罪人犯数个罪，就会使数个客体受到侵害，与单个罪相比其社会危害性就会越

---

① 马克昌：《刑罚通论》，武汉大学出版社 1999 年版，第 53 页。
② ［德］康德：《法的形而上学原理》，沈叔平译，商务印书馆 1997 年版，第 165 页。

大，应当受到的刑罚就会越重。根据我国刑法的规定，依据数罪并罚原则对行为人的数罪最终决定判处一个确定的刑罚，虽然相比于数罪中单个罪所判之刑的简单相加的和而言要轻，但比其中任何一个罪的宣告刑都要重，这正是报应刑的体现。

（2）目的主义

目的主义，也称为预防主义、相对主义。我国刑法中的数罪并罚制度也贯彻和体现了目的主义的价值。该说认为，刑罚本身并无意义，刑罚不是与已然之罪相对应，而是重视对未然之罪的预防，刑罚作为预防犯罪的目的才有价值。"为了没有犯罪而科处刑罚"① 才是预防主义的基本表述。目的主义分为一般预防和特殊预防。一般预防是指预防社会上的一般人，即社会不稳定分子、潜在的犯罪分子犯罪，通过刑罚的执行和威吓，使社会公众了解法律的规定，避免触犯法律，使那些试图想要犯罪的潜在犯罪分子能够及时悬崖勒马。特殊预防，是指预防犯罪分子将来重新犯罪，通过对犯罪分子适用刑罚，使其感受到刑罚的惩罚功能；同时矫正犯罪分子的行为，使其彻底改过自新，不再犯罪，从而保护社会大众不再受到犯罪的侵害。

刑罚功利主义认为，刑罚的严厉性应该与预防犯罪的需要相适应，预防犯罪只需轻刑的使用轻刑，预防犯罪需用重刑使用重刑。对于犯数罪而言，其社会危害性比单一犯罪要大，自然在判处刑罚时就需用较重的刑罚才能达到威慑效果，才能预防犯罪。我国刑法中规定数罪并罚制度体现了预防犯罪的价值追求，首先，数罪并罚制度体现了一般预防的目的。犯罪人犯数罪，如果只对其中一个罪进行处罚或者没有对其加重处罚，其犯的罪与所处的刑并不相适应。那么，这样的刑罚对社会公众的一般预防效果就会大打折扣，甚至是法律的威信也会受到危害。所以，根据法律所确定的并罚原则和方法决定对犯罪人适用的刑罚，既能体现刑罚的惩罚功能，又能对社会公众起到威慑功能，达到一般预防的目的。其次，数罪并罚制度体现刑罚的特殊预防目的。一个人犯了数罪，其社会危害性并不是简单的数个罪的社会危害性的简单相加，人身危险性的大小也不是数个犯罪人的人身危险性的简单相加。依据刑法所规定的并罚原则，决定对犯罪分子判处的刑罚，实现特殊预防的目的，但是，特殊预防目的的价值不仅是完成对犯罪分子的惩罚，还要通过一系列的教育矫正措施把犯罪分子改造成为一个守法的公民。

随着刑罚根据论的发展，综合论逐渐被提倡，也就是刑罚的根据要兼顾报应和目的两个方面，即报应优先、兼顾目的的刑罚思想。我国刑法中数罪并罚制度

---

① 张明楷：《刑法的基本立场》，中国法制出版社 2002 年版，第 333 页。

就很好地体现了这两个方面的兼顾。"刑罚不应仅仅服务于抑制犯罪的目的，作为其前提，它必须首先是符合正义的、适当的。科处缺乏适当性的刑罚，就不能满足社会的报应感情，就会动摇国民对法秩序的信赖感。"① 我国刑法中规定的数罪并罚的原则包括并科原则、吸收原则、限制加重原则。并科原则体现了绝对报应与正义。吸收原则虽然体现报应的刑罚观，但一定程度上削弱了人们对正义的完美情感。限制加重原则修订了绝对报应的刑罚观，避免了刑罚的过于严苛。坚持以报应为基础，兼顾刑罚的功利性，这是我国刑法中数罪并罚的理论根据。

（二）数罪并罚原则分述

数罪并罚制度在各国刑法中都占有举足轻重的地位，数罪并罚，顾名思义就是对数罪采用适当的并罚原则与方法实现刑罚的目的和价值。而数罪并罚的原则是适用数罪并罚时必须依据的准则，也就是对数罪如何并罚的问题。从各国的立法例来看，主要有三个原则：并科原则、吸收原则和限制加重原则。我国《刑法》对此也进行了规定，每一种原则都有其优点和缺点，主要应界定好每种原则的适用范围，才能更好地发挥其作用。

1. 并科原则

并科原则，也称相加原则、合并原则，是指对一人所犯数罪分别定罪量刑之后，将数个刑罚合并相加后执行的处罚规则。这一原则表达了人类对公平正义最原始、最朴素的追求，体现了罗马法"刑罚应与犯罪之数相称"的传统。发展了"一罪一刑""每罪必罚""数罪数罚"的古老思想，是报应主义刑罚思想的产物。并科原则又分为绝对并科原则和相对并科原则，绝对并科原则是指无论主刑与主刑、还是主刑与附加刑之间均采用并科原则进行处罚，这种并罚原则并不多见，但也不是没有，如《美国加利福尼亚州刑法典》第 669 条规定："由同一个或不同的法庭裁定两个或多个犯罪时，第二次或连续审判宣告执行的刑期应当同时或连续执行；对一个重罪裁定宣告的终身监禁应当连续执行。"《意大利刑法典》第 73 条有期徒刑与罚金或同类财产刑之竞合中规定："同类财产刑竞合时，应合并执行，不得酌减。"② 相对并科原则仅指主刑与附加刑的并科适用。从世界各国的立法看，大多数国家采用相对并科的原则，如《日本刑法典》第 48 条在并合罪与刑罚的并科中规定："罚金与其他刑罚，应当并科。"③《泰国刑法典》第 91 条规定："同一被告犯各数罪者，并合处罚。"④ 我国采用相对并科的原则。

---

① 冯军：《刑事责任论》，法律出版社 1996 年版，第 262 页。
② 蒋少宁，张燕：《外国法律趣闻》，中国人民公安大学出版社 1988 年版，第 35 页。
③ 程宗璋：《数罪并罚原则的比较研究》，载《晋东南师范专科学校学报》2001 年第 2 期。
④ 吴平：《数罪并罚论》，中国政法大学出版社 2011 年版，第 137 页。

并科原则作为最早的一种数罪并罚的原则，在惩治犯罪方面发挥着积极的作用。首先，并科原则体现报应思想，能够迎合人们的报应心理。在人类社会的漫长发展过程中，报应和正义的观念始终都是人类感情的最重要组成部分，对一人犯数罪进行并科处罚的原则充分表达了人们的这种朴素的情感需求。因此，并科原则成为最主要的一种并罚原则，也由于其闪烁着"一罪一刑""数罪数罚"的正义思想被世界各国所采用。其次，并科原则体现罪刑相适应原则的要求。罪刑相适应要求犯多大的罪，就处多重的刑，轻罪轻罚，重罪重罚，罪刑相称。在一人犯数罪的情况下，其社会危害性肯定是要重于单一犯罪，刑罚目的在于公平、正义、法的安定性及公共福利，为追求正义与公平，必须对行为人处以重刑，而并科原则充分体现了这一思想。最后，并科原则在适用的便利性上也使其大受欢迎。并科原则就是简单地将数个刑罚相加适用，它不需要通过复杂的方法进行计算，简单明了，普通大众容易理解和接受。

并科原则虽然有其公平正义的一面，但其局限性也是非常明显的，所以在现代刑罚中适用得越来越少。第一，并科原则日渐显示其刑罚公正方面的不适应性。并科原则基于对正义的追求，实现了报应刑的刑罚目的，但并科原则所体现的绝对报应思想也受到质疑，数罪要承担更重的刑罚，这是刑罚公正的内涵所在，但通过简单相加的方式是不合适的，数罪并罚并不是简单的 $1+1=2$，不能简单地把"一罪一罚、数罪数罚"理解为数学加法题，这实质上会导致刑罚公平性的减损。第二，适用并科原则宣告的刑罚过于严苛。并科就是对数罪所判刑罚的简单相加，是一种绝对的相加。一般来说，不同种类刑罚的并科，如自由刑与资格刑、自由刑与财产刑的并科并不会导致责难的加重。但是在自由刑并科的情况下，就会产生很大的问题，有时对罪犯判处的刑罚达到上百年甚至上千年，这种宣告刑体现了对数罪从严处罚的精神，但实际上是根本无法执行的，有违刑罚的目的，不利于对犯罪分子的改造，反而会适得其反。第三，并科原则会导致较差的刑罚效益。刑罚的效益是指刑罚的有效产出减去实际投入后的结果，其实质是以最小的刑罚成本换取最大的刑罚收效。对犯罪分子判处的上百年甚至上千年的刑罚，不仅无意义，而且浪费大量的人力、物力、财力，造成经济损失；另一方面会因犯罪分子心理失衡，自暴自弃、破罐子破摔，其人身危险性不仅没有降低，反而会上升，对社会的危险会增大，造成社会效益尽失。最后，并科原则的适用范围相对较窄。该原则对于数罪中被判处死刑或无期徒刑者后，又判处有期徒刑的犯罪分子来说，并科的原则就无法适用；被判处剥夺政治权利终身和判处有期徒刑的剥夺政治权利的也不能适用并科的原则。可见，并科原则并不具有普适性。

我国 1997 年《刑法》第六十九条规定了并科原则，明确规定了并科原则的适用情形：第一，数罪中有判处有期徒刑和管制，或者拘役和管制的，有期徒刑、拘役执行完毕后，管制仍须执行。第二，数罪中有判处附加刑的，附加刑仍须执行，其中附加刑种类相同的，合并执行，种类不同的，分别执行。

2. 吸收原则

吸收原则，刑法理论上又将其称为"重罪吸收轻罪"原则。具体是指在所犯数罪分别宣告的刑罚中，选择其中最重的一种刑罚作为执行的刑罚，其中较轻的刑罚，被最重的刑罚所吸收，不予执行。吸收原则也可区分为绝对的吸收原则和相对的吸收原则。绝对的吸收原则，是指对数个罪分别判处刑罚，只要数个刑罚之间轻重有别，不论是同种刑还是异种刑，也不论是主刑还是附加刑，均采用吸收原则。简言之，按照数罪中最重的刑罚来执行。相对的吸收原则是指并不是所有的刑罚都适用吸收原则，吸收只在某些刑种之间适用，主要适用于死刑或者无期徒刑吸收其他刑罚的情况下，主刑吸收附加刑等。采用吸收原则的国家不在少数，如《德国刑法典》第54条规定："如果单一刑罚之一是终身自由刑，那么，科处终身自由刑作为总和刑。"①《日本刑法典》第46条也规定了吸收原则，"并合罪中有一犯罪科处死刑时，不科处他刑。但没收不在此限。并合罪中有一罪科处无期惩役或禁锢时，不科处他刑。但罚金、科料及没收，不在此限。"②

吸收原则在一定条件下的适用可以缓解并科原则带来的刑罚严苛的指责，有其积极的意义。但长期以来，吸收原则也同样处于"弊大于利"的尴尬境地。主要有以下几个原因：第一，吸收原则会导致重罪轻罚。罪刑相适应是刑法长期以来所坚持的基本原则之一，但吸收原则对于所犯数罪的数个刑罚中，仅需执行其中最重的刑罚，就会给人一种明显有违罪刑相适应原则的感觉。第二，吸收原则不利于实现刑罚的目的。刑罚的最终目的在于预防犯罪，但是"按吸收主义（原则）不问罪刑繁简，概以最重者吸收之，不免失之过宽，有奖励犯罪之嫌。"③

我国1997年《刑法》第六十九条虽然没有明确吸收原则的适用方法，但是通过表述可知，吸收原则在我国刑法中适用于数罪中包含死刑和无期徒刑的情形。刑法学界通说认为，死刑、无期徒刑与其他主刑刑种并罚时适用吸收原则。也就是说，对数个宣告刑（主刑）中，最高刑是死刑或无期徒刑的，只执行一个死刑或无期徒刑即可，无须再执行其他刑种。

---

① ［德］乌尔斯·金德霍伊泽尔：《刑法总论教科书》，蔡桂生译，北京大学出版社2015年版，第494页。

② 甘添贵主编：《日本刑法翻译与解析》，五南图书出版股份有限公司2018年版，第57页。

③ 韩忠谟：《刑法原理》，中国政法大学出版社2002年版，第253页。

3. 限制加重原则

限制加重原则，亦称限制并科原则、限制相加原则、加重原则等。限制加重原则是指以一人所犯数罪中法定或已被判处的最重刑罚为基础，再在一定限度内对其予以加重作为执行刑罚的合并处罚规则。限制加重原则是数罪并罚制度不断发展的结果与产物，有效弥补其他数罪并罚原则之弊端，被多数国家所广泛采用。如《日本刑法典》第 47 条规定："并合罪中有两个以上判处有期惩役或者有期监禁的犯罪时，应将最重的罪所规定的刑罚的最高刑期加其二分之一作为最高刑期；但不得超过对各罪所规定的刑罚的最高刑期的总和。"①

限制加重原则作为数罪并罚基本原则有着其他原则不可比拟的优势，最重要的优势在于限制加重原则能够克服并科原则以及吸收原则的某些弊端。并科原则对于犯罪分子来说过于严苛，而吸收原则又容易造成量刑畸轻。在两者之间起平衡与协调作用的就是限制加重原则，在数罪中最重的刑期之上，在总和刑期之下确定一个宣告刑，很好地解决了畸轻畸重的问题，避免了并科原则与吸收原则的极端化。但是限制加重原则也有其不足，主要表现是适用范围有限。限制加重原则虽然克服了并科原则与吸收原则的某些不足，但它也不是万能的，限制加重原则不适用于死刑和无期徒刑，只能适用于有期徒刑、管制和拘役等一定数量的刑种。

我国 1997 年《刑法》第六十九条规定了限制加重原则，判决宣告以前一人犯数罪的，除判处死刑和无期徒刑的，应当在总和刑期以下、数刑中最高刑期以上，酌情决定执行的刑期，但是管制最高不能超过三年，拘役最高不能超过一年；有期徒刑总和刑期不满三十五年的，最高不能超过二十年；总和刑期在三十五年以上的，最高不能超过二十五年。

---

① 任彦君：《数罪并罚论》，中国检察出版社 2010 年版，第 42 页。

第五章　刑法中的行刑原则

第一节　刑法中的行刑原则概述

一、行刑的概念

　　行刑，是刑罚执行的意思，也就是刑事执行，具体是指人民法院所确定的具体刑罚得以实现的措施和过程，也是使判处的刑罚付诸实施的刑事司法活动。刑事执行有广义和狭义之分，但不同学者有不同的表述。有学者认为广义的刑罚执行是指对各种刑罚的执行，即刑罚执行机关根据人民法院作出的已经发生法律效力的刑事判决或者裁定，依照刑事诉讼法及监狱法的规定，将对罪犯确定的各种刑罚及其相关内容付诸实施的刑事司法活动。狭义的刑罚执行，是指监狱作为特定的刑罚执行机关，根据人民法院作出的发生法律效力的刑事判决或者裁定，依照监狱法的规定，将对罪犯判处的有期徒刑、无期徒刑、死刑缓期二年执行和附加于上述主刑的剥夺政治权利的刑罚，以及与这些刑罚执行相关的内容付诸实施的刑事司法活动[1]。也有学者认为广义的刑事执行是指对生效刑事裁判的执行和刑罚执行两个部分；狭义的刑事执行指刑罚执行，又叫行刑[2]。刑罚的执行对一个国家而言，是刑事司法活动的一部分。人民法院通过刑事诉讼程序依法做出的判决，只有经过实际的执行，让犯罪分子受到惩罚，真正感受到因犯罪而带来的痛苦，让社会不稳定分子受到威慑，刑罚的执行才能切实收到应有的惩罚效果和社会效果，才能算实现了国家的刑罚权。只有通过刑罚的实现，才能体现国家法律的权威，真正实现法律的公平、公正和正义。本书所指的刑罚的执行即广义的刑事

---

[1]　公培华：《刑罚论》，青岛海洋大学出版社 1999 年版，第 245－246 页。
[2]　张峰，连春亮：《行刑与罪犯乔治社会化研究》，群众出版社 2007 年版，第 5 页。

执行。

二、行刑原则的理论聚讼

行刑原则是刑罚的执行机关在对犯罪人执行刑罚的过程中必须遵循的基本准则。它贯穿于行刑活动始终，对全部行刑活动具有指引和制约作用。关于行刑的原则有哪些？目前在我国刑法理论上可谓仁者见仁，智者见智，尚未达成共识。从我国现有的著述来看，关于行刑的原则主要有以下几种不同的观点：第一种观点认为，刑事执行法的基本原则，应该是："注重改造的原则，监管和改造相结合的原则，以政治思想教育为主的原则，犯人必须参加劳动的原则，社会参与原则，综合治理原则，革命人道主义原则，区别对待原则，给出路原则。"① 第二种观点认为，刑罚执行的原则有："合法性原则，惩罚和改造相结合、教育和劳动相结合原则，人道主义原则，个别化原则，效益性原则。"② 第三种观点认为，刑罚执行的原则主要有："一、刑事执行的严格性原则；二、刑事执行的人道性原则；三、刑事执行的教育性原则；四、刑事执行的个别化原则；五、刑事执行的社会化原则。"③ 第四种观点认为，刑罚执行的原则主要有："教育性原则；经济性原则；人道性原则；个别化原则；社会化原则。"④ 第五种观点认为，行刑的原则主要有"行刑的目的性原则，行刑的人道性原则，行刑的教育性原则，行刑的个别化原则，行刑的社会化原则"⑤。第六种观点认为，刑罚执行的原则有："目的性原则，教育性原则，人道性原则，个别化原则与社会化原则"⑥。第七种观点认为，刑罚执行的原则"主要有教育性原则、个别化原则、社会化原则、合法性原则、人道主义原则等"⑦。第八种观点认为，刑罚执行的原则，是指在刑罚执行过程中必须遵循的基本准则。"在刑罚执行中应当遵循合法性原则、惩罚原则、教育与改造原则、个别化原则、人道主义原则、保护性原则、社会化原则"⑧。以上各种观点对行刑原则的论述，有的过于庞杂，有的过于简单，综合各种不同的观点之精髓，我们认为，行刑原则作为行刑活动所特有的，贯穿于行刑活动始终，对全部行刑活动具有指引和制约作用的基本准则，应当是刑罚人道

---

①　张绍彦：《刑事执行法学》，中国人民公安大学出版社1990年版，第34—44页，

②　张明楷：《刑法学》（上册），法律出版社1997年版，第475—476页。

③　力康泰、韩玉胜著：《刑事执行法学原理》，中国人民大学出版社1998年版，第62页。

④　马克昌主编：《刑罚通论》，武汉大学出版社1999年版，第493—514页。

⑤　王耿心：《行刑学》，法律出版社2004年版，第101—115页。

⑥　邱兴隆主编：《刑法学》，中国检察出版社2008年版，第141页。

⑦　陈忠林主编：《刑法总论》，高等教育出版社2007年版，第286页。陈忠林主编：《刑法总论》（第五版），中国人民大学出版社2016年版，第245页。

⑧　李永升主编：《刑法总论》（第二版），法律出版社2016年版，第356页。

主义原则、行刑社会化原则、行刑教育原则与行刑经济原则四个方面。

第二节　刑法中的行刑原则分述

一、行刑人道主义原则

(一) 人道主义思想的渊源

人道主义的概念比较复杂。人道主义 (humanism) 一词来源于拉丁文 humanists，意为人道精神。在古希腊，人道主义是指一种身心的全面训练，以便使人有教养、有文化，从而与野蛮人相区别。所以，从词源上来讲，人道主义与人性、人的价值密切相关①。人道主义代表着一种关于宇宙、关于人的本性、关于如何对待人的问题的明确的、直截了当的见解②。但人道主义具体指什么，古往今来的哲学家们从不同的学科、视角对"人道主义"做了不同的解读，但最终仍没有得出一个永恒解论。

人道主义的思想源远流长。作为一种思潮，人道主义可以追溯到欧洲文艺复兴时期。从那时起，人道主义经历了几个形态：第一种形态是人道主义的初始形态，产生于文艺复兴时期的人文主义。它是随着资本主义的发展，伴随着资产阶级反对封建专制统治和宗教神学思想体系而出现的。其矛头直指封建等级制度及其精神支柱宗教神学，主张用以人为中心的世界观取代为以神为中心的世界观。第二种形态是启蒙时期的人道主义。这时资本主义经济大力发展，学术思想界也出现了一批著名的启蒙思想家，如伏尔泰、孟德斯鸠、卢梭等人。启蒙运动中的人道主义更为彻底、坚决与系统。思想家们提出了"天赋人权论""社会契约论""自然法理论"等思想，主张自由、平等、博爱。第三个形态是 19 世纪德国的哲学人道主义，其代表是德国哲学家费尔巴哈的人本主义。他从人的本质出发来论证人道主义，高扬人的理性和人对于世界的主体性和中心地位。费尔巴哈的唯物主义思想，特别是黑格尔的辩证法思想，更进一步赋予人道主义以新的哲学含义。这些光辉思想使这一时期的人道主义呈现如下特点：第一，使人道主义更具有浓厚的哲学色彩，富有抽象性和思辨性。第二，使人道主义变成一种博爱主义。第三，把辩证法引入人道主义理论。第四个形态是现代哲学人道主义，主

---

① 黄华生：《论刑罚轻缓化》，中国经济出版社 2006 年版，第 68 页。

② ［美］拉蒙特（Lamont，C.）著：《人道主义哲学》，贾高建等译，华夏出版社 1990 年版，第 11 页。

要是指 19 世纪下半叶和 20 世纪上半叶资产阶级哲学中的人道主义思想，主要流派有：唯意志论和生命哲学、弗洛伊德主义、存在主义和法兰克福学派等。其特点是从非理性主义来说明人道主义①。

总之，不管什么形态，人道主义始终是关于人、人性、人的本质、人的价值和人的发展的思想体系，充满着对人性的关怀，其重心在于"人"，力求以人为根本目的和最高价值，倡导关心人、尊重人、保护人的权利，实现人的价值，促进人的幸福。在不同的时代、不同的国家、不同的民族，对人道主义的内涵会有不同的理解，但人道主义所倡导的自由、平等、博爱、人权等理念是不变的，这也成为当今社会的共识。我国也有学者认为，人道主义是视人本身为最高价值从而主张把任何人都首先当作人来爱、来善待的思想体系②。

（二）行刑人道主义思想的渊源

1. 国外行刑人道主义的发展

行刑人道主义是人道主义在刑罚执行方面的体现，或者说是人道主义对刑罚执行工作的要求。这是由人道主义的伦理性决定，行刑人道主义原则是刑罚执行的基本原则。在人类社会的发展过程中，人道主义思想是随着人类社会的文明程度的发展而发展的。从某些方面讲，人道主义直接或间接地影响着一个国家的政治文化制度，从而影响着一个国家的法律制度。在刑事法领域，人道主义思想不仅影响着人们对犯罪与刑罚的态度与认识，而且影响着具体刑罚的制定、司法的裁断以及刑罚的执行；还可能影响一个国家刑罚的种类、刑罚体系的演进。我国早在 1941 年陕甘宁高等法院成立时就首次提出了监狱管理民主化的主张。1956年年初，毛泽东指示："要阶级斗争和人道主义相结合。"同时我们实行的人道主义是不超出法律范围的人道主义。我们提倡刑罚人道主义，其目的是更好地保护广大人民的利益，反对使用肉刑、羞辱刑，严格规定死刑的适用范围，并建立了独特的死缓制度和减刑制度③。所以，刑罚人道主义是个历史性的范畴。人道主义思想是刑罚改革理论的根基与思想源泉，刑罚发展的历史也就是刑罚不断人道化的历史。

从刑事古典学派到刑事实证学派再到社会防卫学派的发展历史，我们可以看到刑罚人道主义光辉。虽然在不同的时代、不同学派对刑罚人道主义的关注点不同，但刑罚人道化的进程并没有改变。刑事古典学派是在批判封建司法专横、滥用酷刑的过程中形成的，反映了资产阶级的利益要求。刑事古典学派的创始人和

① 黄华生：《论刑罚轻缓化》，中国经济出版社 2006 年版，第 69 - 70 页。

② 王海明：《公平　平等　人道——社会治理的道德原则体系》，北京大学出版社 2000 年版，第 130 页。

③ 周红梅：《刑罚执行论》，辽宁人民出版社 1994 年版，第 76 页。

重要的代表人物切萨雷·贝卡里亚提出了罪刑法定主义、双重预防的刑罚目的观以及彻底废除死刑的主张等。这些思想不仅适应了时代的发展要求，奠定了近代刑法学非常重要的理论基石，也为刑罚人道主义的精神开启了注脚，为各国的立法者和司法者所仿效。因为这些思想有一个共同的特点——闪耀着超脱时代的人道主义思想光辉。首先，罪刑法定主义否定了封建罪刑擅断、司法专横。其次，贝卡里亚反对严刑酷罚。他指出："人的心灵就像液体一样，总是顺应着它周围的事物，随着刑场变得日益残酷，这些心灵也就变得麻木不仁了。生机勃勃的欲望力量使得轮刑在经历了百年残酷之后，其威慑力量只相当于从前的监禁。"[①]他认为刑罚的残酷、血腥，是一个国家不人道、不和平的风向标。继贝卡里亚之后，费尔巴哈基于罪刑法定原则提出著名的心理强制理论，该理论基于自由意志论，认为人是避苦求乐的，是在权衡利弊的情况下进行活动，如果把刑罚作为犯罪的后果预先予以规定，为了避免痛苦而不去实施犯罪行为，就有必要在法律上预先规定犯罪与刑罚的关系，并保证合理的比例关系，即刑罚足以抑制犯罪的意志，用刑罚之"恶"来抑制犯罪之"恶"，为了实现这种心理强制就必须坚持罪刑法定原则。费尔巴哈所倡导的刑罚人道主义体现在保证刑罚公示的情况下还要要求罪刑均衡、反对刑罚的残酷。报应论的另一位代表人员康德主强等量报应，即刑罚与犯罪在损害形态上应相等。他认为，犯罪是具有自由意志的人实施的违反理性的绝对命令的行为，刑罚是针对犯罪行为而施加的惩罚和报应，只有这样才能维持正义和均衡。而刑罚之所以存在，除了报应，刑罚的价值还在于追求功利。边沁认为，过分的刑罚是不人道的，因为根据报应的观点，刑罚之恶超过罪行之恶，也就是犯罪人承受的痛苦大于所造成的痛苦，那就是立法者在制造更大的痛苦。这不仅不能实现刑罚的目的，反而会适得其反。刑事近代学派主张意志决定论、社会责任论、特殊预防论、教育刑论等，认为人的行为是由其生理、自然、环境等因素决定。如龙勃罗梭的"天生犯罪人论"，菲利的犯罪"三原因论"等。该学派主张人是不具有意志自由的，实施犯罪行为是由于受到其他因素的制约，因此，无法从道义上对行为人进行非难，指出刑罚的目的不在于惩罚犯罪分子，而是通过执行刑罚使其不再犯罪，并重新复归社会，最终实现社会防卫和改造教育犯罪的刑罚目的。代表人物李斯特主张矫正刑论和教育刑论，而教育刑思想认为行刑人道主义不应停留在不体罚、不虐待罪犯的水平之上，而应当体现在教育罪犯方面。所以李斯特认为"最好的社会政策就是最好的刑事政策"，主张对于犯罪人采取的刑罚应当是矫正和教育，通过教育保障罪犯的基本权利，对其进行合适的职业技能培训，并允许适当地参加社会活动。

---

① ［意］贝卡里亚：《论犯罪与刑罚》，黄风译，中国方正出版社 2004 年版，第 57 页。

　　无论古典学派还是近代学派，都反对酷刑，主张刑罚的人道化，即废除肉刑、侮辱刑等刑罚、改善监狱制度、保障罪犯最低处遇的内容。在18世纪末期，随着资本主义经济的发展，犯罪率上升，监狱人满为患，而监狱内条件极其恶劣。卫生环境差，食物变质，疾病滋生，而且对犯人不加区分，男女混合关押、初犯累犯混合关押。英国监狱学家约翰·霍华德在考察监狱现状后，于1777年出版了《英格兰及威尔士监狱状况》一书，揭露监狱的黑暗，提出了改良监狱的主张，如改善关押条件，让罪犯吃饱，监狱管理人道化，反对混押混管等。自约翰·霍华德提出行刑人道思想后，各国相继进行了狱政改良。行刑人道主义思想也是随着狱政改良而进一步传播开的，进而发展成为刑罚执行的基本原则。联合国的《囚犯待遇最低限度标准规则》在个人卫生、住宿条件、伙食、医疗等方面都做出了规定。特别在管理方面要求："体罚、暗室禁闭和一切残忍、不人道、有辱人格的惩罚应一律完全禁止"等等。这都充分体现了行刑人道主义思想的影响力①。

　　2. 我国行刑人道主义的发展

　　我国原始社会末期的父系氏族公社时期就已经形成了较为完整的惩罚制度。如《尚书·舜典》中记载："象以典刑，流宥五刑。鞭作官刑，扑作教刑，金作赎刑。眚灾肆，赦；怙终贼，刑。钦哉，钦哉，惟刑之静哉！"② 这里的"五刑"是指奴隶制五刑的雏形，即墨、劓、刖、宫、大辟，包括死刑、身体刑、侮辱刑，执行方式都比较残酷。一般而言，这些刑罚也仅适用于重罪之人。对于较轻的罪行则以："鞭作官刑，扑作教刑，金作赎刑"，而"金作赎刑"也成为我国最早的赎刑制度的范例，刑罚的执行趋向宽缓。到了隋唐时期，出现了新的五刑制度，即笞、杖、徒、流、死这五种刑罚，和奴隶社会的五刑制度比较起来，新的五刑制度轻缓很多，也体现了我国刑罚执行人道化的趋向。其中包含了儒家文化的核心观念——仁爱，孟子认为："民为贵，社稷次之，君为轻。"孔子提倡："克己复礼"，"博施于民"③。这些思想都体现着儒家"仁"的思想，包含着人道的精髓。目前，我国刑法规定的刑罚的种类包括：死刑、无期徒刑、有期徒刑、拘役、管制这五种，从刑罚的种类来看更能说明刑罚的人道化与轻缓化的发展趋势。

　　（三）行刑人道主义的内涵

　　对于行刑人道主义的概念界定，我国刑法学者们也有不同的表述。曲新久教

---

①　张全仁：《监狱行刑学》，中国物价出版社2003年版，第70页。

②　《尚书·舜典》。

③　《论语·颜渊》。

授认为，刑罚人道主义的实质是将犯罪人作为伦理主体对待，而不是物体处理。刑罚人道主义意味着对于人的自主性的承认，也就是，犯罪人也是人，必须将其作为人对待，而不是作为手段对待。他把刑罚人道主义的具体内容区分为刑罚人道主义的否定性规则和刑罚人道主义的肯定性规则。刑罚人道主义的否定性规则是指绝对禁止酷刑和其他残忍、不人道或有辱人格的待遇或处罚；刑罚人道主义的肯定性规则的中心内容是将人作为目的看待，在最低层面上要求满足受刑人作为人的基本需要，在更高的层面上要求给予受刑人以尊重并引导受刑人自尊[①]。

陈士涵研究员把行刑人道主义划分为三个层次：第一，关心和改善罪犯的物质生活，包括衣食、住、医疗、卫生、体育等，这是行刑人道主义的最基本的层次。第二，尊重罪犯的人格，维护罪犯的人格等，这是行刑人道主义的较高层次。第三，使罪犯的人格得到改造并健康发展，实现其作为人的价值，这是行刑人道主义的最高层次[②]。

陈兴良教授认为，刑法的人道性是指如何把刑罚带给犯罪人的痛苦控制在人的尊严所能接受的限度之内。刑法人道主义在刑法中具体表现为：刑法的宽容性、轻缓性和道义性[③]。我国台湾地区刑法学者林山田先生认为，人道主义原则包含三层含义：第一层是对人性尊严的保护与尊重；第二层是禁止把人当作为达到刑罚目的的工具；第三层是禁止使用残酷而不人道及蔑视人权的刑罚手段[④]。

张绍彦教授论述了监狱行刑的人道主义，他认为监狱人道的逻辑结构如同寻常公民一样，首先是最低层面的即人作为动物必需的人道待遇，也就是说罪犯人道的生物性需要；其次是一般性的或社会性方面的，即罪犯作为人与其他社会成员相同的人道要求。特殊的人道要求，就是基于罪犯特殊身份和处境产生的人道要求。他还特别指出罪犯人道"不是差不多就行了"，不能因为其是犯罪人打上"囚犯"的烙印就给予非人的待遇，而不顾及基本作为人的生存条件或其他应有的生活医疗卫生保障[⑤]。

从以上的表述可以看出，行刑人道主义的立足点是人性，也就是要关心人、尊重人。人性的实质就是之所以称之为"人"，是基于人类的良知而在行为时所表现出善良与仁爱。刑罚人道主义的基本的含义是，适用刑罚时应把犯罪人当人看待，保护其合法权利和人格尊严，摒弃残酷野蛮的刑罚制度，给犯罪人以人道主义的待遇。而刑罚人道主义作为一项重要的行刑原则出现在国际文件和各国的

---

① 曲新久：《刑法的精神与范畴》，中国政法大学出版社 2000 年版，第 541 页。
② 陈士涵：《人格改造论》下卷，学林出版社 2001 年版，第 677 页。
③ 陈兴良：《刑法的价值构造》，中国人民大学出版社 1998 年版。
④ 林山田：《刑罚学》，台北商务印书馆 1975 年版。
⑤ 张绍彦：《刑罚实现与行刑变革》，法律出版社 1999 年版，第 181 页。

法律中。《世界人权宣言》第 5 条规定，"任何人，不受拷问及残虐、非人道的或侮辱性的对待或刑罚"；《公民权利和政治权利公约》第 10 条确认，"对应剥夺自由的人，实行人道的并且尊重其所固有的尊严的待遇"。而有些国家将人道主义原则规定在宪法中，如《意大利宪法》第 27 条第 3 款宣布，"刑罚不得成为违反人道精神的待遇，并且应当侧重于对被判刑人的再教育"。还有的国家将人道主义原则规定在刑法中，如 1997 年生效的《俄罗斯联邦刑法典》第 7 条规定了人道主义原则，包括两个方面的内容：第一个方面是俄罗斯联邦的刑事立法保障人的安全；另一个方面是对实施犯罪的人适用的刑罚和其他刑法性质的方法不得以造成其身体痛苦或侮辱其人格为目的。

中国的行刑人道主义是在批判吸收人类历史上人道主义思想的基础上，结合中国具体国情的行刑人道主义，是立足于中国深厚的文化内涵，以及中国社会的政治、经济、司法实践的产物。我国的行刑人道主义的具体内涵主要体现在如下几个方面：

1. 反对酷刑追求宽和

从人类发展的历史长河来看，无论刑事古典学派还是刑事近代学派都对刑罚的残酷性予以一致的批判和反对。意大利刑法学家贝卡里亚认为："刑罚的本质是痛苦的，但决不能给犯罪人施以过多的痛苦，主张刑罚应当宽和"，"只要刑罚的恶果大于犯罪所带来的好处，刑罚就可以收到它的效果——除此之外的一切都是多作的，因而也是蛮横的。"同时他又指出，"严酷的刑罚会造成犯罪不受处罚的情况"。英国学者边沁也认为，刑罚应宽和，残酷的刑罚往往导致刑罚无效。刑罚的人道主义应当是建立在宽和的基础之上，意指宽容与平和，但宽容并不等同于纵容。

我国有悠久的历史，在漫长的历史长河里，重刑主义的思想占据了很大的分量。在古时，对那些犯了重罪的罪犯亲属实行"连坐"制度。《大戴礼记·本命》记载："逆天地者，罪及五世。"秦汉时期有夷三族的刑罚，指一人犯重罪要诛杀其妻族、父族、母族的所有亲属。《唐律》规定：谋反大逆除本犯处斩外。父子年十六以上皆绞；十五以下没收为奴。《明律》规定谋反、大逆，凡属共犯，不分首从，一概凌迟处死。祖、父、子、孙、兄、弟，及居之人，不分异性、伯叔父、兄弟之子，年十六以上，不论废疾笃疾，皆斩。"连坐"制度体现了统治阶级重刑主义的思想，反映了刑罚的残酷性及不人道性，为后世所反对。清朝末期修订法律大臣沈家本主持进行修律运动，制定《大清新刑律》，在该部法律中确立了罪刑法定主义，反对酷刑，反对比附援引，开创了我国刑罚人道主义的先河。随后经过北洋政府和国民党政府时期，在法律中都坚持刑罚人道性，反对酷刑。

　　我国在 1986 年就签署加入了联合国《禁止酷刑和其他残忍、不人道或有辱人格的待遇或处罚公约》以及其他相关的国际文件，我国 1997 年刑法也规定了刑讯逼供罪、暴力取证罪、虐待被监管人员罪，展示了我国反对酷刑的决心，进一步贯彻了刑罚人道主义的精神。另外我国 1997 年刑法取消了类推制度，明确规定了对未成年人及犯罪的精神病人等可以从轻或减轻处罚的规定，都体现了刑罚人道主义。但在刑罚的实际执行过程中，违法使用酷刑的情况还时有发生，如监狱及其他监管机构中体罚、虐待被监管人员的行为。要想根除残酷的执行刑罚，就要求刑罚执行机关必须做到以下几点：第一，转变观念，树立以人为本的法制观。人本主义，也指人文主义，具体指以人为出发点和归宿、以人为尺度或以人性、人的有限性和人的利益为主题的哲学思潮，具体来讲，其价值蕴含就是以人为本，肯定并尊重作为人的尊严、价值和意义。我国有学者指出在法治主义看来，法律之所以对人有意义，是因为首先它（应该）蕴含着人类的价值和尊严，对人的尊严和价值是尊重和维护，而不是漠视和剥夺①。专制主义国家的刑法及刑罚的执行都提倡国家本位主义，一味强调国家权力、社会秩序，而对公民个人的权利则缺乏相应的人文关怀，甚至有时会出现侵犯个人权利情况的出现。法治国家的刑法及刑罚执行则提倡个人本位主义，强调对公民个人权利和自由的保障。我国作为法治国家，应既重视对国家权力的保障，同时应以人为本，重视对个人权利的保障。这就要求司法工作人员在工作中应树立人本主义的法制观。特别是对于罪犯的权利保障，不能因为他们是犯罪分子而忽视对其基本权利的保障。第二，在刑罚的执行过程中，应坚持人道主义的行刑观。行刑的人道性是指应从人的本性出发，尊重人之所以为人的主体性，这与以人为本的法制观念的要求是相符合的。具体包含几个方面：首先，注重对犯罪人人格尊严的保护与尊重；其次，尊重人的主体性，禁止把人作为达到刑罚目的的工具；再次，禁止对罪犯使用残酷而不人道的刑罚手段并残酷地执行刑罚。

　　2. 保障罪犯的基本权利

　　我国刑罚的目的是改造罪犯成为新人，尽管他们因为犯罪行为而成为犯罪分子且人身自由受到限制，但他们仍然是人，是社会的一分子，仍然拥有作为人的权利，除非其所享权利在法律上被剥夺。但即使罪犯的权利被剥夺或被限制也是有限的，受人道主义的制约。我国著名经济学家茅于轼曾经指出："现代文明社会对待坏人坏事不同于古代野蛮社会的一个重要区别，就是坏人和好人一样，只

---

　　① 程燎原：《从法制到法治》，法律出版社 1999 年版，第 202 页。

要是人，统统都受到人权的保护。"① 这是人道主义思想的朴素表达，体现在刑事法领域中就是"罪犯也是人"，不能剥夺他们作为公民的基本原则。我国的法律，包括宪法或其他法律都对罪犯权利的保障做出了明确的规定。我国《监狱法》第七条规定："罪犯的人格不受侮辱，其人身安全、合法财产和辩护、申诉、控告、检举以及其他未被依法剥夺或者限制的权利不受侵犯。"《联合国囚徒待遇最低限度标准规则》第 57 条规定："罪犯在监狱服刑是因为惩罚，而不是为了惩罚。"执行刑罚应当严格按照法律的规定进行，不能剥夺犯罪人依法享有的权利，否则便是法外用刑，是必须予以禁止的。根据有关国际公约和文件的规定，罪犯享有如下几个方面的权利：（1）人格尊严保障权。根据国际公约以及我国相关法律文件的规定，罪犯的人格不受侮辱，严禁体罚虐待罪犯。对于刑讯逼供打骂体罚、虐待罪犯的监狱人民警察，根据其具体情节，分别给予警告、记过、记大过、降级、降职、撤职、开除留用察看、开除等处分，构成犯罪的，依法追究刑事责任。根据《国家赔偿法》，监狱人民警察违法行使职务造成罪犯人身伤害或死亡的，还应承担连带赔偿责任。我国监狱保障罪犯的人格尊严权，如在囚犯的衣服上不应有侮辱人格或有失体面的文字，监狱内应减少狱中生活上的差别对待。（2）基本物质生活保障权。在住宿方面，监舍要符合卫生规定，保障足够卫生设备，提供必要用具。在衣服和被褥方面应具备能维护良好身体健康的衣物。在饮食方面，应足以维持身体健康和体力的且具有营养价值的饮食。在医疗方面，应提供适当人数的合格医务人员，能为身患疾病的囚犯提供基本的医疗保障。（3）人身权利和财产权利受保护。人身权利是囚犯最基本的权利，也是各国际人权法规不断强调的内容。保障囚犯人身权利不受侵犯，首先就要求刑罚执行机关应完全禁止体罚、禁闭等一切残忍、不人道、有辱人格的惩罚行为，特别是禁闭。财产权利同样不受侵犯，《世界人权宣言》中规定："任何人的财产不得任意剥夺"，该规定同样适用于囚犯。对于囚犯的私有金钱、贵重物品等不得自行保管时，应于入狱时由监所妥为保管，囚犯出狱时再如数归还，监管人员不得以任何理由侵占、挪用。（4）民主权利、政治权利受保障。囚犯虽然身在监狱，但他们也有提出请求和申诉的权利。刑讯逼供在我国并没有杜绝，冤假错案还存在，有些罪犯虽然被判刑在监狱执行刑罚，但实质上是无罪的，或者他们有其他方面的诉求。这些权利必须得到保障，否则不能做到真正意义上的公正公平。另外，根据国际公约的规定，囚犯有宗教信仰的自由。我国于 1992 年公布的《中国改造罪犯的状况》白皮书，罪犯在服刑期间应享有十二个方面的权利，如罪犯的申诉、控告、辩护、检举权；罪犯的通信、会见权；信仰宗教的权

---

① 胡云腾：《反酷刑与限制死刑》，载夏勇等主编：《如何根除酷刑》，社会科学文献出版社 2003 年版，第 411 - 412 页。

利等。(5)同外界保持联系的权利。刑罚的目的不是将罪犯隔离于社会,而是对罪犯进行改造、教育,最终使他们能复归社会。所以,允许囚犯与外界保持联系是十分必要的,不应将他们排斥在社会之外。允许社会力量广泛参与到囚犯的社会化矫正过程中,使他们保持对信息、技术、人文等信息的了解,不至于将来与社会严重脱节。

3. 帮助罪犯复归社会

刑罚的目的不仅要惩罚犯罪分子,还要预防犯罪,包括特殊预防和一般预防。那么,如何做好特殊预防,防止犯罪分子再次犯罪呢? 一个重要的方面就是让社会能够关注罪犯个人价值的复归、尊严的复归,让社会能够重新接纳他们,只有这样,被犯罪行为破坏的社会关系(如罪犯与被害人及其家族、罪犯与相关利害关系人、罪犯与社区等之间的关系)才能真正恢复。而随着恢复性司法理论的兴起以及逐渐被世界上多数国家所接纳,这种可能正在变成现实。恢复性司法,也称为修复式司法,是通过恢复性程序实现恢复性后果的非正式犯罪处理方法。恢复性程序,是指在中立的第三方主持和调解下,通过犯罪人与被害人之间面对面的协商,经过充分的沟通与交流,最后确定一个双方都接受的解决方案并遵照执行;而恢复性结果,是指通过犯罪人向被害人及相关利害关系人道歉赔偿、经济补偿、接受惩罚等措施,求得被害人及其家庭以及社区居民的谅解,使犯罪人能够回归社区并被接受。恢复性司法方案对于刑事司法制度的改革具有很大的启发意义。它可以化解仇恨与矛盾,淡化报复与惩罚,鼓励和解与宽容,符合人类社会不断走向文明进步的发展趋势,这也正是刑罚人道主义所倡导的。

禁止打骂、体罚虐待罪犯,保证罪犯的生存需要;保证罪犯的基本物质需要这些固然是行刑人道主义的精神所在,但这是不完整的刑罚人道主义,刑罚人道主义还体现在对罪犯个人尊严的复归以及罪犯社会价值的复归。人是社会的人,既有自然属性的一面,也有社会属性的一面。社会属性体现在与社会的关系、被社会认可的程度上。罪犯能够顺利复归社会,不仅是在出狱后需要关注的问题,在监狱内服刑时也应关注。在我国,罪犯在监狱内要通过劳动改造来改掉恶习、通过思想道德教育树立正确的人生观和价值观,通过职业技能训练来提高谋生能力,通过一系列的学习不断提高为人之道、谋生之道的能力,逐渐养成有道德、善学习、能生存的社会新人,完成再社会化所必需的基本知识和技能。在其出狱之后,这种关怀仍不能放松。如果一个罪犯在刑罚执行完毕后,社会对他仍是一种敌视的态度,被害人及家庭不谅解,邻居疏远,社区漠视,生活困难,职业难寻。这种状况如果持续下去,对犯罪人来说会产生负面情绪,积累到一定程度总会爆发,或许会再次犯罪。只有在相关机构、社区、志愿者的帮助下,通过必要的手段得到认可,使失去的个人尊严、社会认同得到修复,他们才能真正融入社会，实现再社会化的目标，实现个人价值与社会价值。

（四）行刑人道主义的理念冲突

行刑人道主义的行刑理念虽然随着刑罚的社会化与轻缓化理念的发展而逐渐被社会所接受，也在立法及司法实践中体现出来。我国刑法无论是总则还是分则都充分体现行刑人道主义的精神。例如：死刑只适用于罪行极其严重的犯罪分子；未满十八周岁的人犯罪和审判时怀孕的妇女不适用死刑；在死刑的执行方式上改变了过去单一的枪决的刑罚执行方式，改为枪决和注射，实践中绝大多数是执行注射的死刑执行方式；缓刑、减刑、假释等刑罚的执行制度；短期剥夺自由刑拘役的执行每月还可以允许犯罪者回家一至两天；限制自由刑管制的执行等都体现了我国刑罚执行的人道义义精神。

在实践中也往往会发现，行刑人道主义的理念与某些刑罚理念存在着冲突，这种冲突往往使刑罚的执行陷入某种困惑。第一，在刑罚本质上存在着教育刑与报应刑的冲突。刑事古典学派的学者们认为，刑罚的本质是报应。如康德认为："人是有理性的，人的意志是自由的，犯罪是有自由意志的人违反理性的绝对命令的行为，国家依据法律用刑罚予以抑制，即给犯罪人以害恶的报应。"报应刑理论着眼于犯罪的客观行为，不论实施犯罪者的个人情况。而教育刑则关注犯罪者个人，其代表人物为德国刑法学家李斯特，他提出犯罪原因"二元论"，认为："刑罚的目的在于改造、教育犯罪人，消除其危险性，实行犯罪人的再教育化，使之重返一般市民生活当中。"① 李斯特强调最好的社会政策就是最好的刑事政策，主张以教育刑取代报应刑。我们认为，刑罚的本质是报应与预防的统一，是惩罚与教育的统一。不可偏废任何一方。第二，在行刑方式上，存在着监禁刑与教育刑的冲突。根据报应主义的要求，刑罚是基于已然之罪对犯罪分子实施的惩罚，以对犯罪分子造成一定的痛苦为宗旨。所以，在刑罚的执行上就强调监禁刑的适用。而教育刑则强调对犯罪分子以教化、教育为主，从有利于罪犯回归社会出发，强调行刑的教育性与社会性。从而对犯罪分子进行思想、文化、道德教育，以及对其进行职业培训、技能锻炼，出狱后多重视犯罪分子适应社会的情况，为此而专门设立新的刑罚执行方法，如周末监禁制、中途之家等，其目的就是保障犯罪分子能够与社会保持足够的联系，以便将来能够顺利地回归社会、融入社会生活。我们认为，监禁刑与教育刑都有其特点和利弊，单独强调一个方面都不利于罪犯的改造，只有把两者结合起来，在执行监禁刑的同时，充分考虑犯罪分子的个人情况，给予必要的教育、引导、帮扶和社会化的刑罚执行方法。这样才能实现犯罪分子的再社会化过程。第三，在行刑目的上，存在着惩罚与矫

---

① 马克昌主编：《西方刑法学说史略》，中国检察出版社 1996 年，第 193 页。

正的冲突。刑罚执行的目的是惩罚还是矫正罪犯，这与刑罚的本质、刑罚的目的有着十分密切的关系。关于刑罚的本质有报应主义刑罚观和功利主义刑罚观。报应主义刑罚观注重惩罚犯罪，强调刑罚的内在价值；功利主义刑罚观注重刑罚对犯罪的预防作用，认为刑罚不仅仅追求自身的内在价值，更具有外在的社会价值，即预防犯罪。意大利著名法学家贝卡里亚说："刑罚的目的既不是要摧残折磨一个感知者，也不是要消除业已犯下的罪行，而是要阻止罪犯再重新侵害公民，并规诫其他人不要重蹈覆辙。"① 在功利主义刑罚观看来，刑罚的执行有一定的目的性，其目的就是预防犯罪，而预防犯罪的有效措施就是对罪犯进行有效的矫正，从思想、行为等方面对其进行教育矫正。我们认为，惩罚与矫正两者也只有有机地结合起来，互为补充，密切配合，才能达到刑罚执行的目的。

从辩证的思维来看待这些冲突，都是正常的。任何事物都是一个矛盾的结合体，矛盾无处不在。行刑人道主义也不是绝对的人道，而是在人道的理念指导下的对罪犯的惩罚；而惩罚也不是绝对的惩罚，是与人道主义思想相结合的惩罚。从人类刑罚史的发展来看，刑罚从报应刑主义发展到教育刑主义，再到综合刑主义来看，每一种理论的提出都有其存在的时代背景，也有其时代缺陷，但在体现行刑人道主义方面则是不容置疑的。

二、行刑社会化原则

(一) 行刑社会化原则的相关概念

1. 社会化与再社会化的内涵

社会化（socialization）是一个社会学的概念，它是指一个人为获得人格，学会参与社会的互动过程。每一个人都要经过社会化的过程，即从自然人成长为社会人的过程。只能通过社会化才能把社会规范、准则内化为自己的行为标准，做一个合格的社会人。我国著名社会学家费孝通先生认为："社会化就是指个人学习知识技能和规范，取得社会生活资格，发展自己的社会性的过程。"② 而美国心理学家 E. 费罗姆认为："社会化就是由社会的成员去做那些想要使社会正常延续就必须做的事，是使社会和文化得以延续的手段。"③ 所以，人的社会化的过程，就是不断地学习社会规范、社会习俗，并逐渐成为能够适应社会生活、保持正常社会秩序、促进社会进步的过程，即人的社会化就是充分参与社会活动，学习社会规范的过程。

---

① ［意］贝卡里亚：《论犯罪与刑罚》，黄风译，中国法制出版社 2002 年版，第 49 页。
② 费孝通等编：《社会学概论》，天津出版社 1984 年版，第 54 页。
③ 黄育馥：《人与社会——社会化问题在美国》，辽宁人民出版社 1987 年版，第 5 页。

　　社会化是一个过程，在此进程中可能会受各种各样因素的影响而犯错、违法甚至犯罪，即社会化失败。社会化失败意味着个体的行为与社会道德规范、法律规范、社会行为准则相悖，表现出与社会要求相违背。因此需要继续社会化，即再社会化。再社会化是指那些基本社会化失败的人重新社会化的过程。再社会化的特点在于使这些人不断修正错误的价值观、行为方式，接受社会主流认知及规范。再社会化往往带有一定的强制性和不可选择性，主要通过监狱等特殊的机构来实施。

　　2. 行刑社会化的内涵

　　行刑社会化是当今世界各国行刑制度的发展趋势，也是一个国家文明程度的重要标志。行刑社会化的思想是随着西方近代监狱制度的改革而来的，是行罚制度走向宽和、人道、民主的基本要求。关于行刑社会化的内涵也是众说纷纭。主要有以下几种观点：

　　第一种观点认为："行刑中社会化原则，就是利用社会力量来改造罪犯。"[1]

　　第二种观点认为：行刑社会化是"指在刑罚执行的过程中，要调动监狱外的一切社会因素，合力救助改造犯罪分子并保证和巩固刑罚执行的效果，确保行刑目的的实现。简而言之，在刑罚的执行过程中，一方面要依靠社会力量对犯罪人进行防范，另一方面使受刑人易复归社会或者说再社会化"[2]。

　　第三种观点认为：行刑社会化是"指在自由刑的执行过程中，放宽行刑机构的社会隔离和严格的纪律，使机构内的生活条件与自由社会相接近，避免受刑人因长期与社会隔离而监狱化，使其改过，顺利地复归社会"[3]。

　　第四种观点认为：行刑社会化，是指"为了避免和克服监禁刑存在的某些弊端，使刑事执行服务于罪犯再社会化的目标，而应慎用监禁刑，尽可能对犯罪人适用非监禁刑，使其在社会上得到教育改造，并使社会最大限度地参与罪犯矫正事业，从而使刑事执行与社会发展保持同步，为罪犯顺利回归社会创造有利条件"[4]。

　　第五种观点认为：行刑社会化，是指"在刑罚执行过程中，通过放宽罪犯自由、拓宽罪犯与社会联系、促使罪犯掌握生活技能与相关社会知识、塑造罪犯符合社会正常生活的信念和人格，最终促成罪犯回归社会"[5]。

　　第六种观点认为：行刑社会化，是指"为了避免和克服监禁刑存在的某些弊

①　金鉴主编：《监狱学总论》，法律出版社 1997 年版，第 478 页。

②　马克昌主编：《刑罚通论》，武汉大学出版社 1995 年版，第 544 页。

③　陈兴良主编：《刑种通论》，人民法院出版社 1993 年版，第 18 页。

④　冯卫国：《行刑社会化研究——开放社会中的刑罚趋势》，北京大学出版社 2003 年版，第 42 页。

⑤　谢望原、翟中东：《对我国行刑社会化的思考》，载《法学评论》2000 年第 1 期。

端，使刑罚执行服务于罪犯再社会化的目标，在刑罚执行过程中，通过弱化行刑机构的封闭性，拓展罪犯、行刑机构与社会的互动关系，塑造罪犯符合社会正常生活的理念和人格，促使其与社会发展同步，最终促成罪犯顺利回归社会。"①

对于以上观点，笔者认为，第一种观点将行刑社会化完全等同于利用社会力量来改造罪犯，过于简单化和单一化。第二种观点与第一种观点相同，都只强调社会力量的参与，忽视刑罚执行机构对服刑人员狱内生活社会化问题的主导作用及出狱人保护问题。第三种观点指出了行刑社会化是为了克服自由刑的弊端，提倡放宽行刑机构的社会隔离和严格的纪律，强调狱内生活应尽量与自由社会生活条件相适应过于理想化，且忽视了社会力量的参与。第四种观点强调对罪犯应慎用监禁刑，尽可能对犯罪人适用非监禁刑而放于社会上教育改造的表述过于绝对。第五观点的表述针对性不强。第六种观点则比较科学。

行刑社会化的思潮是为了应对监禁刑的弊端以及犯罪分子出狱后难以适应社会而出现的。在刑罚执行的过程中，由行刑机构主导，加强与社会力量的合作，弱化监禁刑的监禁、封闭性质，适当放宽罪犯的自由，加强罪犯与社会的联系，如亲属探望、社团访问、志愿者活动等形式，避免长期监禁造成与社会严重脱节，对于即将出狱的罪犯要加强与外界的联系，提前做好应对措施，为顺利回归社会打好基础。

（二）行刑社会化原则的历史渊源

1. 古代的行刑

人类历史的发展史，也是刑罚执行制度的发展史。原始社会带有深厚的复仇色彩。封建社会时期，刑罚逐渐由复仇转变为威吓，而威吓所使用的方法则是残酷的刑罚及残酷地执行这些刑罚。在这些思想的主导下，死刑和肉刑在刑罚结构中长期占据主宰地位，执行方法也无所不用其极，手段残忍令人发指。我国夏商至西周时期形成的古代五刑制度：墨、劓、腓、宫、大辟，充分体现了这一时期刑罚执行的残酷性。西周时期开始自由刑的萌芽，西周的监狱称为"圜土"，《周礼·秋官·司圜》载："司圜掌收教罢民，凡害人者弗使冠饰，而加明刑焉，任之以事而收教之。能改者，上罪三年而舍，中罪二年而舍，下罪一年而舍。其不能而出圜土者杀。虽出三年不齿。"② 可见，西周时的监狱行刑就是把罪犯进行强制劳役、剥夺自由、侮辱人格等方法来执行。而以宽简著称的《唐律》，其中的死罪条文也占全部法条的一半有余。于隋唐时期形成新的五刑制度，即笞、杖、徒、流、死，与旧五刑制度比较起来宽和了很多，但法外的行刑方法也是极

---

① 袁登明：《行刑社会化研究》，中国人民公安大学出版社年 2005 年版，第 32 页。
② 《周礼·秋官·司圜》。

其残忍。凌迟从五代至清末被沿袭使用了千年。《宋史·刑法志》："凌迟者，先断其肢体，次决其吭"，"寸而磔之，必至体无完肤，然后为之割其势，女则幽其闭，出其脏腑以闭其命，支分节解，菹其骨而后已。"① 另外，还有车裂、枭首、腰斩等，这样的行刑场面相当血腥残酷。中世纪的欧洲也是滥用死刑的典范，且执行方法残酷。如1532年神圣罗马帝国制定的《加洛林纳刑法典》，就是一部以野蛮、残酷闻名于世的刑法典，其中仅死刑的执行方式就规定有斩首、车裂、火焚、夹火钳、四马分尸等②。

　　2. 行刑社会化思想的渊源

　　行刑社会化思潮的萌发是伴随着近代监狱改良运动产生的。而近代监狱改良运动启蒙于古典学派。17、18世纪是西方监狱史上最为黑暗的时期，同时随着新兴资产阶级的出现，启蒙思想运动在欧洲蓬勃发展。启蒙思想家们高举理性、民主、人道的大旗，对封建残酷的司法制度与专制腐朽的统治进行了无情的批判。刑事古典学派倡导天赋人权学、人人平等的学说，提出了罪刑法定、罪刑均衡、刑罚人道的三大原则，从而奠定了现代刑罚制度的理念根基。使人们对刑罚的认识趋于理性，对生命刑、肉刑、侮辱刑等刑罚方法进行深刻的反思与重新认识。提出了刑罚人道和监狱改良的思想，从而引发了刑罚史上的一次大变革，使自由刑成为刑罚体系的核心，而生命刑越来越受到严格的限制。古典学派的代表人物意大利刑法学家贝卡里亚在其著作《论犯罪与刑罚》一书中提出了一系列的刑罚理论，例如：反对死刑和肉刑，在推崇监禁刑作用的同时，又提出相应的执行方式，即通过提供较好的物质条件和对囚犯根据年龄、性别和犯罪程度进行隔离、分类③。虽然在贝卡里亚的著作中并没有对监狱改革做过多的论述，但他所提出来一些刑罚观对随后的监狱改革有很大的启发作用。古典学派另一位代表人物英国学者边沁对监狱改革问题进行了详细的阐述，并提出了一套相对完整的监禁制度，别出心裁地设计了一种圆形监狱，又称为环形监狱。由一个中央塔楼和四周环形的囚室组成，圆形监狱的中心，是一个瞭望塔，所有囚室对着中央监视塔。通过这样的外形和结构设计，可以时刻对罪犯起到监视的作用，也可以警戒潜在的犯罪人。而世界监狱改革运动的主要倡导者是英国的监狱改革家约翰·霍华德（John Howard）。他被认为是"18世纪后半期唤起英国人对犯罪人所受的恶劣处遇之关注的最重要的人物、是伟大的监狱改革家"④。他主张尊重人权、

---

　　① 《宋史·刑法志》。

　　② 樊凤林主编：《刑罚通论》，中国政法大学出版社1994年版，第150页。

　　③ ［美］克莱门思·巴特勒斯著：《矫正导论》，孙晓雳等译，中国人民公安大学出版社1991年版，第1页。

　　④ 吴宗宪：《西方犯罪学史》，中国警官教育出版社1997年版，第135页。

改善犯人的生活条件与卫生状况，认为法律必须与人道主义相结合。提倡建立严格的狱内秩序等手段来改造罪犯。霍华德的监狱改革思想体现在他的一句名言中："单纯的刑罚难以控制罪犯，严格的纪律才能训导他们。"在其专著《论英格兰和威尔士的监狱状况》一书中主张男犯与女犯分监、成年犯与未成年犯分监，并在监狱内根据情况实行隔离监禁制。其思想对后世影响深远，开创了监狱改革的新篇章。但刑事古典学派的理论是建立在已然之罪的基础上，关注的重点是犯罪行为对社会已经造成的严重后果，对罪犯的改造局限于隔离、惩罚上面，而忽略了对罪犯的教育、改造。因此，其刑事执行制度并不科学。

19 世纪后期，资本主义国家内部社会矛盾激化，犯罪率急剧上升，累犯问题、青少年犯罪问题都成为困扰统治阶级的一大社会问题。而刑事古典学派的理论观点对此却无能为力，为保卫社会、有效抵制犯罪，近代学派应运而生。该学派认为刑罚的目的不应是对罪犯的报应和对一般人的威吓，而应通过对罪犯能力的剥夺、对罪犯的矫正救治以防卫社会①。其代表人物为意大利的龙勃罗梭、菲利和德国的李斯特，他们对监狱改革及行刑社会化思想都有独到的见解，为行刑社会化思想的形成和发展奠定了基础。龙勃罗梭是刑事近代学派的创始人，曾长期担任狱医，对监狱环境、监禁刑在改造罪犯方面的弊端非常了解，针对这些问题他提出了具体的改革设想，认为监狱并不是单纯对罪犯行刑的场所，更重要的是对罪犯进行救治的地方，提倡在监狱中要对罪犯进行教育感化，重视劳动对罪犯的矫正作用。使监狱从原来的封闭式逐渐转向开放式或半开放式，使监狱成为救治犯罪人的医院②。他主张慎用监禁刑，尤其是短期监禁刑，并且提出了刑罚替代措施的概念，尽可能适用罚金、赔款、缓刑等非监禁措施来代替监禁刑的执行。菲利作为龙勃罗梭的学生，对龙氏的理论进行继承和发扬，主张对刑罚制度进行改革，呼吁人们关注犯罪人格的研究，认为量刑时要考虑到罪犯的个人特征，反对单纯的监禁与隔离，主张在关押期间对罪犯进行科学的分类，通过矫正使其顺利回归社会。近代学派的另一位代表人物是德国著名刑法学家李斯特，其刑罚理论主要集中在刑罚个别化理论和目的刑理论上，是教育刑论的集大成者，主张刑罚的目的不是报应也不是威胁，而是通过教育改造，消除犯罪者身上的危险性，使其思想得到改造、行为恶性得到矫正，最终能够重返社会。他认为："矫正可以矫正的罪犯，不能矫正的不使其为害。"③ 彰显刑罚的目的不是报应，而是防卫社会。

---

① 冯卫国：《行刑社会化研究》，北京大学出版社 2003 年版，第 18 页。
② 陈兴良：《刑罚的启蒙》，法律出版社 2003 年版，第 199 页。
③ 吴宗宪：《西方犯罪学史》，警官教育出版社 1997 年版，第 336 页。

第二次世界大战以后，人们对战争进行了深刻的反省，民主和人道的价值观重新焕发生机。以强调保护社会免受犯罪侵害，主张对罪犯进行教育改造，使其再社会化和实行人道的处罚措施著称的社会防卫学派逐渐出现并受到关注。其代表人物是意大利法学家菲利普·格拉马蒂卡。他是激进的社会防卫学者，主张完全抛弃刑罚，彻底与"刑法"或"犯罪法"决裂，用"反社会性"来代替犯罪行为，用社会防卫法取代刑法，用社会防卫措施取代刑罚①。从他的主张中我们可以看出其观点蕴含着行刑社会化的思想。但由于其主张废除监狱和监禁刑的观点过于激进，并不利于保护社会而受到多方的批评，甚至是社会防卫学派内部。而另一个学者，法国著名刑法学家马克·安塞尔的观点则温和得多，被称为"新社会防卫学派"。他认为犯罪人是"自然人"同时也是"社会人"，与其他犯罪的"自然人"一样具有"再社会化的权利"，在对其再社会化过程中应考虑犯罪人的人格，以便更好地进行教育与矫正。安塞尔反对死刑，对监狱和监禁刑的功效作了深入的分析后，指出了监禁刑存在的弊端，但他并没有完全否定监禁刑存在的必要，并且认为监禁对某些严重犯罪不失是一种有效手段。但它"只能是在任何其他方式和方法都行不通以后采取的与犯罪做斗争的最后手段"②。他提出了许多监禁刑的替代措施，如设置开放监狱、周末监禁、半监禁制度、罚金代替短期监禁刑、扩大缓刑和假释的适用等等。在论证刑罚功能有限性的基础上，他进一步提出"非刑事化"思想。这一思想主要包括非犯罪化、非刑罚化、受害人化、社会化四个方面③。以安塞尔为首的新社会防卫思想更为适应社会现实，其中融入了民主、人道与法治的精神，对于二战后欧洲的刑罚改革产生了很大影响，由非犯罪化和非刑罚化以及由此引申出来的行刑社会化思想，成为刑罚发展的潮流，被广泛接受。

1955 年，联合国在日内瓦举行的第一届联合国防止犯罪和罪犯待遇大会制定的《囚犯待遇最低限度标准规则》第 61 条明确规定："囚犯的待遇不应侧重于把他们排斥于社会之外，而应注重他们继续成为组成社会的成员。"第 64 条规定："社会责任并不因囚犯出狱而终止。所以应有公私机构能向出狱囚犯提供有效的善后照顾，其目的在于减少公众对他的偏见，便利他恢复正常社会生活。"上述两个规定，充分地体现了对行刑社会化思想。1980 年，第六届联合国预防犯罪和罪犯处遇大会中指出，监禁违反了人类的本性，使囚犯人格与尊严受到严重的削弱，不利于其复归社会、完成再社会化的目标，我们应当寻求在"狱外"

---

① 卢建平：《社会防卫思想》，载高铭暄、赵秉志主编：《刑法论丛》（第一卷），法律出版社 1998 年版，第 154－156 页。

② ［法］安塞尔：《新刑法理论》，卢建平译，香港天地图书有限公司 1990 年版，第 82－88 页。

③ 马克昌主编：《近代西方刑法学说史略》，中国检察出版社 2004 年版，第 360 页。

或"不用监狱"来改造罪犯①。1990 年，在古巴召开了第八届联合国预防犯罪与罪犯处遇大会，通过了《非拘禁措施最低限度标准规则》（又称《东京规则》），该规则为非拘禁措施的适用和执行提供了基本的国际准则。倡导各国在本国法律制度内采用非拘禁措施，从而减少使用监禁措施。

在大力推进行刑社会化的过程中，由于对其作用的过于信赖，导致其适用范围过大，使一些严重暴力犯罪分子没有被监禁执行刑罚，而是放于社会中去进行所谓的矫正教育，这给社会造成了不应有的严重后果，增加了社会不稳定因素。例如美国于 20 世纪 70 年代中期开始，行刑社会化思想受到了挑战，犯罪率升高，缓刑、居住方案和假释等社区矫正制度受到一定的限制。巴特勒斯在《矫正导论》中说："以前准许把罪犯留在社会的做法越来越不能被接受。……于是监狱的罪犯人数达到了历史的最高纪录。"② 似乎行刑社会化思想的发展受到了冲击。但是，从全球范围来看，行刑社会化思想是当代世界行刑制度发展的主流方向，其发展过程是曲折的，但总体趋势是行刑社会化思想仍有强大的生命力。

（三）行刑社会化的具体实践

1. 行刑社会化在国外的实践

（1）开放式监狱

开放式监狱是由西方国家兴起、相对于封闭式监狱而言的，是指对罪犯采取信赖的态度，在不影响监狱安全与行刑效果的前提下，尽可能减少对其人身自由的限制与强制，使其生活更接近于正常社会生活，依靠罪犯自觉实现刑罚目的的一个管理方式。其特点是没有围墙、栅栏、看守、铁窗等隔离戒护设施。

开放式监狱始于瑞士，1950 年，在海牙举行的国际刑法及监狱会议做出规定后很快适用于欧美国家。1955 年，在第一届联合国预防犯罪和罪犯处遇大会上通过的《关于开放式监所和矫正机构的建议》指出，开放式监所和矫正机构即没有防止囚犯逃跑的物质措施和人员措施（如围墙、门闩、武装看守等），是建立在囚犯自觉遵守纪律和对其所在群体生活负责的基础上的一项制度。此后，西方国家纷纷设立开放式监狱。例如：英国 41 所中央监狱中，有 9 所是不设围墙、电网的开放式监狱，关押短期犯和接近于释放的长刑犯；美国开放式监狱叫作"最低警戒监狱"，关押被认为不会逃跑和彼此伤害的轻刑犯；丹麦全国 15 所监狱中有 9 所是开放式监狱，在开放式监狱中服刑的罪犯数量超过封闭式监狱；瑞典共有 72 所监狱，其中 43 所为开放式监狱③。

---

① 谢望原：《西欧探寻短期监禁刑替代措施的历程》载《政法论坛》2001 年第 2 期.
② 冯卫国：《行刑社会化研究——开放社会中的刑罚取向》，北京大学出版社 2003 年版，第 30 页。
③ 刘中发：《论开放式处遇制度》，载《中国监狱学刊》，2000 年第 4 期。

（2）开放、半开放式监禁

开放、半开放监禁形式，是介于完全监禁与完全开放监禁之间的罪犯处遇形式，是从有期监禁刑演变而来的一种新的罪犯处遇制度。该制度的特点是：罪犯必须在规定的时间内在监狱内执行刑罚，而在其他时间则可以到社会上正常工作和学习。其形式主要包括：①周末监禁，也称为"假日服刑"，是指对于罪行较轻的犯罪分子，在工作日可以到社会上正常地工作和学习，但是在周末必须回到监狱服刑的一种刑罚执行制度。采用这种刑罚执行方式一方面可能通过有限地剥夺犯罪分子的自由而对他进行惩罚，另一方面可以避免因为监禁对其工作、学习造成不利影响。②工作释放，又被称为日假释、工作休假，指允许罪犯白天在监禁设施外参加工作与劳动，但晚上必须居住在监禁设施内。该项制度最早出现在1906 年美国的佛蒙特州。该项制度可以保持罪犯与家庭的联系，利用家庭关系教育、引导其向善，并对解决其家庭困难起到帮助作用，也有利于提高罪犯的社会责任感，便于其重归社会。③学习释放，是指罪犯必须居住在监禁设施内，但在规定时间可外出参加学习的刑罚执行制度。在监狱外学习的类型可以是职业技能培训、高中教育、大学教育、社区成人教育等。这项制度可以帮助未成年罪犯完成学业、帮助成年罪犯参加职业技能培训，为重返社会打下基础。④归假制度。是指给予正在服刑的罪犯一定时间的假期的制度。这项制度在瑞典、美国、英国等国家广泛适用。

（3）累进处遇制度

累进处遇制是西方国家普遍采用的监狱行刑制度，简而言之，就是根据罪犯表现的好与坏而对应升或降其待遇的一种制度。该制度首先起源于澳大利亚。1840 年，时任澳大利亚亚诺克岛的行政长官麦克诺对监狱管理制度进行改革，他首先取消定期刑，实行了"点数制"，该制度旨在让罪犯通过努力完成工作量来争取释放。随后在"点数制"的基础上，形成了累进处遇制。这一制度在不同的国家具体的规定是不同的，但共同的特点就是将服刑人员的整个行刑过程划分为若干阶段或等级，每一个阶段或等级享受的处遇不同。一般会根据服刑人员的表现决定从最低等级向高等级晋升，每升一个等级便会得到更多的自由和更好的待遇，级数越高，待遇越优。累进处遇有利于培养罪犯的进取心，激励其改过迁善，也能有效地避免罪犯从完全监禁的状态下重返社会的不适应问题，帮助其顺利回归社会。累进处遇制的积极作用也促使其作为一项基本的行刑制度以法律的形式固定下来，并且和罪犯分类制配套实施。

（4）缓刑与假释

在西方监狱行刑社会化工作中，缓刑和假释是适用非常广泛的行刑方式。在美国的司法实践中，缓刑还与其他措施结合在一起，创建一些新的方式，即"综合缓刑"。如在缓刑判决中包含家庭监禁，家中监禁也称为软禁、家中拘留，是指在监狱外对犯罪分子所实施的限制人身自由的一种措施。具体指在规定时间段内，罪犯必须待在自己的住所内、不得随意离开的措施。美国还设立了很多缓刑监督机构，形成一支专业化的队伍，负责对罪犯进行监督和帮教，并向法院提供审前调查报告服务。

假释是指对在看守所或监狱服刑的罪犯所适用的附条件释放的刑罚适用方法。它的功能主要在于补救长期监禁刑的弊端。假释决定权主要由专门的假释委员会来行使。假释委员会大多设在矫正系统之中，既同监狱保持着一定的联系，又拥有相对的独立性。在西方国家中，普遍形成了比较完备的假释制度，具有完善的工作机制和物质基础，假释的适用率一般都很高。

（5）出狱人保护制度

出狱人保护制度主要是帮助出狱人尽快适应社会生活，保障其合法权益的一项制度。主要内容包括保护出狱人的合法权益、提供物质帮助与救济、提供法律、心理等方面的咨询及生活指导、还包括防范其不良行为的发生并提供相应的帮助。如美国的"中途之家"，也有的州称为社区居住中心。这是为从监狱中释放出来的人员所设立的过渡性居住机构，接收的对象大部分是刑满释放人员，也有的州接收假释人员。目的是帮助那些从监狱出来的人员适应社会生活，为他们提供食宿，帮助安置工作、职业指导、法律服务等。美国的中途之家有公立的也有私营的，但在接收对象、提供服务上会根据司法区的不同而有所不同。中途之家为罪犯重返社会提供了一个很好的缓冲和适应的空间，因其效果明显而被广泛适用。

2. 行刑社会化在我国的实践

行刑社会化，就是要求行刑机关的工作要依托社会资源，缩小监狱与社会的隔阂，充分利用社会资源和社会的力量，建立起多层次、全方位的社会帮教体系，营造有利于罪犯重返社会的改造环境。我国自20世纪90年代开始，对行刑社会化的理论研究和实践创新方面进行了大量的研究和探索，并取得较好成绩。特别是《刑事诉讼法》《刑法》《监狱法》的修改与出台，形成了"三位一体"的刑事法律格局。《刑法》对缓刑与假释制度进行了修改与完善，2011年2月25日，第十一届全国人民代表大会常务委员会第十九次会议通过的《刑法修正案（八）》规定：对判处管制、缓刑和假释的罪犯依法实行社区矫正。2012年1月10日，《社区矫正实施办法》出台，2012年10月26日第一届全国人民代表大会常务委员会第二十九次会议通过了全国人民代表大会常务委员会关于修改《监狱法》的决定。这些举措的出台标志着我国行刑社会化工作得到进一步的发展。具体来说，主要包括如下几个方面：

（1）实行分级处遇制度

分级处遇制是采用分解式阶梯渐进的方法，把罪犯的整个刑期分成若干个阶段，每个阶段规定相应的处遇，犯罪人要通过自己的努力不断去进阶，这样就可以把一个遥远的目标转化为一个个眼前容易达到的小目标，不仅可以增强罪犯的改造信心，也可以切时地通过劳动改善自身的处遇。具体的做法是根据罪犯的性别、年龄、犯罪性质、人身危险性等因素实行分押、分管、分教的基础上，再依据其表现、改造程度进行分级处遇的制度。一般来说，将罪犯处遇分为从宽管理、普通管理、从严管理三个处遇级别，实行定期考核、升降制。分级处遇的内容主要包括自由度、与外界的交往、接见通信、文体活动和生活待遇等方面。分级处遇制度能极大地调动罪犯改造的积极性，有助于从心理层面降低抵触情绪，也有利于提高罪犯逐步适应社会的能力。

（2）广泛吸纳社会力量开展社会帮教

社会帮教就是依靠社会力量对监狱服刑犯和出狱人提供帮抚。针对监狱服刑犯采取"请进来、走出去"的形式。"请进来"，主要是邀请专家、学者、社会知名人士、志愿者来监狱对服刑犯进行帮教。如进行法律服务、心理辅导、医疗服务、技能培训等。"送出去"则是组织表现好的服刑犯到社会上参观学习、参加公益活动、现身说法等。

对于出狱人帮教的宗旨是使刑释人员尽快适应社会，顺利完成再社会化。如对出狱人进行心理指导，正确对待社会评价，培养其耐挫折能力，鼓励其以积极的人生态度面对社会，不断完善自我、适应社会；在生活指导方面为其提供临时住所，正确处理家庭关系，解决生活困难，进行就业指导等。

（3）进行"试工""试学"

"试工""试学"是为了让在监狱服刑的罪犯在刑满释放后能够适应社会，将那些确有悔改表现且即将刑满释放的罪犯，送到与监狱有合作计划的用人单位进行试工，如果表现良好，在刑满释放后可以成为该单位的正式职工。将那些表现良好，还没有完成义务教育的未成年人，其家庭具有一定的帮教能力且有意愿学习的未成年犯送到与监狱有合作关系的社会学校进行就读；如果表现良好，刑满释放后可以转为正式学生。这项举措可以很好地帮助服刑人员提高工作技能，解决谋生本领，增强重返社会后的竞争能力，解决刑满释放后的安置就业问题。实践证明其实施效果还是很好的。

（4）离监探亲制度

离监探亲制度是一种人性化的制度设计，规定符合一定条件的服刑人员，可以暂时离开监狱探望亲属的一项管理措施。该制度设置的目的，就是让社会力量介入监狱改造罪犯的过程之中，以促进罪犯的自我改造。从立法层面上来看，我国离监探亲制度主要规定在 1994 年颁布，2012 年修订的《监狱法》和司法部 2001 年颁布的《罪犯离监探亲和特许离监规定》中。根据《监狱法》规定的因人施教、分类教育的原则，采取集体教育与个别教育相结合、狱内教育与社会教育相结合的方法，广泛利用各方力量对监狱服刑人员进行教育改造。《监狱法》第四十八条规定：罪犯在服刑期间有会见亲属和监护人的权利。第五十七条规定：被判处有期徒刑的罪犯在满足一定条件且执行原判刑期二分之一以上，在服刑期间一贯表现好，离开监狱不致再危害社会的，监狱可以根据情况准其离监探亲。

这些措施体现了行刑的人道性与社会化性质，但都是原则性较强不利于实践操作。1999 年，由司法部颁布实施的《罪犯离监探亲和特许离监规定》的规定相对具体一些，对罪犯适用离监探亲制度的条件、对象、时间、程序、费用以及逾期不归的后果等方面做了总体的规定，但条款较少，规定得也不详细，适用对象仅限于父母、子女、配偶，时间上也只限于每年只准离监探亲一次，时间为三至七天，而且该规定的制定主体是司法部，性质上属于部门规章，相较于法律而言，地位较低，所以其适用性受到一定的限制。

三、行刑教育原则

行刑教育原则是指监狱在执行刑罚过程中运用教育的方法改造罪犯，促进他们真心悔悟、改过自新，并将教育活动贯穿于刑罚执行始终的原则。

(一) 行刑教育思想的渊源

对罪犯进行教化的思想源远流长。随着阶级、国家的出现，统治阶级为了维护自己的政权，对破坏和损害统治阶级利益的人实施了报复和惩罚。于是，用于关押罪犯的监狱便随之而产生。在监狱内，如何开展狱政管理，使罪犯一方面能够服从管理、接受惩罚，安心改造；出狱后也能遵纪守法，不至于危害统治阶级的利益和统治秩序。这便要求统治阶级除了对罪犯适用刑罚等强制措施外，还需要对罪犯进行一系列的感化、教诲、教育等教化措施。对罪犯的教化通常是指统治阶级及其监狱管理部门为了达到对罪囚进行软化和感化的目的而对罪囚在报应和惩罚的基础上实施的体恤、宽恕、开明、感化、教育等措施的总称。

我国最早的监狱是在夏朝时期出现的。但这一时期的监狱还未产生对罪犯教化的思想，而是奴隶主阶级对奴隶实行制裁和折磨的场所，手段极其野蛮和残忍，刑罚的种类主要为生命刑和报应刑，执行的手段极其野蛮和残忍。到了商朝，统治者对罪犯的行刑中开始实施劳役刑，让罪囚戴着沉重的枷锁参加劳动，虽然行刑手段也很野蛮，但比较而言，劳役刑体现了教化思想的开端和萌芽。

　　到了西周时期，统治者提出了"明德慎罚""刑以弼教""以德配天"的政治法律观。《周礼·秋官·司圜》中记载："司圜掌收教罢民，凡害人者弗使冠饰，而加明刑焉，任之以事而收教之。能改者，上罪三年而舍，中罪两年而舍，下罪一年而舍。其不能改而出圜土者杀。虽出三年不齿。"① 其意思是，圜土是教化罪因，即罢民的场所，这些不允许戴冠或佩戴其他饰物，并把他们的罪行书写于版面之上公之于众加以羞辱。"任之以事"，意思是指根据罪因的技能强迫他们服劳役，从而对之进行教化。如果能够改正错误并悔罪，上罪三年就可以释放，中罪两年可以释放，下罪一年可以释放。对于不知悔改而逃离圜土的人则要处死。"三年不齿"就是三年内不得被列为平民。"圜土"，指监狱，关押罪犯之所。对待罪犯坚持"凡圜土之刑人不亏体，其罚人也不亏财"②。意思指对罪犯身体不虐待，不没收他们的财产，不使其财产受损失，注重对他们进行感化和教化。可见，西周出现的强制罪犯进行劳役的"圜土制"，体现了对罪犯进行感化与教育的思想。随后又出现了类似的制度，如"囹圄制"和"嘉石制"。"囹圄制"是要求罪犯在囚禁过程中面对墙壁进行反思。"嘉石制"是让罪犯坐在刻有嘉言的石头上，悔过自新，自我谴责，重新做人③。

　　对罪犯进行教化的思想是随着社会制度的进步、刑罚思想的开明、行刑手段的文明而产生的，这不仅体现在中国监狱中，国外监狱也是这样。现代行刑教育思想起源于刑事实证学派的教育刑主义，是对教育刑主义的延伸和发展。19 世纪末 20 世纪初，由于犯罪问题日益严重，刑事古典学派对此无能为力，于是刑事实证学派应运而生，该学派认为犯罪不是犯罪人自由意志的选择，也不是天生固有的，而是不良的社会环境的产物；国家不应惩罚作为社会环境牺牲品的犯罪人，而应当通过刑罚来教育改造他们，使其尽快回归社会，因而矫正、教育、改造犯罪人，以保卫社会，这才是刑罚的目的。其代表人物主要有意大利的菲利、法国的安赛尔、德国的李斯特。李斯特认为，早期社会的刑罚盲目地、直觉地、本能地反映了一种落后的社会需要，不能正确地实现刑罚制止犯罪、预防犯罪和教育犯罪的目的。只有当人类自觉到刑罚既是防止犯罪的必要且其实施又具备教育罪犯和预防犯罪的目的，刑罚才能更有效地发挥作用④。该学派提出了与刑事古典学派的报应刑相对立的目的刑、教育刑思想，强调对犯罪人的教育与改造，使刑罚目的理论发生了质的升华，并对 20 世纪前半叶西方的刑事实践产生了巨大的影响。

---

① 杜雨主编：《罪犯劳动改造学》，群众出版社 1991 年版，第 280 页。
② 《周礼·秋官·大司寇》。
③ 周雨臣：《罪犯教育专论》，群众出版社 2010 年版，第 11 页。
④ 王明迪主编：《中国狱政法律问题研究》，中国政法大学出版社 1995 年版，第 199 页。

根据教育刑论者的观点，刑罚的本质是教育，而不是惩罚，刑罚的内容应包括教育且以教育为主。因此，监狱在刑罚的执行过程中就应以矫正罪犯为目的，通过各种教育方法和手段，多渠道、多形式地对罪犯进行教育与改造，以体现刑罚的教育本质性。随着传播和发展，教育刑思想越来越为人们所接受。西方国家也把这一思想作为对犯罪分子进行矫正的基本措施。

我国非常重视对罪犯的教育改造，通过一系列法律文件把这一思想规定下来。如 1994 年颁布、2012 年进一步修改的《监狱法》、2003 年 8 月施行的司法部规章《监狱教育改造工作规定》、2007 年司法部印发的《教育改造罪犯纲要》都对罪犯的教育改造做出规定。理论上对罪犯教育改造分为广义和狭义。广义的教育改造是指监狱对罪犯所实施的全部惩罚与改造活动，包括刑罚执行，狱政管理，思想、文化、技术教育和劳动生产等①。狭义的教育改造是指监狱为改造罪犯而进行的有目的、有计划、有组织的思想、文化、技术教育②。在理论与实务界大多使用狭义的罪犯教育概念，如有的学者认为，教育改造是监狱在刑罚执行过程中依法促使罪犯转变观念、改正行为、获得知识和掌握技能的系统性影响③。有的学者则认为，罪犯教育是国家监狱依法对罪犯实施的有目的、有计划、有组织的系统教育改造影响，以促使罪犯个体的再社会化和社会的再个性化，使罪犯成为守法公民的实践活动④。无论是广义的还是狭义的罪犯教育概念，在实质上都是一致的，无非是大小教育观的不同，大教育观认为监狱的一切行刑活动均是教育，均是在"改造人"这一宗旨制约下的教育活动，监狱管理体现了对罪犯的行为养成教育，劳动改造是对罪犯的技能技术教育，而教育改造则注重对罪犯认知能力的教育。教育的主体不仅包括监狱人民警察，也包括各种社会力量；教育的内容除了思想、文化、技术教育外，还有行为、素质、心理教育等；教育的方法既有传统的教育方法，也有运用现代科学技术手段，根据罪犯的个性需要和人格特征进行心理矫治，同时进行监区环境、假日文化、兴趣教育和感化教育等具体的个性化的教育实证活动。从广义上来理解，罪犯服刑的过程都是在教育改造中进行的，即刑罚执行机关所做的一切工作归根结底都是为教育和改造罪犯服务的。大教育改造模式要求监狱的一切工作都要带有教育改造的目的⑤。

---

① 杨殿升主编：《监狱法学》，北京大学出版社 1997 年版，第 148 页。
② 王秉中主编：《罪犯教育学》，群众出版社 2003 年版，第 246 页。
③ 吴宗宪：《监狱学导论》，法律出版社 2012 年版，第 491 页。
④ 贾洛川主编：《罪犯教育学》，广西师范大学出版社 2008 年版，第 10 页。
⑤ 贾洛川、王志亮主编：《新中国监狱学研究 20 年综述》，中国法制出版社 2016 年版，第 470 页。

（二）行刑教育的性质与任务

1. 行刑教育的性质

对罪犯进行教育，是我国监狱对罪犯教育活动本身所固有的根本属性或本质属性。监狱作为国家的刑罚执行机关，是国家机器的重要组成部分。它的重要职责就是对罪犯执行刑罚，把罪犯逐步改造成为守法公民，进而维护整个社会的和谐与稳定。罪犯教育是监狱的一项重要职能，是刑事司法惩罚功能的具体体现。同时也要认清楚的是，对罪犯进行改造不仅具有"执行刑罚"的特性，还具有重塑性的教育属性。

首先，对罪犯的教育具有法律强制性。我国《刑法》第四十六条规定："被判处有期徒刑、无期徒刑的犯罪分子，在监狱或者其他执行场所执行；凡有劳动能力的，都应参加劳动，接受教育和改造。"根据《监狱法》总则的规定，以及第五章对罪犯的教育改造中第六十一条至第六十八条的规定，具体包括对罪犯进行教育的内容、原则、方法等。从法律规定的内容可以看出，监狱是国家刑罚执行机关，让罪犯接受劳动、知识、技能教育改造是监狱行刑的基本要求，是我国监狱执行刑罚本身所固有的内容与要求。依法接受教育既是罪犯所享有的法定权利，同时也是罪犯所必须履行的义务，具有一定的强制性。

其次，对罪犯教育具有针对性与灵活性。我国《监狱法》第三条明确规定：对罪犯实行惩罚和改造相结合、教育和劳动相结合的原则，采用多种形式和方法将罪犯改造为守法的公民。对罪犯的教育体现在监狱内部的管理以及教育改造的内容和方法上，即狱政管理、教育改造的方法、教育改造的内容。对罪犯的教育改造是一项有针对性的特殊教育工作，其对象具有特殊性和专门性，也是我国监狱工作的基本特色和传统优势。对罪犯的教育改造就是通过各项措施的实施，发挥其相应的功能，对罪犯的思想起到潜移默化的影响作用。教育的本质在于使罪犯本人的思想发生转变，任何犯罪行为的发生都是由内因与外因相互作用的结果，起主导作用的是内因。也就是说犯罪分子个人的思想主动发生转变才是至关重要的，而要促使一个人的思想主动发生转变不能靠强行管制、命令压服。而要根据犯罪分子的个人特点，通过内容丰富、形式多样的专门教育活动才能解决，从而才能达到消除犯罪思想、矫正罪犯恶习、改造犯罪分子的目的。

最后，罪犯教育的目的体现行刑社会化的要求。罪犯教育的目的与一般教育的目的一样，是对教育对象的未来发展的一种设想。那么，对罪犯而言，罪犯教育就是要通过行刑等一系列的教育改造使其发展成为一个守法公民的过程。从国家层面来看，罪犯教育目的与监狱工作任务具有一致性，旨在将罪犯改造成为"守法公民"；从个体层面来看，则是个人重新接受教育、修正错误的世界观、人生观、价值观，实现自我再社会化的过程。

行刑社会化是指为了避免和克服监禁刑的某些弊端，使刑事执行服务于罪犯再社会化的目标，而应慎用监禁刑，尽可能对犯罪分子适用非监禁刑，使其得到教育改造，尽可能多地接触社会，从而使刑事执行与社会发展保持同步，为罪犯顺利回归社会创造有利条件。按照行刑社会化的观点，行刑固然包括剥夺或限制受刑人活动的自由，但行刑社会化也要求监狱内的物质文化生活应与一般社会接近，行刑活动应尽量与一般社会挂钩。

2. 行刑教育的任务

对罪犯进行教育改造是监狱作为国家的刑罚执行机关所应有的任务之一，也就是既要对罪犯进行刑罚的惩罚，又要对罪犯进行改造，把他们改造成为守法公民。其具体的任务包括以下几项：

（1）转变罪犯思想，矫正罪犯恶习

矫正罪犯的不良心理和行为恶习，使他们顺利回归社会，这是行刑工作的根本任务，教育矫正工作的质量也是检验行刑效果的首要标准。在努力做好监狱管理工作、维护监狱秩序的同时，要充分发挥各方面的作用，采取多样灵活的方式，做好教育矫正工作，提高罪犯的教育矫正工作质量。转变罪犯思想就是通过教育活动转变罪犯错误的思想观念，消除其犯罪思想意识。一般而言，犯罪分子之所以走上犯罪的道路，往往是因为其思想不够成熟、意志不够坚定，具有错误的世界观、人生观、价值观所导致。而世界观、人生观和价值观一经形成就具有一定的稳定性，要想把罪犯改造成为守法的公民，必须通过强有力的教育改造手段、丰富多样的教育改造内容，广泛利用监狱及社会各方的力量共同开展教育矫正工作，才能化腐朽为神奇，从思想上消除犯罪分子好逸恶劳、无视法纪、贪婪享乐、违背公德的犯罪思想。从排斥改造、消极应对到积极接受、认真劳动、服从管教，遵纪守法。

矫正罪犯的恶习是指通过相应手段的教育与训练，帮助罪犯克服自身的犯罪及不良习惯，养成遵纪守法、遵守社会公德的良好行为习惯。俗话说得好"江山易改，本性难移"。罪犯的恶劣习性并不是一朝一夕就形成的，习性的形成又与一个人的思想紧密相连。要想彻底改造罪犯，必须把对罪犯的思想改造与行为矫正相结合起来进行，运用全面、联系、发展的观点，结合罪犯自身的个性特点、兴趣爱好，用社会主义的法律、道德、文化等社会规范去指导、制约和矫正罪犯的行为习惯。

（2）传授文化知识，培养职业技能

教育改造罪犯的关键是针对罪犯的思想教育，但这是以一定的文化知识水平为基础的。罪犯文化基础薄弱，就会严重影响对其思想教育的效果。因为进行思想教育需要罪犯阅读书籍、文件、资料，还要写心得和思想汇报。文化知识不过关，自然在理解能力、表达能力、写作能力方面跟不上，文化知识学习不深，思想改变就难以做到深刻。所以，文化知识是进行思想教育的一个重要条件。从我国监狱在押罪犯的情况来看，大多数罪犯文化水平较低。有70%的罪犯文化水平在初中以下，其中不少是文盲和半文盲①。对这些人进行文化知识教育，可以使他们摆脱愚昧无知状态，拓展知识面，增强认识能力，为思想改造打下基础。

罪犯终究是要从监狱里重新走向社会，融入社会，解决自身的生存问题。所以，他们必须掌握一定的职业技术知识和技术能力。对罪犯进行职业技术教育，是指监狱机关对罪犯进行的岗位技术培训和职业技能教育活动。对罪犯进行职业技术教育，也是行刑社会化的内在要求。通过社会力量的广泛参与，帮助罪犯掌握一定的生活技能，塑造罪犯健全人格，最终促使罪犯顺利回归社会。

（3）明确教育目的，重塑罪犯人格

每一个自然人都是一个独立的个体，在长期的生活学习过程中，形成了自我独立的人格体系。每一个人既是独立的个体，也是与社会紧密相连的社会体，具有社会性。所以，对罪犯的教育既有其社会目的，也有其个体目的。教育是一种具有价值目标的实践活动。从社会本位的价值追求来看，教育的一切都应当服从于和服务于社会需要。法国学者涂尔干认为，"教育在于使年轻一代系统地社会化"，"塑造社会我，这就是教育的目的"②。而从个人本位来看，应该从个人自身的完善和发展出发来制定教育的目的，注重罪犯的个体特征、个人需求和个人的发展。我国监狱学界强调个人本位的罪犯教育目的思想主要体现在对罪犯的人格改造方面。如有学者指出："罪犯的人格是改造的客体"，"改造罪犯是为了使其人格得到改善"③。对罪犯进行教育既要考虑社会的要求，还应考虑罪犯的个人发展的需要，而对罪犯人格的培养符合罪犯个人发展的需要。在教育的过程中，注意尊重罪犯的个体性，充分发展其个性，努力实现其个人价值，帮助其改掉犯罪恶习，消除犯罪心理，培养健康人格，增强其适应社会的能力。

（三）行刑教育的具体原则

行刑教育的原则，也称罪犯教育原则，是指在对罪进行教育时，根据罪犯教育的目的和对罪犯教育规律的认识基础上提出的指导罪犯教育活动的基本准则。对于罪犯的教育既包括文化课、技术课、思想政治课三课教育，也包括在劳动实践过程中的行为矫正与思想矫正活动。因此，行刑教育原则，既是指导"三课"传授所遵循的原则，也是指导狱警在狱政管理过程中对罪犯的管教与熏陶的

---

① 王雪峰主编：《罪犯教育学》，法律出版社2019年版，第129页。
② 王雪峰主编：《罪犯教育学》，法律出版社2019年版，第25页。
③ 陈士涵：《人格改造论》（上卷），学林出版社2001年版，第4、46页。

原则。

对于罪犯教育原则，在不同的教材及法律文件中有不同的表述。我们主要根据法律文件中规定的原则为中心展开。1954 年颁布的《中华人民共和国劳动改造条例》中没有明确提出教育改造罪犯的原则，但也规定"劳动改造必须同政治思想教育相结合，使强迫劳动接近于自愿劳动，从而达到改造犯人成为新人的目的"；《中国劳动学大辞典》中规定了教育改造的原则，即理论联系实际的原则、因人施教的原则、以理服人、协调一致、循序渐进。2007 年颁布的《教育改造罪犯纲要》中规定，教育改造罪犯的基本原则包括：以人为本，重在改造；标本兼治，注重实效；因人施教，突出重点；循序渐进，以理服人。2012 年修订的《监狱法》第六十一条规定："教育改造罪犯，实行因人施教、分类教育、以理服人的原则。"我们结合以上规定，把罪犯教育原则概括如下。

1. 因人施教原则

因人施教，即因材施教，是中国传统教育文化中的一条重要的教育原则。春秋时期的大教育家孔子在其教育活动中就处处体现出这一思想的精髓，注意分析学生的特点而采取不同的教育方式。朱熹在评论孔子时曾说过："圣贤施教，各因其材。小以小成，大以大成，无弃人也。"在罪犯教育中的因人施教原则，是指根据罪犯个体的不同情况、不同特点采用不同的教育内容和教育方法对罪犯进行有针对性的教育。每个罪犯的情况都是不同的，从年龄、性别、受教育程度到职业、经历、个性特点等千差万别，因此教育改造的难易程度也是各不相同，只有因人而异，对症下药，适用教育个别化，针对不同的罪犯采用不同的教育内容和教育方法，才能提高教育的质量，真正起到改造罪犯的目的。

在实践中要贯彻好因人施教原则，首先需要了解每一个罪犯的具体情况。如果狱警不能做到明确了解罪犯的情况，就不能在管理与教育罪犯的过程中做到有的放矢、切中重点，反而会削弱教育的效果，甚至会错失最佳教育时机。监狱一般会要求警察掌握罪犯四个方面的基本情况，即"四知道"，具体内容包括：（1）罪犯的姓名、年龄、籍贯、文化程度、性格特点、体貌特征、宗教信仰等；（2）罪犯的社会经历、违法犯罪事实和服刑改造期限；（3）罪犯的家庭情况和主要社会关系；（4）罪犯的日常改造表现[1]。也有学者提出"新四知"，即罪犯的历史、犯罪思想、个性特点、家庭变故[2]。其次，有的放矢，做到教育个别化。罪犯的情况千差万别，只有做到了然于胸，才能有的放矢，制订教育计划，有针对性地实施教育改造，而不是对所有的罪犯不分区别地进行"一刀切""一

---

[1]　兰洁主编：《教育改造学》，法律出版社 1999 年版，第 61－62 页。
[2]　王明迪：《罪犯教育概论》，法律出版社 2001 年版，第 12 页。

锅煮"。一视同仁的罪犯改造策略是起不到良好的教育效果的。最后，既要坚持改造规律，也要坚持灵活多变的方法。教育改造罪犯是一个长期的过程，也是一个不断反复的过程。狱警应做好应对措施，不能因为罪犯抗拒改造、违反纪律就被贴上标签，而放弃或消极对待罪犯。狱警不仅要从罪犯方面来分析各种情况的原因，也要从狱政管理、工作方式方面寻找不足，不断调整策略才能应对各种突发情况。

2. 以理服人原则

以理服人原则，是指狱警在对罪犯的教育改造过程中，不能以强力压服人，而要通过摆事实、讲道理的方式，对罪犯晓之以理，动之以情，使其心悦诚服地接受改造，自觉完成再社会化的过程。

根据马克思辩证唯物主义的观点，人都是有相对意志自由的，无论实施合法行为还是实施违法犯罪的行为，都是自由意志的决定。违法犯罪行为一定是违反伦理道德的，一个理性的人总是会用各种社会规范来约束自己的行为。罪犯之所以需要被教育改造，很大一部分是因为他们缺乏理性，缺乏明辨是非的理论教导以及合情合理的方法引导。要很好地把以理服人的原则贯彻好，需要做到如下几点：第一，要有深厚的理论功底。要运用以理服人的原则对罪犯进行教育，首先要求狱警具有深厚的理论基础，具备教育学、犯罪学、犯罪心理学、社会学、矫正学、哲学等学科的知识，运用这些知识对罪犯进行说理教育，才能深入人心。第二，按照教育规律，遵循科学方法。以理服人的教育原则首先要把道理讲透，而道理往往蕴含在具体的客观事实中。所以教育的过程往往是从摆事实、讲道理入手。俗话说得好，"事实胜于雄辩"。通过摆事实，犯罪分子往往能够认识到自己错在哪里，再循循善诱通过讲道理让其明白其中的道理，培养理性思维的习惯。根据社会心理学的研究，人的态度转变一般会经过三个阶段：第一个阶段为服从阶段。也就是顺从的阶段，这一阶段罪犯会在法律的威严之下，表现为对强制性教育的服从。第二个阶段则是同化阶段。这一阶段罪犯通过学习会在思想、情感上主动地接受他人的观点和信念。第三个阶段是内化阶段。这一阶段罪犯会真正从内心深处理解和接受他人的观点，并内化为自己思想和行为的一部分，从而彻底发生思想的转变。

3. 分类教育原则

分类教育是指监狱对不同类型的罪犯，采取分类关押、分类管理，并根据不同类型制定不同的教育内容，采用不同的教育方法，对其进行有针对性的教育活动。它与个别教育一样，都是相对于集体教育的一种特殊教育方法。但分类教育着眼于罪犯的类型，旨在解决某一类罪犯的共性问题。分类教育并不是最近才出现的，是经过长期的历史演变才发展而来的，早在1595年，荷兰政府建立了第一个女子监狱，实行男女罪犯分押，开始了罪犯分类制度的萌芽。18 世纪中期，英国监狱改革家霍华德提出要根据罪犯的性别、犯罪的严重程度、精神健康状况等，对罪犯实行分别关押。1872 年，国际监狱会议召开，对罪犯分类制度、累进制度等行刑制度进行了广泛探讨，推动了罪犯分类制度的发展。1928 年，美国成立了分类委员会，由专职人员对受刑人进行个别调查，根据调查结果确定个别化处遇。经过长期的发展，以美国为代表的西方国家形成了较为成熟和科学的罪犯分类制度。我国的罪犯分类制度起源于清末监狱改良运动。新中国成立后，也曾对罪犯的分类教育作出规定。经过长期发展，逐渐成熟完善。近年来又不断创新发展分押分管制度，新建或改建关押女犯、未成年犯、涉毒犯、特殊病犯、老残犯、职务犯等的监狱或监区①。

4. 注重实效，循序渐进原则

注重实效原则是指在对罪犯进行教育改造的过程中，以转化思想、矫正恶习为中心，最终把罪犯改造成守法公民。而要完成这项任务，必须制订科学的教育改造计划，遵循科学的规律，循序渐进。注重实效原则的侧重点是从最终目的着眼，采用灵活多变的方法，完成教育改造的最终目的。也就是说，在这一过程中，方法不拘泥于形式，只要科学合理，目标只有一个，就是要把罪犯改造成为守法的公民。贯彻这一原则要做到如下几点：第一，需要紧紧围绕教育改造的最终目标展开各项工作。对罪犯的教育改造包括入监教育、常规教育、出监教育，在每一个阶段，其教育改造的阶段性任务都不同。在入监教育阶段，主要以适应监狱生活、规范意识培养为主要目标。在常规教育阶段，则是以"三课"教育，即思想教育、文化教育、职业技术教育为主。在出监教育阶段，则是以适应社会生活、提高技术生存能力为主。但无论哪一个阶段的教育都要以最终教育目标为中心而展开，即把罪犯培养成为守法公民这一最终目标。第二，注意教育改造成果的评估与巩固。从罪犯走进监狱的那一刻开始，对其教育改造的工作就全面展开，有步骤、有条理地进行。罪犯从刚入监的抗拒、接受，到最后主动认同、自我提升，每一阶段都有每一阶段的成果，要做好这些成果的评估与巩固工作，这既是对狱警工作的肯定，也是对罪犯的一种鼓励。当然，这项工作也不能搞绝对化，因为教育工作本身就有极大的不确定性与反复性。第三，教育改造工作应坚持原则性与灵活性相结合。教育改造工作固然有其规律性，必须按照科学的规律办事。但是罪犯的个人情况千差万别，需要根据每个罪犯具体情况区别对待。

循序渐进是指在罪犯教育改造的过程中，根据罪犯个人的思想水平、文化水平，以及教育内容的内在规律性，从简单到复杂、由易到难的顺序按部就班地开

---

① 王雪峰：《罪犯教育学》，法律出版社 2019 年版，第 177－179 页。

展教育工作，完成教育的目标。俗话说得好，"心急吃不了热豆腐"，"一口吃不成大胖子"，凡事都要按照规律一步一步地走。罪犯个人情况千差万别，文化水平不同、理解接受能力不同，这些因素决定了教育改造的效果也是各不相同的。一方面，我们应本着注重教育实效、教育个别化的宗旨，对不同的罪犯在坚持基本教育内容的同时，有针对性地附加相应的教育内容，如情感教育、心理疏导等；另一方面，也应处理好一般教育与特殊教育的关系。对罪犯的教育改造是一种特殊教育，之所以称之为特殊教育，是因为其对象是特殊的，另外其教育内容、教育方式也与一般教育不同，不能完全把对待一般人的方式方法运用到罪犯的教育改造中。

（四）罪犯教育的方式

罪犯教育的方式是监狱为实现罪犯教育的目的而采取的各种教育策略和手段的总称。2012 年修订的《监狱法》第六十一条规定："教育改造罪犯，应采取集体教育与个别教育相结合，狱内教育与社会教育相结合的方法。"我们应以《监狱法》的规定为基础，从监狱工作的实际出发，采取多种方式开展工作，实现罪犯教育改造的目标。

1. 集体教育

集体教育是罪犯教育的一个重要的形式，是与个体教育相对而言的。集体教育是指把罪犯这一群体集中起来进行思想引导、传授知识、习惯养成、行为矫正的活动。集体教育的受众面较广，具有一定的氛围，是实践中运用比较广泛的一种教育方式。和其他教育方式比较起来，集体教育具有其不可替代的特点：第一，集体教育具有普遍性。通常来讲，集体教育的运用范围比较广，受众接受度高。一个人从上学开始，都会接受集体教育。集体教育的形式也是多种多样的，主要有：课堂式教育，即通过在教室以班级授课的方式，按照教学计划对罪犯进行教育；会议式教育，即由专人以专题研讨的方式对罪犯群体进行宣讲和研讨；队列式教育，是指通过列队训练、体操表演、队前训话等方式对罪犯进行教育；体验式教育，是指让罪犯置身于特定的情境中，以切身的体验、感知等方式比较直观地接受教育的方式，如社会参观、观摩教育、走访受害人等形式。形式多样的集体教育可以培养罪犯的集体意识、协作意识、纪律意识等。第二，集体教育具有高效性。与其他教育形式相比较而言，集体教育最大的优点就是高效性，可以在短时间内向多数人传递信息、讲授知识，具有传播速度快、影响面能够迅速扩大的优势，这是其他教育手段所无法比拟的。第三，集体教育具有组织性。组织性是集体教育最明显的特点。由于集体教育是组织多数罪犯在一定场所参加的活动，为了保证秩序，狱警从计划、组织、协调、监督等方面会提前做大量的工作。通过这些工作的开展，也会让罪犯感受到集体教育的严肃性、权威性，潜移默化中树立起集体意识、遵守纪律、服从管理的意识。第四，集体教育具有鼓动性。集体教育的对象人数众多，可以通过宣讲、鼓舞的方式产生一定的群体效应，使罪犯身处其中产生情绪上的共鸣和激励，从而激发自身向善的动力，为教育改造的成功助力。

2. 个别教育

个别教育是相对于集体教育而言，是指针对罪犯个体的特殊问题而采取的一种单独的面对面的思想影响、情感沟通和知识传授活动①。根据马克思主义的观点，任何事物都是矛盾的统一体，而矛盾有普遍性与特殊性。如果说集体教育有利于解决罪犯中具有普遍性、共性的矛盾，个别教育对解决罪犯的特殊矛盾则更为有效。在对罪犯进行教育改造的实践中，个别教育对于罪犯思想的转化、行为的矫正、人格的重塑都发挥着其他教育方式所不具有的作用和特点。首先，个别教育具有很强的针对性。罪犯都是具有不同性格特征的个体，其犯罪情况、教育背景、社会经历各不相同。这种差异性决定了要完成教育改造的目标需要借助个别教育，一对一、面对面地进行。只有这样才可以充分了解罪犯，才能走进他们的内心，并理解、开导、教育他们。其次，个别教育具有灵活性。个别教育是一对一、面对面进行，这样就可以不拘形式，不受时间、地点的限制，在生活、劳动、课堂、闲谈中都可以进行，随时随地交流、沟通，使罪犯更容易理解和接受。谈论的话题也可以自由掌握，可以是个人情感、生活经验、家庭情况等。再次，个别教育具有很强的情感相融性。它是罪犯与狱警之间的思想交锋，也可以说是一场特殊的思想斗争、一场情感的斗争。作为狱警不能仅仅作为公职人员、国家机器的代表对罪犯进行强力灌输知识和信息，而要通过交流与沟通，消除罪犯心中的壁垒，自觉地打开其心扉，使其接受教育与改造。个别教育最大的好处就是可以拉近罪犯与狱警的距离，建立信任，接受他人的说理与教育。个别教育的形式分为谈话法、感化法、训练法等。谈话法又可分为约谈式谈话、接谈式谈话、批评式谈话、激励式谈话、疏导式谈话等。

3. 社会教育

根据我国《监狱法》的规定，对罪犯的教育改造应坚持"狱内教育与社会教育相结合"。而社会教育从广义上来理解，是指"一切社会生活影响于个人身心发展的教育"；狭义的社会教育是指"学校教育以外的一切文化教育设施对青少年、儿童和成人进行的各种教育活动"②。我们这里所指的社会教育是对罪犯所进行的教育，也是一种特殊的社会教育，是指监狱等行刑机构依靠社会的力

---

① 魏荣艳：《罪犯教育学》，法律出版社 2015 年版，第 113 页。

② 《中国大百科全书·教育》，中国大百科全书出版社 1985 年版，313 页。

量，对罪犯所进行的教育改造活动。与其他形式的教育相比，社会教育具有以下几个方面的特点：第一，教育主体具有多样性。狱内教育是利用狱警和其他狱内师资对罪犯开展的教育。而社会教育主要是依靠社会上的力量对罪犯进行教育。社会力量所包含的范围比较广泛，如高校、科研机关、政法机关、工青妇团等社会团体、企业、群众性机构，也包括爱心人士、社工、志愿者等。这体现了社会力量的广泛参与性。第二，教育活动的开放性。狱内对罪犯的教育是一种封闭性教育，是依靠监狱自身的师资力量对罪犯所做的教育，内容主要是"三课"教育。而社会教育则形式多样，可以采用课堂形式，也可以是参观访谈形式；可以是走出去，也可以请进来；可以请政法机关、社会团体、群众性组织，也可以是知名专家、罪犯家属、志愿者。形式多样、开放，有利于罪犯及时了解监狱外面的信息，不至于与社会现实严重脱离。第三，社会教育的形式灵活、内容丰富。社会教育的形式多样、灵活，不拘泥于条条框框。"走出去"的形式可以是参观展览馆、博物馆、纪念馆，瞻仰烈士陵园，也可以是参加公益劳动、文艺体育活动，还可以是参加电大、函授大学、职业培训等。"请进来"的形式可以是邀请政法机关人员做报告、英雄模范人物做演讲、社会文艺团体至监狱进行表演、联欢，还可以是刑满释放人员回监现身说法，开通亲情联络绿色通道等。社会教育的内容丰富多彩，可以通过课堂讲授形式、座谈、做报告，与社会力量签订助教协议提供有针对性的帮教服务，也可以通过专门的社区矫正机构为罪犯提供法律咨询、生活服务、困难帮扶等。社会教育这种罪犯教育形式可以提高罪犯改造的积极性，消除其对监狱和狱警的戒备心理，变消极的"要我改造"为积极的"我要改造"，从而提高教育改造的质量。

（五）罪犯教育改造的内容

我国《监狱法》第六十二条规定："监狱应当对罪犯进行法制、道德、形势、前途等内容的思想教育。"《监狱教育改造工作规定》第二十五条规定："罪犯必须接受监狱组织的思想教育。思想教育包括：（1）认罪悔罪教育；（2）法律常识教育；（3）公民道德教育；（4）劳动常识教育；（5）时事政治教育。"具体从以下几个方面来论述。

1. 法制教育

法制教育主要是通过对罪犯进行法律常识教育和国家基本法律知识的学习，使其能够知法、服法、守法。认罪服法是罪犯接受教育改造的前提条件，如果罪犯不能够认识到自己行为的社会危害性、刑事违法性，就不能从思想深处接受法律的惩罚和教育改造。只有接受了法制教育，认识到法律的权威性、严肃性、强制性，认识到犯罪行为的危害性、违法性，区分罪与非罪、此罪与彼罪，才能真正消除对判决的抵触、不满情绪，做到服从监管、接受教育改造。法制教育的主要内容包括宪法、刑法、刑事诉讼法、民法、民事诉讼法、婚姻法等，法制教育的途径可以通过正规化、课堂化的教育形式、邀请法律法律专家、政法机关的人员做报告的形式以及其他辅助形式展开法制教育。

2. 道德教育

道德教育，是相关机构按照道德规范要求对罪犯所进行的有计划、有目的、有组织的系统性道德影响活动。监狱通过对罪犯的道德教育，使罪犯用社会主义道德的基本原则要求自己，正确处理个人、集体、他人的关系，提高道德认识水平，培养遵守社会主义道德的自觉性。对于绝大多数的罪犯来说，走上犯罪道路的初始阶段往往是从漠视道德要求、违反道德规范开始。而充斥其思想的是各种不道德的信念，如个人主义、自私自利、损人利己、贪婪无耻等。道德教育就是从道德层面加强自我修养，不断用社会主义的道德规范要求自己，改掉自身不道德的因素，完成自我的再社会化。道德教育的内容主要包括人生观教育、价值观教育、世界观教育、道德观教育等。

3. 文化知识教育

文化知识教育，是指监狱通过一定的教学组织形式，向罪犯传授文化知识，提高罪犯文化水平的教育活动。根据《监狱法》的规定，监狱应当根据不同情况，对罪犯进行扫盲教育、初等教育和初级中等教育，经考试合格的，由教育部门发给相应的学业证书。

从我国监狱在押罪犯的实际情况来看，大多数罪犯的文化水平较低。据调查，70%的罪犯文化水平在初中以下，其中不少是文盲和半文盲[1]。由于文化水平不高，其理解能力、接受能力、学习能力就会低下，进而就会影响教育改造的效果。所以，非常有必要对罪犯展开一定的文化知识教育，使他们的知识水平达到一定等级。文化知识水平的提高是罪犯转化思想的基础，文化水平低下，鉴别能力就弱，思维就不开阔，进而精神世界就会空虚、无知。文化知识水平也是进一步展开职业技术教育的前提。职业技术教育的理论与实践紧密结合，很难想象，一个文化水平很低的人能够在技术上有所突破。忽略了文化知识教育，职业技术教育也无法顺利进行。

4. 职业技术教育

职业技术教育，是指监狱机关根据罪犯在狱内劳动的岗位技能要求和刑满释放后就业的需要，对罪犯进行的岗位技术培训和职业技能教育活动。根据我国《监狱法》规定，监狱应当根据监狱生产和罪犯释放后就业的需要，对罪犯进行职业技术教育，经考核合格的，由劳动部门发给相应的技术等级证书。

---

① 王雪峰：《罪犯教育学》，法律出版社 2019 年版，第 129 页。

职业技术教育对罪犯的再社会化起着至关重要的作用。首先，可以提高罪犯认真改造的积极性。罪犯进入监狱时，大多都有消极抵触情绪，甚至有自杀的倾向。通过职业技术学习，罪犯可以缓解内心的不快，通过工作排解情绪，甚至找到自己的爱好，感受国家对他们不遗忘、不抛弃的关怀，进而提高改造的积极性。其次，对罪犯进行职业技术教育可以促进监狱生产的发展。监狱企业作为经营主体，也要在市场经济要求下解决生存和发展问题，罪犯是监狱企业的劳动力，劳动力技能的提高，对企业提高产品质量和经济效益是大有好处的。最后，有利于提高罪犯的再社会化效果。罪犯要完成再社会化的目标，顺利重新融入社会生活，最关键的一环是出狱后能够有一技之长，找到一份工作，先要解决自己的生存问题，然后才可能成为一名守法的公民，否则只能会再次走上违法犯罪的道路。

四、行刑经济原则

意大利犯罪学家菲利提出"犯罪饱和法则"。意指每个社会都有其一定的犯罪，犯罪是不可能被消灭的。每个时代的统治者都会从政治、法律、道德、人文、心理等方面制定各种对策来控制、治理和预防犯罪。从经济学的角度来研究刑法问题也是一个全新的视角，对于如何治理犯罪问题，如何用刑罚惩罚犯罪、矫正罪犯，如何分配社会资源，分配多少社会资源才达到最佳的惩罚效果和社会效果，于是，刑罚经济思想便应运而生。

行刑经济原则起始于资产阶级的启蒙理论，不少资产阶级启蒙思想家有感于封建刑罚的专制、残酷和滥用，就倡导废除封建刑法的"严刑峻法"。比如法国启蒙思想家孟德斯鸠曾说过："任何刑罚，只要不是绝对必要的，都是专制的。"意大利著名刑法学家贝卡里亚也指出，"一种正确的刑罚，它的强度只要足以阻止人们犯罪就够了"[1]。英国的功利主义学者边沁从功利的角度提出了刑罚的经济原则，只不过他是基于一般预防的角度。他认为，法官量刑时应尽量给予犯罪分子以最少的痛苦和惩罚来取得最大限度地预防和抗制犯罪的效益[2]。

行刑经济原则是指从刑罚的成本与效益出发，以最少的刑罚成本投入，获得最大的刑罚效益，即以较少的人力和物力投入实现改造罪犯的目标。刑罚的执行是否适合经济性原则的要求，标志着行刑的科学及文明程度，也决定着刑罚的执行效果。追求行刑经济性，不仅是商品经济的要求，也是社会发展的应有要求。

对罪犯执行刑罚不仅要以自由、正义、人道、人权为指向，而且要以效益为

---

① ［意］贝卡里亚：《论犯罪与刑罚》，黄风译，中国大百科全书出版社 1993 年版，第 37 页。
② 《西方法律思想史资料选编》，北京大学出版社 1982 年版，第 494 页。

依归。刑罚的执行机关不仅承担着惩罚罪犯的职责，还承担着把罪犯教育改造成为合格公民的职责。在这一过程中必定会产生支出与效益问题，也就是用经济性原则的理念来规范资源的有效配置问题。世界各国都关注此问题的解决，西方国家为贯彻教育刑思想往往都支出了高昂的费用。如英国监狱 2002 年的经费预算为 20 亿英镑，平均每个罪犯为 2.77 万英镑；西班牙监狱 2002 年的经费预算为 7 亿英镑，平均每个罪犯为 1.38 万英镑。而这两个国家也为追求经济性原则采取了一些办法：一是确定监狱合理的关押规模。小型监狱虽然更适合对罪犯的管理和教育，但是规模越小造价和管理费用越高。英、西两国目前每个监狱平均关押 525 人和 653 人，而他们在设计未来新监狱和改造旧监狱时都把关押规模确定在 1000～1500 人。二是充分运用新科技手段，减少看守力量以降低管理成本。三是合理选择监狱的位置①。我国也一向重视刑罚执行的经济性考量。

（一）行刑经济原则的基础

1. 行刑经济的前提

行刑经济追求的目标是投入、成本与产出之间的比例关系，而这个比例关系有一定的周期性，循环往复。之所以考虑经济性的原则，是因为刑罚执行机关通过刑罚的执行要对罪犯进行教育改造。从报应的立场来看，刑罚的执行为了使罪犯受到惩罚与谴责；而从刑罚目的看来，刑罚的执行是预防犯罪，既包括一般预防又包括特殊预防。而特殊预防的最终目的是对所有服刑罪犯成功实施监管和改造，这是一个理想化的目标，在实践中，只有通过努力不断接近这个目标而不可能百分之百地实现。其中的因素有以下几个方面：首先，是由行刑资源的有限性。监狱行刑是需要成本、需要资金支持的。而资金的来源主要是政府投入和监狱企业的创收。政府投入则受制于当地政府的经济发展情况、财政投入情况、对监狱行刑工作的重视程度等多方面因素。所以，监狱能用的人、财、物等资源是有限的，并不是取之不尽、用之不竭的，而当地政府也不可能在监狱行刑方面进行无限制的投入。其次，行刑时间的有限性。每一个罪犯刑罚执行的种类不同、行刑的时间长短不同。而他们的刑罚执行的最终目的却是相同的，也就是最终都要被改造为合格的守法公民。在有限的时间内，把人身危险性比较强的罪犯改造成为一名合格的守法公民，对狱警来说是一个极大的挑战，需要针对罪犯的个人情况制定具体的改造计划与方针，做到行刑的个别化处理，并重视行刑经济性的考虑。

2. 行刑经济的条件

（1）罪犯参加劳动

我国《监狱法》规定："对有劳动能力的罪犯，必须参加劳动；通过劳动矫

---

① 曲伶俐：《现代监狱行刑研究》，山东大学出版社 2007 年版，第 85 页。

正其恶习，养成劳动的习惯，学会生产技能，并为释放后就业创造条件。对参加劳动的罪犯，应当按照有关规定给予报酬并执行国家有关劳动保护的规定。"因此，对于罪犯参加劳动是一种强制性的劳动，只要有劳动能力的都必须参加劳动。而作为国家的刑罚执行机关，监狱一方面要对罪犯履行刑罚的惩罚功能，使罪犯因其犯罪行为得到一定的报应；另一方面还要利用刑罚的执行履行对罪犯的改造功能，而改造功能主要体现在教育改造和劳动改造方面。与普通人一样，罪犯也要生存，也要通过劳动来获取生活资料，而不能靠国家或其他人免费提供。另外，劳动可以让罪犯养成自食其力、劳动光荣的习惯。

（2）罪犯劳动的经济性

在劳动改造中，不可避免地会遇到罪犯劳动力的开发利用问题，这种利用既是惩罚罪犯的要求，也是劳动改造的要求，从另一层面上来讲，也是经济层面的要求。因为对劳动力资源的开发利用是一项纯粹的经济活动。开发利用罪犯的劳动力资源，既具有一般经济活动的共同内容和本质，同时也有其自身的特殊性。首先是劳动场所的特殊性，其次是劳动主体的特殊性。如果没有罪犯和监狱这样的场所，也就不会有罪犯劳动力资源的开发问题，也就不会有与监狱行刑活动相伴的经济性问题的出现。

（3）监狱行刑的效益性

行刑经济思想作为一种理念，是以刑事制裁成本与效益之间形成最佳比例关系为内容的一种思维方式。同时，追求行刑经济与刑罚正义之间的和谐共处也是必须考虑的。正义是法的首要价值追求，也是社会制度得以建立的基石，行刑经济思想无论是作为一种理念还是其衍生出的其他制度，都必须建构在社会正义的基础上，失去了正义的行刑经济思想毫无价值，而不考虑行刑经济思想的纯粹的正义追求也不可取。国家强制有劳动能力的罪犯参加劳动，除了开发利用罪犯劳动力资源，发展监狱经济，获取经济效益，另一个重要的目的是要在劳动的过程中实现对罪犯的思想改造，使其最终成为守法公民，实现最大的社会效益。

（二）行刑经济原则的根据

行刑经济性是随着社会的发展、刑罚目的的变迁而出现的。在过去相当长的时间内，刑罚是与已然的犯罪行为相对应，行刑也仅仅体现刑罚的惩罚功能，以给罪犯带来肉体的痛苦、精神的折磨、权利的丧失为己任。此时的行刑经济性思想自然是不会出现的。随着积极行刑时代的到来，刑罚的目的由单纯的惩罚罪犯转变为教育改造罪犯，不仅要通过刑罚的执行达到惩罚罪犯的目的，也要通过刑罚的执行达到教育罪犯、矫正恶习、培养良好习惯、自觉遵守法律的作用。再者，随着商品经济的发展，刑罚的执行不仅要达到一定的社会效益、政治效益，还要通过一定的投入与产出比达到一定的经济效益。所以，在刑罚的执行过程中坚持行刑经济原则，不仅有利于对罪犯的改造，收到良好的社会效果，而且可以提高监狱的经济效益。其根据主要体现在以下几个方面：

第一，行刑经济原则是由刑罚本身所具有的负价值决定的。刑罚本身具有强制性、痛苦性、最后手段性等特点。刑罚作为抑制犯罪的法律手段，有其两面性。德国著名刑法学家耶林指出："刑罚犹如双刃剑，用之得当则两受其利，用之不当，则两受其害。"① 因此，刑罚作为对抗犯罪的处罚手段，其适用范围应当受到严格的限制，不能随意扩张。否则，将会造成刑罚执行过剩，从而严重损害公民的权利，造成不必要的损失，也使刑罚的执行效果大打折扣。刑罚应是国家达到保护法益与维持秩序的"最后手段"，并且刑罚的执行也应以最小的投入而获取最大的效益为宗旨。

第二，行刑经济原则是市场经济条件下经济效益原则的具体运用。在市场经济条件下，是讲求经济效益的，以最小的投入取得最大的收益。将这一规则运用到行刑中，就是以最小的行刑资源的投入，获取最大限度的改造罪犯、维护社会秩序、预防犯罪的效益。美国学者罗伯特·考特、托马斯·尤伦通过对刑罚的经济分析指出：最优化的威慑效应并不是铲除所有的犯罪，因为这样做的代价很高，而且社会效益也会不断降低，政策制定者需要对有限的资源加以配置，争取以最少的成本实现威慑目标，也就是说力求有效率地实现这一目标。因此，在刑法中，我们的宗旨是使预防犯罪的直接和间接成本以及刑事审判制度的运转成本最小化② 。行刑所追求的直接目标并不是经济效益，但从惩罚犯罪的目的来看，适用刑罚是为了减少犯罪，保证社会主义事业的顺利进行。因此，从长远来看，行刑具有其经济性。

第三，刑法的谦抑性和人权保障机能决定了应当适用行刑经济原则。刑法谦抑性原则，又称刑法必要性原则，是指刑法在认定犯罪和处罚犯罪时，应做到必要、谨慎和最后手段性。其意指对于某种危害社会的行为，只有在运用民事的、行政的法律手段和措施，仍不足以抗制时，才能将其认定为犯罪。也就是说，某种危害行为的社会危害程度只有达到严重程度时，才可以规定为犯罪，用刑罚的手段去惩治。刑法的谦抑性包括罪与刑两个方面，这里是指刑的谦抑性。刑法的保障机能是指对公民和犯罪个人的人身、财产、生命的保障机能；其着重点是犯罪者不受刑法规定外的刑罚处罚。而刑法的谦抑性要求尽可能少用或不用刑罚，而用其他法律手段来处理。刑法的保障机能就是保证犯罪人不受刑罚的非法侵

---

① 林山田：《刑罚学》，台湾商务印书馆股份有限公司，1983 年版，第 127 页。

② ［美］罗伯特·考特、托马斯·尤伦：《法和经济学》，张军等译，上海三联书店、上海人民出版社 1994 年版，第 755 页。

害。刑法的谦抑性要求我们不能把刑罚作为惩治犯罪、预防犯罪的唯一手段，为了防止或减少刑罚的消极作用，我们必须适用主张不用或少用刑罚的行刑经济原则。

（三）行刑经济原则的内容

行刑经济原则，是指在刑罚执行的过程中，尽量以最小的投入来获得预防和控制犯罪的最大社会效益，以不执行、减少执行以及不实际执行刑罚来达到执行刑罚的效果，追求刑罚执行的多效益①。刑罚执行的经济性原则源于资产阶级的启蒙理论，它是行刑从蒙昧和野蛮走向科学和文明的重要体现。19 世纪以来兴起的一系列监狱改革运动，也可以说是不同程度和不同形式的行刑经济性的实践。刑罚执行符合经济性原则的要求，是行刑科学与文明的重要指标，同时，也是刑罚执行效果的重要体现。对行刑经济性原则的追求，不仅是商品经济的要求，更是社会发展的要求。

我国对于刑罚并不是由一个统一的刑罚执行机构执行的，而是由多个机关分担，实行的是分散制和多轨制。根据相关法律法规的规定，主刑中，管制原来由公安机关执行，2011 年《刑法修正案（八）》将其修改为由社区矫正组织执行，法院在判决时可以做禁止令。拘役由公安机关就近执行。在执行期间，被判处拘役的犯罪分子每月可以回家一天至两天；参加劳动的，可以酌量发给报酬。有期徒刑由监狱执行，如果余刑在 3 个月以下，由看守所执行。无期徒刑和死刑缓期2 年执行的由监狱执行。死刑立即执行的由法院执行。附加刑中，罚金由人民法院执行，剥夺政治权利由公安机关执行，没收财产由法院执行。缓刑原为公安机关执行，但《刑法修正案（八）》将其修改为由社区矫正机构执行，法院在判决时可以做出禁止令。对于减刑，主刑由哪个机关执行，减刑以后仍然由哪个机关执行。假释则原为公安机关执行，但《刑法修正案（八）》将其修改为社区矫正机构执行。行刑经济性原则的核心是要求在物质上少消耗、人力上少投入的同时，获得行刑的多效益。也就是说，在刑罚执行过程中，要尽可能地达到成本最小化，而效益最大化。正如罗伯特·考特和托马斯·尤伦所说的："在刑法中，我们的宗旨是使犯罪的直接和间接成本以及刑事审判制度的运转成本最小化。"②那么，从我国的立法和司法实践来看，刑罚执行的经济性原则的内容主要包括以下几点：

第一，尽量避免或减少刑罚的执行，并尽可能多地获得刑罚的执行效果。

---

① 马克昌主编：《刑罚通论》，武汉大学出版社 2000 年版，第 497 页。

② ［美］罗伯特·考特、托马斯·尤伦：《法和经济学》，张军等译，上海三联书店、上海人民出版社 1994 年版，第 755 页。

所谓尽量避免或减少刑罚的执行，并尽可能多地获得刑罚的执行效果，其意思是指在保证整体的刑罚执行效果的前提下，根据具体情况可以灵活掌握刑罚执行的度和量，也就是尽可能少的执行刑罚或不执行刑罚，尽量避免过度执行刑罚而带来不必要的行刑负面影响，确保只有在十分必要时或在迫不得已的情况下才执行刑罚。这具体是指在执行较少的刑罚就能获得较好的执行效果时，就不应该执行较多的刑罚；在我国刑法中主要表现为以各种非刑罚处理方法来代替刑罚的执行。如一位年轻的父亲为救医院病危的儿子而持刀抢劫银行，在银行用刀敲着玻璃弱弱地喊出"抢劫"两字，随后在保安的劝说下放下刀具并开始痛哭，后被公安抓获。在这起案件中，该年轻父亲一贯遵纪守法，事出有因，事后认罪态度好，并表示非常后悔。从整个案情来看，对该嫌疑人进行批评教育，进行一定的刑罚威慑，或者对其采用非刑罚的处理方法，同样会对其产生和执行刑罚相同的社会效果，不会再继续危害社会。相反，他会因自己没有被执行刑罚被宽大处理而感恩社会。根据我国1997年《刑法》第三十七条的规定，非刑罚的处理方法具体指：对于犯罪情节轻微不需要判处刑罚的，可以免予刑事处罚，但是可以根据案件的不同情况，予以训诫或者责令具结悔过、赔礼道歉、赔偿损失，或者由主管部门予以行政处罚或者行政处分。

避免或减少刑罚的执行来获得执行的效果，在我国刑法中主要体现为减刑制度、假释制度和特赦制度。减刑是我国在对罪犯进行教育改造的实践中建立的一种刑罚执行制度，对于鼓励犯罪分子自觉改造，化消极因素为积极因素，最终实现刑罚的目的，具有积极的作用。而且，减刑作为一种经济行刑制度，早在我国1954年的《劳动改造条例》中就以法定的形式被规定下来①。减刑具体指对被判处管制、拘役、有期徒刑或者无期徒刑的犯罪分子，因其在刑罚执行期间认真遵守监规，接受教育改造，确有悔改或者立功表现，而适当减轻其原判刑罚的制度。减刑的适用范围比较宽，其对象为被判处管制、拘役、有期徒刑、无期徒刑的犯罪分子，且对判处的刑种和刑期没有任何限制，其原因是对于犯罪分子来说，剥夺或限制人身自由都是一种痛苦，而带有奖励性质的减刑制度对于希望尽早恢复人身自由的犯罪分子来说无疑会起到一定的激励作用，促使其积极接受教育改造，早日消除其主观恶性和人身危险性，实现刑罚的特殊预防目的；而且刑罚的执行是一个过程，在这一过程中减刑制度始终会对犯罪分子发挥激励作用。另外，减刑也是有限度条件的，是指犯罪分子经过减刑以后，其实际执行的刑期不能低于一定的标准。根据我国1997年《刑法》第七十八条的规定：减刑以后实际执行的刑期，判处管制、拘役、有期徒刑的，不能少于原判刑期的二分之

① 马克昌主编：《刑罚通论》，武汉大学出版社2000年版，第501页。

一；判处无期徒刑的，不能少于十三年。根据 1997 年《刑法》第五十条第二款的限制性规定，死刑缓期执行的犯罪分子，缓期执行期满后依法减为无期徒刑的，不能少于二十五年；缓期执行期满后依法减为二十五年有期徒刑的，不能少于二十年。通过以上规定，我们可以看出减刑以及对减刑的限制性规定，既体现了刑罚执行的社会效应，又体现了行刑经济原则的要求。

假释制度是指对被判处有期徒刑、无期徒刑的犯罪分子，在执行一定刑期之后，因其认真遵守监规，接受教育改造，确有悔改表现，没有再犯罪的危险，而附条件地将其提前释放，在假释考验期内若不出现法定的情形，就认为原判刑罚已经执行完毕的制度。假释是有条件地予以释放，兼具减少刑罚执行和不实际执行的缓刑功能，是一种极为经济的行刑制度。从其适用条件中就可以明显地感受其执行经济性的一面。假释的对象只能是被判处有期徒刑、无期徒刑且不属于累犯和因为故意杀人、强奸、抢劫、绑架、放火、爆炸、投放危险物质或者有组织的暴力性犯罪被判处十年以上有期徒刑、无期徒刑的犯罪分子。假释的限制性条件是指对可以适用假释的被判处有期徒刑和无期徒刑的犯罪分子在执行的刑期上进行了限制，即有期徒刑执行原判刑期二分之一以上、无期徒刑实际执行十三年以上，才可以假释。适用假释的实质条件是犯罪分子认真遵守监规，接受教育改造，确有悔改表现，没有再犯罪的危险，假释后对其所居住的社区没有重大不良影响。假释的适用条件反映了行刑经济原则的要求：第一，假释是一种提前释放制度，尽量减少刑罚的执行。假释的适用对象是那些长期被关押而与社会隔离的人，对这部分人给予附条件的提前释放，可以鼓励犯罪分子积极接受教育改造，消除其因长期隔离所产生的消极影响。第二，犯罪分子能够被提前释放其实质条件是其确有悔改表现，没有再犯的危险，其人身危险性明显降低，对其居住的社区没有重大不良影响。这从另一个侧面说明刑罚执行的社会效果已经达到，剩余的刑罚不需要继续执行了。第三，虽然犯罪分子有悔改表现，人身危险性降低了，刑罚的特殊预防目的达到。但从刑罚的公平、公正，以及法律的统一与权威性来看，对犯罪分子还需要有执行最低刑期的要求，这体现在对假释的限制性条件上。即被判有期徒刑的需执行原判刑期二分之一以上、无期徒刑需实际执行十三年以上，才可以假释。只有这样才可以比较准确地考察、判断犯罪分子是否认真遵守监规，接受教育改造，确有悔改表现，没有再犯罪的危险，从而有助于保证假释的准确性并取得预期的效果，而不至于对犯罪分子执行刑期过短，从而损害法治的权威性和严肃性。

特赦也是我国在减少刑罚执行方面的重要制度，是指国家对特定的犯罪人免除执行全部或者部分刑罚的制度。其特点包括如下几点：第一，对象是针对特定的犯罪人，主要是成批的罪犯或者战争罪犯。第二，必须关押和改造一定时间且在服刑的过程中确有改恶从善的表现。第三，对符合特赦条件的罪犯，并非一律释放，而是根据其罪行的轻重和悔改表现予以区别对待，罪行轻所判刑罚较轻的，予以释放；罪行重判处较重刑罚的，只予以减轻处罚。第四，特赦具有严格的程序。每次特赦都是由全国人大常委会做出决定，国家主席颁布特赦令，由最高人民法院和高级人民法院负责执行。第五，特赦的效力只及于刑而不及于罪。即只免除剩余刑罚的执行和减轻原判刑罚，而不是宣布其罪归于消灭。我国1954年《宪法》曾规定过大赦和特赦制度，但现行《宪法》只规定了特赦。由于特赦每次都是针对较多的服刑犯人免除刑罚的执行，因而较之于减刑和假释，更为经济，获得的行刑效益也是巨大的。我国自1959年第一次特赦至今共发布了九次特赦，上一次特赦是在2019年。

第二，以不实际执行刑罚代替执行刑罚，从而达到执行刑罚的目的和效果。

在我国的刑罚执行实践中，以不实际执行刑罚代替刑罚的执行从而获得执行刑罚的效果，也就是以实际的"不执行"达到执行的效果，主要体现在缓刑制度、死刑缓期执行制度和监外执行制度。我国刑法所规定的缓刑属于刑罚暂缓执行，是指对于被判处一定刑期的犯罪分子，根据其犯罪情节和悔改表现，认为暂不执行原判刑罚确实不致再危害社会时，规定一定的考验期，暂缓其刑罚的执行；如果犯罪分子不再重犯新罪，原判刑罚就不再执行。由于缓刑是暂不执行原判刑罚，且在缓刑考验期内，对其依法进行社区矫正。这样可以调动广泛的社会力量参与到对罪犯的教育和改造，从而可以为国家节省大量的人力、物力和财力，有利于把有限的资源投入其他领域，从而使刑罚的执行获得巨大的经济效益。从本质上来看，缓刑是附条件地不执行刑罚，一方面可以缓解犯罪分子害怕进监狱的心理压力；另一方面又保留执行刑罚的威慑，可以促进犯罪分子不敢懈怠，积极改造。

另外，死刑缓期执行制度是一种特殊的缓刑。根据我国1997年《刑法》第四十八条的规定：对于应当判处死刑的犯罪分子，如果不是必须立即执行的，可以判处死刑同时宣告缓期二年执行。死缓不是独立的刑种，而是死刑的一种执行制度，是我国的独创。该制度充分体现了我国行刑经济的原则。死缓适用对象是应当判处死刑的犯罪分子，也就是罪行极其严重的犯罪分子，但并不是必须立即执行的。根据刑事审判的经验，主要是指犯罪后自首、立功或者有其他法定从轻情节的；在共同犯罪中罪行不是最严重的或者其他在同一或同类犯罪案件中罪行不是最严重的；被害人有过错等情形。死缓制度在很大程度上缩小了死刑立即执行的范围，也使死刑的实际执行数量大大地减少，很好地限制了死刑的适用。从实践来看，绝大多数被判处死刑缓期二年执行的罪犯，都有悔改或者立功的表现，从而被减为有期徒刑或者无期徒刑，而抗拒改造，又犯罪而被执行死刑的是极少数。死缓不是一个独立的刑种，与死刑是不可分的，是死刑的执行制度。对那些罪该处死但又可以改造好的犯罪分子与罪大恶极的犯罪分子没有差别地都处以死刑，有刑罚执行过多之虞，也有违罪责刑相适应原则的要求，不利于对犯罪分子的改造。而对其宣告死刑缓期执行，通过二年考验期的考察，再决定是否对其执行死刑，如果二年期满没有故意犯罪的，减为无期徒刑；如果确有重大立功表现的，减为二十五年有期徒刑。这种做法既实现了刑罚的目的，又体现了行刑经济的要求，既符合罪责刑相适应原则的要求，又很好地贯彻了"少杀慎杀"的刑事政策。从其他国家的实践来看，有的国家虽然宣告了死刑，但是实际执行的并不多，如美国、日本、加拿大等国。

监外执行制度是指由于罪犯具有法律规定的某种情况而暂时变更刑罚执行场所和执行方式，在监狱外执行刑罚的一种刑罚执行制度。根据我国《刑事诉讼法》第二百五十四条的规定：对被判处有期徒刑或者拘役的罪犯，可以暂予监外执行的情形包括：（一）有严重疾病需要保外就医的；（二）怀孕或者正在哺乳自己婴儿的妇女；（三）生活不能自理，适用暂予监外执行不致危害社会的。对被判处无期徒刑的罪犯，怀孕或者正在哺乳自己婴儿的妇女可以暂予监外执行。监外执行制度一方面缓解了监狱内执行的监督、管理、设施、经费、人员等方面的压力；另一方面也缓解了犯罪分子由于特殊原因在监狱内执行的心理压力，为他们解决了实际的困难。同时，监外执行可以充分利用社会力量的作用去教育改造犯罪分子，使他们切身感受到国家对他们的宽容与帮助，有利于他们发自内心的自我救赎与改造。如我国《监狱法》第二十七条规定：对暂予监外执行的罪犯，依法实行社区矫正，由社区矫正机构负责执行。原关押监狱应当及时将罪犯在狱内改造情况通报负责执行的社区矫正机构。当然，并不是对所有符合上述条件的罪犯都适用监外执行，对适用保外就医可能有社会危险性的罪犯，或者自伤自残的罪犯，不得保外就医。但对确有严重疾病，必须保外就医的，由省级人民政府指定的医院诊断并开具证明文件。因此可以看出，监外执行是一种经济的刑罚执行方式，体现了行刑经济性原则的要求。

行刑经济性原则还体现在我国《监狱法》第十五条的规定：罪犯在被交付执行刑罚前，剩余刑期在三个月以下的，由看守所代为执行。1997 年《刑法》第四十三条规定：被判处拘役的犯罪分子，由公安机关就近执行。在执行期间，每月可以回家一天至两天；参加劳动的，可以酌量发给报酬。这些规定都在一定程度上体现了行刑经济原则的要求。

（四）贯彻行刑经济原则应注意的问题

在当今社会，刑罚仍然是对付犯罪的主要手段，但并不是最佳和唯一的手段。实践证明，仅靠"严刑峻法"并不能达到预防犯罪的效果。如我国自 20 世纪 80 年代初开始的"严打"政策，曾经在打击严重刑事犯罪、维护社会治安方面发挥了重要的作用，但并不能根本上解决我国的治安问题，其重要原因在于"严打"重惩罚，轻预防；重视刑罚的作用，而忽略其他非刑罚手段的作用。鉴于此，党中央和国家提出了"宽严相济"的刑事政策，对严重犯罪行为给予严厉打击，对于较轻的犯罪给予较轻的刑罚，甚至不适用刑罚，而处以行政处罚或民事处罚等。

受轻刑化思潮的影响，在刑罚的适用中逐渐摒弃了"刑罚越重，越能控制犯罪"的重刑主义观念，逐步树立起与市场经济相适应的刑罚效益观，同时正确地评估刑罚在预防犯罪中的功效。为了更好地贯彻执行行刑经济原则，应注意以下几个方面的问题：

第一，树立正确的刑罚执行观念。"执行乃法律之终局及果实"，这是一句拉丁谚语，却道出了刑罚执行的重要性，它是整个刑事活动价值的最终实现。我们强调刑罚执行的经济性，是彰显刑罚执行的人道化，减少刑罚的负面影响，减少监狱关押的人数，减少监狱的财政开支；同时，尽最大可能完成刑罚的目的，实现刑罚的功能。当前，在社会主义市场经济的影响下，有人认为任何活动都要产生经济效益，这种观点是错误的。就刑罚的执行而言，如果纯粹为了经济效益而牺牲执行刑罚的公正性，则是不可取的，也从根本上曲解了行刑经济性的实质内涵。我们必须从宏观上来把握行刑经济原则的精义，树立正确的刑罚执行观念。行刑经济原则的核心在于讲究效益和适度，它是立足于实现刑罚目的的基础上。经济性与公正性两者之间的关系是你中有我，我中有你，但经济性必须是建立在实现刑罚目的的基础上，必须符合公正性的要求；否则，行刑经济性将是毫无意义的，也不符合刑罚的目的和功能。因此，刑罚执行机关应该处理好刑罚目的与行刑经济性之间的关系，分清主次，协调两者之间的关系，做到既实现刑罚的目的，又获取良好的经济效益、社会效益等。

第二，强调重视假释，兼顾减刑的行刑策略。假释和减刑都是我国刑法中重要的刑罚执行制度，对于激励罪犯改过自新、降低行刑成本、落实刑罚的目的都起到了积极的作用，但不论在立法层面还是在司法层面，仍有完善的地方。目前，占主导地位的行刑策略是重减刑轻假释，造成这种状况最重要的原因就是普遍认为减刑更为"保险"，被减刑的犯罪分子，除非其原判刑期因为减刑而直接届满，否则其不会被释放而是一直在监狱执行完剩余的刑期，这样就不会对社会有任何的危险。而假释则不同，是一种附条件的提前释放，犯罪分子被释放后重新回到社区，很多居民认为和犯罪分子生活在一起具有危险性，对整个社区的治安也有不好的影响。刑罚执行部门对此也是有顾虑的，在这一观念的影响下，假释的适用率就不高，而减刑就成了实践中适用最广的行刑制度。实则不然，减刑并不见得比假释更"可靠"，减刑有其自身不可克服的缺陷，它只是对减刑前的良好表现的肯定，对减刑后的行为并不具有约束力。实践中也大量地存在减刑后又重新犯罪的事例；同时，减刑后出现了不符合减刑的情况，犯罪分子又重新实施了违法犯罪行为，这时也无法撤销先前做出的减刑裁定。而在假释的情况下，在假释考验期内，被假释者仍然具有罪犯身份，要接受监督和管理。在假释考验期内，如果违反相关规定，则要撤销假释，收监执行未执行完毕的刑罚，这对犯罪分子来说也是一种威慑。从实践来看，假释的适用率比较低，其中的原因是多方面的，既有思想观念的问题，也有制度设计的问题，还有管理的问题。总之，假释在行刑经济方面的作用不能被忽视，甚至比减刑的作用还好，应当引起重视。

第三，强化社区矫正在刑罚执行中的作用。实践中，监狱对假释犯的监督考察上存在着监督不力、放任自流的情况，使附条件的释放演变成了无条件的释放。假释犯重新犯罪的情况也不少，为了规避假释所带来的负面风险，执行机关和法院干脆就多用减刑，而少用假释，也就造成了实践中假释适用率低的现状。社区矫正是不将罪犯与社会隔离并利用社会资源教育罪犯，在社区环境中管理罪犯的方法。它积极利用各种社会资源对罪行较轻、主观恶性较小、社会危害性不大的罪犯进行有针对性的管理、教育和改造。我国的社区矫正是指针对罪行较轻，被处以管制、缓刑、假释、暂予监外执行的犯罪分子所实施的非监禁性的刑罚执行措施。社区矫正的实施，一方面极大地缓解了监狱的压力；另一方面又提高了对犯罪分子教育改造的效率，能够充分利用社会力量，帮助犯罪分子改正恶习，顺利重新回归社会。我国从 2003 年开始进行社区矫正试点，到 2020 年 7 月 1 日《社区矫正法》的实施，社区矫正工作已在我国的罪犯教育改造方面发挥着巨大的作用。随着社区矫正工作的深入开展，其积极成效日益显现出来，必将对假释的适用率产生深远影响，也会对管制、缓刑、暂予监外执行的适用产生积极影响，也会使假释的行刑效果更有保障。

后　记

　　我和我的博士生张飞飞、黄延峰同学合作撰写的《我国刑法中的诸原则研究》一书即将面世，值此书付梓之际，略述数语，权作后记。

　　本人之所以在今年推出这部合著，主要原因有以下几个方面：

　　一是今年是 1979 年《中华人民共和国刑法》颁布实施 43 周年，借此机会，特向为我国刑法的孕育诞生与发展完善做出杰出贡献的刑法学界的前辈、同辈与晚辈同仁致以最崇高的敬意。这是因为，没有你们的艰辛努力和奋力拼搏，就没有我国刑事立法与司法所取得的重大成就。

　　二是今年是本人研究生毕业暨任教 33 周年。虽然 33 年来，本人在科研方面不敢妄称成绩斐然，但自感没有落伍于时代，这也是出版本书之又一动机。自任教以来，本人在董鑫教授、邓又天教授、高绍先教授、赵长青教授等老一辈刑法学家的亲切关怀、教研室各位同仁的鼎力协助以及各位研究生的共同努力下，撰写《刑法学的基本范畴研究》《犯罪论前沿问题研究》《和谐社会语境下的刑法观沉思》《和谐社会与刑法问题论文集锦》《刑法总论》《经济刑法学》等专著、教材、论文集达 100 余部，于《中国法学》《法学研究》《现代法学》《法律科学》等刊物发表学术论文达 220 余篇，其中被中国人民大学复印资料《法学》《刑事法学》和中国社科院法学研究所《中国法学研究年鉴》全文转载和摘登的论文有 10 余篇。以上成果有 10 多项荣获司法部、四川省、重庆市和西南政法大学社会科学优秀成果一、二、三等奖和优秀成果奖。这些成就的取得，除了前述原因之外，作为一个中华学人，与自身与生俱来的历史使命感和对学术无止境的追求精神亦有着千丝万缕的联系。因此，出版此书，以作 33 年学海求索之印记。

　　三是借此书的出版为培养和造就刑法学界的学术新人尽为师之责。我的博士研究生张飞飞、黄延峰同学自攻读博士研究生以来，在完成繁忙的本职工作之余，一直潜心于学术研究，充分发挥了一个青年刑法学者所应有的主力军作用，从其研究成果中，我们可以看出他们不仅具有较为深厚的刑法学术功底，而且具有突出的科研能力。因此，出版此书，借以向刑法学界推出学术新秀。

　　需要特别说明的是，本书除少数写作内容引用了有关专家、学者的论述外，其他内容均系本书作者独立完成的成果。借本书出版之际，本人还要特向重庆大学法学院教授、全国著名刑法学家、博士生导师陈忠林教授，西南政法大学法学院院长、党总支副书记、全国知名刑法学家、博士生导师梅传强教授，全国知名刑法学家、西南政法大学刑法教研室博士生导师朱建华教授、王利荣教授、石经海教授、袁林教授、高维俭教授等人表示衷心感谢，本人33年来在科研方面所取得的每一点进步，都与他们的亲切教诲与耳濡目染有着十分重要的关系。此外，本人还要特向国家荣誉称号获得者、中国刑法学泰斗高铭暄教授，中国刑法学泰斗王作富教授、储槐植教授，中国刑法学研究会原会长赵秉志教授，中国犯罪学学会原会长王牧教授以及全国著名刑法学家陈兴良教授、王新教授、谢望原教授、黄京平教授、冯军教授、莫洪宪教授、康均心教授、曾粤兴教授、李晓明教授、唐大森教授等人表示衷心感谢，正因为有了他们的大力鼓励、支持和帮助，才使得本人的治学之路没有那样地艰辛和孤寂。为此，本人要感谢西南政法大学能够赐予本人这么好的学术环境和学术氛围。最后，本人还要特别感谢合肥工业大学出版社朱移山副社长以及出版社的所有编辑，如果没有他们的无私帮助和鼎力支持，恐怕此书就不可能如此顺利地出版，在本书出版之际，对他们所倾注的心血和艰辛的劳动表示衷心的感谢！

李永升谨识

2022年1月于西南政法大学